新 版

# 進化する経済学の実証分析

New edition

## Evolution of
## Empirical
## Economics

経済セミナー編集部 編

日本評論社

## はしがき

　2000年代以降、多様な大規模データが利用可能になると同時に、因果推論手法の発展、さらにはコンピュータとソフトウェアの著しい機能向上も相まって、経済学における実証研究は著しい進化を遂げています。

　近年の経済学を席巻する代表的な実証分析手法について、それぞれの特徴や進化の経緯を概観し、さらに、それらの手法が経済学の諸分野においてどのように用いられているのかを横断的に紹介する目的で、経済セミナー増刊『進化する経済学の実証分析』は2016年に刊行されました。

　本書は、好評を博した本増刊号を増補改訂のうえ、『[新版] 進化する経済学の実証分析』として単行本化したものです。単行本化にあたり、2016年以降のさらなる進展についてカバーするために、新たなインタビューや論文を加えるとともに、旧版掲載論文の増補改訂や補論の追加を行いました。

　近年高い関心を集める機械学習やビッグデータの活用、2019年ノーベル経済学賞によりますます勢いを増すRCT（ランダム化比較試験）研究、政策現場と研究をつなぐ取組みとして議論が花盛りである「エビデンスに基づく政策立案（EBPM）」、そして、いま世界を揺るがす新型コロナウイルス感染症への経済学の向き合い方など、ホットなトピックもふんだんに盛り込まれ、まさに経済学の実証分析のフロンティアがこの1冊に詰まっています。

　旧版をお読みいただいた読者にも、この新版で初めてお読みいただく読者にも、経済学の実証研究の進化の勢いとその魅力を肌で感じていただければ幸いです。

2020年7月
経済セミナー編集部

# 第Ⅰ部 基本をおさえる

「実証分析手法の現在」では、経済学における実証研究の進化の歴史を振り返り、現在の実証分析の代表的なアプローチを概観する。「実証分析をめぐるさまざまな論点」では、データ分析手法をめぐる学術上の論争や、比較的新しい概念など、いくつかのトピックスを紹介する。これらを通じて、経済学における実証研究の全体像をつかむ。

鼎談
Discussion

# 実証分析が切り拓く経済学の未来

奥井　亮
×
川口大司
×
古沢泰治

実証分析の手法が大きな発展を遂げつつある現在、それは経済学をどのように変えるのか。計量経済学がご専門の奥井氏、労働経済学（応用計量経済学）がご専門の川口氏、経済理論（国際貿易理論）がご専門の古沢氏に、それぞれの立場からお話しいただいた。

## 1　実証研究の現在

### 1.1　因果関係の分析が軸足に

——まず、計量経済学の手法がどれほど進歩したか、奥井先生にお伺いいたします。

**奥井**　よろしくお願いします。実証分析で使われる計量経済学の手法の、ここ20年ぐらいの一番大きな進展は、「われわれがデータ分析で一体何をやっているのかがようやくわかるようになった」ことでしょう。特に、プログラム評価法と構造推定に関わる手法の発展が大きいと思います。

　プログラム評価法の考え方は、疫学の分野から計量経済学に入ってきたものです。例えば疫学では、薬を使って病気が治る・治らないとか、たばこを吸ってガンになる・ならないといった分析を行います。それが経済学に入ってきて、政策が人々の暮らしをよくしたか・しなかったか、職業訓練によって賃金が上がったか・上がらなかったかといった分析に使われるようになりました。

　プログラム評価法は、あるプログラムの効果を測るには、何と何を、どのような状況で、どのように比べたらいいか、という理論的枠組みでできています。薬の例では、同じ症状の患者に同じ形の薬を渡

すのですが、片方は本当の薬、もう片方は有効成分を含んでいない偽薬（プラセボ）にしておき、患者同士を比べれば薬の効果がわかります。経済学では、例えば職業訓練を受ける人と受けない人をランダムに割り振って、訓練を受けた人と受けなかった人をそれぞれ比較すれば、訓練の効果がわかります。

　このプログラム評価法が進歩・整理されたことで、昔からある最小二乗法や操作変数法といった分析手法を新たな視点から捉え直し、結果として何をやっているのかが非常によくわかるようになったのです。

　例えば、操作変数法は歴史のある古い手法ですが、1990年代に*Econometrica*で、グイド・インベンスとヨシュア・アングリストが指摘したように、プログラム評価法のフレームワークで捉え直すことで、操作変数法では何を分析しているのかがきちんとわかるようになりました[1]。そうなると、新しい手法を考えたり、既存の方法では本来の目的から外れていることが判明して修正を施したりなど、さらなる発展が望めます。これが、プログラム評価法の進展がもたらした大きな側面だと思います。

　もうひとつは構造推定に関する話です。構造推定はここ20年ほどで、部分制約やモーメント不等式の推定といったかなり難しい手法の進展がありました。これもプログラム評価法と同じように、データ分析

で実際に何をやっているのかを明確にする理論的枠組みを提供し、こういう分析がしたいからこの手法を使おう、といえるような指針を作るという目的意識をもって発展したのだと思います。

経済学に顕示選好理論というものがあります。例えば、目の前にリンゴとオレンジがあって、私がリンゴを選んだら、私はオレンジよりもリンゴのほうを好んでいることがわかるというものです。これは、オレンジよりもリンゴの効用のほうが大きいことを意味するので、不等式制約になります。

ほかにも、あるエリアにお店を出す・出さないといった話の中で、「出店した」というデータが与えられたとき、それは、少なくともそこに出店したほうが利益になると考えていることが顕示選好的にわかります。ここでも不等式制約が成り立ちます。

このように、データから得られるものが不等式制約である場合、モデルを推定するのが非常に難しくなり、部分識別などの手法を用いる必要が出てきます。ただ、出店している・していないといった、実際に観察しているものを素直に不等式で書いていけばよくなったわけで、実証分析の土台にのせやすくなったと思います。つまり、理論と実際のデータとの間でどういう分析をすればよいかの見通しが立てやすくなったのです。

不等式制約を使わない方法だと、モデルに多くの構造を入れて、モデルとデータがピンポイントで対応する形を作らなければいけないのですが、そうすると複雑になって、モデルの中のどの要素が効いているのかがわかりにくくなります。不等式制約であれば、「データから皆このエリアに出店していることがわかりますが、そこからいえることは何ですか」という形でストーリーの見通しが立てられるようになった。これは大きな進展だと思います。

**川口** 私からは、応用研究の現在ということでお話しさせていただきたいと思います。

私の専門は労働経済学ですが、構造推定をゴリゴリやる人はそんなに多くなくて、どちらかというとプログラム評価法に基づいて、XとYの間の因果関係を調べるのが最近の流れです。昔から経済学者がやってきたことだと思いますが、どういう状況でXからYへの因果関係が識別できるのかということに

ついて、非常にクリアな見通しが立てられるようになったため、研究が多くなったのです。

そこで明らかになったことは、研究を始める前の「リサーチデザイン」が重要だということです。XによってYがどのように動くかを知りたいような状況、例えば、職業訓練に参加したことが再就職の可能性にどう影響するかといった関係を識別したいとき、トレーニングに参加する人としない人がいるからこそ、そのような分析ができるわけですが、なぜ参加する人がいる一方で参加しない人がいるのかを明確に説明できるような状況を作ってから分析を始めないと、いい研究ができないということが明らかになりました。最近は経済分野の実証を行っている人の多くが、そこを意識して研究するようになったと思います。その意味で、プログラム評価法の発展が経済学の実証に対して与えた影響はとても大きいでしょう。

実際には幅広くいろいろな研究が行われています。昔ながらのサーベイデータを使って、最低賃金の引き上げが雇用に対してどういう影響を与えているのかというような伝統的な研究はもちろんのこと、最近はデータが非常に多様になっていて、ジョブマーケットの論文として見聞きした範囲でも、自動販売機の販売データ、発展途上国に行って人々の働き方を記録したデータを使った研究などがあります。

また、これは私自身が行っているのですが、人事データを使って企業の中の労働市場の構造を明らかにするような研究や、中央銀行の金融政策のスタンスをみるため、機械学習によって議事録の内容を解析し、金融政策のスタンスを数量化するといった研究など多岐にわたっています。

どのような研究が行われるにしろ、どういう状況でXからYへの因果関係を識別できるのかについて明確に意識されるようになりました。明確にする中で、究極的には実験をやるしかないということもわかってきた部分があるので、実際に実験をして論文を書くという流れも出てきていると思います。

**奥井** 具体的な研究例はありますか。

**川口** 最近の*American Economic Review*（AER）の論文ですが[2]、アメリカでは、スラムの中の社会的に恵まれない階層の人々は学歴が低く、所得が低

# 奥井　亮

Ryo Okui

ソウル大学校経済学部副教授。香港科技大学経済学系助理教授を経て、2019年より現職。専門は計量経済学。論文：“Constructing Optimal Instruments by First-Stage Prediction Averaging,” *Econometrica*, 78 (2), pp. 697-718, 2010 (with G. Kuersteiner) など。

いまま留まってしまう社会現象があり、それは近隣環境が原因ではないかということがいわれてきました。しかし、スラムに住んでいる人とそうでない人では、そもそも属性が違うので、本当に周りの環境がよくないから所得が低いのか、それともスラムに住んでいる人の属性ゆえに所得が低いのかは、よくわからなかったのです。

　そこで、(おもに低所得者が住む) 公共住宅に住んでいる人に、貧困世帯が少ない地域に移住するための補助金をくじ引きで割り当てるプログラムが行われました。分析の結果、子どものうちに貧困率が低い地域に移住することは大学進学率を上げ、所得を上げることが明らかになっています。実際に実験が行われているので、きれいな結果だと思います。

**古沢**　お二方のお話から、最近の実証研究の流れや、真実により近づいていくためには、究極的には実験が必要だということがよくわかりました。しかし、そもそも経済学は自然科学とは違い、実験ができないから難しいといわれてきました。もちろん、最近は実験経済学という分野もありますが、経済現象に

はやはり実験できないものもあるわけで、そういうものに対してはどのようにアプローチしていくのでしょうか。

**川口**　非常にいい質問をありがとうございます。まさに実験できない状況で実験的な状況を探すということに、応用計量経済学者は大きな力を注いでいて、自然実験と呼ばれるような状況をよく用います。例えば、九州新幹線の開通で、九州内の交通費コストが下がり地域のネットワークが変わった場所がある一方で、新幹線は通っていないけれど地域の特徴がよく似た近隣地域があるはずです。そこで、新幹線が新しく開通した九州と、九州に近いけれども、新幹線の開通効果がない地域を比較する自然実験を使って、ある種の介入の効果を推定するようなことが盛んに行われています[3]。

**古沢**　なるほど。もうひとつお伺いしたいのは、計量経済学者によってプログラム評価法や実験の重要性が認識された後に、実証研究者もそういう方向に向かっていったのか、その逆で、実証研究者がそもそも昔からある手法を見直して実験的な方向へ向かったことで、計量経済学者がそれらを研究するようになったのか、どちらなのでしょうか。

**川口**　AERに掲載されたアングリストの1990年の論文に、ベトナム戦争に行ったことがその後の労働所得にどういう影響を与えたのかを分析したものがあります[4]。昔からある操作変数法の解釈の仕方を変えた重要な論文で、理論的には粗削りの部分もありますが、この論文が先ほど奥井さんがおっしゃったインベンスとアングリストの*Econometrica*の論文につながっていきます。ただ、アイディアの核となるところはもともとのAERの論文で展開されているのではないかという気がします。

　この例のように、もとのアイディアについては実証研究者が考え出した部分も多いのではないかと思います。そして、それを精緻化し理論として綺麗にしていったのが計量経済学者ではないかと。

**古沢**　ただ単に数学的な問題から出てきたというよりも、実際のモチベーションに基づいたところから始まったわけですね。

**奥井**　そうですね。また、構造推定の分野だとアリエル・ペイクス、不等式制約だとエリー・テイマー

が、おそらくその分野をリードする人だと思いますが、彼らは計量経済学者であると同時に実証研究者でもあります。先ほどのアングリストも、労働経済学者であり計量経済学もできる研究者です。このように実証と計量理論の両方に精通している人たちのリードによって、計量経済学者側もどういう形で問題を解いていけばよいのかが明確になり、また、実証研究者側もどのように計量手法を使用すればよいのかの判断を下しやすくなります。ここにはいいサイクルが回っているように思います。

## 1.2 経済理論と実証研究の距離

**古沢** 私の専門は国際貿易ですが、国際貿易の中で一番有名な論文に、企業の異質性を取り入れたマーク・メリッツの2003年の論文があります[5]。それは純粋に理論の論文です。それが出てきた背景に、アメリカの輸出産業のデータを調べていくと、輸出産業であっても全体の30％ぐらいの企業しか輸出をしていないことがわかってきたことがあります。

それまでの伝統的な国際貿易理論では完全競争を仮定することが多く、輸出産業の企業は皆同質と考えて分析していました。しかし、実際は全然違うじゃないかということで、産業内の企業の異質性をきちんと考慮しなければいけないという雰囲気になったのです。それまでも、ポール・クルーグマンの独占的競争を取り入れたモデルはありましたが、そこでも企業はすべて同質です。そこに異質性の視線を入れたことがメリッツのやったことで、国際貿易理論を大きく変えました。

ちょうどそのころから、理論だけでは論文をパブリッシュするのが難しい時代に入っていったのです。そのころアメリカでPh.D.をもつような人たちは皆、理論も実証も両方勉強して、両方の要素を含んだPh.D.論文を書かないといいところには就職できなくなってきた。最初は、僕などの理論家からするとそういう傾向は嫌なものでした（笑）。

ただ、両方の要素があるといっても、理論は付け足しで載っているようなものが多かった。しかしここ5年くらいは、理論の部分も洗練されたものが増えたように感じています。いま現在、僕も4人で論文を書いていて、理論パートを僕が担当し、他の3

人が実証パートの担当です。議論のキャッチボールをしながら研究を行う中で新たな発見がたくさんあり、面白いですよ。

僕の場合、経済理論を組み立てるときは現実の関心から入っていくことが多いです。定型化された事実のようなものを、新聞やテレビを見聞きする中である意味自分で作り出してきましたが、いまはその定型化された事実を実際のデータからもってくることが多くなりました。「データではこんなことが見受けられるのではないか、それをもとに理論化していきましょう」というように、より科学的な理論の組み立て方になった気がしています。ある意味、独りよがりな理論は作れなくなりました。

**奥井** その場合は、どちらかというと実証から理論へという流れですね。

**古沢** そうです。僕がこの世界に入った数十年前とはまったく逆です。当時は理論家が勝手に作った理論を、実証家が本当にそんなことが起こっているのかとテストしている状況でした。いまはどちらかというと、「データが教えてくれることを理論で説明できるか？」という考え方の流れになったと思います。

僕の場合、論文1つを仕上げていく中でも、「こんな結果が出ているけれど、それを理論で説明できるか」といわれ、頭をひねって理論を作るとその副産物として新たな理論的予測が出てきたりする。さらにそれをデータで検証するというように、1つの論文の中でキャッチボールをするのです。

**川口** 理論家がデータに何かしらの規則性を見いだすときに、その規則性がどの程度信頼できる形で発見されているかも気になります。因果関係が本当にあってその規則性が出てきているのか、単なる見せかけの相関関係で規則性があるようにみえているだけなのか。後者をモデル化してしまうのは無駄になる可能性もありますよね。そのあたり、理論家が理論化に値する確実なファクトだと考える基準のようなものはあるのですか。

**古沢** それはケース・バイ・ケースですね。1つ理論を組むときにはそこまで考えなくてもいいというか、見せかけの相関であっても、それを生み出すような理論を作ればいいのです。つまり、少し大きな

視点から、われわれがもっている世界観も含む形で理論化するのです。必ずしもデータだけをみて、それを説明できる理論を作る必要はないと思います。

**川口**　数字だけをみて作るというよりも、いろいろなイメージをあって、それと整合的で、かつデータも語っているようなことをモデル化していくということですね。

**奥井**　見せかけの相関関係なのか因果関係なのかを検証できる仮説を生み出せる理論作りには、まだなっていない感じですか。

**古沢**　僕個人では、そういう感じでは作っていません。ただ、構造推定などは、理論家と実証家が一緒に研究したら面白いと思います。モデルを作るときに理論家のスキルを活かして、どういうときに因果関係が識別できるのか、みたいなことを、それこそキャッチボールしながらやっていくのです。

**奥井**　実証産業組織論の分野に動学的な寡占構造モデルがあるのですが、これのいいところは、理論的な予測はほとんど出ないということです。要するに、パラメータを変えていけばどんなデータにも当てはめることができ、何でも予測できる。つまり、モデル自体をみても何もわからないというタイプのモデルです。

**古沢**　共同研究で実証パートの人に、「理論モデルをいじっていけば、どんなことでも説明ができるんだね」といわれたことがあります。それは褒め言葉なのかもしれませんが、個人的にはまずいかなと思っています。

**奥井**　何でも予測できるモデルは、理論家の目から見てどうですか。

**古沢**　どうでしょうか。やはり、データと照らし合わせ、どのモデルがより適しているかを見極めながら現実を理論化していくほうが自然な流れの気がします。

　昔は、いい理論というのは、「こういうモデルからこんなことがいえますよ、びっくりしたでしょう」といった具合に、直観的でない結論を出すものだと思われていました。しかし、いまそれをすると、「それは実証的に観察できないから×」となってしまいます。

**川口**　いい理論かどうかを見極める基準が、現実を

説明できるかということに移ってきたのですね。

**古沢**　ただ、そうなると現実の後追いばかりになってしまうところもあるので、理論的な観点から大きな進歩ができるのか、ちょっと心配な面はあります。

**川口**　理論と実証が近くなると、理論分析をするときに測定可能な変数を考えながら理論を作るようになる、ということはありませんか。

**古沢**　僕自身、それを意識したことはあまりないですが、指摘されたことはありますね。例えば、国際協調には士気が重要だ、という論文を書いたとき知り合いに、「士気は観測不能で、実証的にテストできない」といわれたことがあります。だから、観測不能な変数でもって説明を試みるのはよくないと考える人がいることは確かです。

**奥井**　ただ、最近はそういった観測不能と考えられてきたものを頑張って観測した、という論文もかなりありますね。

**川口**　労働の分野だと、女性の就業を説明するのに、やはり男女の性別、役割分業観が大事だという話が出てきています。それをどうやって測定しているかというと、ワールドバリューサーベイという、世界各国で行っている価値観の調査を用いるのです。

　これは、「『夫が外で働いて、妻が家を守るのがいい』という考え方について、あなたはどう思いますか」ということを、世界で各国1000人ぐらいの人に聞いて平均値を求めるというものです。それと国レベルのデータをマッチさせて、価値観で行動を説明することを試みた論文もあります[6]。

**奥井**　考え方がリベラルか保守かといったことを、テキストマイニングの手法を使って数量化する試みもありますね[7]。

**古沢**　これまでは検証が難しい、もしくは不可能だと思われていたような理論も、新しい手法を使って検証できるようになってくる可能性がありそうですね。

**奥井**　取れるデータの枠が広がっていることも大きいと思います。ところで、どういうデータが必要かというのは、理論のほうから要請されるのでしょうか。

**古沢**　先ほどの話とも関連しますが、現在はデータがあるところで定型的な事実を見つけて、それを理

論化するという方向に来ているので、新たな理論が周りをリードするようなことが少なくなっています。

**川口** 実証分析でも、どういうときに因果関係が識別できるかが理論的に明らかになって、それでよくなった面もあるのですが、逆にいうと、うまい識別戦略がない研究は最初からやらない方向になってきているように思います。扱うテーマの重要性が二次的なものになってしまったような。

**奥井** 計量経済学にもそういうところがあって、手法自体のアイディアや理論的コアがすごくよくても、実証研究ですぐに使えるものでないと、論文としてパブリッシュするのが難しくなってきているように思います。

**川口** それは、計量経済理論の論文に、どういう実証の応用があるのかまで問われるようになったということですか。

**奥井** そうですね。例えば、簡単化のために、実証的にはあてはまらない仮定を置くのではなく、相当現実的な仮定の下で論文を書かないといけない雰囲気になっています。そうするとすごくややこしくなって、アイディアの核となる部分がよくわからなくなったり、核となるアイディアは簡潔だけれど、それを現実的なところまでもっていくのにすごく時間がかかったりしてしまう。

昔は、アイディアの核となる部分だけ書いて、後からフォローアップペーパー的なものを出していけばよかったのですが、いまは最初からその両方が求められます。ですので、既存の手法を拡張するような研究が多くなっているのも事実です。大きなアイディアを出すのが難しくなっています。

## 2 | 実証研究の今後の可能性と課題

──計量経済学や実証研究に対する要望、今後の可能性や課題についてお聞かせください。

**古沢** 経済理論家の立場から特に何かを求めるということはないのですが、先ほどの話と関連しますが、まずは題材がほしいということですね。実証研究をみていると、いろいろな結果が出ていることが多々あります。例えば国際貿易の分野ですと、直接投資

# 川口大司
Daiji Kawaguchi

東京大学大学院経済学研究科教授。専門は労働経済学。一橋大学大学院経済学研究科教授などを経て、2016年より現職。著書：『法と経済で読みとく雇用の世界──これからの雇用政策を考える〔新版〕』（有斐閣、2014年、大内伸哉氏との共著）など。

が地域にいい影響を及ぼしているのかは理論的にも重要なのですが、実証研究の結果はいろいろとあって、はたしてどちらなのか、と思うことはよくあります。そういうことも含め、定型化された事実を示してもらえると、理論を作りやすくなると思います。

**川口** 計量経済学への要望ですが、私の場合、新しい手法が開発されたとき、それを使うかどうかは簡単に実行するコンピュータのコードがあるかどうかに大きく依存しています。ですから、新しい手法ができたときに、それを理論家でなくてもわかるような形で紹介していただきたい、と思うことはよくあります。ステップ分けされた手順書のようなものが論文の中にあるといいですね。

実証研究の今後の可能性ですが、いまはものすごく多くのデータが手に入るようになって、以前より高い精度で多くのことがわかるようになってきています。例えば人事データでは、上司からの評価や働いている時間、職場でどんな人が一緒に働いているのかなどの情報が高頻度で記録され、利用できるようになっています。

ほかにも、自動販売機の販売データからは、自販機を操作している人の行動がある程度のところまでわかるのです。人々がどのように働いているかということに関してかなり精度の高い情報が手に入るようになり、それが労働経済学の新しい研究を生み出していく可能性がある。データの利用可能性が高まっていることが、研究の新しい方向性を切り拓いていくのではと思っています。

さらに、社会学などの分野ではネットワーク分析が盛んに行われているようですが、計量経済学でそうした流れはありますか。

**奥井** ありますね。実証分析に貢献できるほど発展したとはいいにくいですが、若い人がたくさん参入している、これからが期待されている注目の分野です。

**古沢** 計量経済学でネットワークが扱えるのですね。

**奥井** どうやってネットワークのデータを分析するかというと、波及効果の分析では、代表的なものに、空間経済学的なモデルを使用するものがあります。またネットワーク形成の分析だと、アメリカのAdd Healthという、学校における友人関係のデータを使った分析もあります。アメリカでは人種問題があるので、黒人と白人はどれぐらい友達になれるのかという話は重要な論点です。

まず、友達関係になると効用が得られるという仮定の下で、お互いの効用がプラスなら友達関係のネットワークに入るモデルを組み立てます。その効用の中に人種パラメータみたいなものが入っていて、このパラメータが正か負かをデータから推定することで、人種が違うことによる効用の得られ方に差がないかを調べるのです。

**古沢** ネットワーク分析は、研究が進み始めてもう10年以上になりますかね。かなり発展するようにみえたけれども、いまひとつ応用が進んでいないところもあって、その原因に、経済学的にどう使っていいのかわからないということがあると思います。面白そうだけれど、それが経済学にどうつながっていくのかいまひとつ釈然としないんです。

**奥井** そうですね。特に企業間ネットワークだと、どう分析すればいいのかわかっていないことが多いですからね。ただ、ネットワーク分析には計量経済

学者の中でも確実に優秀なグループが参入してきていますし、注目度も高いので、将来的に大きな発展が望めそうです。

**古沢** ほかにも僕がときどき感じるのは、大学院生らがきちんとしたデータにアクセスできているか、ということです。

**奥井** ビッグデータだと秘匿性が高いものが多いですからね。

**古沢** そういう秘匿性の高い、閉鎖的なデータを使えないと、TOP 5のジャーナルに載るような論文は書けないわけです。アメリカではデータへのアクセスがしやすいようですが、日本の大学院生は、データを扱える先生の下で指導を受けて、共同で論文を書く必要があるわけです。ただ、それがきちんとできているか心配です。

**川口** たしかに、そういったインフラをきちんと整備することは、すごく大切な課題だと思います。

**奥井** そうですね。そうでなければ参入者も少なくなって、発展も期待できません。

**川口** これと関連して、日本では政府が作成する統計にアクセスするのが難しいことも問題でしょう。できなくはないですが、大学院生がアクセスしようとするとかなり制限がかかって、真正面から利用できない状況です。しかし、大学院に在学している学術振興会の研究員だと利用申請ができる。そうすると、ある種の研究ができる人とできない人とが、大学院生の中で分かれてしまうといった問題が出てきます。アクセスの可能性を広げるようにしないといけないと思います。

**奥井** たしかに、近年の実証研究はビッグデータを使うものとか、フィールド実験で得たデータを使うものなど、参入の難しいタイプの研究が多くなっています。

**川口** 興味深いのは、大学院生でも起業家精神に満ち、多くのお金を取ってきて実際にフィールド実験をやるような人もいることです。それはジョブマーケットをみて感じたことですが、最近は「いい研究者」の定義も変わってきたのかな、と感じます。

**奥井** 先ほど川口さんの要望で出た計量手法の手順書ですが、僕自身あまりちゃんとやっていないので偉そうなことはいえませんが、その重要性はかなり

認識されてはいます。ですので、論文を書くときにとりあえずStataのコードを付ける人が増えてきているように思います。あと、*Stata Journal*というものがあって、そこに手順書といいますか、Stataコードの使い方や、それが何をやっているのかという簡単な説明を書いた論文を載せる人が増えてきていますね。最近では、相当複雑な不等式制約の推定手法のコードまでも開発されています。まだまだ足りない部分はあると思いますが、そういう流れがあるのは確かだと思います。

計量経済学の今後の可能性についてですが、最近は機械学習との競争が始まっているように、個人的に感じています。

**川口** ざっくりした質問で恐縮ですが、計量経済学がやっていることと機械学習は違うものなのですか。

**奥井** 機械学習では、大規模なデータを予測や分類のために分析することが多いですね。その点に関しては、機械学習が圧倒的に強い。一方で計量経済学が強いのは、因果関係の分析であるとか、統計的推測の理論が背後にちゃんとあることです。

ですから、現時点では機械学習のほうがビッグデータの分析に適していると思われがちですが、計量経済学者の僕からすると、因果関係の分析であれば、計量経済学にアドバンテージがあると思っています。

ただ、機械学習のほうもさすがに予測ばかりではなく因果関係も分析したいと思っているでしょう。そうなったときに、計量経済学が自身で発展していけるのか、あるいは飲みこまれてしまうのか、その将来はわかりません。特にデータサイエンス系の会社では、機械学習のツールを使う人が多いようなので、そういったところに計量経済学の手法を普及させ、継続して発展させていけるかが重要になってくると思います。

計量経済学における今後の課題ですが、データの利用可能性が高まり、機械学習的な新しい手法が開発されていますが、ただ、それらの手法で一体何をやりたいのかが、よくわかっていないことがひとつの問題としてあげられます。

最近はテキストデータや画像データなどの新しいタイプのデータが出てきて、それをどうやって分析するか、手法的には思いつくかもしれません。ただ、それが本当に役に立つのか、何に使えるのかがみえてこないし、応用先もよくわからない。そこが判明しないと、需要があるのはわかっていても計量経済学者側が動きにくいという状況にあるのです。

**古沢** 何か分析したいことが出てきて、それに合うような計量手法を、計量経済学者と実証研究者、経済理論家が共同で研究していくことが、大きな流れにつながっていくのかもしれませんね。

**奥井** そうですね。プログラム評価法や構造推定などで起こったのと同じことが要求されるのだと思います。

# 3 実証研究が経済学をどう変えるか

──計量経済学や実証研究の発展が経済学自体をどのように変えるのか、その可能性についてお伺いします。

**川口** 私が感じるのは、ここ20年くらいで経済学のイメージが大きく変わったということです。私が大学院生のころに勉強した経済学は、きちんとしたモデルの中で変数間の因果関係を説明することが主だったと思います。それがいまは、XとYの間の因果関係について何か議論すると、それも応用経済学の論文だと認識されるようになってきました。

つまり、経済学がカバーする範囲が大きく広がった印象があって、それがいいことなのかは判断できませんが、研究テーマの選択の自由度が大きく広がった気がします。

**古沢** 1980年代にゲーム理論が進歩し、それが経済学を大きく変えたわけです。例えば、産業組織論はずいぶん進歩しましたし、それだけにとどまらず、価格理論中心だった経済学のモデルの組み方自体を変えました。さらにゲーム理論は、経済学以外の分野でも使われるようになりましたね。だから、同じようなことが計量経済学や実証研究の世界で起こっても不思議ではありません。

**奥井** スティーヴン・レヴィットとスティーヴン・ダブナーの『ヤバい経済学』のように、扱っているテーマ自体は経済学なのかよくわからないけれども、手法と発想は経済学、といった感じですね。

# 古沢泰治

Taiji Furusawa

東京大学大学院経済学研究科教授。横浜国立大学経済学部助教授などを経て、2018年より現職。専門は国際貿易理論。論文：“Globalization, Financial Development and Income Inequality,” *Pacific Economic Review*, 19 (5), pp.612-633, 2014 (with H. Daisaka and N. Yanagawa) など。

**川口** そうですね。経済学はよく、対象で規定される学問というよりも、方法論によって規定される学問だといわれたりします。つまり、経済学的な手法を使っていたらそれは立派な経済学。政治を対象にしてもいいし、犯罪を対象にしてもいい。では、その経済学的な手法というのは何かというと、伝統的には個人の最適化行動などから現象を説明することだと思います。ただ、レヴィットの世界ではそこら怪しい気がしますが（笑）。

**奥井** たしかに、最近の経済学の雑誌に載っている政治系の論文だと、インセンティブ構造もなかったりします。ただ、手法がいわゆる計量経済学です。実証分析において手法が計量経済学なら、対象が政治であっても経済学の論文になってしまう。

**古沢** 学問に明確な境界線は必要ないわけだから、そのあたりはぼやっとしていて当然だし、それはそれでいいのではと思います。

——学問の先細り感とか閉塞感はないですか。大きな研究が必要だと考える人は、あまりいないのでしょうか。

**奥井** 計量経済学は大きな研究がそもそも出にくい分野で、大きな研究というとやはり経済理論ではないでしょうか。

**古沢** そうですね。たしかに経済理論では少なくとも大きな研究だと思われるものがあって、それがその分野を切り拓いてきました。

　問いにお答えするとしたら、僕の中ではたしかにチマチマやっている感はあるのですが、いまはそういう時期だと思うし、その積み重ねがあってこそ、学問自体のレベルが上がっていくのだと思います。

**川口** 経済学はすごく幅が広く、多くの人が結構自由にいろいろな研究をやっています。さまざまな分野にそれぞれジャーナルもあり、これは日本の大学のよさなのかもしれませんが、それなりに論文を書いていればそれはそれで評価もされる。流行に乗ってこれをやらなければいけない、といったプレッシャーは少ないです。

　経済学が細分化して先細りしているように感じられるかもしれませんが、それは、いろいろな研究が自由にできることの裏返しでもあり、悲観する必要はないと思います。

## 4 ｜ 未来につなぐ

——計量経済学における学部教育の現状についてお伺いします。

**奥井** 僕は大学の経済研究所で働いているため、学部教育にはあまり関わっていません。ですので、第三者の視点からお話ししたいと思います。

　日本では計量経済学が必修科目になっていない大学が多く、また、単位が取りにくい科目と思われている面もあって、教育があまりうまくいっていないのではないかと感じるようになりました。

　なぜそう感じるかというと、学生が実証分析をやっている先生のゼミに入ったりしますよね。そうすると、サブゼミであったりゼミで扱う文献そのものが、計量経済学の教科書だったりするんです。学部にはちゃんと計量経済学の先生がいて、授業が提供されているにもかかわらず、です。

**川口** 私のゼミでも読んでいました（笑）。

**奥井** 実証系のゼミで入門レベルの計量経済学の教科書を読んでいることもあって、もしかしたら計量経済学の学部教育があまりうまくいっていないのではないか、と感じるようになったのです。

　原因のひとつに、計量経済学は他の経済学の分野とは違い、手法の学問ですから、それそのものに興味をもって勉強する学生が少ないことが挙げられます。ですので、例えば労働経済についてもっと深く知りたいといった目的があり、そのために計量経済学の知識が必要だということで勉強を始めるほうが、モチベーションが上がってよいのかもしれません。

　その一方で、せっかく学部で計量経済学の授業が提供されているのだからそれをうまく活用して、例えば労働経済学のゼミでは労働経済のことだけを勉強できる体制にしたほうが、効率がいいのではないかとも思います。そのあたりのご意見をお伺いできればと思います。

**川口** 現在、東京大学の公共政策大学院で計量経済学の授業を担当しています。いろいろなバックグラウンドの人がいるので一から教えていますが、パラメータの推定量が分布をもつなどの統計的推論の話は抽象度が高く、教えるのが難しい科目だなとつくづく感じています。

　でも、実際に統計ソフトの結果を読むのは「Xがこれだけ動いたら、Yがこれだけ動きますね」といった具合にそんなに難しい作業ではありません。そういったことを数多くこなした上で、統計ソフトがやっていることのメカニズムを知ろうと、計量経済学に立ち戻っていければいいのだと思います。ただ、そのような授業の進め方をするのは難しくて、学部のカリキュラムにもその困難さの一端が表れている気がしています。

　以前勤務していた一橋大学では、授業が100番台〜400番台とレベル別に構成されており、私が担当していた300番台の労働経済学は、200番台のミクロ経済学と計量経済学を履修済みであることが前提となっていました。ですので、授業では多くの実証研究を紹介することができ、大事なことはきちんと学生に伝えられたかなという気はしています。

　理想的には、実証研究の結果を習得した上で、手法的な面でわからないことがあればその都度計量経済学を勉強してもらえたらいいのでしょうが、こうしたサイクルが身に付くのは容易なことではないと思います。

**古沢** 労働経済学の授業では、実際のデータを使った実習のようなことはするのですか。

**川口** 私の授業で行ったのは、政府のウェブサイトからデータをダウンロードしてグラフを作ってもらう程度です。面白い実証研究の結果については、生徒に再現させるというよりも、結果を紹介して興味をもってもらうようにしていました。

**古沢** 学部教育でできるかどうかわかりませんが、例えば労働経済学、産業組織論、国際経済学などの授業のやりかたを見直して、現在4単位科目なら6単位科目にする。4単位分はこれまでと同じように進めるけれど、あとの2単位はTA指導の下で演習を行う。授業でやったことについて実際にデータを探してきて再現するようなことができれば、内容の定着もよくなるだろうし、もっと知りたいと思う学生も出てくるはずです。そうしたら、自分で勉強するようになって、いいサイクルができるのではないですかね。

　現在の日本の教育は全般的にそうだと思いますが、いろいろな科目があって、それをちょっとずつ勉強するから、学生も何が何だかわからなくなる。僕の卒業生も「先生のゼミに2年間いましたけれども、ヘクシャー何とかというのだけ覚えていますね。あとは全然覚えてない」と、そんな具合なんです（笑）。だから、ひとつのことをきちんと自分の手を動かしながら定着させることはいいかもしれません。教えるほうは大変だけれども。

**奥井** サイクルを回すというのはたしかに重要ですね。経済理論や計量経済学を勉強し、実証分析を行って、再び計量経済学を勉強しようという気持ちがもてるように、カリキュラムレベルで用意できるといいですね。

　計量経済学の授業を受けて面白いと感じる人は、数学好きな人が多いように思います。それは、計量経済学のユーザーとして想定される層とはちょっと違うわけですね。本当は、経済の実態をこの目で見極めたいという人を対象にしないといけないのに、その点でも、教育がうまくいってないように思いま

す。

**古沢** 現状の経済学部の学部教育を考えると、成功しているとは言い難いのではないかと思います。というのは、ほかの社会科学の科目の中で興味を失う学生が割合的に多い気がするからです。それをもっともっと少なくする必要がある。

**川口** いろいろな道具・手法を使って現実の問題を解いていくような作業は、経済学に限らずいろいろな分野で通じる重要な能力だと思います。問題をしっかり認識して、データで仮説を検証し、うまくいかなかったらもう一度仮説に戻ってやり直す、といった手順を身に付けることは大切で、経済学はそれをやるのにすごく適している。けれど、そういう形にカリキュラムがなっていない。

**奥井** 計量経済学は、そういった作業においてとても大事な手法になりますね。

**川口** こういう言い方をすると語弊があるかもしれませんが、『経済セミナー』だから許されるということで（笑）、経済学は社会科学の中で一番優れていると思います。社会に出てから本当の意味で役に立つ。きちんとした考え方を身に付ける学問体系としてはやはり経済学が一番よくて、その点で経済学は将来性があると思います。そこを学部生に伝えるのが難しいのですが。

**古沢** カリキュラムも、いきなり計量経済学入門から入るのではなくて、もう少し柔らかく「データに触れよう入門」みたいなものがあってもいいかもしれませんね。1年生の最初にそういうことをやって、興味を失う学生を少なくしていく工夫が必要です。

**川口** たしかに、そのようなちょっとした工夫で、学生の統計学や計量経済学に対するモチベーションは格段に上がっていきそうですね。

――本日はありがとうございました。

[2016年6月16日収録]

**注**

[1] G. W. Imbens and J. D. Angrist（1994）"Identification and Estimation of Local Average Treatment Effects," *Econometrica*, 62(2), pp.467-475.

[2] R. Chetty, N. Hendren and L. F. Katz（2016）"The Effects of Exposure to Better Neighborhoods on Children: New Evidence from the Moving to Opportunity Experiment," *American Economic Review*, 106(4), pp.855-902.

[3] A. B. Bernard, A. Moxnes, Y. U. Saito（2015）"Production Networks, Geography and Firm Performance," NBER Working Paper, No.21082.

[4] J. D. Angrist（1990）"Lifetime Earnings and the Vietnam Era Draft Lottery: Evidence from Social Security Administrative Records," *American Economic Review*, 80(3), pp.313-336.

[5] M. J. Melitz（2003）"The Impact of Trade on Intra-Industry Reallocations and Aggregate Industry Productivity," *Econometrica*, 71(6), pp.1695-1725.

[6] M. Bertrand, P. Cortés, C. Olivetti and J. Pan（2016）"Social Norms, Labor Market Opportunities, and the Marriage Gap for Skilled Women," NBER Working Paper, No.22015.

[7] M. Gentzkow and J. M. Shapiro（2010）"What Drives Media Slant? Evidence from U.S. Daily Newspapers," *Econometrica*, 78(1), pp.35-71.

[『進化する経済学の実証分析』pp.2-12を一部修正して再掲]

インタビュー
Interview

# 経済学における実証分析の新たな潮流

## 伊藤 公一朗

2016年刊行の『進化する経済学の実証分析』の巻頭鼎談（本書pp.2-12に再掲）を受け、その後の経済学における実証研究の進化や現在の潮流、今後の展望について、環境・エネルギー政策の分野で数々の先端的な実証研究を展開中の伊藤先生にお話を伺った。

## 1 ｜ 計量経済学の進歩

——近年の経済学における実証分析では、どのような分野でどのような進化が遂げられてきたのでしょうか。

**伊藤**　経済学の実証分析の進化を考えるときに、計量経済学の進歩と機械学習の進歩を分けて考えると考えやすいと思います。

まずは計量経済学についてお話しますと、計量経済学では、さまざまな因果推論の手法の開発が行われてきたということがあります。たぶん経済学のおもしろいところのひとつは、手法の開発と手法を使う側とがインタラクティブになっていることです。例えば実証研究者が、「こういったリサーチ・クエスチョンで、こういった分析をしたい」と思っているとします。そのときに、そういった分析方法がすでにあればいいのですが、ない場合には、その手法が実証研究で必要だというモチベーションで、計量経済学の理論研究者が新しい手法をつくるわけです。

その手法を使った実証研究もまた生まれてきて、その実証研究がその手法を使う段階で、もうちょっとこういった改良があったほうがいいとか、推定値は出てくるのだけれども推定値の厳密な解釈がわか

らないとかいった意見が出てきます。そうするとまた理論のほうで、その解釈だったり、新たな手法だったりを考えていくわけです。要は、道具を利用する側と新たな道具をつくる側のコミュニケーションがしっかりしている。そこがたぶん経済学の実証研究が進歩してきているひとつの理由だと思います。

特に計量経済学の手法に関してはまさにそうで、この数十年で因果推論が重要だという話になってきたのですが、なぜこれが進んできたのかというと、新たにいろいろな手法が開発されてきたからだと思います。例えば私の新書『データ分析の力　因果関係に迫る思考法』[1]でも書いていますが、フィールド実験やランダム化比較試験（Randomized Controlled Trial：RCT）ができる場合はそれでいいけれども、RCTができないときにはどういう方法があるのかとか、それぞれの方法の利点と弱点についても明らかになってきています。

——手法の開発と利用がよいサイクルとなって発展してきたのですね。

**伊藤**　それからもうひとつ、ちょっと専門的かもしれないですが実は重要な点として、すでに存在していた因果推論の手法に対して、正しい解釈がしっかり理論的に与えられつつあるという進展があります。例えば、既存の手法の理論的裏付けもそうですし、

出てきた推定値の解釈についても、いままで結構ラフだったものがしっかりしてきたといったことです。

推定値に関する標準誤差とか信頼区間とか言いますけれども、もう少しわかりやすく言うと、「出てきた推定値の数字がどれだけ統計的に信頼できるのか。結構幅のある解釈をしなければいけないのか、それとも、とても信頼できるかっちりしたものなのか」ということを示したものが、統計的な誤差という考え方です。これは実は重要なのですが、20年ぐらい前までは、どちらかというとそれほど重視されてきませんでした。

例えば政策分析をするときでも、「この政策の効果が10%だ」ということに対して、とても信頼できる10%なのか、それともあまり信頼できない10%なのかということが重要なわけです。統計的信頼区間が広い推定値の場合、点推定で10%と出ても、統計的信頼区間が広い場合は政策効果は1%かもしれないし、もしかして20%かもしれない。こういった、統計的信頼区間や誤差を計算する方法が約20年前までは結構荒かったのです。しかし最近、その辺をちゃんとまじめにやりましょうという理論的研究と、それをしっかり使いましょうという実証研究が出てきたので、それもひとつの進歩だと私は考えます。

## 2 │ 機械学習の進歩

──続いて、機械学習の進歩についてはいかがでしょうか。

**伊藤** これは皆さん、たぶんいろいろなところで見聞きしていることだと思いますが、前回の鼎談（『進化する経済学の実証分析』pp.2-12、本書pp.2-12に再掲）にもありましたように、機械学習は観測できるデータを利用した予測に非常に適しているわけです。いままでは簡単な予測しかできなかったのが、いまでは、さまざまなハイレベルな機械学習を利用して、もっと高度な予測ができるようになってきています。

ただ、気をつけなければいけないことのひとつは、基本的には機械学習が得意としているものは予測であって、必ずしも因果ではないということです。通常の機械学習では、因果関係の特定を目的とはしません。データを使って予測をする際は、相関関係のみで十分で因果関係の特定は必要ないからです。ですから、機械学習を使ってあたかも因果関係を論じているような場面に遭遇したら疑ってかかる必要があります。詳しくは私のウェブサイトに「データ分析を経営や政策に生かすには？『因果分析』と『予測』の適切な使い分け」[2]という資料を掲載しているので参照ください。

もうひとつ気をつけなければいけないこととしては、機械学習が基本的に焦点を当てているのは、観測できるデータをどう利用するかだということです。一方、計量経済学では、人間の行動の観測できない要素、これを経済学ではunobservableと言いますけれども、これに気をつけて取り組んでいます。つまり、どちらかというと機械学習は観測できるデータをどうやってうまく利用するかが焦点ですが、計量経済学では、どちらかというと観測できない要素をどう捉えるかとか、観測できない部分にどう気をつけながら推定をするかといったことを扱っているわけです。ですので、結構視点の違うところがあります。これについては、このあとにも少しお話ししたいと思います。

まとめると、近年の実証研究の流れとして、計量経済学と機械学習の両方がぐっと進歩してきているということがまずあります。

──それぞれ得意なところが違うけれど、それぞれに進化を遂げてきているのですね。

**伊藤** さらに、もうひとつ加えるとすれば、両方の手法を使った実証研究の幅がすごく増えてきているということです。前回の鼎談でもありましたが、いままで伝統的に経済学が扱ってきたもの以外に対しても、さまざまな経済現象に対しての実証研究は最近増えてきています。私の専門のエネルギーとか環境の分野でもそうですし、犯罪とか医療など、実証研究が対象とする分野の幅が広くなってきているということが、近年の経済学の実証研究におけるもうひとつの潮流だと思います。

──従来の経済学では扱わなかったようなテーマや対象を扱うようになってきたということでしょうか。

**伊藤** そうですね。いろいろな流れがあるのですが、

たぶんビッグデータが活用されるようになり、利用可能なデータが増えてきたことと、あとはさまざまな手法が開発されてきたことで扱える守備範囲が広がってきたということが理由としてあると思います。

さらには、例えば政治学や社会学の分野でも、経済学と同じような手法を使う人が増えてきています。計量経済学と機械学習を用いた社会科学的な研究という捉え方をすると、実証分析の垣根みたいなものが、経済学・政治学・社会学ではあまりなくなってきていると思います。

──分析手法の垣根がなくなってきたときに、ある研究を「経済学」と呼べるかどうかというのは何によって決まるのですか。

**伊藤** たぶん人によって解釈は違いますが、多くの人は経済学と呼べるかどうかは、どんな手法を使っているにしろ、経済現象を対象にして分析しているということを定義としていると思います。

例えば犯罪の経済学という分野がありますが、これは犯罪を扱っているけれども、あくまでも犯罪の「経済学」なのです。例えばどういう経済的動機があって犯罪が起きるかとか、どういう経済的ペナルティーを科すと犯罪が起きないかといったことを分析しているわけです。あとは家族の経済学などもそうですが、やはり経済に関するところを対象にしているということだと思います。

つまり、手法で定義してしまうと、例えば「計量経済学を使っていたら経済学だ」と言ってしまうと、たぶん多くの社会学や政治学の研究がいまは経済学になってしまうと思います。しかし、多くの人はそう捉えないはずです。どちらかというと、正しい解釈としては、「計量経済学という手法が現在では経済学を超えたところで使われている」ということでしょうね。

## 伊藤 公一朗

Koichiro Ito

シカゴ大学公共政策大学院ハリススクール准教授。専門は環境経済学、エネルギー経済学、応用計量経済学。カリフォルニア大学バークレー校博士課程修了、Ph.D. in Agricultural and Resource Economics。スタンフォード大学研究員、ボストン大学助教授、シカゴ大学助教授を経て、2019年より現職。全米経済研究所（NBER）、経済産業研究所（RIETI）などの研究員職を兼任。論文："Willingness to Pay for Clean Air: Evidence from Air Purifier Markets in China," *Journal of Political Economy*, 128（5）, pp.1627-1672, 2020（with Shuang Zhang）など。

| 3 | 実証分析はどこに向かうのか |
| --- | --- |

──今後、経済学における実証分析がどのように発展していくかの展望をお願いします。

**伊藤** 展望は難しいですけれども、私の勝手な私見では2つあります。

まず1つは、必ず起こるのではないかな、あるいは、もうすでに起こり始めているなというものです。先ほどお話ししたとおり、計量経済学と機械学習は違った利点を持っているわけです。これからはどんどんこの2つの融合が起こってきて、そこに融合が起これば起こるほど、実証研究者にとって有用な、いろいろなアプローチや手法が生まれてくると思います。

もうすでに起こっている例としては、機械学習と因果推論の融合によって、これまでできなかったような政策効果の分析が可能になってきています。例えば、ある政策効果についての因果推論をする際には、平均的な政策効果を分析しようというのが第一のステップですが、たぶん次に実証研究者が考えることは、この政策効果がどんな多様性を持つのかということでしょう。例えば所得の低い人により効果が高かったのか低かったのか、あるいは、子どもがいる人たちに対して効果が大きかったのか小さかっ

たのかというように、社会全体の平均的な効果だけではなくて、効果の多様性（heterogeneity）を分析することは重要だと計量経済学でも常に言われてきたわけです。

ところが、いままでの計量経済学だけの研究では、研究者の側に「きっと所得が大事だろう」とか、「子どもがいるかいないかが大事だろう」とか、そういう恣意的な視点があり、さらに存在するデータの制約もあり、限定的な分析しかされてこなかったわけです。しかし因果推論の推定と機械学習を組み合わせると、どんな人に効果が出て、どんな人に出なかったかということに対して、包括的というか網羅的というか、そしてかつ恣意的ではない分析を、機械に委ねることができるのです。だから、研究者の恣意性があまり出ないような分析が可能になるわけです。

——機械がまさに機械的に、先入観なく見てくれるということですね。

**伊藤** そうですね。機械学習は実はその辺が得意なので、しっかりとした因果推論をした上で機械学習も取り入れることによって、政策効果がどんな人により大きかったかというような分析が、いままで以上によりしっかりとできるようになってきました。それが、すでに起こり始めていることのひとつの具体例です。

こういった機械学習と計量経済学のいいとこ取りみたいなアプローチがもっといまから出てくる気がしていて、それはとても有用だと思います。これはお互いの弱点を補うという捉え方もできると思います。

——もう１つの展望については、いかがでしょうか。

**伊藤** 前回の鼎談の中で、リサーチデザインが重要になってきたという旨のお話が川口大司先生からありました（本書p.3）。リサーチデザインが重要だと言われるようになってきたのは、この20〜30年だと思います。最初に起こったのは、きちんとしたリサーチデザインをすることによって、ある何らかの変数 $x$ が、何らかの結果である $y$ という変数に対してどういう影響を出したのかを明らかにするという、ある意味シンプルな因果推論の分析です。こういった分析はいまでも有用で、例えば「ある政策がどん

な効果を生んだのか」というような研究は、今後も続いていくと思います。

しかし、こういった研究に対しては、批判もあります。このような研究は経済学では誘導型の分析（reduced form）と呼ばれることがありますが、誘導型分析に対するひとつの批判として、ある特定の政策の効果はわかるけれども、もっと深いことまではあまりわからないというものがあります。

具体例でいうと、エコポイント制度[3]という政策が2009年に導入されました。その政策効果を分析する際に、もし誘導型の分析で効果がわかったとしたら、それはその特定の政策のプログラム評価をする上で有用なのです。こういった分析はもちろんやるべきです。しかし、その次に、エコポイント制度と近い政策だけれどもちょっと違うことをやろうとするときに、元々のエコポイント制度の分析がどのくらい有用かというと、あくまでも特定の政策の効果の分析なので、そのまま当てはめるのは難しいのです。

計量経済学の近年の進歩で、誘導系分析とは異なる方向に進歩してきた分析に構造推定（structural estimation）という方法があります。構造推定をする人たちの関心もしくはアプローチは、経済的な理論に基づいてモデルをつくり、そのモデルのパラメータを推定しようというものです。構造推定のひとつのよさは、モデルの中に存在するパラメータに深い意味があると考えることです。例えば、消費者の選好を教えてくれるパラメータだったり、企業の生産関数を教えてくれるパラメータだったり、何か経済学的に深い意味のあるパラメータ（primitive parameters）を推定できることが構造推定のひとつのよさであるわけです。

いままでは、誘導型の人たちはどちらかというとリサーチデザインをしっかりして因果推論をしっかり出すことに精を注いできて、一方、構造推定の人たちはどちらかというとリサーチデザインには力を入れず、より厳密な経済モデルの構築に力を注いできたという流れがありました。ただ最近では、少しずつその２つの手法に歩み寄りがあると感じています。簡単にいえば、構造推定的な推定をするけれども、リサーチデザインもしっかりするという二重取

りの研究が増えてきています。

——具体的に、どのような研究なのでしょうか。

**伊藤** 例えば最近多くなってきている研究が、RCT でフィールド実験を行い、しっかりとした因果推論をしながらパラメータを分析すると同時に、そこで出てきたパラメータを使って構造推定的な推定もするという研究です。つまり、ある実験によって得られた結果から、単に特定の政策効果だけではなくて、もう少し深いことまで明らかにして、構造推定モデルを使って、ちょっと違う別の政策をしたらどうなるかといったシミュレーションもできるようにしてあるようなものです。

例えば、私が京都大学の依田高典先生とGRIPS（政策研究大学院大学）の田中誠先生と取り組んでいる論文がそのひとつです。日本で行ったフィールド実験をもとに電力需要の分析をしていますが、消費者の自己選抜を含んだ一般的ロイモデル（Generalized Roy Model）、というモデルを用いて構造分析を行っています。そのモデルを使うことで、（もちろんモデルの仮定の下ですが）さまざまな仮想的な政策効果の予想もできるようになります。

こういった流れは、先ほどの計量経済と機械学習の考え方と似ていて、お互いの利点を生かす、もしくは弱点を補い合うことができるということです。学問的にもそういった研究は重要だと考えられているし、実用的な視点からも今後、データ分析の応用性が広がると思うのです。それゆえ、この流れは今後活発になるだろうと私は考えます。

## | 4 |　EBPMを根付かせるには 何が必要か

——実証研究の進展は、近年日本で花盛りのEBPMの推進にもつながっていくでしょうか。

**伊藤** たしかに日本ではいまEBPM（Evidence-based Policy Making：エビデンスに基づく政策立案）が花盛りですが、私はいつも「一時の流行に終わらせないで定着させてほしい」と言っています。あと２年後ぐらいに「EBPMは何だったの？」みたいな話になる可能性もある。実際にこれを日本でも長く根付かせていくために何が必要かという議論が

重要だと思います。そしてそのためには政策現場と研究者の双方の努力が必要だと私は思っています。

——どのような努力が必要なのですか。

**伊藤** 政策現場の努力というのは、いろいろあります。データを整備するとか、研究者にそのデータを使わせて分析してもらって何か有用な分析結果をもらうということもありますけれども、もうひとつ、政策現場の誰がEBPMをやるのかと考えたときに、今後本当に必要なのは、政策担当者の評価システムの改革だと思います。

政策担当者がEBPMをやったときに、どういう評価をされるのかというのが、たぶんいまははっきりしていません。ですので、昨年のシンポジウム[4]の登壇者とも話したのですが、いま起こっているのは、やる気のある人が率先してやっているという現象です。でも、その人たちがデータ分析を用いたEBPMをしたことによってどう評価されるかということは、あまりはっきりしていません。

さらに、出てきたエビデンスが政策決定のプロセスでどう生かされるのかということもまだはっきりしていない。その辺を政策現場のほうでもうちょっと練りながら進めていかないと、たぶん定着しないだろうと思います。

もうひとつは研究者側の問題で、おそらくいままでの研究者の姿勢は、「私は研究者であって、とりあえず研究室にこもって研究しているのが一番だ」、あるいは、「私は特定の研究テーマにしか関心がなくて、どちらかというとあなたたちを手伝うつもりはない」というものではないでしょうか。

しかし、そういう姿勢が最近は変わってきていると思います。現場に足しげく通って一緒に政策を考えていくとか、政策担当者側からの興味、関心も開いて歩み寄るとか、そういった努力をする研究者が増えてきています。目指すべきは政策現場と研究者側のwin-winの関係で、お互いにベネフィットがあるような協力関係です。

——行政データの整備状況やデータ活用の利便性については、いかがでしょうか。

**伊藤** 日本ではデータの整備が遅れていたり、公開されていないデータが多かったり、データが全部PDFになっていて、Excelもたぶんあると思われる

のに出してくれないとか、私もそういう経験があります。

　昔からある日本の統計データは、データを取ることに主眼が置かれていました。そのデータを使って何かを分析しようとか、社会で起こっていることを理解しようとか、そういった統計データの「利用」を前提にした収集があまりされてこなかったのです。だから本当はそこに改革が必要で、ちょっと中長期的な流れかもしれないですが、分析者が使うようなデータを収集していくことが、EBPMにとって必要だろうなと思います。

　一番いいのは、どんなデータを取るかという決定をするところに統計学や計量経済学や経済学の専門家がもっと入って、それこそ政策現場と研究者の共同作業でやることですね。そのようなことは、いまでも少し起こっているかもしれませんが、もっともっと起こっていいのではないかと思います。

──研究者が政策研究に足を踏み入れにくい理由として、学界で評価されづらい、あるいはトップジャーナルに論文を載せづらいという側面もあるのではないでしょうか。

**伊藤**　それには、たぶん2つの方向性の回答があると思います。

　1つめの回答としては、そういった研究が学界で評価されるかどうかというのは、研究者の力量が問われる部分だと思います。例えば既存研究と似たようなRCTを行う場合でも、少し頭をひねって、もう少し新しい発見をするような仕組みとか、新しいクエスチョンを立てる仕組みを作る余地はあります。あくまでもいままでと同じような実験をするのだけれど、そこに新しいクエスチョンを入れ、いままでわからなかったこともわかるような仕組みにするということです。研究者には実はそれができるはずで、そこは研究者の力量が問われるところだと私は思います。

──政策担当者から依頼された研究であっても、研究者のオリジナルの視点や解釈を加えられるということでしょうか。

**伊藤**　そうですね。日本だけではなくアメリカでもそうで、アメリカでトップジャーナルに載っているすごく影響力のある論文の中にも、やはりパートナーがいるわけです。そのパートナーが政府だったり、企業だったり、もしくはNGOだったりするわけですが、いずれもパートナーの要求がまず先にあるのです。

　まずはパートナーの関心に応えるという大前提があって、でも研究者としても新しい発見をしてみたい、新しい問いを立ててみたいというのがあるわけです。なので、どちらかというと、研究者の問題関心に、パートナーにも入れ込んでもらうという感じですね。一番うまくいくシチュエーションでは、その新しい問いが、研究者だけではなくて、やろうと言ってきたパートナーにとっても、それはそれでわかったらおもしろいという、双方にとって関心がある視点になります。これは多くの論文、アメリカの論文でも、みんな研究者はやっていると思います。だから、もし既存研究の二番煎じ的な研究しかできないということがあるとしたら、パートナーのせいではなくて研究者のせいだと思います。

──パートナーのリクエストに応えるだけではなく、むしろ研究者の側からも魅力的な提案をして、双方の問題関心として取り組んでいくというイメージですね。

**伊藤**　そのとおりです。あくまでもパートナーがやりたいことが大事なので、そこに研究者側のやりたいことも入れていくのは難しいですけれども、そこをどうにかしていくのが鍵ですかね。

──そして、もう1つの方向性とは。

**伊藤**　もう1つ、ありうる方向性としては、そもそも研究ジャーナルに載せるようなプロジェクトを目指すのではなく、実務的なエビデンスをどんどん出していくという方向性です。もちろん、研究ジャーナルに載せるようなプロジェクトも存在していいと思いますが、それ以外に、研究者というよりも、「私はデータサイエンティストで別に論文を書く気はないけれど、有用な結果をどんどん出していきます」という方向性もあっていいと思うのです。

　アメリカでは、たぶんそれらが両立しています。そういうデータ分析をするコンサルタントがいて、日本でいうところのシンクタンクやコンサルタントに近いのですが、アメリカの経済分析専門コンサルタントたちは経済学、統計学、情報工学の博士号を

もつ専門家集団です。彼らはそれこそRCTなどをどんどんやっていて、学術論文を書くこともあるけれども、学術論文にせず、依頼者への報告書にとどめることもあります。

それからいま、GoogleやFacebookなどの企業では、自分たちで企業内にそういったデータサイエンティストを雇っているわけです。彼らは別に論文を書くわけではないけれども、どんどんエビデンスを出しているわけです。それは企業のビジネスにとって有用だからです。

こういったことが、日本の企業の中に起こってもいいし、もしくは企業の中にそういった部隊を置くリソースがなければ、それこそデータサイエンスに特化したコンサルタントのような会社が現れてもいいですね。そういうところに経済学の修士号や博士号をもった人が勤めて、社会にとって有用な分析結果をどんどん出して、それが学術論文になるときもあるけれど、必ずしもならなくてもいいというような姿勢でやるというのが、2つめの回答です。この2つを両軸にやっていけば、解決できない問題ではないのではないかと思います。

## 5 実証研究をやりたいからこそ、経済理論を学ぶ

——最後に、実証研究に関心のある読者に向けてのメッセージをお願いします。

**伊藤** 「実証研究、実証研究」というと、経済の理論を勉強するのはもう無駄なのではないかという誤った考えを持ってしまう人がいるのではと懸念しているのですが、実は実証研究やデータ分析を用いた経済学の応用研究が進めば進むほど、経済理論研究や経済理論の勉強は大事です。

なぜかというと、経済学の強みは「理論があって、そこから導き出される予測」をできることであるからです。データ分析では、たくさんのデータが目の前にあっても、どう手を付けたらいいかわからないというシチュエーションが多くあります。そのため、

そこに何らかの経済理論があると、例えば「ここに消費者と企業と政府がいて、こんなインセンティブ関係で絡んでいる。だから消費者はこういう行動をとるのではないか、企業はこういう行動をとるのではないか」というように、何らかの予測が研究者側にできるわけです。

つまり、データ分析をする際の整理をしてくれるという意味で経済理論は非常に重要なのです。そういう視点に基づくと、「実証研究をやりたいから、経済理論なんか勉強しないで計量経済と統計学だけやりましょう」というのではなくて、むしろ、実証研究をやりたいからこそ経済理論をちゃんと勉強して、経済理論に基づいたデータ分析をやれる人が増えてほしいと思っています。

私が新書を書いたそもそものモチベーションは、私自身は自分がやっている経済学の実証研究が非常に面白く、いまから学問をやろうとしている人たち、特に社会科学を勉強してみたいと思っている人たちに、こんな分野があるということをわかってほしかったのです。実証研究に関心をもって、勉強したり研究してみたいと思う人が、もっともっと日本でも増えてくればと願っています。

——どうもありがとうございました。

[2020年5月21日収録]

注

[1] 伊藤公一朗『データ分析の力　因果関係に迫る思考法』光文社新書、2017年。第60回日経・経済図書文化賞（2017年）、第39回サントリー学芸賞（政治・経済部門、2017年）受賞。
[2] https://koichiroito.com/pdfs/Ito_JCER.pdf
[3] 環境省、経済産業省、総務省が主体となり進められた政策。地球温暖化対策、経済の活性化および地上デジタル対応テレビの普及を図るため、省エネルギー性の高いグリーン家電（地上デジタル放送対応テレビ・エアコン・冷蔵庫）を購入すると、さまざまな商品・サービスと交換可能なポイントが付与される制度（ポイントの発行・交換ともすでに終了）。
[4] RIETI（経済産業研究所）EBPMシンポジウム「エビデンスに基づく政策立案を進展させるために」（2019年12月25日開催）。伊藤氏は、報告「エビデンスに基づく環境・エネルギー政策にむけて」およびパネルディスカッションにて登壇。

インタビュー
Interview

# 野口晴子

# 経済学は
# リアルワールドと
# どう向き合うべきか

近年、急速に多様な大規模ミクロデータの整備が進み、政策への活用も推進されている。この大きなうねりの中、経済学はどのような姿勢で現実社会に向き合っていくべきか。政府や自治体の数々の審議会や委員として、積極的に政策提言を行っている野口先生にお話を伺った。

## 1　拡大するデータの利用可能性

——日本で行政データを研究に活用する試みは、どれくらい進んでいるのでしょうか。

**野口**　近年は、国や自治体と研究者が協力して、いろいろなミクロデータが整備されつつあります。

　例えば、厚生労働省が2020年の秋から医療系のNDB（National Database）と介護レセプトを連結して提供してくれることになりました。いわゆる医療介護連携に向けて、何か政策に役立つエビデンスを構築するためには、医療レセプトと介護レセプトが連結していないと、どうしようもない。例えば、要介護になるときは、何か原因があるはずです。自宅やそれ以外の場所で転んで骨折をして、入院して、その結果、要介護になってしまうかもしれないし、脳溢血や急性心筋梗塞で倒れて、手術をして、それで要介護になってしまうかもしれない。要するに、要介護になる原因として、医学的な処置が必要になるようなイベントが何か起こっているわけです。

　そうすると、例えば高齢者にどのぐらい社会保障費がかかっているのかというときに、介護だけをみても駄目ですし、医療だけでも押さえきれない部分があります。高齢者が要介護になった時点から最期

の看取りまで、医療と介護が連携してサービスを提供しているわけで、そこでいくらかかっているのかというのは、医療レセプトと介護レセプトを連結しないと絶対に見られないことです。

　さらに、このデータには特定健診のデータも連結されています。だから、生活習慣病が発生する前の健診データの動きや、健診でどのぐらい早く病気を捕捉できたかもわかります。つまり、医療にかかる前の状態から、そのあと医療にかかって、要介護状態になって、介護が必要になるという一連の軌跡が追えるようなデータベースが、ようやく構築されつつあるというところです。

——そういった取組みは過去にはなかったのですか。

**野口**　市区町村レベルでは、個別に自治体と研究者が協力して、医療と介護のレセプトを連結させるさまざまなプロジェクトが行われてきました。しかし全国レベルでNDBと介護レセプトを連結したというのは、今回の厚生労働省の試みが初めてだと思います。

　最近では、医療データに限らず、さまざまなミクロデータが利用可能になってきています。例えば、私たちのプロジェクトではいま、科研費プロジェクト[1]で、足立区の児童・生徒の学力や生活習慣、就学支援データなどをパネルデータ化し、これらの関

係を分析しています。最近では、これに長期欠席や問題行動のデータも連結しています。私たち以外にも、大阪大学の大竹文雄先生や慶應義塾大学の中室牧子先生等各地の自治体と協力して、教育や子どもたちに関するデータベースの整備と分析に取り組んでいる研究者がいらっしゃいます。

また、アリゾナ大学・東京大学の市村英彦先生は、国勢調査と人口動態調査のパネル化に取り組んでおられます。国勢調査というのは原則全数調査なので、パネル化することによって、かなりの情報量が得られます。高齢者はあまり移動がないので、わりと追跡しやすいのですが、若い人は頻繁に移動するので、パネル化がなかなか難しいようです。他方で、人口動態というのは、出生、結婚、離婚、死亡を行政目的で集計したデータです。国勢調査は5年に1回ですが、人口動態は毎年の個人の記録が残ります。5年に1回の国勢調査と、行政データである人口動態調査を接続することによって、かなりのことがわかってくるのではないかと期待されています。

# 2 実証分析と研究倫理

——国勢調査がこれまでパネル化されていなかったというのは意外な気もします。

**野口** そうですね。いま、「マイナンバーを使え」とおっしゃる方もいますが、研究者の中でも、マイナンバーをデータと紐づけることに関しては、倫理面でまずいのではないかと考える人もいます。マイナンバーを使ってあらゆるデータを集積することは、研究上、非常に望ましいことではあるのだけれども、それによってやはり倫理的に匿名性の担保は非常に難しくなる。何か問題があったときに、いったい誰が責任をもつのか。いまのところ、日本ではデータを出す行政側に社会的責任が負わされています。だから、彼らとしてみれば貸し出すインセンティブが低いわけです。

欧米では、研究者のほうにより大きな責任を課すようなルールになっています。アメリカなどは、データを借りるときに、何か深刻な問題が起きた場合には研究者側が罰金を支払うか、牢獄に入らねばならないことが申請書に明記されています。日本ではいまのところ、明確なルールがないので、そういった中でマイナンバーのような究極の個人情報を使って、あらゆるデータを紐づけていくことに関しては、大きな抵抗を感じる研究者もいます。

これは非常に難しい研究倫理の問題です。情報量が増えれば増えるほど、研究面、あるいは政策立案の面でいろいろなことができるようになるものの、その反面、個人情報保護の観点からすると、ものすごく脆弱なシステムになってしまう。だから、どの国でも、継続的に議論がされているところです。

——何かよい方法はないものでしょうか。

**野口** 最も理想的なのは、例えば国勢調査など各種のデータを、行政の側で紐づけて、個別に管理していただくことです。行政側が、それらのデータをすべて連結させることのできるキー変数を持っていて、研究者にデータを提供するときは、すべて匿名化して提供できるようなシステムですね。行政がすべての官庁のデータを管理し、キー変数は研究者には絶対見せないようにして、研究者はデータの二次利用をする。そんな仕組みができればベストです。

——実際にそのような仕組みが運用されている国はありますか。

**野口** 昨年の秋に現在共同研究を行っているスウェーデンを訪れた際、彼らの行政データの管理・運用法に非常に感銘を受けました。

実際に見せてもらいましたが、共同研究者の研究室のコンピュータから直接、統計省のサーバーにアクセスできるのです。もちろん、二重、三重にファイアウォールがかかっていて、パスワードを使わなければなりませんが。そして統計省のサーバーには、日本でいうところのセンサスやNDBなど、いろいろなデータがばらばらに入っています。研究者は、匿名化されたキー変数を使い、事前に申請した研究目的に合わせて、必要なデータを自分でくっつけます。だから、統計省のサーバーの中には、分析に必要な統計ソフトがほぼ何でもインストールされています。要するに、研究者個人は一切データを持ち出すことはありません。最終的な分析結果が出ると、統計省の人がそれをチェックします。申請した変数をきちんと使って、申請したトピックで分析をしているか

がチェックされ、分析結果だけがEメールなどであとから送られてくるのです。

　この仕組みは、すごくいいと思いました。ただし、スウェーデンでは、研究倫理が厳しく課されていて、共同研究者から、「統計上の法律に違反して、牢屋に入っている人がいま、3、4人いるよ」と聞きました。

——あまり研究者に重い責任を課すと、研究者が実証研究に踏み込みづらくなる側面はありませんか。

**野口**　萎縮してしまうこともありますよね。ただ、こんなことを言うと怒られるかもしれませんが、私自身も含めて、日本の経済学者はどうしてもそこが緩いと私は常々思っていて、データがあったら使ってしまう、使ってしまっちゃいたい、ということがよくあるのではないでしょうか（笑）。

　しかし、あらゆる個票データには、プライバシーにかかわるような個人情報が必ず入っているので、そこは倫理審査をきちんと経た上でやらなければならない。匿名化されたデータで、倫理審査を簡略化できる、あるいは必要ないという判断も含めて、倫理審査委員会にかけるというプロセスはどうしても必要です。

　公衆衛生や医学では、そこはかなり徹底していると思います。どんな研究であっても、必ず倫理審査を通す。そういった認識は、経済学者もきちんと持たなければいけません。ただ単に「データを出せ、出せ」と言うだけでは、よくないかなという感じはします。

## 3 ｜ 「トランスレーター」の重要性

——近年のミクロデータ構築の動きは、政策現場にも影響を与えているでしょうか。

**野口**　せっかくさまざまなミクロデータが利用可能になって、国際的に見て素晴らしい研究成果が出たとしても、それを実際の政策に活用できているかが問題です。それを、研究の中身や統計手法がわかった上で、政策の現場に落とし込む通訳の役目を果たす「トランスレーター」人材が著しく不足していると思います。

　一例を挙げると、私は2013年から昨年まで、中央社会保険医療協議会（中医協）の医療経済実態調査に携わっていました。診療報酬改定の重要参考資料となる調査で、改定年度に合わせて2年に1回行います。全数調査ではなくサンプリング調査なので、統計学的に有意な差があるのかどうか検定する必要があります。私は担当していた6年間、その必要性を訴え続けたのですが、結局、少なくとも私の任期中に統計学的な検証の実施には至りませんでした。

——それはなぜですか。

**野口**　「なぜですか」と私も問い続けました。おそらく、1億円ぐらいかけて行っている調査なので、統計学的に有意性がないことを政治家に説明できないからではないでしょうか。「1億もかけたのに、統計学的に有意性がないとは何事か」となってしまう。でも、統計学的に有意性がないというのは、ちゃんと意味のある結果ですから、それをうまく説明するスキルが必要なわけです。もちろん、統計学がまったくわかっていない人に、この説明をするのは存外大変なことではありますが。

　6年間言い続けたかいがあったかどうかは定かではありませんが、今回ようやく医療経済実態調査に統計学的な検証が入ることになったと伺いました。$t$ 検定をする、ワルド検定をする、あるいは $F$ 検定をする。細かいことかもしれませんが、それすら、何度も何度も研究者の側が言い続けて、実現するには長い時間がかかるのです。

——どうすれば、研究の知見をスムーズに政策現場に活かすことができるでしょうか。

**野口**　私が思うに、本来であれば官僚が、あるいは研究者がトランスレーターとして、専門的な知見を落とし込んで政治家に説明しなければいけないわけです。最近の若い官僚の方々はたいへん優秀で、統計学に詳しい人はたくさんいるのですが、ただ、どちらかというとトランスレーターというより研究者志向の人が多いですね。

　アメリカにはCMS（Centers for Medicare & Medicaid Services）という組織があって、その中にPh.D.が大勢います。彼らが、データ整備や定期的に公表されるレポート作成などを行っています。そのメリットとして、そのデータを使って論文を書い

てよいことになっています。それでCMSの人たち
は、そこにしばらく所属して論文を書いてアカデミ
アに出ていったり、シンクタンクに出ていったりす
るという好循環が働いています。

　日本でも同様に、厚生労働省でPh.D.を常時何人
か雇って、データ管理やコンサルティングをしても
らう仕組みをつくり、彼らが研究者のやっているこ
とを政策に落とし込むトランスレーターの役割を果
たしてくれれば、すごくいいことだと思います。

――トランスレーターの役割は重要ですね。

**野口**　いま、日本でもEvidence-based Policy Mak-
ing（エビデンスに基づく政策立案：EBPM）とさか
んに言われていますが、その浸透に時間がかかって
いる理由のひとつは、トランスレーターがいないこ
とだと思います。

　例えばアメリカだと、経済学のPh.D.を取得する
卒業生は、年間1300〜1400人ぐらいで、それに対す
る求人数が3500以上あります。一部のトップクラス
の優秀な研究者は、アメリカのいい大学に就職して
アカデミアに残るわけですが、残りのPh.D.取得者が、
政府や地方行政、NGO、NPO、シンクタンクなど、
いろいろなところに入り込んでいって、トランスレ
ーターの役割をちゃんと果たしています。しかし、
日本では経済学のPh.D.取得者が研究者以外の進路
を選ぶことはあまり多くありません。その違いは大
きいと思います。

　こうしたトランスレーターの役割を担う人たちを、
日本社会が評価していないのが問題です。研究者は
研究者で、政治家は政治家で、それぞれ表立って評
価されるのですが、ここをつなぐ人たちは、日本で
は社会的にも給与の面でもあまり評価されていない
ように思います。実際には、そこにこそ本当に専門
的な知識が求められるのですが。

　アメリカの場合はシンクタンクの給料も半端ない
ですから（笑）、そういうところでトランスレーター
として活躍して評価されている人はたくさんいます。
そういう仕組みが日本でもうまくできるといいと思
います。本気でEBPMをやろうとしたら、そこは必
然ですよね。それがないと絶対根付かない。いつま
でたっても、研究者が言っていることを具現化でき
ないと思います。

# 野口晴子

Haruko Noguchi

早稲田大学政治経済学術院教授。専門は医療経済学・応
用ミクロ計量経済学。ニューヨーク市立大学経済学研究
科博士課程修了、Ph.D. in Economics. スタンフォード
大学研究員、全米経済研究所（NBER）研究員、東洋英和
女学院大学国際社会学部助教授、国立社会保障・人口問
題研究所社会保障基礎理論研究部第二室長などを経て、
2012年より現職。論文："Spillover Effect of Japanese
Long-Term Care Insurance as an Employment Promotion
Policy for Family Caregivers," *Journal of Health Econo-
mics*, 56, pp.103-112, 2017 (with R. Fu, A. Kawamura, H.
Takahashi, N. Tamiya) など。

## 4　研究者はリアルワールドで 何をすべきか

――研究者は政策現場でどのような役割を果たすべ
きでしょうか。

**野口**　政治家とは、意思決定をする人です。そして
その意思決定をするための根拠を提供するのが、わ
れわれ研究者の役割だと考えています。つまり、意
思決定をする人たちにチョイス・セットを示すこと
です。

　「○○すれば△△になる」という、科学的な根拠に
基づいたシナリオが、いわゆる政策の選択肢になる
わけです。いくつものシナリオの中から何を選ぶか
というのは政治の問題ですから、民主主義を基盤と
したわれわれの代表である政治家が話し合って決め
ればいいことです。

――研究者の学術的な問題関心と、政治家の政策にお
ける重要課題は、一致しないことも多いのではないで

しょうか。

**野口** もちろんそのようなこともあると思います。しかし、あらゆる研究は、特に社会科学である限りは、「リアルワールド」にこそ、リサーチ・クエスチョンの種があるはずです。

たしかに学術的な重要性と政策的な重要性が一致しない場合もあるでしょう。しかし、私自身はリアルワールドをまったく無視した実証研究は、社会科学にはあり得ないと思っています。理論研究では、仮定をたくさん置いて、抽象的な世界を論じることもあります。しかし実証研究はやはりあくまでも実証なので、どこかリアルワールドに根っこがある。その根っこから発生したリサーチ・クエスチョンを、われわれは解いている。解くためにデータを見ていると思っています。

だから、学術と政策現場の相克というよりは、そこをうまくつなぎ合わせる努力を研究者もしないといけない。でも、この考えには反対する人も大勢いると思います。それをやっていると多大な時間がかかるので、研究者は研究に専念すべきで、研究を政策現場につなぐトランスレーターの役は、また別の人たちがすべきではないかという意見もたくさんあります。

──政策現場にとって有益な研究が、必ずしも学術的に高く評価されるとは限らないという問題もあるかと思います。

**野口** そうですね。これを言うと、負け犬の遠吠えと言われるから嫌なのですが、日本のデータを用いた論文では、トップジャーナルどころか、アメリカのフィールドトップに載せるのすら、すごく厳しい。日本で実証研究をしている仲間とも話すのですが、毎年1月に開催されるAmerican Economic Association（AEA：アメリカ経済学会）は、そもそも発表が採択されることがかなり難しい学会ですが、ここでも日本のデータを用いた研究で申し込むと、本当に採択率が低い。ところが、アメリカの共同研究者などを見ていると「え、これが採択されるの？」みたいな（笑）。

でも、考えてみたらそれはそうです。「アメリカ経済学会」なので、アメリカを対象とした研究の採択率が高いのは当たり前です。そして、それが世界

的な価値観になっているわけです。いわゆる五大誌[2]といわれるトップジャーナルや、フィールドトップのジャーナルに、日本人が日本のデータを使って載せるのは、よほど何か独創的かつ強烈な政策含意がないと難しいです。特に、トランプ政権になってから、AEAでの実証研究はほとんどアメリカのデータになっているようですから。

──アメリカ以外を対象とした秀逸な研究が評価されづらいというのは、経済学全体としてもあまり望ましい傾向ではないといえるでしょうか。

**野口** そうですね。ジェームズ・ヘックマンとシッダールト・モクタンが2019年の3月にNBER Working Paperで、「五大誌の専横（The Tyranny of the Top Five）」という刺激的なサブタイトルをつけた論文[3]を発表しました。この中では、五大誌という閉じられた世界での評価ばかりに固執していると、ひょっとすると新たな才能の芽を見すごして摘み取ってしまうかもしれないという危機感が表明されています。こうした傾向は、医学でも同じで、世界的に権威のある雑誌には、なかなか独創的な研究は掲載されにくい。独創的な分、雑誌にしてみたらリスクが伴いますからね。

特に若い研究者にしてみれば、評価軸が一本化されて見えやすくなっているので、トップジャーナルに論文を載せることが目的になってしまっている。「あの人はトップジャーナルにあるから」とか「あの人はフィールドトップにあるから」といって、研究者としての序列がつくわけです。自然科学の分野ではそういった序列がもっとはっきりしているのでしょうけれども、経済学という社会科学においてそうした序列がつき、研究者がトップジャーナルに論文を載せることだけで満足してしまって、それをリアルワールドにどのように応用しようかという視点を失うことには、ちょっと寂しい感じがします。

経済学は社会科学の中でも、すごくかっちりしているじゃないですか。仮定の上に仮定を積み重ねて、精緻に分析する。そんな経済学がいま、社会学、政治学、心理学、そして、公衆衛生など、周辺の学問分野を、手法の面で書き換えていっています。

たしかに経済学以外の、特に社会科学領域は、メソドロジーの点で緩い部分もある。例えば、公衆衛

生では因果性をまったく無視したような議論もしていて、経済学者にゴリゴリの因果推論に則った理屈で押されると負けてしまいます。経済学者は、「おまえら、因果推論もしていないのに、こんなことは言えないじゃないか」という感じで、ディスリスペクトするわけです（笑）。

しかし、公衆衛生の人たちは、因果ではなく、目新しい相関を見つけて、とにかくどんどんすごいスピードで発表していくスタイルなのです。因果のメカニズムは、後付けで誰かがきちんと実験すればいいと。経済学とまったくスタンスが違うのです。

——学問分野によって、重視する点が違うのですね。

**野口** 経済学の論文は、きっちりしていないとトップジャーナルに載りません。しかも、1本の論文が掲載されるまでに10年かかるようなこともよくあります。でも、はっきり言って、COVID-19（新型コロナウイルス感染症）のことをいまから10年も20年もかけて論文にして役に立つのかというと、もう遅い。リアルワールドには何の影響力もない。

とはいえ、今回のCOVID-19に関しては、さすがにアメリカの天才軍団の底力を感ぜずにはおれません。たかだか数週間のうちに、全米経済研究所（NBER）のワーキングペーパーだけでもすごい数の関連論文が驚くべきスピードで執筆されています。もともと感染症モデルのSIR（Susceptible-Infected-Recovered）モデルとマクロモデルの相性がよいこともあるでしょうが、彼らの知力と体力には、ただただ脱帽ですね。どだい比べるのがちゃんちゃらおかしいのですが、それでも、web講義の準備と学務に追われて、何にもできない自分がなさけなくなります（笑）。

マクロ分野の若い同僚の先生がおっしゃっていたのですが、経済学が、AIやバイオ関連の論文のように、これほど1分1秒を争うような競争環境に投げ込まれたのは初めてではないかと。ひょっとすると、COVID-19は、経済学分野の研究発表のあり方を変えるかもしれませんね。

# 5 | 理想的なEBPMとは

——EBPMは、まさに研究の知見をリアルワールドに応用する取組みといえますか。

**野口** EBPMは最近、標語みたいになってしまっていて、形骸化してきていると感じます。EBPMはあくまでも結果論であり、EBPMのために研究するとか、そういう話ではないと私は考えています。つまり、いい研究があって、それがいいトランスレーターに発見されて、意識が高く実行力のある行政官や政治家にうまく伝わって、その結果、それが実現されていくという結果論だと思います。

——行政の側がモデル事業でRCTを仕込み、積極的にエビデンスを「つくる」という取組みについてはどうお考えですか。

**野口** それは重要ですね。ぜひやらなければいけません。実は、ある省庁で行ったフィールド実験の事業評価に関わったことがあるのですが、評価書を見たところ、全然実験ではない。無作為化も、対照群の設定もしていない。対照群を用意するのがいかに重要かということがまったく理解されておらず、ただ事業の前後で評価しているようなものばかりでした。そのようなことを避けるためにも、研究者や専門家が政策を立案するときから関わって、実験を仕込むことは重要だと思いますね。

アメリカで、そのような政策のプレ実験の例があります。MIT（マサチューセッツ工科大学）のエイミー・フィンケルスタインらのチームは、オバマ・ヘルスケア・リフォームが議会を通る前に、その有効性について、オレゴン州でフィールド実験を行いました。低所得の無保険者を対象に、メディケイド（アメリカの貧困者・障がい者等に対する公的医療保障制度）を提供する人としない人をくじ引きで決めたのです。この論文は *New England Journal of Medicine* に掲載されています[4]。

結果として、メディケイドによって主観的健康観やメンタル面での健康は改善しましたが、糖尿病や心臓病などの客観的な健康指標や主観的な幸福感は改善されていないことがわかりました。一方、医療に対するアクセスは明らかに増えました。医者に行

く回数が増えたり、入院する確率が高くなったりして、その人にかかる医療費も増えています。しかし、患者が自己負担する医療支出は減っています。したがって、医療を受けることで多額の負債を背負って破産する事例も減りました。

つまり、医療へのアクセスは改善し、医療費の負債による自己破産も減った。そして、主観的健康観や幸福感、メンタル面での健康も改善している。しかし、身体的な状態は改善していない。はたして、これをどう解釈すればいいのでしょうか。

私が感心したのは、この論文が刊行されてすぐ、その内容が大統領レポートに掲載され、議会でただちに議論されたことです。野党の共和党は何と言うかというと、当然のことながら、「身体的な健康が改善されていないのに使う金ばかり増えて、こんなものは全然意味がない。反対だ！」と。一方、民主党は「こんな短期的に人々の健康アウトカムに影響があるはずがない。もっと長期的に考えなければ」と。例えば、メディケイドによって貧困層の子どもたちの健康が改善されれば、将来の労働生産性が上がるかもしれないし、医療費負担が減って家計内での資源配分が変われば、それが家計の効用や社会全体のウェルフェアを改善させるかもしれない。だから、今後もモニタリングしていくべきだ、と言うのです。
──どういった価値観で、何を正解とみなすかが難しいですね。

**野口**　そうですね。しかし、ジョセフ・スティグリッツが有名な公共経済学の教科書[5]で述べているとおり、政策を議論する場合には、どこまでが実証としての「である」で、どこから先が規範としての「べき論」かというのを、きちんと区別することが重要だと思います。この論文とその後の議論は、見事にそれを果たしていると私は思います。つまり、研究者が実際に介入実験をして、科学的エビデンスとしての「である」はここまでと示し、そこから先は、いくつかのシナリオを選択肢として見せるので、あとは政治家が自分たちの規範で主張し、判断する、というわけです。

EBPMを議論するときに、これは最も典型的で素晴らしい事例のひとつだと私は思っています。どこまでが「である」で、どこまでが根拠のあるシナリオで、どこから先が「べき論」なのか。そこをきちんと分けて政策を議論することがとにかく重要で、それに尽きると思います。そのためにも、政策導入の前に、ちゃんとフィールド実験を仕込んでおくというのは、重要だと思います。

一番いいのは、サイクルを回すことです。最初から研究者が、政府や自治体と一緒にフィールド実験を計画し、その結果をトランスレーターが政策担当者に伝え、科学的エビデンスに基づく政治的な議論を経た上で、政策的な意思決定がなされ、また新たな政策課題が発見される。そうしたPDCAを回すのが理想的でしょうね。

──最後に、経済学が今後、リアルワールドに向かっていく上での課題や展望をお願いします。

**野口**　先ほど、若い同僚の先生のお言葉を引用しましたが、COVID-19は、従来、時間をかけてリバイズを繰り返さなければならなかった経済学領域の研究に、スピードが求められる時代に突入するきっかけになるかもしれません。それも、理論モデルや精緻な計量経済学の手法といった、経済学領域での正当な手続きを経た上でのスピードですから、たまったものではないですね（笑）。

経済学に限ったことではないかもしれません。日本の研究（特に基礎研究）の国際競争力が落ちているとよく言われています。理系ではもっとそうかもしれませんが、今の日本では、一人の研究職が担うべき役割が多すぎるのではないでしょうか？　例えば、大学では、研究も、教育も、大学行政もと、歳をとればとるほど、やらなければならない仕事が増えてきてしまって、とてもじゃないですが、現実社会と真摯に向き合う時間などなかなかとれません。

トランスレーターのところでも触れましたが、研究、教育、研究機関におけるマネジメント、リアルワールドとの橋渡し、すべて重要な役割だと思います。今後、ある程度のスピード感をもって効率的にそれぞれの役割を果たすには、互いの役割に十分なリスペクトを払いつつ、社会全体で、うまく、分業することができればよいのではないでしょうか。
──どうもありがとうございました。

[2020年3月27日収録]

注

[1] 「子どもの人的資本の蓄積メカニズムに関する実証研究：足立区の挑戦から学ぶこと」（16H03636、研究代表者：野口晴子）

[2] *American Economic Review, Econometrica, Quarterly Journal of Economics, Journal of Political Economy, Review of Economic Studies* の 5 誌。

[3] J. J. Heckman and S. Moktan (2019) "Publishing and Promotion in Economics: The Tyranny of the Top Five," NBER Working Paper, No.25093.

[4] K. Baicker, S. L. Taubman, H. L. Allen, M. Bernstein, J. H. Gruber, J. P. Newhouse, E. C. Schneider, B. J. Wright, A. M. Zaslavsky and A. N. Finkelstein, for the Oregon Health Study Group (2013) "The Oregon Experiment: Effects of Medicaid on Clinical Outcomes," *New England Journal of Medicine*, 368, pp.1713-1722.

[5] J. E. Stiglitz (1986) *Economics of the Public Sector*, W.W. Norton.

実証分析手法の現在
━━━━
Introduction

# 経済学における実証分析の進化

## 澤田康幸
さわだ・やすゆき

アジア開発銀行チーフエコノミスト・経済調査地域協力局長。東京大学大学院経済学研究科教授。専門は開発経済学、応用ミクロ計量経済学、フィールド実験。著書：『自殺のない社会へ』（有斐閣、2013年、上田路子氏、松林哲也氏との共著）など。

経済学における実証分析とは、データに基づいて理論仮説や政策介入効果を数量的に検証し、エビデンスを提供する研究手法である。そのめざましい進化の過程を振り返り、さらに将来について展望しながら、本書の全体像をつかむ。

## 1　はじめに

　データに基づいて経済理論や政策介入効果を検証しようとする経済学の実証研究は急速に進化している。この背景には、集計データや個票データ、最近ではビッグデータなどさまざまなデータの整備とアクセスがめざましく改善されたこと、計量経済学の理論的進展と安価・高性能なパーソナルコンピュータの登場による計算速度の劇的な向上、そしてパッケージ・ソフトウェアの普及がある。旧版での原稿はおもに2010年代初頭までの研究の流れを取り入れてまとめたものである。しかしながら、ビッグデータの利用（本書pp.43-53 北村論文）や機械学習手法（本書pp.62-68 新谷論文）の導入などこの数年間の経済学における実証分析の変化は著しいものがあり（本書pp.13-19 伊藤インタビュー）、さらに新型コロナウイルス感染症（COVID-19）への対応を巡って新しい実践的な実証研究が急加速した感がある。また、2017年から筆者がアジア開発銀行（Asian Development Bank：ADB）のチーフエコノミスト・経済調査地域協力局長として赴任し、研究と政策との間をつなぐ立場にあるため、本書の野口インタビュー（pp. 20-27）が議論するEBPM（Evidence-based Policy Making：エビデンスに基づく政策立案）を推進する立場からも本章の大幅な改訂を行った。

　まず、実証研究のめざましい発展が、経済学研究における実証研究の地位を向上させることになった点を指摘したい。このことは、ダニエル・ハマーメッシュによる2013年の論文の中に垣間見ることができる（Hamermesh 2013）。彼は、1963年からの半世紀における経済学研究手法の変遷をみるため、経済学三大トップジャーナル（*American Economic Review*、*Journal of Political Economy*、*Quarterly Journal of Economics*）に掲載された論文をほぼ10年おきで分類した（図1）。

　図1によれば、経済理論論文の比率が一貫して低下する一方、特に一次データを用いた実証研究や実験研究、さらに数値解析を含む論文割合が上昇してきている。アメリカ経済学会のリチャード・セイラー元学会長もまた、2016年学会総会の基調講演で経済学全体が「実証研究化」していることを指摘・歓迎し、エビデンス（科学的証拠）に基づいた経済学を構築すべきだとしている（Thaler 2016）。こうした経済学のトレンドは決定的なものとなっていると考えられるが、その裏付けとして2015年には「消費・貧困・厚生に関する分析への貢献」としてアンガス・ディートンがノーベル経済学賞を受賞、2017年にはリチャード・セイラーが同賞を受賞（受賞理由は「行動経済学に関する貢献」）、そのわずか2年後には同賞が「世界の貧困削減への実験的アプローチへの貢献」を行ったアビジット・バナジー、エステル・デュフロ、マイケル・クレマーの三氏に与えられた。

　一般に、経済学における実証分析とは、データに基づいて理論仮説や政策介入効果を数量的に検証し、

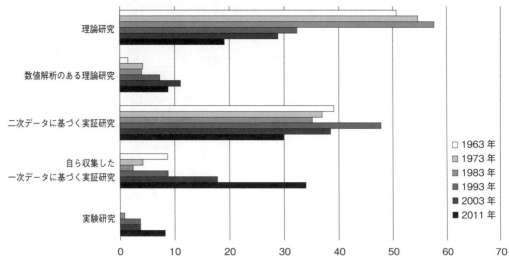

出所）Hamermesh（2013）のTable 4のデータに基づき筆者作成。1963年に出版された17の論文については分類不能とされている。

**図1** ｜ 経済学三大トップジャーナル（*American Economic Review, Journal of Political Economy, Quarterly Journal of Economics*）に掲載された論文の分野別割合（%）

エビデンスを提供する研究手法である。したがって、「理論との対応関係」、「用いられるデータ」、「数量的検証方法」の３つの観点によって実証分析を分類することができる。これら３点に基づいて経済学における実証研究の進化を振り返り、その将来について展望する。

## 2 ｜ 実証研究の分類と進化

　図２の囲み部分は、スティーブン・レビットとジョン・リストによるミクロ実証研究の分類法を拡張し、ミクロ分析にとどまらない現在の経済学にみられるさまざまな実証研究を分類したものである（Levitt and List 2009）。

　まず、縦方向は、「理論との対応関係」による分類を示しており、上部が主体均衡[1]・部分均衡の実証研究、下部が一般均衡理論を対象とした実証研究である。前者はより「ミクロ的なデータ」に基づいた分析、後者は「マクロ的なデータ」の分析に対応している。横方向は、「用いられるデータ」のタイプに基づく分類であり、左側が統御された実験から得られる実験データ、右側が観察データに対応している。図２で分類されるように、経済学の実証研究における「数量的検証方法」は、大別すると、経済実験、

計量経済学、数値解析に分けることができる。

　さらに、近年ビッグデータを用いた研究が急速に進化しているため、そうした動きも経済学における実証研究全体に大きな影響を与えつつある。また、旧来の伝統的なデータ、例えば投入算出表（IO表）データや、より広く「国民経済計算」または、「国民経済計算体系」（System of National Accounts：SNA）データなどにおいても、より現実に適合した方向への質の向上、最先端研究への活用などの動きなどが明確になっている。次に、それぞれの実証研究方法について、発展史を振り返りながら概観してみることにしよう[2]。

### 2.1　経済実験

　まず、統御された環境で実験データを収集し、分析するのが実験経済学の中心手法である「ラボ（実験室）実験」である。ラボ実験は、個人や集団の意思決定・市場に関する経済理論の検証のための強力なツールである一方、経済理論もまた実験結果の妥当性を検証する際のガイドラインにもなっている（Samuelson 2005）。経済学分野で実施された初期のラボ実験を大別すると、個人の選択行動についての実験と市場の価格調整に関する実験とに分けられる。前者には、1931年に出版された、序数の効用に関するルイス・レオン・サーストーンの実験

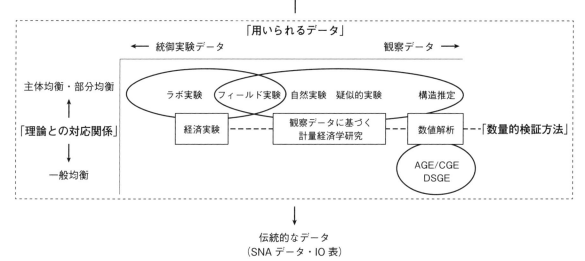

ビッグデータ・機械学習

「用いられるデータ」

←── 統御実験データ　　　　　　　観察データ ──→

主体均衡・部分均衡

「理論との対応関係」

一般均衡

ラボ実験　フィールド実験　自然実験　疑似的実験　　構造推定

経済実験　　　観察データに基づく　　数値解析　　「数量的検証方法」
　　　　　　　計量経済学研究

AGE/CGE
DSGE

伝統的なデータ
(SNA データ・IO 表)

出所）Levitt and List（2009）のFigure 1を筆者が拡張したもの。

**図2 | 経済学における実証分析の分類**

（Thurstone 1931）や「アレのパラドックス」として有名な、1988年にノーベル賞を受賞したモーリス・アレによるリスク実験（Allais 1953）がある。市場実験については、1948年に出版されたハーバード大学のエドワード・チェンバレンによる相対取引の実験（Chamberlin 1948）が原初であるとされている。チェンバレンの実験に大学院生として参加していたヴァーノン・スミスはその後、市場の実験を精緻化し、2002年にノーベル経済学賞を受賞した（本書pp. 54-61 下村・瀋論文）。経済実験では、従来の経済モデルが当てはまらず、経済理論がしばしば棄却されるため、建設的に新しい経済理論を構築するための行動経済学が実験経済学と呼応しながら発展することになった[3]。

　しかしながら、ラボ実験の被験者の多くはアメリカの大学生であるために、被験者に偏りがあり、さらに得られた知見がはたして実験室の外でも当てはまるかという「外部妥当性」が問題となる（本書pp. 126-132 大垣論文）。そうしたラボ実験の問題を克服すべく発展してきたのが「フィールド実験」である[4]。フィールド実験は、「人工的フィールド実験」（Artefactual Field Experiment：AFE）、「枠組み型フィールド実験」（Framed Field Experiment：FFE）、「自然型フィールド実験」（Natural Field Experiment：NFE）の3種に分類することができる（Levitt

and List 2009、高野 2007）。まず、大学生ではなく、トレーダーや農民・CEOといった、実際に介入が行われるフィールドに実在する「非標準的」な被験者を用いてラボ実験を実施するというのがAFEである。このように、ラボ実験の人工的な設定を受け継ぐ人工的フィールド実験に対して、より現実に近い状況で介入を行うフィールド実験がFFEである。しかしながら、FFEには、被験者が実験の対象になっていると自覚することで、普段の意思決定とは異なる行動を取るという「ホーソン効果」の問題がある。この問題を回避するため、被験者に実験への参加を認識させない実験手法がNFEである。FFEやNFEでは、ランダム化比較試験（Randomized Controlled Trial：RCT）[5]と呼ばれる手法が用いられてきた。RCTとは、ある実験的介入の対象となる処置群と対象とならない対照群とを無作為に割り付けることで、介入における自己選抜バイアスを排し、介入の因果効果を厳密に把握しようとする手法のことである（本書pp.43-53 北村論文）。

　RCTに基づくこのような実験計画法の考え方は、そもそも統計的推測理論を確立したロナルド・フィッシャーらが1920年・30年代にイギリスの荘園における圃場試験から考案したものであるが、その後、1960年代から70年代にかけて大規模なRCTがさまざまな政策の効果測定に応用されるという「社会実

験」が展開された。代表的なものとして、1960年代に米ミシシッピ州で実施された「ペリー（Perry）就学前プログラム」（本書pp.164-169 中室論文）や、1970年代に米ランド研究所（RAND Corporation）が開始した、ランド医療保険実験（RAND Health Insurance Experiment）（本書pp.170-177 花岡論文）などがある。両実験ともに数十年を経て現在の研究・政策にも大きな影響を与え続けている。

1990年代以降、労働経済学、公共経済学、医療経済学、環境経済学、そして新たに開発経済学（本書pp.86-90 樋口論文、本書pp.149-163 伊藤論文、本書pp.91-98 會田論文）の分野で再び社会実験の波が押し寄せている。近年の社会実験の特徴は、標準的な経済理論、例えばギッフェン財の存在（Jensen and Miller 2008）や、逆選抜・モラルハザード（Karlan and Zinman 2009）の検証に加え、自然科学の統御実験や臨床治験における「根拠に基づいた医療（Evidence-Based Medicine：EBM）」の影響を受け、被験者が実験に参加していることを認識しないようなNFEをRCTに基づいて実施し、おもに政策介入の因果効果を厳密に識別しようとする点、そして政策評価結果を政策形成に還元させようとする点に特徴がある[6]。このことは、例えば世界銀行の旗艦報告書であり、国際開発政策の潮流をリードする *World Development Report* が2015年号で実験経済学・行動経済学や社会実験を中心に据えたことからもうかがうことができる（World Bank 2015）。また、前述の通り2019年ノーベル経済学賞は、「世界の貧困削減への実験的アプローチへの貢献」を行ったアビジット・バナジー、エステル・デュフロ、マイケル・クレマーに授与された。

## 2.2 観察データに基づく計量経済学研究

RCTは現代の実証研究におけるゴールドスタンダードになっているものの、多くの社会・経済問題については、理想的な無作為化によって理論仮説や政策介入効果を検証できる環境にはない。事実、現在出版されている実証研究論文の多くはいまだにRCT以外の非実験データに基づくものである。そもそも経済学において非実験的な「観察データ」（observed data）を分析する研究には長い歴史があ

り、標準的な計量経済学の教科書は従来、非実験データを前提とした分析手法を解説するのが常であった[7]。

このような実証分析は、17世紀に『政治算術』（Petty 1690）を著し、社会経済現象の数量的把握をしようとしたウィリアム・ペティや18世紀ドイツの「国勢学」にもその源流をたどることができる。そして、近代的な実証研究の礎を築いたのは、これらの流れとガウスの正規分布論を統合したアドルフ・ケトレー、19世紀に遺伝学の文脈で回帰の概念を導入したフランシス・ゴールトンとそれを補強し近代統計学の基礎を築いたひとりとされるカール・ピアソンである。前出のフィッシャーが実験データを解析した際にも、こうした回帰分析は多用されるところとなった。1920年代以降、消費需要分析のために経済学に回帰分析が持ち込まれ、1930年代・40年代にエコノメトリックソサエティ（Econometric Society）、米のコウルズ委員会（Cowles Commission）、英ケンブリッジ大学の応用経済学部が相次いで設立されたことを皮切りに、現代的な計量経済学・実証研究へとつながっていった。

現在では、観察データに基づいた研究であっても、慎重に「設計」（design）された誘導型モデルと、そのモデルの条件を満たす状況下での観察データに基づいてRCTに比肩するレベルで因果効果を推定するという研究がひとつの流れとなっている（Angrist and Pischke 2010）[8]。このような、RCTによる実証研究に近い精度をもって実施される実証研究、すなわち「疑似的実験」（quasi-experiment）の代表的な分析手法としては、不連続回帰デザイン（Regression Discontinuity Design：RDD）、差の差分析（Difference in Differences：DID）、傾向スコアマッチング法（Propensity Score Matching：PSM）、操作変数法（Instrumental Variable Approach：IV）、合成コントロール法（Synthetic Control Method：SCM）などがある（前掲伊藤論文、花岡論文）。これらのうち、RDDなど偶然の事象や政策変更によって起こされる、意図せざる無作為化状況をもとに実証研究を行う手法を特に自然実験とも呼んでおり、RCTに加えてこれらの手法に基づいた因果関係の特定が経済学の実証分析に「信頼性の革命」（credibility revolution）をもたらしたとされている（Angrist and Pischke 2010、本書pp.75-85 中嶋論文）。

　しかしながら、多くの社会問題については、そうした条件を満たす疑似実験的状況を見つけることは容易ではない。自然実験的ではない状況で、観察されるデータから因果関係やメカニズムを解明するためには、経済理論の構造を手がかりにしながらデータを解釈するということがもっともらしい。より具体的には、経済主体の意思決定や政策が効果を生み出す構造を経済理論に基づいて明示し、そうした理論モデルの内部で特定化した関数型のパラメータを観察データに基づいて推定するのである。こうした手法を「構造推定」と呼んでいる。現代の構造推定の直接の源流は、1960年代・70年代におけるデール・ジョルゲンソンらによる投資関数の推定や、アンガス・ディートンらによる消費関数の推定、ジェイコブ・ミンサーらが定式化した（構造型）賃金方程式の推定、開発経済学の分野ではローレンス・ラウやパン・ヨトポウロスらの農家世帯行動の合理性検証などにも求めることができる（Lau and Yotopoulos 1971）。その後1980年代にケネス・ウォルピンやジョン・ラストらの貢献を通じ、世帯や個人の労働・出産・消費・投資などの動学的最適化行動・意思決定に関する構造モデルの推定が行われるようになった（Wolpin 1984, Rust 1987）。ただし、いずれの研究も、新古典派経済学の静学的あるいは動学的主体均衡モデルの構造パラメータなどをデータによって推定し、理論的制約を検定する、あるいは現実のデータをうまく説明できるように推定された構造モデル・パラメータをもとにして、さまざまな政策の効果を計測するという研究である（本書pp.110-119 阿部論文）。

　また、産業組織論（Industrial Organization：IO）の分野では、1980年代にジャン・ティロールらの貢献によってゲーム理論が持ち込まれ「新しい産業組織論」という分野が生まれた。その流れを受け、1990年代以降は、不完全競争市場における消費者・企業の行動を構造モデルに基づいて実証的に分析することがIOにおける実証研究の主流となった（本書pp.133-140 今井・加納・南橋論文）[9]。

　特に労働経済学などの分野においては、以上述べてきたようなRCTをベンチマークとして（疑似）実験的手法を基本とする研究者と、構造推定の手法によって立つ研究者との間において、分析結果の信頼性をめぐる激しい論争が行われてきた（前掲中嶋論文）。RCTや（疑似）実験的手法に基づいた誘導型推定の多くは因果効果が生成されるメカニズムを議論できない、いわば「ブラックボックス」アプローチである。実際に発生した事象に対してはかなりの信頼性をもって議論できるという「内部妥当性」をもつものの、対象となったデータ外の事象については議論できないという「外部妥当性」の問題があり、そのことが構造推定派からの批判点ともなっている。他方、構造推定派が「仮定」する理論モデルによって立つ実証結果の信頼性は、誘導型推定派から厳しく批判されてきた。とはいえ、近年では誘導型派からも外部妥当性を直接示そうとする研究や（Allcott 2015, Meager 2019）、両者の利点を実証的・理論的に複合するような研究も出てきていることは注目に値する（Attanasio et al. 2011, Duflo et al. 2012, Chetty 2009）。このような実証分析融合の先鞭をつけたTodd and Wolpin (2006) の論文は、動学モデルのメカニズム（構造パラメータ）を観察データに基づいて推定し、その構造推定結果と反実仮想シミュレーション分析の信頼性をRCTデータで検証した先駆的な研究である。

## 2.3　一般均衡の数値解析

　1960年代・70年代の構造推定に呼応しつつ発展した分野として応用一般均衡（Applied General Equilibrium：AGE）ないしは計算可能な一般均衡（Computable General Equilibrium：CGE）モデルがある（Shoven and Whalley 1992）。これらのモデルは、1950年代にケネス・アローやジェラール・ドブルーによって完成した一般均衡理論モデルを、現実のデータとマッチさせ、均衡解を数値解析的に導出しようとするものである。AGE・CGEモデルでは、生産関数や需要関数の弾力性を構造推定の結果によって設定したり、理論的に導出される条件をデータとマッチさせ、整合的なモデルのパラメータを求める「カリブレーション」を行うこともある（本書pp.104-107 山田論文）。1950年代・60年代に大型の数理最適化問題を解く数値解析手法が進展したことを

背景に、経済理論に厳密に基づきながら特定の経済問題に対して明確な数値解を出すAGEモデル・CGEモデルは、公共政策や貿易政策の効果測定など政策評価の場で多用されることとなった。現在でも、米パデュー大学を中心としたGlobal Trade Analysis Project（GTAP）のCGEモデルは、TPPや米中貿易紛争をはじめ、さまざまな貿易政策の検証、あるいは、新型コロナウイルス感染症パンデミックの経済被害推定（ADB 2020a）に用いられている[10]。

マクロ経済学における、いわゆる「ルーカス批判」に端を発し、マクロの時系列データを用いた多変量自己回帰モデル（Vector Autoregressive model：VAR model）などの時系列解析研究と共に、AGE・CGEモデルとはほぼ独立に発展したのが、数値解析によるマクロ経済の「確率的動学一般均衡」（Dynamic Stochastic General Equilibrium：DSGE）モデルである（本書pp.99-103 渡部論文）。DSGEモデルは、AGE・CGE同様、企業や家計の最適化を基礎としているが、マクロの最適成長モデルのように時間軸が明示された動学モデルとなっており、さらに景気循環を明示するための確率的要素を含んでいる。実証研究の流れを知る上で有益な事例として、Hayashi and Prescott（2008）を紹介する。この研究には確率的要素は含まれていないが、農業部門と非農業部門の2部門をもつ動学的一般均衡モデルを戦前のマクロデータとマッチさせたものである。用いられたデータは、明治維新以降の近代日本経済の歴史統計を、経済活動の諸分野にわたって体系的なマクロ経済統計として集成すべく一橋大学経済研究所が1965年から1988年にかけて作成・出版した『長期経済統計』（大川他 1965-1988）である。このデータは、サイモン・クズネッツが提唱した「近代経済成長」を日本において検証すべく集成されたものとして国際的に名高い。クズネッツの弟子たちが創造した、経済理論やエビデンスに基づいた経済史研究、いわゆるクリオメトリックス（Cliometrics）は、日本では当初「数量経済史」（Quantitative Economic History：QEH）の研究グループとして発展し、岩波書店から出版された「日本経済史」シリーズ（梅村他 1988-1990）などさまざまな研究成果を挙げた。

Hayashi and Prescott（2008）は『長期経済統計』

データの戦前部分をもとに、動学的一般均衡モデルにおける効用関数などの構造パラメータをカリブレーションで設定し、均衡成長経路を数値解析的に解いている。さらに、戦前期において部門間労働移動が自由であったとすれば、均衡成長経路がどのようになっていたかという反実仮想（counterfactual）のシミュレーションを行っている。この研究は、マクロ経済の伝統的な観察データが新しい分析手法によって新たな知見を生み出しているという点で興味深い[11]。

以上、「経済実験」「観察データに基づく計量経済学研究」「一般均衡の数値解析」という3つの研究手法について概観してきた。もちろん、図2に分類されたこれら諸手法は相互に排他的なものではなく、しばしば複合した形で用いられている。経済実験によって収集されるデータの分析には回帰分析をはじめ計量経済学の手法が用いられてきたし、マクロモデルの数値解析のもとになるパラメータをミクロの観察データに基づいた計量経済学的推定によって得るということも標準的である。また、図2で整理されているような諸研究の枠を超えた実証研究も多数存在するということにも留意すべきである。例えば、ミクロの観察データを用いつつ一般均衡モデルの現実妥当性を検証しようとした「消費リスクシェアリング」の研究（Townsend 1994, Mazzocco and Saini 2012）、RCTによる生活保護プログラムの政策効果検証において、一般均衡効果を測定した研究（Angelucci and De Giorgi 2009）、マクロの観察データを用いてマクロ動学一般均衡モデルの均衡解の妥当性を検証した研究（Barro and Sala-i-Martin 1992）、自然実験状況に注目して操作変数法によってマクロデータを分析した疑似実験的研究などもある（Brückner and Ciccone 2011, Miguel et al. 2004, Acemoglu et al. 2001）。

## 3 経済学における実証分析のこれから

### 3.1 第一世代、第二世代から第三世代へ

以上述べてきた経済学における実証分析の進化は、ディートンらの「第一世代」、つまり伝統的な観察デ

ータと経済理論に基づいた、いわば正統派の実証研究から、信頼性革命を核にした「第二世代」への大きな進化の過程を経たといえるだろう。特に第二世代では、経済学が対象とするさまざまな分野の政策評価にRCTが導入されるようになった点など実証研究が政策の実践と有機的につながり、EBPMの大きな流れとなっている。

　経済学の実証研究はさらに「第三世代」へと進化しつつあり、伝統的な観察データの質と量は増大している。例えば、既存のパネルデータの伸長によって、より長期の問題に取り組むことができるようになったこと、雇用主データと被雇用者データをマッチさせたデータや高頻度の金融取引データ（本書pp. 120-125 柴田論文）の出現などが含まれる。また、国際経済学や、空間上の経済活動の集積パターンを一般均衡の枠組みで示そうとする「新経済地理学」（New Economic Geography：NEG）の分野において、一般均衡の理論モデルに基づいた優れた実証研究が近年出されてきている。そうした流れの中で、例えば、グローバルバリューチェーン（Global Value Chain：GVC）と呼ばれるグローバルな生産供給ネットワークなどを実証的に分析するため、古典的なIO表データが再評価されている（Acemoglu et al. 2012, Antràs et al. 2012, Koopman et al. 2014, Oberfield 2018, Faber et al. 2019）。また、第四次産業革命、米中貿易摩擦、新型コロナウイルス感染症蔓延が生み出す経済的影響の評価など、EBPMのために必要な政策分析においても、IO表データが用いられるようになっている（ADB, 2018a, 2019, 2020b）[12]。

　ほかにも、標準的なマクロ統計の礎となる国民経済計算（SNA）の進化も特筆すべきであろう。例えばSNA統計にジェンダーの視点を組み込んだり[13]、国際比較のための購買力平価（Purchasing Power Parity：PPP）計算に不可欠な価格データ収集のために、POS（point-of-sale）データ（前掲阿部論文）や適切な形でウェブサイトからデータ収集するウェブスクレイピング（Web scraping）、API（Application Programming Interface）によるデータ収集など新しい手法の導入が試みられている[14]。

　第三世代へのもうひとつの流れが、第二世代における信頼性革命の中心だったRCTの進化である（Banerjee 2020）。例えばRCTの限界として指摘されてきた外部妥当性の問題については、多数のRCTを比較することにより分析対象選抜によるバイアス（site selection bias）を分析したAllcott（2015）やベイズ階層モデル（Bayesian Hierarchical Models）を用いたMeager（2019）の研究のように、個別RCT分析の結果を束ねてその一般化を検証しようとする方向の研究が進んでいる[15]。また、前述の通り、構造推定のアプローチとRCTを組み合わせ、構造モデルのパフォーマンスを評価するような研究の流れもある（Todd and Wolpin 2010）。さらには、RCTや疑似実験的手法は標準的な経済理論の検証、例えばギッフェン財の存在や逆選抜・モラルハザードといったメカニズムの検証などにも用いられてきた。経済理論の検証のため、あるいはEBPMの一環として、RCTないしは疑似実験的手法が最も信頼性のある分析ツールであるという認識が確立し、いわば標準化したことは重要であろう。

## 3.2　第三世代の実証研究

　以上のような第一世代・第二世代からの流れはあるものの、現在進行中の第三世代の実証研究の中心は、ビッグデータの利用（Einav and Levin 2014、前掲北村論文）と機械学習手法の導入（前掲新谷論文、花岡論文）である（Athey 2017）[16]。ビッグデータとは、従来のデータ容量を超える大規模データを一般に指し、データの出自で大きく分ければ、第一に携帯電話やSNSのように個人の活動で生み出される大規模データ、第二に、行政機関や民間企業の業務によって生み出される大規模データ[17]、第三に、衛星画像のように機械によって作り出される大規模データ、の3つがある。形態で分類すれば、現在のところ経済学で頻繁に用いられるビッグデータとしては、北村論文でまとめられているような「数値データ」「テキストデータ」「地理情報データ」などがある。

　第一に、「数値データ」には、個人の納税データなど「行政データ」や（本書pp.141-148 小原論文）、小売店における販売情報やクレジットカード利用履歴など民間部門が収集している膨大な「業務データ」

がある（前掲阿部論文）。例えば、Chetty et al.（2020）は、失業保険などについての行政データと、カード利用による消費支出・ビジネスの収益・雇用と賃金・教育についての業務データなど複数のビッグデータを接合し、新型コロナウイルス感染症が経済に与える悪影響のメカニズムを明らかにしている。ほかにも、例えば国際銀行間通信協会（SWIFT）が保有する高頻度の国際送金・決済についての業務データも、国際的な経済取引をリアルタイムで把握することを可能にするので、GDPの先行指標などとして注目されている（Hammer et al. 2017）。

　第二に、「テキストデータ」は、新聞など伝統的メディアやウェブサイトの情報、TwitterやFacebookといったSNSなどから得られるおもに文字情報のことであり、そうしたデータの解析が急速に進んでいる。例えば、Baker et al.（2016）は、米国主要紙の膨大な新聞記事のキーワード検索をもとに経済政策不確実性指標（index of economic policy uncertainty：EPU）を作成している。この手法に倣い、ADB（2019）で中国の貿易政策不確実性指標を作成したところ、米中貿易紛争を反映して2018年からこの指標が急上昇しており、貿易政策の不確実性が投資減退につながることが示された。また、Ueda et al.（2017）は100万件にも及ぶ膨大なTweetテキストを解析することで、日本における2010年から2014年の著名人自殺26件のうち、Twitter上で大きな反応があった場合にのみさらなる自殺が誘発されていることを発見している。さらに、膨大なテキストデータの解析は、数量経済史における先端研究でも注目されている。例えば、Donaldson（2018）はインドの歴史公文書をデータベース化し、国内経済統合を対象とした国内貿易の一般均衡モデルをもとに鉄道伸長の経済効果を測定している。Shen et al.（2020）は、機械学習を用いることによって日本語のような複雑な象形文字でまとめられている歴史資料をデータベース化し、分析しようとする斬新な研究である。

　第三の、「地理情報データ」には、携帯電話の基地局通信履歴（Call Detail Record：CDR）データやスマートフォンの情報通信データから得られる位置情報や移動履歴のデータ、あるいは地球観測衛星の画像など「センサデータ」を機械学習などによって解読した詳細な地理情報データなどがあり、経済学での実証分析が急拡大している（Kudamatsu 2018）。まず、CDRは携帯電話からの通話・データ通信に伴って時刻と基地局位置情報が記録されるという特質をもつため、携帯電話の使用を通して人々の活動を知る手がかりを提供してくれる（Kanasugi et al. 2013）。例えばBlumenstock et al.（2015）はルワンダにおいて収集された150万もの携帯電話ユーザーのCDRデータを、小規模の電話調査データや代表的な健康調査である人口保健調査（Demographic Health Survey：DHS）のミクロデータと比較することにより、CDRデータが貧困状態や富を把握する上で有用であることを見いだしている。

　貧困状況の正確な把握は、衛星画像から得られるデータの解析からも可能となる。一般に、衛星のように遠く離れたところから、対象物の状態・性質を観測する技術をリモートセンシングと呼んでいるが、その対象物が反射・放射する光等の電磁波の特性を衛星に載せられた観測機器（センサ）で受けとめ、得られたデータ、すなわち「センサデータ」を利用することで、対象物の状態を観測できる[18]。Jean et al.（2016）は、家屋の屋根の材質など衛星画像から得られる対象地域の情報をもとに、機械学習によってルワンダを含むアフリカ5カ国の貧困の空間分布を明らかにし、注目を浴びている。ADB（2020c）では、この手法を応用し、フィリピンとタイの空間的な貧困分布を明らかにしている。

　特に衛星画像に基づくデータは、経済学において幅広く用いられてきている（Donaldson and Storeygard 2016）。1972年から得られるランドサット（Landsat）衛星センサデータや、1992年以降のデジタル化された「夜間光（Night light）」データを提供するDMSP（Defense Meteorological Satellite Program）のOperational Linescan System（DMSP-OLS）・Visible Infrared Imaging Radiometer Suite（VIIRS）センサデータなどが代表的な衛星データである。Chen and Nordhaus（2011）やHenderson et al.（2012）の研究によって、夜間光のデータが、GDPや経済成長を正確にかつ詳細に把握するために有効であることが示され、経済学の実証分析における衛星画像の認知度が飛躍的に高まった。この流

れは、例えば、衛星画像を用いた、SNAデータと家計調査データの精度の比較や（Pinkovskyi and Sala-i-Martin 2016）、公式統計の公表よりも早くかつ頻繁に現時点でのGDP予測を行う「ナウキャスト」作成の流れにもつながっている。また、昼間のセンサデータから作成される正規化植生指数（normalized difference vegetation index：NDVI）は広域における植生の状況を正確に把握できるものであり、農業生産等の観測・分析や干ばつのモニタリング、あるいは開発途上国の家畜保険などにも利用されてきた（ADB 2018c, Takahashi et al. 2016, Chantarat et al. 2013）。

　これらのビッグデータがほかのさまざまなデータと接合されることで、経済学の幅広い分野で用いられるようになってきたことは特筆すべきである。Dell et al.（2014）は、衛星データを含む気温・降雨・風速などのセンサデータの入手可能性が広がり、それらが経済学の標準的なデータと組み合わされることで、「新しい気候経済研究（new climate-economy literature）」という新分野が形成されていることをまとめている。例えば、Guiteras et al.（2015）は、NASAのModerate Resolution Imaging Spectroradiometer（MODIS）の衛星画像から得られる長期の洪水情報と、同じくNASAが宇宙航空研究開発機構（JAXA）と共同で運営するTropical Rainfall Measuring Mission（TRMM）の衛星画像に基づく降雨情報をバングラデシュ政府が実施する全国レベルの代表性をもつ地上の調査データ（Child and Mother Nutrition Survey：CMNS）と接合することにより、気候変動の適応策についての緻密な分析を行っている。空間経済学・国際貿易論の分野において、Faber and Gaubert（2019）はランドサットの衛星画像から得られた空間情報と産業のミクロデータ・国勢調査データに加え、貿易データ、さらには伝統的なIO表のデータを統合することでメキシコの観光業が経済発展に与えた影響を明らかにしている。また、開発経済学分野でも第三世代の流れが大きくなっている。一例としてEmerick et al.（2016）は、開発途上国の農業分野で課題となっている、新技術導入の阻害要因を探るため、衛星画像、地上の空間情報データと世帯調査データ・RCTを組み合わせた研究を行っている。新しい耐洪水品種導入推進のRCTを実施し、新技術の環境適性が導入の鍵であることを見いだしている。Higuchi et al.（2019）は、故速水佑次郎教授が30年間以上調査を行ってきたフィリピン農村の洪水被害を分析するため、伝統的なフィールド調査手法に基づいたマイクロデータと、衛星画像解析から得られる洪水被害情報、被災者支援に関する行政データとを接合した分析を行っている。Kuroishi and Sawada（2019a, b）は、同じく衛星画像から得られた洪水被害情報と地上の経済実験データとを紐づけ、災害への暴露が人々の利他性や時間・リスク選好に与える影響を明らかにしている。

　さらに、EBPMの流れを受け、ビッグデータに基づいた政策評価研究も急速に進んでいる（Athey 2017）。例えば、中国における電子商取引（e-commerce）の貧困削減効果を分析したCouture et al.（2020）の研究では、急拡大するプラットフォーム企業がもつ業務データとRCTによる実験とを接合して分析を行っている。Lee et al.（2020）は、複数年にわたるランドサット衛星の画像を解析し、標準的な差の差分析を応用することで、上海における大型橋梁の完成が経済発展に与えた影響を、明らかにしている[19]。

## 3.3　コロナ禍が進化させた第三世代の実証研究・EBPM

　ビッグデータなどの新しいデータを用いて既存の分野や新しい課題に応用しようとする第三世代実証研究のトレンドは、「コロナ禍」、すなわち新型コロナウイルス感染症のパンデミックを受けてさらに進化している。

　第一に、研究の実施速度が加速したことがあげられる。政府は、パンデミック対策、医療セクター支援、社会保障政策、企業・事業所援助のため、あるいは自治体等を通じた緊急支援を効果的に実施するために、限られた時間で大規模なさまざまな支出を行う必要に迫られた。そのような場面において、正確な被害額の推定は、政府が必要な財政支出の規模を見極め、災害支援策に関わるさまざまな意思決定を迅速に行っていく上で大前提となる最重要の情報である。なぜなら、必要な財政支出規模が100億円

なのか5000億円なのかによって、意思決定のスピードと手順はまったく異なってくるからである。新型コロナウイルス感染症の感染者数など疫学データは日々更新されているものの、伝統的な経済データ、例えばSNAデータは早くとも四半期に1回程度の頻度でしか更新されず、それをもとに政策に必要な被害推定を頻繁に更新することは難しい。

第三世代の実証研究の流れの中で、刻々と変化する状況を詳細かつ正確に把握し、タイムリーに政策の意思決定に活用していくという必要性から、新しいデータを用いる研究が促された（Chetty et al. 2020）。例えば、Googleが収集するビッグデータをもとに構築されたGoogle Mobility Reportの日次データや、オックスフォード大学が大規模な研究チームを編成することで、世界各国の経済封鎖に関わる行政データ情報を統合された枠組みの下で整理し、日次のGovernment Response Stringency indexを作成・公表してきた。こうした新しいデータは、従来のSNAのデータなどと組み合わされることにより、コロナ禍の経済被害推定や経済成長率予測の更新にも用いられることとなった（ADB 2020b）。

コロナ禍については、経済学の多くの分野で新しい研究が次々と発表されている（Brodeur et al. 2020）。全米経済研究所（NBER）はコロナ禍に関する研究の特設ページを開設しており、「資産市場とコロナ禍（Asset Markets and COVID-19）」「コロナ禍の世帯・企業への影響（Effects of COVID-19 on Households and Firms）」「コロナ禍と労働市場（COVID-19 and Labor Markets）」「コロナ禍の集計的・マクロ的影響（Aggregate Macroeconomic Effects of COVID-19）」「コロナ禍による健康・死亡・パンデミックのモデリング（Health, Mortality, and Pandemic Modeling for COVID-19）」「ソーシャルディスタンシングと他の政策対応（Social Distancing and Other Policy Responses）」「1918年インフルエンザや他のパンデミック（1918 Spanish Flu and Other Pandemics）」などに分類した上で多数の研究論文を公開している[20]。ここには、前出のChetty et al.（2020）を含め、さまざまな民間企業や行政のビッグデータを用いた分析が多く含まれているが、特に、ビッグデータを用いることでタイムリーな分析・研究が次々と出されるようになったことは特筆すべきである。2011年の東日本大震災直後、筆者は高頻度の経済被害推定作成の重要性を指摘したことがあるが（澤田 2012）、第三世代の実証研究の流れの中で発生したコロナ禍が、期せずして災害に関する高頻度の経済研究を実現させることとなった点は重要であろう[21]。

第二の点は、学際研究が加速したことである。第三世代の実証研究では、すでに心理学・脳神経科学・工学・公衆衛生学・医学・ネットワーク理論・空間情報学などの諸分野において収集・解析されてきたさまざまなデータを経済学の実証分析で積極的に用いる学際研究が進展していた。コロナ禍によって、こうした動きがさらに急拡大した。例えば、パンデミックの対策・研究において中心的な枠組みとなった感染症伝播の標準的数理モデルであるSEIRモデルは、「免疫をもたない未感染者（Susceptible）」「感染し潜伏期間中の者（Exposed）」「発症者（Infectious）」「回復者（免疫獲得者）（Recovered）」という順番に人が遷移していく過程を微分方程式でモデル化したものである。微分方程式体系であるSEIRモデル、あるいは、その簡略形であるSIRモデルは、同じく微分方程式体系として成り立つマクロ経済モデルとの親和性が高いため、感染症の数理モデルとマクロ経済モデルを融合する試みが急速に進んだ（Acemoglu et al. 2020）。

そもそも経済学は、社会における限られた資源の最適配分を議論する学術分野である。市場の失敗における政府の役割など、資源配分に関わる市場・政府・共同体の諸メカニズムの相互代替性・補完性を明示し、バランスの取れた資源配分を議論できる枠組みをもつ。したがって、経済学の学際研究には、他分野において特定のイシューを対象にして構築された理論・研究と経済学が統合することで、均整の取れた研究を可能とするという利点がある。ただし、コロナ禍の発生前においても、そうした学際的な研究がすでにみられていたことも指摘しておきたい。例えば、*American Economic Review*に発表されたAlsan（2015）の論文は、アフリカ眠り病（アフリカトリパノソーマ症）を媒介するツェツェ蠅の生息域を昆虫学の数理モデルに基づいて推計し、現在のア

フリカにおける経済の発展度がツェツェ蠅の生息状況によって長期に決定づけられていたことを示している[22]。

# 4 | おわりに：経済学における実証研究のこれから

近年、経済学者が、いわゆるプラットフォーム企業などの参謀になるというニュースが流れている[23]。また、社会の重しとなるべく独立した研究を行っているはずの経済学が、いまやEBPMの名のもとに省庁の個別政策に深く食い込んで蜜月関係を築いているかのように見える。前述の通り、経済学は、限られた資源の社会的配分に関して実証論を展開し、社会の厚生を最大にするための市場メカニズムの役割と市場の失敗を補正するための規範論を政治的中立性の下で考え続けてきたはずの学問である。「企業に魂を売るな」[24]、「霞が関には近づくな」[25]とも言われてきた経済学は、金儲け・政策を正当化するための浅い学問分野に成り下がってしまったということなのであろうか？

ここで、すでに述べたように、社会における経済学の役割が大きく変化してきたことを再確認しておきたい。医学の分野におけるエビデンスは、主に関連研究分野内部での理論・知見をRCTなどによって厳密に検証することで蓄積されている[26]。しかしながら、経済学において分析対象になる、「新しい技術（知見や政策）」の開発者はかならずしも経済学者自身にとどまらない。マーケットデザインの理論や比較優位概念のように経済学の内部で構築されてきた「技術」も確かに存在する。しかしながら、例えば開発経済学の分野を例にとれば、今や世界中の政府が実施している条件付き給付金（CCT）、あるいはグラミン銀行の成功で有名になったマイクロクレジットプログラムやBanerjee（2020）も取り上げているBRACの「貧困の卒業モデル（graduation model）」のように、政府やNGO、あるいは企業が長い活動の中で洗練させてきた「新しい技術」が研究や厳密な評価検証の対象となる[27]。したがって、近年広くみられる、経済学者と政府・企業との密接な連携関係は、自然な流れであり、そうした連携関係を強化することこそがこれからの経済学の発展を生み出す原動力になるといえるだろう。

以上さまざまな実証研究の手法について議論してきたが、それぞれの手法は、他の手法に比べた利点も欠点ももっているのであるから、ひとつの手法を絶対視しないことは重要である。すでに触れた構造推定とRCTを複合した実証研究、あるいは複数のビッグデータを伝統的な世帯調査・企業調査データなどと複合して相互に補完させようとする研究、業務データをもとにしてRCTを組み込むような分析のように、それぞれの手法を相対化し、可能であればいくつかの手法の長所を組み合わせて活用してゆくことが肝要であろう。また、今後は、異なるエビデンスの信頼度をシステマティックに評価・順序付けするような統合された枠組みも必要になると考えられる（Banerjee 2020）。さらには、こうした第三世代の実証研究の流れを推進するための人材、特にデータサイエンティストの養成が求められている。経済学大学院教育のコアコースに第三世代の実証研究の諸側面をどう組み込んでゆくのかは、今後の重要な課題である。

いずれにしても、経済学における実証研究の３つの世代を経て明らかになったことは、「分析の信頼性強化」と「社会における経済学の役割変化」である[28]。EBPMの流れの中で強められたRCTを代表とする分析手法実践の進化と、大規模なビッグデータの登場は、経済学者を長らく苦しめてきた「鍵を探す男（女）」の問題、つまりツールやデータの分析範囲に制約された研究の限界に、新たな革命の明かりを提供してくれたように思われる。

［『進化する経済学の実証分析』pp.13-19を増補改訂］

**謝辞**

旧版の原稿に対して、若森直樹、田中万理、宮内悠平、山﨑潤一、黒石悠介、前場謙輔の各氏から有益なコメントをいただいた。記して感謝したい。

**注**

[1] 主体均衡とは、与えられた諸価格の下で、経済主体（世帯・個人・企業や政府）が最適に内生変数を選択した状態のこと。例えば、与えられた財価格と所得の下で消費者が財への最適な需要量を選択した状態を示す。

[2] ミクロ実証研究については、市村（2010）が既存研究を網羅し、今後の研究展望を行っている。より上級の内容に興味ある読者にとっては必読である。

[3] 経済学における行動経済学・実験経済学の位置付けを再検討した展望論文として神取（2010）が重要である。

[4] 『経済セミナー』2015年6・7月号特集「世の中を変えよう！フィールド実験入門」も参照のこと。

[5] 無作為化比較試験、無作為化対照実験、ランダム化比較実験などとも訳される。

[6] EBMの創始者の一人とされているアーチボルド・コクランによって1992年に始まったのが「コクラン共同計画」である。RCTを基準として、医療治験のエビデンスを大規模に収集・整理し、系統的レビュー（systematic review）を実施することで、EBMの一端を担っている。同計画に呼応して、社会政策や教育政策の分野で同様の流れを作るべく1999年に開始されたのが「キャンベル共同計画」である。特に開発経済学・開発政策の分野では、国際NGOである3ie（International Initiative for Impact Evaluation）が2008年に始動し、開発政策に関する多数の系統的レビューと評価プロジェクトへの支援を行っている。

[7] 例えば、畠中（1996）の第1章は「経済理論の実証研究に用いられるデータは、そのために考案された実験によって作られたものではなく、多くの場合行政の副産物として生まれたものである」と始まっている。約四半世紀を経て、最新の計量経済学の教科書である西山他（2019）が「政策評価モデル」という独立した章を設け、RCTや疑似実験について解説しているのには隔世の感がある。

[8] 端的な例としては、クリーンで外生的な（あやふやでない）操作変数を用い、計量経済モデルにおけるパラメータ推定の手続き、すなわち「識別の戦略」を明確にすることである。識別の問題については、奥村論文（本書pp.69-74）を参照されたい。

[9] 労働経済学などの分野に比べて大規模なミクロデータの入手可能性が低いため、消費者や企業行動に仮定を置くことへの抵抗があまりないこともその一因であると考えられる。

[10] AGE・CGEの分析には産業連関表・投入産出表（IO表）を用いる必要があるが、IO表は18世紀にフランスの重農主義経済学者フランソワ・ケネーが作成した『経済表』（Quesnay1758）に起源をもつとされ、1930年代にワシリー・レオンチェフによって開発されたものである。

[11] 同様のモデルに基づいて、Esteban-Pretel and Sawada（2014）は戦後日本のデータを用いることで、高度経済成長の要因と産業政策の効果を明らかにしている。

[12] アジア開発銀行（ADB）は、世界経済全体をカバーする多地域IO表（Multiregional Input-Output Tables：MRIOTs）のデータを整備、分析している。

[13] 例えば、国連統計部（UNSD）が国連女性機関（UN Women）と共同で実施するERGE（Evidence and Data for Gender Equality）プロジェクトなどがある（ADB 2018b）。

[14] アジア太平洋地域において筆者もかかわっている、International Comparison Program（ICP）の最新レポートなどを参照されたい（World Bank 2020）。

[15] こうした一般化プロセスは、RCTに限られたものではなく、第二世代の疑似実験的分析全体が対象となるべきものであろう。

[16] 実証分析で用いられることを念頭に収集されたデータとは異なり、分析側からすればいわば無造作かつ膨大に収集されたこれらのビッグデータを解析・活用するため、機械学習やデータマイニングなどのさまざまな方法が注目を集めている。機械学習の代表的手法としては、過剰適合を避けるためのLASSO（Least Absolute Shrinkage and Selection Operator）、ランダムフォレスト、ニューラルネットワーク等、従来の計量経済学とは異なる新しい手法が含まれる（本書pp.62-69 新谷論文、pp.170-177 花岡論文）。

[17] 以下それぞれを「行政データ」「業務データ」と呼ぶことにする。

[18] センサには、大きく分けて光学センサとマイクロ波センサの2種類がある。光学センサは、可視光線と赤外線を観測することで、植生状況、河川や湖沼、市街地などを判別・観測することができる。一方、マイクロ波センサは、可視光線や赤外線より波長の長いマイクロ波を観測することで、山や谷、海面温度、積雪量などを観測することができる。

[19] 差の差分析に関する詳細は、例えば西山他（2019）やLee and Sawada（2020）を参照されたい。

[20] https://www.nber.org/wp_covid19_07132020.html（2020年7月13日時点。随時更新中。）

[21] 災害は、COVID-19のような感染症流行のほかにもさまざまな自然災害・技術的災害・経済危機・暴力的紛争など多種多様である（澤田編 2014）。どのような災害に対しても事前にその被害の実態を高頻度で把握できる仕組みを作っておくことが肝要である。

[22] 関連するモデルとして、蚊と人間の相互のマラリア感染ダイナミクスを連立微分方程式で定式化したロス・マクドナルドモデルという古典的数理モデルがある（Ichimura et al. 2010）。

[23] 日本経済新聞「経済学者、企業の参謀に　最新理論で効率化」（2020年1月26日）

[24] ロバート・シラー教授は、米国の非営利シンクタンクであるアスペン研究所（Aspen Institute）主催の座談会の中で、マーケティング分野は企業に魂を売り渡しているがため、ビジネススクールのみならず、大学という組織の中で最底辺に位置していると発言している。https://www.youtube.com/watch?v=OLYso4RZiyI&feature=youtu.be&t=2217

[25] 玄田有史教授は、若かりしころ「霞が関に行ってはいけない」との忠告を故石川経夫先生から受けたと述べている（玄田他 2016）。

[26] 例えば、2015年にノーベル生理・医学賞を受賞したト・ヨウヨウ博士が発見した、マラリア治療薬の元となる化合物アルテミシニン（Artemisinin）は、医療に関する中国の古文書から着想を得たものであり、結局のところ検証対象となる重要な知見は基本的に同じ学問領域の内部で生み出されていると考えられる。

[27] 「貧困の卒業モデル」は、バングラデシュのNGOであるBRACが開発したTUP（Targeting Ultra Poor）プログラムに端を発する、貧困層向け資産トランスファーの介入プログラムである（Banerjee et al. 2015）。

[28] 東京大学を含む六大学が拠点となっている、数理・データサイエンス教育強化拠点コンソーシアムでは、データサイエンスにかかわる膨大な教材を公開している。http://www.mi.u-tokyo.ac.jp/consortium/e-learning.html

□ Acemoglu, D., V. M. Carvalho, A. Ozdaglar and A. Tahbaz-Salehi (2012) "The Network Origins of Aggregate Fluctuations," *Econometrica* 80(5), pp. 1977-2016.

□ Acemoglu, D., V. Chernozhukov, I. Werning and M. D. Whinston (2020) "Optimal Targeted Lockdowns in a Multi-Group SIR Model," NBER Working Paper No. 27102.

■ Acemoglu, D., S. Johnson and J. A. Robinson (2001) "The Colonial Origins of Comparative Development: An Empirical Investigation," *American Economic Review*, 91(5), pp.1369-1401.

□ ADB (Asian Development Bank) (2018a) *Asian Development Outlook (ADO) 2018: How Technology Affects Jobs*, Asian Development Bank.

□ ADB (Asian Development Bank) (2018b) *Measuring Asset Ownership and Entrepreneurship from a Gender Perspective: Methodology and Results of Pilot Surveys in Georgia, Mongolia, and the Philippines*, Asian Development Bank.

□ ADB (Asian Development Bank) (2018c) *Technological Innovation for Agricultural Statistics: Key Indicator for Asia and the Pacific 2018 Special Supplement*, Asian Development Bank.

□ ADB (Asian Development Bank) (2019) *Asian Development Outlook (ADO) 2019: Strengthening Disaster Resilience*, Asian Development Bank.

□ ADB (Asian Development Bank) (2020a) "An Updated Assessment of the Economic Impact of Covid-19," *ADB Briefs*, No.133, Asian Development Bank.

□ ADB (Asian Development Bank) (2020b) *Asian Development Outlook (ADO) Supplement: Lockdown, Loosening, and Asia's Growth Prospects*, Asian Development Bank.

□ ADB (Asian Development Bank) (2020c) *Mapping Poverty through Data Integration and Artificial Intelligence: A Special Supplement of the Key Indicators for Asia and the Pacific 2020*, Asian Development Bank.

■ Allais, M. (1953) "Le Comportement de l'Homme Rationnel devant le Risque: Critique des Postulats et Axiomes de l'Ecole Americaine," *Econometrica*, 21(4), pp.503-546.

□ Allcott, H. (2015) "Site Selection Bias in Program Evaluation," *Quarterly Journal of Economics*, 130(3), pp.1117-1165.

□ Alsan, M. (2015) "The Effect of the TseTse Fly on African Development," *American Economic Review*, 105(1), pp. 382-410.

■ Angelucci, M. and G. De Giorgi (2009) "Indirect Effects of an Aid Program: How Do Cash Transfers Affect Ineligibles' Consumption?" *American Economic Review*, 99(1), pp.486-508.

■ Angrist, J. D. and J. -S. Pischke (2010) "The Credibility Revolution in Empirical Economics: How Better Research Design Is Taking the Con out of Econometrics," *Journal of Economic Perspectives*, 24(2), pp.3-30.

□ Antràs, P., D. Chor, T. Fally and R. Hillberry (2012) "Measuring the Upstreamness of Production and Trade Flows," *American Economic Review*, 102(3), pp.412-416.

□ Athey, S. (2017) "Beyond Prediction: Using Big Data for Policy Problems," *Science*, 355 (6324), pp.483-485.

■ Attanasio, O. P., C. Meghir and A. Santiago (2011) "Education Choices in Mexico: Using a Structural Model and a Randomized Experiment to Evaluate PROGRESA," *Review of Economic Studies*, 79(1), pp.7-66.

□ Baker, S. R., N. Bloom and S. J. Davis (2016) "Measuring Economic Policy Uncertainty," *Quarterly Journal of Economics*, 131(4), pp.1593-1636.

□ Banerjee, A. V., E. Duflo, N. Goldberg, D. Karlan, R. Osei, W. Parienté, J. Shapiro, B. Thuysbaert and C. Udry (2015) "A Multifaceted Program Causes Lasting Progress for the Very Poor: Evidence from Six Countries," *Science*, 348 (6236), 1260799-1~1260799-16.

□ Banerjee, A. V. (2020) "Field Experiments and the Practice of Economics," *American Economic Review*, 110(7), pp.1937-51.

■ Barro, R. J. and X. Sala-i-Martin (1992) "Convergence," *Journal of Political Economy*, 100(2), pp.223-251.

□ Blumenstock, J., G. Cadamuro and R. On (2015) "Predicting Poverty and Wealth from Mobile Phone Metadata," *Science*, 350 (6264), pp.1073-1076.

□ Brodeur, A., D. Gray, A. Islam and S. J. Bhuiyan (2020) "A Literature Review of the Economics of COVID-19," IZA Discussion Papers No.13411, Institute of Labor Economics (IZA).

■ Brückner, M. and A. Ciccone (2011) "Rain and the Democratic Window of Opportunity," *Econometrica*, 79(3), pp.923-947.

■ Chamberlin, E. H. (1948) "An Experimental Imperfect Market," *Journal of Political Economy*, 56(2), pp.95-108.

□ Chantarat, S., A.G. Mude, C. B. Barrett and M. R. Carter (2013) "Designing Index-based Livestock Insurance for Managing Asset Risk in Northern Kenya," *Journal of Risk and Insurance*, 80(1), pp.205-237.

□ Chen, X. and W. D. Nordhaus (2011) "Using Luminosity Data as a Proxy for Economic Statistics," *Proceedings of the National Academy of Sciences*, 108(21), pp.8589-8594.

■ Chetty, R. (2009) "Sufficient Statistics for Welfare Analysis: a Bridge between Structural and Reduced-Form Methods," *Annual Review of Economics*, 1(1), pp.451-488.

□ Chetty, R., J. N. Friedman, N. Hendren and M. Stepner, and The Opportunity Insights Team (2020) "How Did COVID-19 and Stabilization Policies Affect Spending and Employment? A New Real-Time Economic Tracker Based on Private Sector Data," NBER Working Paper, No.27431.

□ Couture, V., B. Faber, Y. Gu and L. Liu (2020) "Connecting the Countryside via E-Commerce: Evidence from China," *American Economic Review Insights*, forthcoming.

□ Dell, M., B. F. Jones and B. A. Olken (2014) "What Do We Learn from the Weather? The New Climate-Economy Literature," *Journal of Economic Literature*, 52(3), pp.740-798.

□ Donaldson, D. (2018) "Railroads of the Raj: Estimating the Impact of Transportation Infrastructure," *American Economic Review*, 108(4-5), pp.899-934.

□ Donaldson, D. and A. Storeygard (2016) "The View from Above: Applications of Satellite Data in Economics," *Journal of Economic Perspectives*, 30(4), pp.171-198.

■ Duflo, E., R. Hanna and S. P. Ryan (2012) "Incentives Work: Getting Teachers to Come to School," *American Economic Review*, 102(4), pp.1241-1278.

■ Einav, L. and J. Levin (2014) "Economics in the Age of Big Data," *Science*, 346 (6210), 1243089-1~1243089-6.

□ Emerick, K., A. de Janvry, E. Sadoulet and M. H. Dar (2016)

"Technological Innovations, Downside Risk, and the Modernization of Agriculture," *American Economic Review*, 106 (6), pp. 1537-1561.

☐ Esteban-Pretel, J. and Y. Sawada (2014) "On the Role of Policy Interventions in Structural Change and Economic Development: The Case of Postwar Japan," *Journal of Economic Dynamics and Control*, 40 (C), pp.67-83.

☐ Faber, B. and C. Gaubert (2019) "Tourism and Economic Development: Evidence from Mexico's Coastline," *American Economic Review*, 109 (6), pp. 2245-2293.

■ Guiteras, R., A. Jina and A. M. Mobarak (2015) "Satellites, Self-Reports, and Submersion: Exposure to Floods in Bangladesh," *American Economic Review*, 105 (5), pp.232-236.

☐ Hammer, C. L., D. C. Kostroch, G. Quiros and STA Internal Group (2017) "Big Data: Potential, Challenges, and Statistical Implications," IMF Staff Discussion Note SDN/17/06.

■ Hamermesh, D. S. (2013) "Six Decades of Top Economics Publishing: Who and How?" *Journal of Economic Literature*, 51 (1), pp.162-172.

■ Hayashi, F. and E. C. Prescott (2008) "The Depressing Effect of Agricultural Institutions on the Prewar Japanese Economy," *Journal of Political Economy*, 116 (4), pp.573-632.

☐ Henderson, J. V., A. Storeygard and D. N. Weil (2012) "Measuring Economic Growth from Outer Space," *American Economic Review*, 102 (2), pp.994-1028.

☐ Higuchi, Y., N. Fuwa, K. Kajisa, T. Sato and Y. Sawada (2019) "Disaster Aid Targeting and Self-Reporting Bias: Natural Experimental Evidence from the Philippines," *Sustainability*, 11 (3), pp.1-13.

☐ Ichimura, H., Y. Sawada and J. Yamasaki (2010) "Malaria Dynamics and the Impact Evaluation of the Usage of the Long Lasting Insecticide Net (LLIN) in Madagascar," mimeo, University of Tokyo.

☐ Jean, N., M. Burke, M. Xie, W. M. Davis, D. B. Lobell and S. Ermon (2016) "Combining Satellite Imagery and Machine Learning to Predict Poverty," *Science*, 353 (6301), pp.790-794.

■ Jensen, R. T. and N. H. Miller (2008) "Giffen Behavior and Subsistence Consumption," *American Economic Review*, 98 (4), pp.1553-1577.

☐ Kanasugi, H, Y. Sekimoto, M. Kurokawa, T. Watanabe, S. Muramatsu and R. Shibasaki, (2013) "Spatiotemporal Route Estimation Consistent with Human Mobility Using Cellular Network Data," *Proceedings of PerMoby* 2013, pp.267-272.

■ Karlan, D. and J. Zinman (2009) "Observing Unobservables: Identifying Information Asymmetries with a Consumer Credit Field Experiment," *Econometrica*, 77 (6), pp.1993-2008.

☐ Koopman, R., Z. Wang and S.-J. Wei (2014) "Tracing Value-Added and Double Counting in Gross Exports," *American Economic Review*, 104 (2), pp.459-494.

☐ Kudamatsu, M. (2018) "GIS for Credible Identification Strategies in Economics Research," *CESifo Economic Studies*, 64 (2), pp. 327-338.

☐ Kuroishi, Y. and Y. Sawada (2019a) "Motivations Behind Prosocial Behavior: Evidence from the Philippines," *Journal of Asian Economics*, 64, pp. 101-127.

☐ Kuroishi, Y. and Y. Sawada (2019b) "On the Stability of

Preferences: Experimental Evidence from Two Disasters," CIRJE F-Series CIRJE-F-1130, CIRJE, Faculty of Economics, University of Tokyo.

☐ Lau, L. J. and P. A. Yotopoulos (1971) "A Test for Relative Efficiency and Application to Indian Agriculture," *American Economic Review*, 61 (1), pp.94-109.

☐ Lee, M. J. and Y. Sawada (2020) "Review on Difference in Differences," *Korean Economic Review*, 36, pp.135-173.

☐ Lee, M. J., Y. Sawada and A. Terada-Hagiwara (2020) "Unleashing Development Potential by River Crossings: Evidence Based on Satellite Imagery from Shanghai," paper presented at 2020 Japanese Economic Association Spring Meeting on May 30, 2020.

■ Levitt, S. D. and J. A. List (2009) "Field Experiments in Economics: The Past, the Present, and the Future," *European Economic Review*, 53 (1), pp.1-18.

■ Mazzocco, M. and S. Saini (2012) "Testing Efficient Risk Sharing with Heterogeneous Risk Preferences," *American Economic Review*, 102 (1), 428-468.

☐ Meager, R. (2019) "Understanding the Average Impact of Microcredit Expansions: A Bayesian Hierarchical Analysis of Seven Randomized Experiments," *American Economic Journal: Applied Economics*, 11 (1), pp.57-91.

■ Miguel, E., S. Satyanath and E. Sergenti (2004) "Economic Shocks and Civil Conflict: An Instrumental Variable Approach," *Journal of Political Economy*, 112 (4), pp.725-753.

☐ Oberfield, E. (2018) "A Theory of Input-Output Architecture," *Econometica*, 86 (2), pp.559-589.

■ Petty, W. (1690) *Political Arithmetick*, R. Clavel and Hen. Mortlock (ペティ、ウィリアム著、大内兵衛・松川七郎訳 (1955) 『政治算術』岩波文庫)

■ Pinkovskyi, M. and X. Sala-i-Martin (2016) "Lights, Camera,..... Income! Illuminating the National Accounts-Household Surveys Debate," *Quarterly Journal of Economics*, 131 (2), pp.579-632.

■ Quesnay, F. (1758) *Tableau Économique* (ケネー、フランソワ著、平田清明・井上泰夫訳 (2013)『経済表』岩波文庫)

☐ Rust, J. (1987) "Optimal Replacement of GMC Bus Engines: An Empirical Model of Harold Zurcher," *Econometica*, 55 (5), pp. 999-1033.

■ Samuelson, L. (2005) "Economic Theory and Experimental Economics," *Journal of Economic Literature*, 43 (1), pp.65-107.

☐ Shen, Z., K. Zhang and M. Dell (2020) "A Large Dataset of Historical Japanese Documents with Complex Layouts," Working Paper, Harvard University.

■ Shoven, J. B. and J. Whalley (1992) *Applying General Equilibrium*, Cambridge University Press.

■ Takahashi, K., M. Ikegami, M. Sheahan and C. B. Barrett (2016) "Experimental Evidence on the Drivers of Index-Based Livestock Insurance Demand in Southern Ethiopia," *World Development*, 78, pp.324-340.

■ Thaler, R. H. (2016) "Behavioral Economics: Past, Present, and Future," *American Economic Review*, 106 (7), pp.1577-1600.

■ Thurstone, L. L. (1931) "The Measurement of Social Attitudes," *Journal of Abnormal and Social Psychology*, 26 (3), pp. 249-269.

■ Todd, P. E. and K. I. Wolpin (2006) "Assessing the Impact of a

School Subsidy Program in Mexico: Using a Social Experiment to Validate a Dynamic Behavioral Model of Child Schooling and Fertility," *American Economic Review*, 96(5), pp.1384-1417.

□ Todd, P. E. and K. I. Wolpin (2010) "Structural Estimation and Policy Evaluation in Developing Countries," *Annual Review of Economics*, 2, pp.21-50.

■ Townsend, R. M. (1994) "Risk and Insurance in Village India," *Econometrica*, 62(3), pp.539-591.

□ Ueda, M., K. Mori, T. Matsubayashi and Y. Sawada (2017) "Tweeting Celebrity Suicides: Users' Reaction to Prominent Suicide Deaths on Twitter and Subsequent Increases in Actual Suicides," *Social Science and Medicine*, 189, pp.158-166.

□ Wolpin, K. I. (1984) "An Estimable Dynamic Stochastic Model of Fertility and Child Mortality," *Journal of Political Economy*, 92(5), pp.852-874.

■ World Bank (2015) *World Development Report 2015: Mind, Society, and Behavior*, World Bank.

□ World Bank (2020) *Purchasing Power Parities and the Size of World Economies: Results from the 2017 International Comparison Program*, World Bank.

■ 市村英彦 (2010)「ミクロ実証分析の進展と今後の展望」日本経済学会編『日本経済学会75年史回顧と展望』第8章、有斐閣

□ 梅村又次、新保博、中村隆英、西川俊作、速水融、安場保吉、阿部武司、猪木武徳、尾高煌之助他編 (1988-1990)『日本経済史(1)～(8)』岩波書店

■ 大川一司・篠原三代平・梅村又次監修 (1965-1988)『長期経済統計(1)～(14)』東洋経済新報社

■ 神取道宏 (2010)「経済理論は何を明らかにし、どこへ向かってゆくのだろうか」日本経済学会編『日本経済学会75年史回顧と展望』第6章、有斐閣

□ 玄田有史・大竹文雄・岩本康志・澤田康幸・大橋弘・塩路悦朗 (2016)「石川賞10周年パネル：日本の経済問題と経済学（パネル討論Ⅱ）」照山博司、細野薫、松島斉、松村敏弘編『現代経済学の潮流 2016』東洋経済新報社、2016年

■ 高野久紀 (2007)「フィールド実験の歩き方」西條辰義編著『実験経済学への招待』第8章、NTT出版

□ 澤田康幸 (2012)「震災後の被災実態把握はどうあるべきか？」『NIRA政策レビュー』No. 56, pp.5-6.

□ 澤田康幸編 (2014)『巨大災害・リスクと経済』日本経済新聞出版

□ 西山慶彦・新谷元嗣・川口大司・奥井亮 (2019)『計量経済学』有斐閣

■ 畠中道雄 (1996)『計量経済学の方法（現代経済学選書）』創文社

［□は増補改訂に際し追加した文献］

実証分析手法の現在
━━━━━
Introduction

# 応用ミクロ計量経済学の手法と論点

## 北村行伸
きたむら・ゆきのぶ

立正大学経済学部教授。一橋大学名誉教授。専門は
応用計量経済学、公共経済学。著書：『ミクロ計量経
済学入門』（日本評論社、2009年）など。

計量モデルの発展、ビッグデータの蓄積と整備、ソフトウェアやコンピュータの進化により、経済学の実証分析は、マクロ的な関心から、よりミクロな方向に精緻化されながら進化を遂げてきた。代表的な応用ミクロ計量経済学の手法と論点を概観する。

## 1　はじめに

　現在の経済学のありかたをどう考えるのかということに関しては、意見が分かれるだろう。しかし、現在の経済学の実証研究が、過去40年ぐらいを振り返ってみて、格段に進化しているということに関して異議を唱える人は少ないのではないだろうか。

　言うまでもなく、コンピュータなどの計算能力が格段に向上し、大量のデータ処理が短時間のうちにできるようになった。また、それと並行して、各種の統計データが収集され、公開され、そして実証研究で利用されるようになった。経済主体（個人、家計、企業等）の行動を記録したミクロデータ、とりわけ同一主体から繰り返し記録をとったパネルデータが蓄積されるようになり、経済理論で想定されていた経済主体の行動を、実際のデータを使って検証できるようになってきた。これらの変化は、自然科学、とりわけ物理学の理論仮説を、膨大な実験装置を用いて実証し、それが実際に確認された時点で理論が正しいことが認定されるという研究手法に、社会科学、とりわけ経済学が近づいてきていると解釈することもできる。

　以下では、経済主体の行動を分析することを目的として、近年、広く用いられるようになった応用ミクロ計量経済学の手法と論点を概観したい。

## 2　ミクロ計量経済学の考え方

　戦後の実証経済学は、まず、消費関数や投資関数・生産関数の推定など経済理論の中核的な枠組みで使われる関数の推定から始まり、徐々に、産業組織論の各種の市場競争の構造や、消費平準化の1階条件であるオイラー方程式の推定、労働経済学における労働供給の賃金弾性値の推定など、より限定的な、しかし、より精緻化された経済理論に基づく予測の検定に変化してきた。

　このことは、用いるデータも消費、設備投資、生産（売上）などの、政府などが定期的に収集している（非実験の）ミクロデータから、次第に特定の経済理論に対応させた統計調査とそこから得られる（実験）ミクロデータの利用にシフトしてきたことを意味している。

　一般的にいえば、ミクロデータ、パネルデータの利用が増加し、ミクロ計量経済学の手法の解説、ソフトウェアなどの開発が進み[1]、応用ミクロ計量経済学研究への参入障壁が大幅に低下し、研究が急速に拡大してきた。

　われわれが目にする実証研究は、ミクロ・クロスセクションデータあるいはパネルデータを用いて、通常のパラメトリックな関数の推定を行うものが大半ではあるが、近年、それをさらに精緻化させた分析手法が利用されるようになってきている。特に産業組織論、労働経済学、公共経済学などの分野では、

経済主体の意思決定および、経済状態を表す変数の効果を織り込んだ推論を行う必要があることが意識されている。

このあたりの事情を、簡単な例を挙げながら説明しておこう。企業の直面する財の需要関数と供給関数を考える。需要関数は次のように定式化される。ここで $Q_t$ は企業の生産財に対する需要、$P_t$ はその価格、$\mathbb{Z}$ はその他の説明変数であるとする。

$$\ln Q_t^D = \alpha + \beta \ln P_t + \mathbb{Z}'\gamma + v_t \tag{1}$$

供給関数も同様に定義でき、$\mathbb{X}$ は供給を説明するその他の変数であるとする。

$$\ln Q_t^S = a + b \ln P_t + \mathbb{X}'c + \varepsilon_t \tag{2}$$

ここで $\beta$ は需要の価格弾力性 ($\beta = \partial \ln Q^D / \partial \ln P$)、$b$ は供給の価格弾力性 ($b = \partial \ln Q^S / \partial \ln P$) を表している。$\mathbb{Z}$ と $\mathbb{X}$ は需要関数と供給関数を識別するときに使う変数であり、例えば、$\mathbb{Z}$ は人口構成や可処分所得に関する変数であり、$\mathbb{X}$ は為替レートやエネルギー費用、賃金等に関する変数であったりする。

(1)と(2)はそれぞれ需要と供給の構造方程式となっており、$\beta$ と $b$ は研究者にとっては関心のあるパラメータを表している。しかし需要と供給が均衡するときに数量 $Q_t$ と価格 $P_t$ が決まるとすれば、$P_t$ は内生変数であり、それを考慮しない最小二乗法(OLS)推定では推定パラメータにバイアスが生じる可能性がある。

この問題への対処方法は2つある。それぞれの考え方を紹介しよう。

### 2.1 誘導型推定法

(1)と(2)を連立方程式として $Q_t$ と $P_t$ について解いて、誘導型(3)(4)式を導出する。

$$\ln P_t = \frac{1}{\beta - b}\{(a - \alpha) + \mathbb{X}'c - \mathbb{Z}'\gamma\} + \frac{\varepsilon_t - v_t}{\beta - b} \tag{3}$$

$$\ln Q_t = \frac{1}{\beta - b}\{(a\beta - \alpha b) + \mathbb{X}'c\beta - \mathbb{Z}'\gamma b\} + \frac{\beta \varepsilon_t - b v_t}{\beta - b} \tag{4}$$

この2本の式は、$\mathbb{Z}$ と $\mathbb{X}$ という外生変数によって表示されており、説明変数の内生性バイアスは取り除かれている。この2式を同時推定し、得られたパラメータ6つから未知数6つ ($\alpha, \beta, \gamma, a, b, c$) を計算すれば、バイアスのないパラメータを得ることができる。この誘導型推定は、その導出法からも明らかなように、均衡点におけるパラメータの推定を行っていることになる。経済が毎期均衡状態にあると仮定すれば、この推定は内生性バイアスを回避しているということで望ましい推定方法であると判断される。しかし、経済状態が何らかの不均衡にあると考えられる場合や均衡に向けての調整過程にあると考えられる場合には、必ずしも最適な推定方法とはいえない。とりわけ、分析者の関心が需要の価格弾力性 $\beta$ や供給の価格弾力性 $b$ にある場合には、消費者なり供給者なりの価格変動に対する反応をみているわけであり、そのような反応が収束した後の均衡状態をみているわけではない。このような場合には、(1)(2)式を構造方程式として直接推定するほうが望ましい。その際に用いるのが操作変数法である。

### 2.2 操作変数法

(1)式において $P_t$ の操作変数として $\mathbb{X}$ を使い、(2)式において、$P_t$ の操作変数として $\mathbb{Z}$ を使うという2段階最小二乗法がある。操作変数が適切であれば、パラメータ $\beta$ と $b$ の推定は誘導型から導かれるパラメータと等しくなるはずである。別の言いかたをすれば、誘導型(4)式と構造型(1)式あるいは(2)式を比べてみれば明らかなように、$P_t$ の操作変数として $\mathbb{X}$ あるいは $\mathbb{Z}$ を用いることで(4)式と(1)式あるいは(2)式は同値になるということである。操作変数の原則は、操作変数は(1)あるいは(2)式の誤差項とは無相関であり、かつ操作変数は $P_t$ とは強く相関している、ことである。

近年の実証研究では、誘導型の連立方程式を推定するということはほとんどなく、(1)式や(2)式を操作変数法で推定してパラメータを得るということが多い。容易に想像がつくように、(1)式の需要関数は家計の効用最大化問題を解くことによって導出されており、(2)式の企業の供給関数は企業の利潤最大化問題を解くことによって導出されている。使うデータも(1)式の推定であれば、家計調査系のデータになるだろうし、(2)式の推定であれば、企業活動

系のデータになるだろう。理論的には、需要関数と供給関数が均衡することによって価格と数量が決まるということになっているが、企業の供給する財と家計が需要する財をマッチングさせてペアにした統計データは通常存在しない。したがって、上の例で導出したような誘導型の連立方程式は想定できず、理論的に最適な操作変数を用いることもできないことが多い[2]。

さらに悩ましいことに、(2)式の供給関数を考える場合には、価格が内生変数であるというだけではなく、企業の直面している市場競争の条件によって、独占競争価格、寡占競争価格、完全競争価格などさまざまな価格設定メカニズムを考慮する必要がある。同様に外生変数として入っている $\mathbb{X}$ の中にも賃金など外生性が疑わしい変数も含まれていたりする。

現状の実証研究では、適切な操作変数を見つけることが難しく、また、自然実験的な環境で1つの有望な操作変数を見つけたとしても、それですべての内生性の問題が解決できるわけではないという、きわめて深刻な問題に直面していることが認識されるようになってきた。

## 2.3 識別問題

2.1と2.2で論じたことは、伝統的な識別問題に関することである。すなわち、理論モデルのパラメータをバイアスなく推定できるかどうかを問うていることになる[3]。Lewbel (2019) は最近の識別問題に関する展望論文で2ダース以上の識別概念を整理しているように、最近のミクロ計量経済学の論文では、必ずと言っていいぐらいに、その論文の識別戦略（identification strategy）が議論されている。これは実証研究者が関心のあるパラメータをいかに識別し、特定化しているかが厳しく問われているということであり、また、それに答えておくことが論文の作法として定着してきていることを意味している。

では、計量経済学における識別問題とは何だろうか。ひとつは伝統的な点識別（point identification）であり、もうひとつはチャールズ・マンスキーによって唱導されている集合（バウンド）識別（set identification）という考えかたである（Manski 1995, 2003, 2005, 2007）。点識別は伝統的な計量モデルの

パラメータを意味することもあれば、政策効果として推計された平均処置効果を意味することもある。ほかにも関数形であったり、係数制約や種々の弾力性であったりすることもある。とにかくこれらの情報が与えられた母集団情報からユニークに導出できれば識別できたということになる。マンスキーが指摘しているように、社会科学上の行動に関しては個体間の異質性も大きく、この経済主体の属性を完全にコントロールはできないという条件の下では、因果効果を完全に識別することは不可能である。そこでマンスキーは最低限の制約の下で識別できる因果関係を、点識別ではなく集合識別あるいは部分識別という概念で識別するという考え方を提示した。これによって不等式の仮定の下での推定、欠損値のあるデータの推定などで部分識別が有用であることが示されてきた[4]。

多くのミクロ計量経済学の実証研究では、いまだ点識別の概念が用いられている。マンスキーの指摘の通り、多くの研究では過剰な制約条件や現実離れした分布条件を仮定するという識別戦略をとっているが、それらの仮定が信憑性があるのか、仮定を緩めても識別結果は大きくは変わらないのかなどの点で疑問が残る。とすれば、むしろ正直に最小限の制約からわかる集合（部分）識別を推定する戦略をとったほうが建設的な議論ができるように思われる。

        \*               \*

これまで論じてきた諸問題への対処として3つの進展がみられた。第一に、(1)式や(2)式のような構造方程式を、厳密な経済理論に基づいてモデル化し、それを日常的な非実験データではなく、モデルの中から発生させた実験データによって経済状態の変化に対してより頑強なパラメータ推定する構造推定モデルを用いるという方向である。これはLucas (1976) が行った、経済主体の合理的行動を考慮していない結果、構造変化時に予測を大きく外す大型マクロ計量経済学モデルへの批判に対する答えともなっている。

第二の方向としては、経済政策や各種の支援プログラムを評価する方法として、自然科学の実験的手法を用いるというものである。これは、適切に運用されれば、かなり厳密な政策評価ができると考えら

れ、多くの政策研究で用いられ始めている。

第三の方向としては、経済理論や厳密な科学実験計画に従ったデータ収集と分析ではなく、日常生活の中から、消費者やその他の経済主体が意識することなく集められたビッグデータを分析することで、さまざまな行動パターンを探し出そうとするものである。

以下では、この3つの方法について解説しておこう。

イェール大学に拠点を置くコウルズ財団経済研究所は「科学とは計測なり」(Theory and Measurement) をモットーにし、エコノメトリックスを「経済理論と統計手法を融合させて数量データや質的データを分析する経済学の一分野」であると定義していた。そこでは、大型連立方程式によるマクロ計量経済学モデルが構築されてきた。ルーカス批判（本書pp.99-103 渡部論文）などを受けて、大型マクロ計量経済学モデルは用いられなくなったが、現在では、それに代わって、経済理論と統計手法を合体させた分析方法を構造計量経済学モデル（structural econometric models、以下では略して構造推定モデル）と呼んでいる。この意味では、構造推定モデルはコウルズ財団が意図していたエコノメトリックスの真の後継モデルであるといえる。

構造推定モデルは、文字通り手作りの模型のようなものであり、個々の模型により作り方も、動かし方も違っていて、汎用モデルや一般型はない。あえて構造推定モデルを明示化し、設定する必要のある部分を述べれば次のようになるだろう[5]。

### 3.1 経済理論モデル

ここでは経済理論に基づく、経済主体のすべての行動を構造方程式として表現することが求められている。例えば、市場競争の状態、経済制度、各種経済主体の設定、情報の開示状況など経済環境がどのように機能しているかは明示的にしておく必要がある。さらに、生産技術、選好関係（効用関数の形状）、初期資本（資産賦与）などについても定式化する必要がある。経済主体にとっての制約条件やその変動が経済主体の行動を変化させる外生変数（状態変数）についても特定化する。その下で、経済主体は最適化行動をとると考える。例えば、消費者であれば効用最大化行動、企業であれば、利潤最大化行動に基づく最適化を行うと想定する。経済主体が市場競争あるいは戦略競争的な環境にいるとすれば、どのような均衡解に至るのかも考えておく必要がある。価格所与の下でのワルラス均衡やナッシュ均衡下での企業の戦略的な数量あるいは価格設定行動などが考えられる。

### 3.2 確率モデル

次に、3.1項の経済理論モデルに不確実性を導入して、確率的計量モデルに変換する必要がある。計量経済学者（ここではデータの分析者という意味）は企業の経営者が知っている企業の生産性や新製品については何も知らされていないという仮定を置くことがある。新製品が開発されたので、生産時間を延長して増産したとしても、計量経済学者には、中間投入財の増加、労働時間の延長などは観察できるが、それが新製品の製造かどうかは判断できないだろう。これは、経営者と計量経済学者の間の情報の非対称性に基づく誤差である。同時に、経済主体間の情報の非対称性もあるだろう。また、戦略的な意思決定を行う過程で、経済主体が判断を誤ることは往々にしてある。計量経済学では問題になるが、変数に測定誤差が含まれていても、経済主体の判断の誤りや経済主体のみが知っている情報による変数の変化などから、それを識別することはできない。この測定誤差も考慮することがある。

### 3.3 推定モデル

実際に関心のあるパラメータを推定するための関数形や誤差項の分布、推定方法、統計検定などを決める。まず、関数形は、利用可能なデータと推定したいパラメータの制約との関係で決まってくる。関数形は経済学的に意味のあるものを設定する必要がある。また、推定の容易さも関数形の選択においては考慮すべき点である。誤差項の分布だけでなく、内生変数の条件付き分布についても特定化する。家

計や企業の戦略的意思決定を扱う場合には、離散的選択モデルであるロジット・モデルやプロビット・モデルが使われることが多い。それに各種の誤差項を考慮したモンテカルロ法により最尤法推定（Maximum Likelihood：ML）を行う。場合によっては、誤差項に関してより制約の少ない一般化積率法（Generalized Method of Moments：GMM）が用いられることもある。モデルの特定化のためには計量経済学で用いられている各種の検定、過剰識別性検定、不均一分散検定、自己相関検定、欠落変数検定などを行って、適切なモデル選択を行う。

ここまでの準備が終わったところで、実際の構造推定に進む。

### 3.4　構造推定の手順

① 関心のあるパラメータおよび政策パラメータを初期値として与え、動学的最適化問題を解く。最適化期間の最終期から逆に帰納法的に解いていく（その際、外生変数である状態変数を変化させ、各種ショックを考慮した誤差を発生させる）。その結果得られた、各期の期待効用なり期待収益を割引現在価値に直して、それをロジット・モデルあるいはプロビット・モデルに変換する。

② そのロジット・モデルかプロビット・モデルを最尤法あるいは一般化積率法によって推定し関心のあるパラメータを求める。

③ ②で求めたパラメータを所与として、①に戻って、動学的最適化問題を再び解く。

④ ①〜③を繰り返して、パラメータがある一定の条件の下で収束するまで計算を続ける。関心のあるパラメータが収束したら、計算を終了する。

⑤ そのパラメータを用いて、政策シミュレーションや効用関数を用いた厚生分析などを行う。

楠田（2019）が指摘しているように、③④の繰り返し計算に膨大な時間がかかる場合もあり、ここの計算を効率的に行うアルゴリズムをいかに書くかということが構造推定の最も重要な論点である。アルゴリズムの違いがどのような帰結をもたらすかを楠田（2019）ではシミュレーションを用いて明らかにしている。

Reiss and Wolak（2007, p.4288）によれば、構造推定モデルを使う3つの理由は以下のとおりである。

第一に、構造推定モデルを用いることで、日常的に集められたデータ（非実験データ）では推定することが難しい、経済パラメータ（限界費用、規模の経済性）や行動パラメータ（需要の価格弾力性、政策変更に対する反応）を推定することができる。

第二に、構造推定モデルは仮想現実や政策シミュレーションに使える。例えば、ある財の需要と独占企業の費用関数の構造がわかっていれば、同規模の企業がこの市場に参入してきたときに、市場価格と需要量はどのように変化するか予測することができる。

第三に、構造推定モデルは、対立する2つの理論の予測力を比べるときに用いることができる。ここでは、理論モデルの厳密な仮説検証を通して、モデル選択を行うことを示唆しているわけではなく、特定の経済理論に基づいて導かれた構造推定モデルが予測する変化を比べて、もっともらしい経済理論を選択するという程度の緩やかなものである。

もちろん構造推定モデルにも多くの限界はある。

第一に、経済理論は、構造推定モデルの具体的な関数形や理論に出てこない説明変数の選択については役に立たない。研究者が試行錯誤しながら選ぶしかないというのが現実である。また、構造推定モデルを通して理論を選択するといっても、関数形や用いる変数が理論から導かれたものでなければ、真に理論を検証していることにならないことも十分に認識しておくべきである。

第二に、経済現象のすべてに対して経済理論が準備されているわけではない。次節で論じるように経済理論がない場合にも、われわれは、その経済現象を評価する手法を開発してきており、そのような場合には、構造推定モデルではなく、プログラム評価モデルを用いるべきである。

第三に、構造推定モデルで用いる統計データは、必ずしも経済理論が想定しているような、厳密な競争環境の下で集められた実験データに限らず、さまざまなノイズの入った非実験的環境下で集められた不完全なデータも含まれていることも認識しておくべきである。構造推定モデルに体現された理論がデ

ータでうまく説明できない場合、理論の不備かデータの不備かを識別することは難しい。

これらの限界はあるものの、経済理論と統計データを結びつけて、小さいながらも隅々にまで配慮できる構造推定モデルは魅力的な研究テーマである。特定の政策課題に対して深く分析しようと思えば、構造推定モデルは有効である。

# 4 | ランダム化比較試験に基づく政策評価

構造推定モデルでは、経済理論が重要な役割を果たすが、特定のプログラムやプロジェクトの効果を推定したり、比較したりする場合に、必ずしも厳密な理論がないこともある。例えば、職業訓練が賃金に与える効果を推定する場合、職業訓練が受講者の人的資本にどれぐらいの効果をもつのか、あるいは生産性や生産現場での労働の質の改善にどれぐらいの効果をもたらしたかがわかれば、それを計測することによって職業訓練の効果を判断することは可能である。しかし、職業訓練に参加したか、しなかったかという二項選択の指標と、参加前後の賃金のデータしかなければ、どのように職業訓練の効果を測ることができるだろうか。ここで用いられたのが、医療の臨床実験や農業試験で用いられてきた実験計画法の、経済学あるいはより広く社会科学への応用である[6]。

何らかの政策あるいはプログラムの評価を行う場合には、その成果を表す変数 $y$ をもとに評価する必要がある。理論的に考えれば、ある政策あるいはプログラムに参加した場合の経済主体の成果は $y_1$ で表され、もし経済主体がそれに参加しなかった場合の成果を $y_0$ で表すと、その政策あるいはプログラムの純効果は $y_1 - y_0$ で表されるはずである。容易に想像がつくように、同一経済主体が政策プログラムに参加することと、参加しないことを同時に経験することはできないという問題が生じる。すなわち、あるトレーニングに参加した人の成果 $y_1$ は観測できるが、その人がトレーニングに参加しなかった場合の成果 $y_0$ は、実際には参加しているのだから、実測できないだろう。この実測できないケースをあた

かも経験したかのように扱うことを、仮想現実（カウンターファクチュアル）を設定するといい、この仮想現実がいかに現実的であるかによって、政策評価の適切さが違ってくるという考え方をする。

同一経済主体の個別評価 $y_1 - y_0$ は個々人の状況に応じて違うだろうが、われわれが関心があるのは、社会全体の平均として、その政策やプログラムの効果を計測することにある。そこで、$d$ を政策処置を受けた指標であるとしよう。もし $d = 1$ であれば経済主体は処置群、$d = 0$ であれば、経済主体は処置を受けていない対照群に属しているとしよう。

平均処置効果（Average Treatment Effect：ATE）は次のように定義できる。

$$ATE = \mathrm{E}(y_1 - y_0) \tag{5}$$

また、処置群の平均処置効果（Average Treatment effect on the Treated：ATT）は次のように表せる。

$$ATT = \mathrm{E}(y_1 - y_0 | d = 1) = \mathrm{E}(y_1 | d = 1) - \mathrm{E}(y_0 | d = 1) \tag{6}$$

右辺の第一項は観察できるが、第二項は観察不可能である。観察可能なデータは $\mathrm{E}(y_0 | d = 0)$ なので、$y_0$ の期待値と $d$ は独立であると仮定し、ATTを次のように近似する。

$$ATT \approx \mathrm{E}(y_1 | d = 1) - \mathrm{E}(y_0 | d = 0) \tag{7}$$

ATEを推定するにはさらに強い仮定を置く必要がある。すなわち、ATEは次のように書き換えることができる。

$$ATE = \mathrm{P}(d=1)\mathrm{E}(y_1 - y_0 | d=1) + \mathrm{P}(d=0)\mathrm{E}(y_1 - y_0 | d=0) \tag{8}$$

ここでは $\mathrm{E}(y_0 | d = 1)$ に加えて、$\mathrm{E}(y_1 | d = 0)$ も観察不可能であり、これも仮定を置いて近似する必要がある。すなわち、$y_1$ の期待値と $d$ も独立であると仮定すると、ATEはATTと同じ近似を用いることができる。

$$ATE = ATT \approx \mathrm{E}(y_1 | d = 1) - \mathrm{E}(y_0 | d = 0) \tag{9}$$

この関係が成り立つためには、処置群および対照群の選択がランダムに行われていることが前提にな

る[7]。この選択がランダムに行われていない場合には、セレクション・バイアスについて配慮する必要がある。

これを回帰分析で求めることもできる。

$$y_i = \alpha + \beta d + \varepsilon_i \tag{10}$$

ここで $d$ は処置群に付与されるダミー変数である。(10)式は最小二乗法（OLS）で推定でき、推定パラメータ $\hat{\beta}_{OLS} = ATE = ATT$ となる。

このようにして求めた平均処置効果を比較することで、その政策やプログラムを評価するというのが基本的な考え方である[8]。ここで紹介したランダム化比較試験に基づく政策評価のアプローチは開発経済学の分野を中心に急激に広がっており、多くの興味深い実証結果が得られている。とりわけ2019年度のノーベル経済学賞をアビジット・バナジー、エステル・デュフロ、マイケル・クレーマーの3人が受賞し、ランダム化比較試験に基づく実証研究はde facto standard（事実上の基準）となった感がある。

ただ、開発経済学に長い間携わってきたDeaton（2010）や、政策評価の手法の開発をリードしてきたHeckman（2010）らは、ランダム化比較試験があまりにも急激に応用されるようになり、その結果、研究の中には、実験計画法を考案したFisher（1925）が、細心の注意を払って行ってきたランダム化比較試験が、形骸化してきたことを危惧している。たしかに、ランダムにサンプルを選ぶためには母集団情報が必要だが、発展途上国などでは、母集団情報の基礎となる統計調査が不十分であることが多い。その結果、サンプルをランダムに選ぶという作業がないがしろにされている可能性がある。何らかのプロジェクトを実施したいと考えて、国際機関や援助機関に仲介を頼んで、紹介された村落が、どのような意味で無作為抽出された村落なのかは、あまり問われることがないように思う。その結果、過去から多くの研究者チームの入った援助慣れのした村落を対象とすることになったとすれば、過去の履歴効果などもあり、純粋な援助効果を測ることが難しくなる。また、処置グループと対照グループに割り当てる時点でランダムに割り当てができればいいのだが、これも、実際の実証分析では処置グループが決まって

おり、事後的に対照グループを割り当てているということも多くみられる。Fisher（1925）では処置グループと対照グループは同等の重みで分析すべきものであり、できれば医薬品検定のときに用いるような二重盲検のような環境で政策効果を測ることが望ましいと考えていたが、現状のランダム化比較試験では、被験者も含めて処置群と対照群は最初から自らの扱いを認識していることが大半である。このことがもたらす結果へのバイアスについては、最近の研究で論じられることはほとんどないと思う[9]。

Deaton（2010）は、ランダム化比較試験や自然実験に過度に依存した研究は、知識の蓄積に結びつかず、それぞれの実験結果が、科学的調査を謳っている割には、その他のサンプルへの一般化ができないし、追試も行われていない点も指摘している。

さらにHeckman（2010）も指摘しているように、安易なランダム化比較試験では、厳密な経済理論や政策分析に基づいておらず、結果の評価も曖昧となる危険性をはらんでいることもよく認識しておくべきであろう。

逆に、LaLonde（1986）では、非実験データを用いた実証結果が、ランダムに割り当てられた実験データでは確認できなかったと報告している。これは、非実験データを用いた計量経済分析が特定化に関する誤りを犯している可能性を示唆している。これは、実験データで非実験データから導かれた実証結果を再検査するという試みであり、実験手法の新しい応用例である。

Imbens（2010）がDeaton（2010）やHeckman and Urzua（2009）に答えているように、ランダム化比較試験によって実証研究の信頼性が大きく改善された点は高く評価されるべきである。同時に、実験計画の細部をごまかしたような実証研究は回避すべきであることは言うまでもない。

ランダム化比較試験に基づく政策評価に関連して、2019年12月に中国湖北省武漢で発症したとされる新型コロナウイルス感染症の世界的な拡散（パンデミック）について実証分析の立場から考えてみたい。今回のコロナウイルスの世界的な波及は1918年に世界的な流行をしたスペイン・インフルエンザ以来の規模であり、グローバル化した世界を反映して、そ

れは瞬く間にアジア、ヨーロッパ、北米、中東、中南米、アフリカへと波及していった。今回のパンデミックでは、国際社会がいち早く反応し、アメリカのジョンズ・ホプキンス大学医学部コロナウイルス情報センター（Coronavirus Resource Center）ではいち早く、コロナウイルス感染状況に関する国際比較可能な情報提供を始め、WHOやOECD、EUユーロスタットなどの国際機関も情報の提供を行っている。各国政府でもコロナ関連の統計情報の提供を行っている。日本でも厚生労働省が「新型コロナウイルス感染症について」情報提供は行っているが、経済指標との関連性を含めたデータ提供を積極的に行っているわけではない[10]。

ここでは3点に絞って情報提供したい。第一に、豊富な統計情報が提供され、AI等を使ったデータマイニングもやりやすくなっている環境で、世界中の研究者が膨大な研究論文を日々発表している。それには感染症学者や医療研究者に限らず、経済学者も物理学者も生物学者もデータサイエンティストも入っている。研究のテーマは多岐にわたるが、基本的には日々集められるデータを使った実証研究か感染症の伝播を扱うSIR（Susceptible-Infected-Recovered）モデルによって感染率や隔離率であるパラメータを動かすことで感染人口の成長率をシミュレーションするという研究を目にすることが多い。実証研究は感染がリアルタイムで拡大している中で、情報や政策対応に不確実性があり、なかなか正確な政策判断ができないという限界がある。シミュレーションはモデルの世界で完結しておりパラメータを所与とする中での政策判断はできる。しかし、リアルタイムでパラメータの値は変動しており、かつ、人口間の異質性や地域属性の違いなども考慮していないなど、現実的ではなく、予測された死亡者数などは現実とはかけ離れたものであり、信憑性が疑われている。政策担当者であれば、現実的にはシミュレーションの結果も念頭におきつつ、刻々と入ってくる情報をアップデートしながら、ファインチューニング的な、しかし基本的にはブレのない政策運営を行っていくしかないだろう。

第二に、これもランダム化比較試験の議論と通じることだが、社会全体の感染者数の推定を早い段階でしたほうが、その後の政策を立てやすいという議論があった。ドイツや韓国がよく例に挙げられるが、PCR検査によって感染者（陽性者）を特定し隔離することで感染を遮断するという考え方に基づいている。ランダム化比較試験アプローチに反対する多くの学者の考え方は、そこに困っている人がいれば、彼らを救済することが第一であって、困っている人と困っていない人をランダムに選んで救済方法の効果を測定するなどといった悠長なことはできないというものであると思う。今回の新型コロナウイルス感染の下でも、日本の感染症の専門家の間では、重篤な患者に治療を優先して、感染を自覚している人とその周りの接触者を検査することで死亡者をできるだけ少なくするという戦略がとられていたように思う[11]。どちらの考え方が良い戦略であったのかは、もう少し時間をかけて検証する必要がある。

第三には、今回のパンデミックの評価として、医療崩壊の危機がイタリア、スペイン、フランス、イギリスなどで見られたことは、これまでの財政緊縮で医療人材の削減、医療施設や設備の劣化や衛生環境の低下を放任してきたつけが回ってきたことを意味しているように思う。ニューヨークがあれだけ急激に感染者を増やしたのも、健康維持や予防医療へのアクセスの制限が特定のグループにあり、劣悪な衛生環境に直面せざるを得ないグループの存在が放置されてきた結果であろう[12]。現在の政策を評価するだけではなく、過去の間違った経済政策が人を死に至らしめている可能性についても検討すべきである。

## 5　ビッグデータ分析

現在、ビッグデータについて話を聞かない日はないぐらい、話題になっている。企業は各種のビッグデータを集めて、それをビジネスに活かそうとしている。アマゾンが集めているショッピングのパターンやタイミングに関する情報、グーグル上で検索されているキーワード、トヨタ自動車の位置情報からわかる道路の渋滞情報、電子マネーの決済情報からわかる買い物履歴や平均決済額、電力メーターから

発信されるリアルタイムの電力使用量など、いまや膨大な量の情報が蓄積され、それがマーケティングや将来の需要予測などに用いられている。

データとして定義してみると、①数値型、カテゴリー型、2値型、②テキスト（電子メール、Twitterのつぶやき、新聞記事等）、③レコード（ユーザー・データ、タイムスタンプ付のイベントデータ、ログファイル）、④地理情報に基づく位置データ、⑤ネットワーク、⑥センサーデータ、⑦画像、映像、音声データ等、などに分類できる。

日本において、これまで経済学者が使ってきたのは、ほとんど①であり、まれに②③④⑤などが使われることがあった。問題は、これらの莫大なデータがリアルタイムで蓄積されているという事実に対して、それを分析するデータサイエンティストが大幅に不足しており、しかも大学等の高等教育機関で、そのような人材を育成する講座がほとんど開かれていないという事実である。遅ればせながら、文部科学省は2017年から、全国で10大学ほどを指定して、ビッグデータ分析の専門家、データサイエンティストの育成に乗り出すことを公表した。現在、アメリカやヨーロッパの企業が行っているビッグデータ分析に後れを取らないために、この分野の専門家の育成が急務だという認識に基づいている。

これまでの計量経済学では考えられなかったビッグデータを用いることで、何らかの行動上の推論はできるだろうか。よく指摘されるビッグデータの特徴として、多くの場合、サンプルは母集団情報から無作為に抽出されたものではなく、しかも、体系的な調査目的に基づいて集められた情報でもない。いわば、企業や家計、個人といった主体の行動を部分的に情報として集計している段階で、その分権的な情報から意味のある因果関係を導出することができるかどうかが問われている[13]。

たしかに、紐づけされていない現状のビッグデータを、前節までのように経済理論と統計手法を厳密に結びつける手法で分析することは難しい。しかし、この莫大なデータを利用して、政府公的統計から得られる情報を補完することは考えられている。例えば、消費者物価指数は月次で公表されているが、それは調査員が個別の小売店を訪問して、特定の銘柄

の商品の価格を記録することによって作られている。それに対して、スーパーマーケットやコンビニエンスストアーでは、価格情報や売上情報を、POSシステムを使ってリアルタイムで把握している。実際にこのシステムを使えば、日次の消費者物価指数を構築し、より迅速に経済・景気に関する情報を伝えることが可能になる。同様に、電力・水道・ガスといった消費情報や物流、交通情報なども経済・景気に関するリアルタイム情報として活用できるだろう。

逆に国勢調査や企業センサス基礎調査などのデータをベンチマークにして、それに各種のビッグデータをマッチングさせていくことができれば、ビッグデータが国全体のどれぐらいのシェアの情報を扱っているのかなどが明らかになる。国勢調査や経済センサスの全数を5年ごとにマッチングさせることなどは、現在のコンピュータの情報処理能力からすればそれほど大変なことではない。政府統計と民間データの補完的な利用方法はより広範に議論されてしかるべきである[14]。

ビッグデータは、理論なき計測と揶揄されることがあるが、データから統計的に抽出された関係から、理論構築の必要性を感じさせることができれば、帰納法的なアプローチによる理論構築の道が開ける可能性もある。人間の行動あるいは社会現象には何らかの原因が働いていることは想像できるが、その原因がどういうものであり、それはどれぐらい確かなことかと問われれば不確かであると答えざるを得ないという場合がある。そのような「主観確率」を事前確率と呼び、ある事象が起こった後に得られる事後確率との関係を表したものがベイズの定理として知られている。

われわれが知りたいのは、$A$ が起こったときに原因が $H_i$ である確率 $P(H_i|A)$ である。ベイズの定理は結果に対する原因の確率 $P(H_i|A)$ を計算する公式を与えてくれる。

$$P(H_i|A) = \frac{P(H_i)P(A|H_i)}{\Sigma\{P(H_j) \cdot P(A|H_j)\}} \tag{11}$$

ここで $P(H_i)$ は、$H_i$ の事前確率、$P(H_i|A)$ は事後確率と呼ぶ。これをさらに簡単に表現すると（事後確率）＝（事前確率×尤度）/（データの分布）と読むこ

とができる。このベイズの定理を利用した統計分析をベイズ統計と呼ぶ。このアプローチは不確かな事前確率を、情報を加えることでアップデートして、より確かな事後確率に修正していくというものであり、ビッグデータの分析に適した統計理論として注目を集めている。実際、人工知能における深層学習、音声解析、画像解析、医療臨床検査、機械翻訳、迷惑メールフィルターなどでは、ベイズ統計を使って、大きな実績をあげている[15]。

## 6 | おわりに

ここで紹介した3つの方法は、それぞれ有望なアプローチであり、いずれかのアプローチが他を知的に圧倒しているということはない。また、Heckman（2010）が論じているように、構造推定モデルとランダム化比較試験を融合したようなアプローチも出てきつつある。

これらの手法はいずれも計量経済学の長い伝統の上に成り立つものであり、その蓄積を活かして新しい道を切り開いていることを理解していただきたい。例えば、ビッグデータ分析で用いられているベイズの定理などは1763年に公表されたものであり、日本でいえば江戸時代の発見である。それが、現代の情報技術の進歩と共に見直されるようになってきたのである。

応用ミクロ計量経済学は経済学の理論と計測をつなぐ架け橋となる研究分野であり、解決すべき問題は理論面でも、実証面でも、統計調査面でも山積みにされている。多くの若い研究者がこの分野に参入して、さらに新しいフロンティアを開拓してくれることを切に願っている。

［『進化する経済学の実証分析』pp.28-36を増補改訂］

## 注

[1] ミクロ計量経済学の教科書としては、Cameron and Trivedi（2005）、Wooldridge（2010）、北村（2005, 2009）などがあり、ソフトウェアとしてはStata、MATLAB、EViews、Rなどが広範に用いられている。最近では計量経済学の分野でもデータサイエンス分野で広く使われているPythonを使いこなす研究者も増えてきている。

[2] 適切な操作変数が無ければ、内生性バイアスを取り除くこと

ができない。操作変数が弱相関を示す場合には、むしろ操作変数を用いないほうが望ましいこともある。北村（2009、第5章）参照。

[3] このタイプの識別問題は、例えば、Hsiao（1983）で展望されている。

[4] 奥村（2018）はマンスキーの集合（部分）識別の手法を日本に紹介した最初の包括的な文献であり、丁寧な解説がなされている。一読をお勧めする。

[5] Reiss and Wolak（2007, pp.4304-4314）や楠田（2019）が簡単な入門となっている。

[6] 実験計画法に関する古典的な文献にはFisher（1925）、Cochran and Cox（1957）などがある。日本語の文献としては奥野・芳賀（1969）や広津（1992）が先駆的な教科書である。医学分野への応用への概説として津田（2011）を参照。

[7] このランダム化比較試験が上手くいくかどうかは、ランダム化に成功するかどうかにかかっており、その点をめぐって大きな論争が起こっている。Duflo et al.（2008）、Angrist and Pischke（2010）、Deaton（2010）、Heckman and Urzua（2009）、Heckman（2010）、Imbens（2010）、LaLonde（1986）等を参照。日本語文献としてはDuflo et al.（2008）の翻訳である、デュフロ、グレナスター、クレーマー（2019）がある。

[8] より高度な政策評価の手法や論点に関しては、DiNardo and Lee（2011）、Todd（2008）、Heckman and Vytlacil（2007a,b）、Abbring and Heckman（2007）などを参照。

[9] また実験を行うことが微妙な内容に関しては、各研究者の所属する機関なり研究を行うプロジェクトの責任者が所属する機関の倫理審査を受けることが必須である。

[10] 日本の新型コロナウイルス感染症に関する情報提供や政策判断、さまざまな給付政策などについては、感染状況が一時的に落ち着いた段階で真剣に見直す必要がある。政策として有効であったこと、効果がなかったこと、効果が出るのにかかった時間など、冷静な事後検証が求められる。

[11] 状況はまだ予断を許さないし、リアルタイムで目にするさまざまな統計に過剰反応して短絡的な結論を出すことは慎まなければならない。ある程度時間を経て、国際的に比較可能な統計や事実が明らかになった時点で、どのような政策対応が有効であったのかを国際的に検証しておくことが、今後の感染症対策として重要であろう。

[12] この点に関してはスタックラー、バス（2014）を参照されたい。

[13] 主体の行動が紐づけられることになれば、より包括的な分析ができるようになる。そのためにアマゾンやグーグルなどのプラットフォームは、個人情報を紐づけしようと、さまざまな取引を同じプラットフォームで行うようにインセンティブ付けている。ポイントカードにポイントが付いたり電子マネーで割引が得られるのも、情報の集約化に対するインセンティブ付けの試みである。政府統計もマイナンバーや永久企業番号を必ず付記することで、長期的には各種のデータをマッチングさせた包括的なデータベース構築への道が開けてくるものと考えられる。

[14] ビッグデータの利用を個人情報保護の観点から規制すべきとの議論があり、またSNSなどでの匿名の書き込みなどにも規制をかけるという議論も始まっている。データを使って国民生活の質を向上させることと個人の尊厳と自由が保障されることは代替的な選択肢ではなく、両立させるべき課題である。

[15] 最近のベイズ統計に関しては古澄（2015）を参照。ベイズ統

計の歴史に関してはMcGrayne（2011）を参照。ベイズ統計
をビッグデータ統計解析の手法として解説したものに照井
（2018）がある。その副題は「経済学部／経営学部では学ば
ない統計学」と銘打っており、経済学部生・院生には一読を
お勧めする。

## 参考文献

■ Abbring, J. H. and J. J. Heckman (2007) "Econometric Evaluation of Social Programs, Part III: Distributional Treatment Effects, Dynamic Treatment Effects, Dynamic Discrete Choice, and General Equilibrium Policy Evaluation," in J. J. Heckman and E. E. Leamer eds., *Handbook of Econometrics*, Vol.6B, Elsevier, Ch.72, pp.5145-5303.

■ Angrist, J. D. and J.-S. Pischke (2010) "The Credibility Revolution in Empirical Economics: How Better Research Design is Taking the Con out of Econometrics," *Journal of Economic Perspectives*, 24(2), pp.3-30.

■ Cameron, A. C. and P. K. Trivedi (2005) *Microeconomerics: Methods and Applications*, Cambridge University Press.

■ Cochran, W. G. and G. M. Cox (1957) *Experimental Designs*, 2nd ed., John Wiley & Sons.

■ Deaton, A. (2010) "Instruments, Randomization, and Learning about Development," *Journal of Economic Literature*, 48(2), pp.424-455.

■ DiNardo, J. and D. S. Lee (2011) "Program Evaluation and Research Designs," in D. Card and O. Ashenfelter eds., *Handbook of Labor Economics*, Vol.4a, Elsevier, Ch.5, pp.463-536.

■ Duflo, E., R. Glennerster and M. Kremer (2008) "Using Randomization in Development Economics Research: A Toolkit," in T. P. Schultz and J. A. Strauss eds., *Handbook of Development Economics*, Vol.4, Elsevier, Ch.61, pp.3895-3962.

■ Fisher, R. A. (1925) *The Design of Experiments*, 1st ed., Oliver and Boyd.

■ Heckman, J. J. and E. J. Vytlacil (2007a) "Econometric Evaluation of Social Programs, Part I: Causal Models, Structural Models and Econometric Policy Evaluation," in J. J. Heckman and E. E. Leamer eds., *Handbook of Econometrics*, Vol.6B, Elsevier, Ch.71, pp.4779-4874.

■ Heckman, J. J. and E. J. Vytlacil (2007b) "Econometric Evaluation of Social Programs, Part II: Using The Marginal Treatment Effect to Organize Alternative Econometric Estimators to Evaluate Social Programs, and to Forecast Their Effects in new Environments," in J. J. Heckman and E. E. Leamer eds., *Handbook of Econometrics*, Vol.6B, Elsevier, Ch.71, pp.4875-5143.

■ Heckman, J. J. and S. Urzua (2009) "Comparing with Structural Models: What Simple IV Can and Cannot Identify," NBER Working Paper Series, No.14706.

■ Heckman, J. J. (2010) "Building Bridges Between Structural and Program Evaluation Approaches to Evaluating Policy," *Journal of Economic Literature* 48(2), pp.356-398.

□ Hsiao, C. (1983) "Identification," in Griliches, Z. and M.D. Intriligator, eds *Handbook of Econometrics*, Vol. 1, Elsevier, Chapter 4, pp.223-283.

■ Imbens, G. W. (2010) "Better LATE than Nothing: Some Comments on Deaton (2009) and Heckman and Urzua (2009),"

*Journal of Economic Literature*, 48(2), pp.399-423.

■ LaLonde, R. J. (1986) "Evaluating the Econometric Evaluations of Training Programs with Experimental Data," *American Economic Review*, 76(4), pp.604-620.

□ Lewbel, A. (2019) "The Identification Zoo: Meanings of Identification in Econometrics", *Journal of Economic Literature*, 57(4), pp.835-903.

■ Lucas, R. E. (1976) "Econometric Policy Evaluation: A Critique," *Carnegie-Rochester Conferences in Public Policy*, 1(1), pp.19-46.

□ Manski, C. F. (1995) *Identification Problems in the Social Sciences*, Harvard University Press.

□ Manski, C. F. (2003) *Partial Identification of Probability Distributions*, Springer-Verlag.

□ Manski, C. F. (2005) *Social Choice with Partial Knowledge of Treatment Response*, Princeton University Press.

□ Manski, C. F. (2007) *Identification for Prediction and Decision*, Harvard University Press.

■ McGrayne, S. B. (2011) *The Theory That Would Not Die: How Bayes' Rule Cracked the Enigma Code, Hunted Down Russian Submarine and Emerged Triumphanr from Two Centuries of Controversy*, Yale University Press（冨永星訳『異端の統計学ベイズ』草思社、2013年）

■ Reiss, P. C. and F. A. Wolak (2007) "Structural Econometric Modeling: Rationales and Examples from Industrial Organization," in J. J. Heckman and E. E. Leamer eds., *Handbook of Econometrics*, Vol.6A, Elsevier, Ch.64, pp.4277-4415.

■ Todd, P. E. (2008) "Evaluating Social Programs with Endogenous Program Placement and Selection of the Treated," in T. P. Schultz and J. A. Strauss eds., *Handbook of Development Economics*, Vol.4, Elsevier, Ch.60, pp.3847-3894.

■ Wooldridge, J. M. (2010) *Econometric Analysis of Cross Section and Panel Data*, 2nd ed., The MIT Press.

■ 奥野忠一・芳賀敏郎（1969）『実験計画法』培風館

□ 奥村綱雄（2018）『部分識別入門——計量経済学の革新的アプローチ』日本評論社

■ 北村行伸（2005）『パネルデータ分析』岩波書店

■ 北村行伸（2009）『ミクロ計量経済学入門』日本評論社

□ 楠田康之（2019）『経済分析のための構造推定アルゴリズム』三恵社

■ 古澄英男（2015）『ベイズ計算統計学』朝倉書店

□ スタックラー、デイヴィッド、サンジェイ・バス著、橘明美、臼井美子訳（2014）『経済政策で人は死ぬか？——公衆衛生学から見た不況対策』草思社（Stuckler, D. and S. Basu *The Body Economic: Why Austerity Kills*, Basic Books, 2013）

■ 津田敏秀（2011）『医学と仮説——原因と結果の科学を考える』岩波書店

□ デュフロ、エステル、レイチェル・グレナスター、マイケル・クレーマー著、小林庸平監訳、石川貴之、井上領介、名取淳訳（2019）『政策評価のための因果関係の見つけ方——ランダム化比較試験入門』日本評論社

□ 照井伸彦（2018）『ビッグデータ統計解析入門——経済学部／経営学部で学ばない統計学』日本評論社

■ 広津千尋（1992）『実験データの解析——分散分析を超えて』共立出版

[□は増補改訂に際し追加した文献]

実証分析手法の現在
———
Introduction

## 下村研一
しもむら・けんいち
神戸大学経済経営研究所教授。
専門は経済理論・実験経済学。

## 潘俊毅
しん・しゅんき
神戸大学経済経営研究所教授。
専門は行動経済学・環境経済学。

# 経済学における実験的アプローチ

市場理論とゲーム理論で導かれる結果は、現実にも起こりうるのだろうか？　それを実証する実験的アプローチの方法を、これまでの研究結果と共に紹介する。

## 1　　はじめに

　初級のミクロ経済学の授業で、市場理論とゲーム理論のそれぞれの基礎が教えられている大学は現在日本で相当な数にのぼる。そして、受講する学生の多くは、高校の「現代社会」あるいは「政治経済」で、「需要と供給」「囚人のジレンマ」という大学のミクロ経済学でも最重要の基礎事項を学んでいる。だが、純真な大学生が
　「需要と供給を一致させる価格の自動調整機能って、どれくらいの速さなんだろう？」
　「『囚人のジレンマ』の状況で "協力" は発生しそうに思えるけど…」
という疑問を高校生のときからもつのは当然である。さらに授業の途中、または終了後、経済学の先生に
　「実際の市場取引ではもっと多く買いたい人、あるいはもっと多く売りたい人がいるが時間切れであきらめている人はいないのか。」
　「囚人２人が過去に『囚人のジレンマ』を勉強していれば、このゲームは警察が自分達にしかけた罠だとわかっているから "裏切り" を選ばないのではないか。」
と学生から聞かれたら、先生は何と答えるだろうか。
　解答として「価格の自動調整機能とは価格は商品の需要と供給を一致させる水準に定まるという市場理論の仮定であるので、速さは一瞬と考えて結構です。」「『囚人のジレンマ』は非協力ゲームのモデルな

ので、各個人は自己の利得のみを最大化するように戦略を選ぶという仮定の下では、それが罠だと知っていようがいまいが２人とも "裏切り" を選ぶのです。」というものはどうだろうか。両方とも理論の大前提の仮定からの演繹なので、理論としてはまったく正しい。ただ純真な学生への解答としてはどうしても無味乾燥な感が否めない。
　その先生がそれでは学生は納得しないであろうと思い、かつたまたま教室にタブレットかスマートフォンを持ってきていたとしよう。それならば実際の市場取引における「需要と供給」については、青果市場や魚市場で「満足のいく取引ができましたか」というアンケートのデータをその場で検索するかもしれない。だが、そのような公開データの存在は期待できないであろう[1]。ましてや「『囚人のジレンマ』を知っていた囚人」のジレンマについてはテレビ局でさえも調査不可能であろう[2]。ではどうすればよいのか。このような場面で、筆者たちは先生にこう答えてほしいと考える。

「授業で一度実験してみよう！」

　「需要と供給」とは市場理論（特に完全競争市場理論）を、そして「囚人のジレンマ」とはゲーム理論（特に非協力ゲーム理論）を、象徴する言葉である。本稿では、市場理論とゲーム理論を実証する実験的アプローチの方法を、これまでの研究結果と共に紹介する。

## 2 | 市場理論の実験

　市場理論の実験の創始者は、その記録を論文で発表したという規準に照らせば、エドワード・チェンバリンである（Chamberlin 1948）。チェンバリンが行った実験は現在「相対（あいたい）取引」と呼ばれる。相対取引とは、一般に同じ種類の商品の売り手と買い手がそれぞれ複数いて、売り手、買い手はそれぞれ「売り注文」（売り値と売りたい量）、「買い注文」（買い値と買いたい量）という価格と数量の組み合わせを交渉する相手だけに言うことで取引相手を探す取引方式である。売り手と買い手が出会い、両者が同意すれば取引は成立。両者が合意しなければ取引は成立せず、制限時間までそれぞれ別な取引相手を探す。商品を複数有している、あるいは必要としている場合は小分けにして異なる相手と取引を行ってよい。

　チェンバリンは実験者として、売り手役の被験者全員に仮想の商品1単位のそれぞれ異なる原価（S：1単位作るのにかかる金額）を記したカード1枚を配布した。一方、同じ人数の買い手役の被験者全員に仮想の商品1単位のそれぞれ異なる評価額（B：1単位得るのに払ってもよい金額）を記したカード1枚を配布した（つまり、売り手は商品を1単位しか持たず、買い手も商品を1単位しか必要としていないという状況設定で、交渉は何人と行ってもよいが取引はひとり1回限りであった）。そして、取引価格（P）をめぐり、売り手は利ざやP−Sの値を、買い手は余剰B−Pの値をなるべく大きくするように交渉するよう指示した。両者が合意した場合、売り手と買い手は実験者にB、S、Pを報告し、取引価格Pのみが板書により公開された。横軸で数量、縦軸で価値を測る座標平面上に原価を安いほうから高いほうへ描いた棒グラフ全体がこの経済の供給曲線、評価額を高いほうから安いほうへ描いた棒グラフ全体がこの経済の需要曲線となる。そこで理論上は「超過需要（＝需要−供給）がプラスならば価格は上がり、超過需要がマイナスならば価格は下がる」という仮定の下、「右下がりの需要曲線／右上がりの供給曲線」のモデルでは取引価格は競争均衡価格の収

束が起こることになる。このことから、チェンバリンはこれら2つのグラフの高さが等しくなるときのその高さ、つまり競争均衡価格が、この市場実験の取引価格として実現するかどうかを相対取引によって実験したのである。かくして行われた経済学研究における歴史上初の市場実験であるが、「相対取引による取引価格が競争均衡価格に収束する傾向は観察されなかった」という結果を得るに至った。

　チェンバリンの実験に学生時代に偶然参加した経験をもとに、今日の完全競争の市場理論を基礎付ける実験を考案したのが、ヴァーノン・スミスである（Smith 1962）。スミスが行った実験は現在「ダブルオークション」と呼ばれる。ダブルオークションとは、一般に同じ種類の商品の売り手と買い手がそれぞれ複数いて、売り手、買い手はそれぞれ売り注文、買い注文による価格と数量の組み合わせを取引の参加者全員に公開することで取引相手を探す取引方式である。売り注文に少なくともひとりの買い手が、あるいは買い注文に少なくともひとりの売り手が取引を申し出れば早い者勝ちで取引は成立となる。売り注文、買い注文に誰からも反応がなければ、取り消して新しい注文を出すことができる。商品を複数有している、あるいは必要としている場合は相対取引と同じく小分けにして異なる相手と取引を行ってよい[3]。

　スミスが実験者として行ったことであるが、まずチェンバリンと同じ状況設定で、被験者に1単位の商品をめぐり利ざやあるいは余剰がなるべく大きくなるように取引をすることを命じた。そして、チェンバリンと同じように成立した取引価格を板書した。一方、チェンバリンと異なる点は、出された売り注文、買い注文は参加者全員に公開された。またスミスは制限時間が過ぎると売り買いをリセットし、同じルールによる取引を数回繰り返した。さらに、スミスはこの数回の取引で売り手として得た利ざやの合計あるいは買い手として得た余剰の合計に応じ、被験者に謝金を支払った。かくして師弟二代にわたる市場実験は、ここで「ダブルオークションによる取引価格の競争均衡価格への収束が観察された」という結果を得るに至ったのである。

　だが、ミクロ経済学の理論的アプローチで命題の

正しさが「証明」を通じて認められるのと同じく、実験的アプローチで命題の正しさが認められるためには「再現性」が得られなければならない。つまり、同じ材料と道具をそろえ同じやりかたに従えば、誰がどこで実験しても（レシピに従えば料理ができるように）ほぼ同じ結果が得られることが求められる。この規準に厳密に照らすと、十分な正しさが認められているといえるダブルオークションの命題は以下のようになろう。

**需要と供給の実験結果 その1**（Smith 1962）：貨幣と1種類の商品のいずれか一方あるいは両方を有する参加者が十分多く存在し、商品の価格には上限も下限もない市場を考える。このとき商品の需要曲線が右下がりで商品の供給曲線が右上がりならば、ダブルオークションによる超過需要がプラスのとき価格は上がり、超過需要がマイナスのとき価格は下がり、取引価格の平均値は競争均衡価格に、分散はゼロに収束する。

　実際、ダブルオークションと完全競争市場に関する実験はほかにも数多く存在する。だが、再現性が得られるほど方法論が確立しかつ十分な数の追実験が行われていると言いきれる命題は、貨幣と1種類の商品を交換する模擬市場でのダブルオークションの取引価格による理論上の競争均衡価格への収束だけではないかと思う。この実験を緻密な形で行ったスミスの先駆的な業績は、自分自身およびその他の研究者が行った追実験による検証結果により揺るぎのないものになり、スミスは2002年ノーベル経済学賞を受賞した。

　スミスが造ったこの土台の上に何を築くか。市場理論の体系から考えれば、それに続くべき研究はいろいろと考えられる。実際スミス以降、需要と供給の実験研究はさまざまな方向に広がった。取引される仮想の商品の数量も増え、被験者に商品の価値を伝える手段も1枚のカードではなく、手持ちの商品と貨幣の数量に応じて得られる利得を示す利得表（実質的に効用関数）が使われるようになった。この方法によりかなり変わった形の需要曲線、供給曲線による実験のデザインも可能になったが、これらの曲線がそれぞれ右下がり、右上がりである限り取

引価格の競争均衡価格への収束は観察され、途中で何らかの与件が変化し曲線のシフトが起こってもシフト後の競争均衡価格への収束が観察されている（実験の例に関しては、例えば、Plott and Smith 2008を参照）。

　このような研究の傾向に対して「ソンネンシャインの定理（Sonnenschein 1972）を使えば、どのような超過需要関数が与えられても、それを導く交換経済モデルが作れるのだから、実験のデザインもできて当然だ」という声も聞かれる。ところがそれが当然でないところに、実験経済学の難しさと面白さがある。なぜ当然ではないのか。それは経済実験のデザインは「被験者が説明を聞いたら初見でやりかたを理解できるほど簡単でなければならない」からである。交換経済の実験ならば、被験者は20分から30分の実験の説明を受けたら、ほどなくして与えられた利得表と初期保有量を有する消費者として高い利得を目指して取引を行わなければならない。そのためには利得表と初期保有量の数字は整数で、できればそれぞれの数字は4桁と2桁までに抑えたい。興味深い理論を実験できる簡単なモデルをデザインすることは常に実験経済学者の目標であり、著名な論文では実験のためにそのようなモデルが巧妙にデザインされている。

　その中で比較的最近行われた実験を1つ紹介しよう。ミクロ経済学の教科書では、「右下がりの需要曲線／右上がりの供給曲線」のグラフによる競争均衡価格への収束の説明の後には必ずと言っていいほど、「右下がりの需要曲線／右下がりの供給曲線」のグラフが登場する。そこでは「超過需要がプラスならば価格は上がり、超過需要がマイナスならば価格は下がる」という仮定の下、「右下がりの需要曲線／右下がりの供給曲線」のモデルの中で理論上は競争均衡価格への収束が起こらないケースが紹介される。ショーン・クロケット、ライアン・オプレア、チャールズ・プロットの3人は、デビッド・ゲール（Gale 1963）が考案した3つの競争均衡価格（内点解1つ、端点解2つ）を有する2財2人の交換経済モデルを基礎に、ダブルオークションの実験を共同で行い次の結果を得た（交換経済モデルと需要曲線・供給曲線の対応は図1の通りである）。

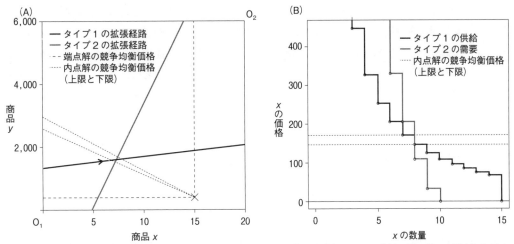

注）（A）の濃い実線はタイプ1の消費者のオファー曲線で、薄い実線はタイプ2の消費者のオファー曲線。（B）の濃い実線はタイプ1の消費者の商品xの供給曲線で、薄い実線はタイプ2の消費者の商品xの需要曲線。高い価格で超過需要がプラス、低い価格で超過需要がマイナスになっている。
出所）Crockett et al. (2011), Figure 1.

**図1 | ゲールの交換経済モデルのエッジワース・ボックス（A）と導かれる需要曲線・供給曲線（B）**

**需要と供給の実験結果 その2**（Crockett et al. 2011）：貨幣と1種類の商品の両方を有する参加者が十分多く存在し、商品の価格に上限と下限がある市場を考える。このとき商品の需要曲線も供給曲線も共に右下がりで、かつ需要が供給を内点の競争均衡価格より高い価格で上回り低い価格で下回るならば、ダブルオークションによる超過需要がプラスのとき価格は上がり、超過需要がマイナスのとき価格は下がり、取引価格の平均値は内点の競争均衡価格に収束せず、上限まで上がるか下限まで下がるかのどちらかである。

ダブルオークションと完全競争市場（より厳密に言えばワルラス的調整過程）の定義は異なる。しかしながら、競争均衡価格とは異なる値から始まったときの取引価格の変動の仕方、競争均衡価格が一意に存在するときの収束の判別、競争均衡価格が複数存在するときの収束の判別は、完全競争市場の理論から予測することが可能であり、ダブルオークションとの整合性は他の実験によっても確認されている。例えば、ハーバート・スカーフ（Scarf 1960）は3種類の商品が存在する市場では消費者の効用関数と初期保有量の与え方によっては基準化された3種類の商品の価格が競争均衡価格の周りを極限循環し、決して収束しないことがあることを理論的に証明した

が、貨幣と2種類の商品を用いたダブルオークションで実験しても同様の結果が得られたことが複数の論文で報告されている（Anderson et al. 2004, Goeree and Lindsay 2016）。

ゲールとスカーフのモデルはいずれも効用関数がやや特殊な形をしているが、その他はごく普通の交換経済のモデルと何ら変わらない。実験結果では需要と供給が一致する競争均衡価格に取引価格が収束する傾向は観察されなかった。つまり、いずれも理論予測と一致した。だが、これが揺るぎのない結果であるのかどうかは、今後実験のパラメータを変え、ただし方法は同じままで十分な数の追実験が行われ、再現性が得られるかどうかにかかっているといえよう。

## 3 ゲーム理論の実験

ゲーム理論の実験の創始者も、その記録を論文で発表したという規準に照らして判定すれば、囚人のジレンマの実験を行ったメリル・フラッドとメルヴィン・ドレッシャーである（Flood 1958）。実験結果が理論通りならば、被験者はすべて"裏切り"を選択することになる。「はじめに」で述べたようにこの理論予測を疑問をもたずに受け入れることは困難

である。事実フラッドとドレッシャー以降、1回限りの囚人のジレンマの実験研究の事例数はダブルオークションの事例数とは比較にならないほど膨大な数にのぼる。その理由として、問題の性質はまったく違っても選択肢に応じた利得の構造が囚人のジレンマになるケースが多々あることから、囚人のジレンマの実験は経済学者だけでなく心理学者、社会学者、政治学者、教育学者も行っていることが挙げられる。さらに囚人のジレンマの実験に関しては、日本を代表する社会心理学者であった故山岸俊男先生（1948〜2018）による包括的な解説とご自身の研究成果を含む日本語の著書（山岸 1998, 2000など）がすでに出版されているので、ぜひそちらをご参照いただきたい。

　それに代わって本稿で紹介するゲーム理論の実験の事例は「最後通牒ゲーム」と「独裁者ゲーム」である。まず最後通牒ゲームについて説明しよう。このゲームは、2人のプレイヤーがある一定量の金額（何らかの財でもよい）をどのように分配するかを決めるゲームである。具体的には、1人のプレイヤー（提案者と呼ぶ）にはその金額をどのように分配するかについての1回限りの提案権を、もう1人のプレイヤー（受領者と呼ぶ）には提案された分配への拒否権を与えるという2人2段階ゲームである。受領者が提案者の提案を受諾すると2人の配分は提案者の提案通りになるが、受領者が提案を拒否すると2人とも金額のすべてを失ってしまい、一銭ももらえない。

　最後通牒ゲームの実験の流れは、研究者の着目点によって多少異なるが、一般的には以下の手順で行われる。

**ステップ1**　被験者を集め、お互いに相手が誰かわからないように2人ずつのペアにする。
**ステップ2**　各ペアの片方を提案者、もう片方を受領者とランダムに指定する。
**ステップ3**　実験者から金額を知らされた各ペアの提案者はその金額を自分と受領者の間でどのように分け合うかを受領者に対して提案する。
**ステップ4**　各ペアの受領者は提案者の提案を受諾

するかまたは拒否するかを決定する。
**ステップ5**　実験者は受領者の決定に従い、受諾なら提案者の提案通りに報酬を提案者と受領者に支払い、拒否なら提案者と受領者のどちらにも報酬を与えない。

　ゲーム理論による理論予測として、選択可能な金額を0以上の整数としたときのサブゲーム完全均衡を考える。すべてのプレイヤーは自己の利得最大化しか考えないことに注意して、後ろ向き帰納法で解くと、

① 受領者はどのような提案も受諾し、提案者が0を受領者に与える[4]
② 受領者は0は拒否するがそれ以外のどのような提案も受諾し、提案者が1を受領者に与える

の2通りのサブゲーム完全均衡が存在する。いずれの場合でも、提案者が金額のほとんどを得て、受領者がわずかしか得られない。このゲームについて、いろいろな異なる国で分配する金額の大きさや実験手続きを変えて、さまざまな実験研究が行われてきたが、サブゲーム完全均衡の予測とは明らかに異なる結果が観察されている（例えば、Andersson et al. 2010, Bolton and Zwick 1995, Cameron 1999, Croson 1996, Eckel and Grossman 2001, List and Cherry 2000）。コリン・キャメラーはこれらを次のように総括する。

**最後通牒ゲームの実験結果**（Camerer 2003）：最後通牒ゲームの実験では、提案者は40%から50%の金額を受領者に提案し、受領者は20%より低い提案に対し半分以上のケースで拒否する傾向がある。

　これらの結果はサブゲーム完全均衡とは明らかに異なることから、実験での提案者と受領者は自己利得の最大化を目的としているのではなく、公平性または不平等回避の選好が何らかの役割を果たしていると考えられている。特に、受領者が低い提案の大半を拒否したという結果からは、受領者が不公正な提案に対して自分の利得を犠牲にしても提案者の不公平な行動を罰することが観察される。また、提案者の高い提案の裏付けには、公平性または不平等回

避の選好以外に、提案者が「低い提案をするなら受領者の拒否を招く」という恐れがあると考えて行動した可能性も否定できない。だが、最後通牒ゲームの実験では、この2つの裏付けを明確に区別することは困難である。

これに対して、以下の独裁者ゲームの実験では、この2つの裏付けを容易に区別することができる。独裁者ゲームは最後通牒ゲームとよく似ているが、決定的な違いは、独裁者ゲームでは受領者に拒否権がないことである。この違いで、独裁者ゲームの実験では、最後通牒ゲームにおける「低い提案をすれば受領者の拒否を招く」という提案者の懸念は完全に取り除かれる[5]。したがって、独裁者ゲームの実験の流れとしては、上述の最後通牒ゲームの実験の流れにおいて、ステップ1から3はそのままで、ステップ4を除き、ステップ5を以下のように若干変更すればよい。

**ステップ1** 被験者を集め、お互いに相手が誰かわからないように2人ずつのペアにする。

**ステップ2** 各ペアの片方を提案者、もう片方を受領者とランダムに指定する。

**ステップ3** 実験者から金額を知らされた各ペアの提案者はその金額を自分と受領者の間でどのように分け合うかを受領者に対して提案する。

**ステップ4** 実験者は提案者の提案通りに報酬を提案者と受領者に支払う。

独裁者ゲームでは、戦略を選択できるのは独裁者のみであり独裁者が全額を取るのが唯一のナッシュ均衡（全ゲームが唯一のサブゲームなのでサブゲーム完全均衡でもある）である。このゲームの実験結果について、キャメラーは次のように述べている。

**独裁者ゲームの実験結果**（Camerer 2003）：独裁者ゲームの実験では、受領者の金額が全体に占める割合は13%から50%の間で、最後通牒ゲームの実験結果に比べその割合は平均的に低くなる傾向がある。

では、どのような要素が最後通牒ゲームおよび独裁者ゲームの実験結果に影響を及ぼすのだろうか。キャメラー（Camerer 2003）は、最後通牒ゲームおよび独裁者ゲームの実験結果に影響を及ぼす要素が、

① 実験方法の要素（実験の繰り返し回数、配分額の大きさ、被験者の匿名性など）
② 個人属性の要素（被験者の性別や年齢、外形、大学での専攻など）
③ 文化的背景の要素（被験者の出身地など）
④ 実験記述の要素（選択肢のラベリングや実験設定の文脈など）
⑤ 実験構造上の要素（被験者間のコミュニケーションのありかたや情報提供の仕方など）

の5つであると述べている。表1はこれらの要素が実験結果に及ぼす影響の大きさで大・中・小でまとめたもので、いずれの要素も実験結果にある程度影響を及ぼしていることがわかる。

最後に、以上の要素のほか、近年少しずつ注目されてきている「手持ち現金の要素」が実験結果に与える影響について紹介しよう。最後通牒ゲームおよび独裁者ゲームの実験結果は、人間は自分のことしか考えない利己的な経済人では必ずしもないことを示している。しかしながら、これまで行われてきた最後通牒ゲームおよび独裁者ゲームの実験では、実験の最中はポイントまたは実験貨幣が使用され、実験後に現金に換金されるのが一般的であり、現金は実験の過程においては直接使われていなかった。実際われわれの日常の経済活動には、手持ち現金で行動する場合と、クレジットカードや電子マネーで行動する場合がある。経済理論でもゲーム理論でも、現金を目の前にするか否かと人々の合理性との関係については論じられていないが、経験から実際にお金を目にすることが人々の合理性に効果を与える場合もあることは十分考えられる。

近年の実験研究では、独裁者ゲームにおいて被験者に現金を持たせることで、被験者の行動はより利己的になることが報告されている（Reinstein and Riener 2012）。さらに、最後通牒ゲーム実験における手持ち現金の効果に関する分析も行われている（Shen and Takahashi 2013）。以下、後者の実験を紹介する。

この実験では、紙上のポイントを用いて最後通牒ゲームを行い、最後に1ポイント1円換算で謝金を

| 要素 | 影響の大きさ | 影響の例 |
|---|---|---|
| 実験方法の要素 | 中 | ・繰り返し実験の影響はあまりない<br>・配分額の総額は提案者の行動にはあまり影響はないが、受領者の拒否行動にはある程度影響がある<br>・実験者の匿名性は独裁者ゲーム実験にはある程度影響があるが、最後通牒ゲーム実験にはあまり影響はない |
| 個人属性の要素 | 中 | ・一般的に、男性と比べて女性のほうがリスク回避的・競争回避的であり、より他人のことを考える<br>・子どもの場合は年齢の影響が大きい（年齢が一番低い子供は一番利己的）<br>・一般的に、提案者は外見の良い受領者に多く提案する傾向がある<br>・大学での専攻では、経済学専攻の被験者がより利己的 |
| 文化的背景の要素 | 大 | ・サンプリングの地域を広くすればするほど文化の違いの影響は大きくなる |
| 実験記述の要素 | 中 | ・最後通牒ゲームを「売り手と買い手の取引」だと呼び方を変えると被験者の利己的な行動をもたらす<br>・初期配分額を共有資源であるように記述すると提案者・独裁者の提案額が高くなる |
| 実験構造上の要素 | 大 | ・独裁者に向けて受領者に簡単な自己紹介をしてもらうと独裁者の配分額がより高くなる<br>・情報提供の仕方を変えると被験者の行動が変わる（例えば、最後通牒ゲームの実験において受領者が配分額の全体を知らない際に少額の提案に対しても受諾する確率が高くなる）<br>・2人の最後通牒ゲームを3人の最後通牒ゲームに変形すると提案者の行動がより戦略的になる |

**表1** ｜ 最後通牒ゲームおよび独裁者ゲームの実験結果

支払う場合（ポイント条件）と、封筒と現金を用いた最後通牒ゲームを行う場合（現金条件）の実験参加者の行動を比較している。1回目の比較実験（実験1と呼ぶ）では、それぞれポイント条件と現金条件において、提案者に1000円のうち10円刻みで受領者に配分を提案させ、受領者に提案者の配分案を受諾するかまたは拒否するかを決定させた。2回目の比較実験（実験2と呼ぶ）では、それぞれポイント条件と現金条件において、提案者に配分額について2つのオプションのうち1つを選んでもらい、受領者に提案者が選んだオプションを受諾するかまたは拒否するかを決定してもらった。また、2つの実験は共に6ラウンドあり、各被験者がペアとなる相手は毎回変わった[6]。

実験結果は、実験1においても実験2においても、現金条件の提案者はポイント条件の提案者よりも高い額を提案することが報告された。また、両実験において現金条件の受領者は、ポイント条件の受領者に比べて同じ提案額を拒否する確率が有意に低いことがわかった。これらの結果は現金を目の前に行う意思決定はそうでない場合よりも慎重になることを

示唆している。その一方、このような行動の変化は現金を目の前にすることによる保有効果（あるいは参照点の変更）と損失回避によってもたらされるものと推測される（Kahneman et al. 1991）。

このようにゲーム理論の実験においては、黎明期の囚人のジレンマの実験から近年の実験まで一貫して理論的な均衡概念、つまり自己利得最大化と整合的予想形成を基礎とする個人の合理性だけでは説明できない実験結果が観察されている。率直にいえば、理論予測とデータは一致しないことのほうが当たり前である。したがって、ゲーム理論の実験においては、市場理論の実験と同じく追実験により再現性を確かめることも重要だが、もし追実験で再現性が得られなかったら、キャメラーが行ったようにどのような要素が実験結果の違いをもたらしたのかを究明することが求められる。そのためには、ゲーム理論＋心理学、つまり行動ゲーム理論の方法論の体系化（特にどの要素が実験結果を変えるかを発見する対照実験＝サイエンティフィック・コントロールのありかた）とデータの分析結果の蓄積による傾向の把握が今後の課題となるのではないだろうか。

# 4 おわりに

　以上、市場理論とゲーム理論を実証する実験的アプローチの方法とこれまでの研究結果を紹介した。最後に授業の話に戻ろう。経済学の先生と学生が授業で経済学の実験を行うときは、何かの理論の再現性を確かめるとか対照実験で何を変化の要素とするかを見つけるとか、そのような固い話は脇に置こう。大切なことは、実験を通じて市場やゲームを体験し、モデルの世界の中に自分の存在を認識することである。結果は「理論通りだ」でも「理論と全然違う」のどちらでもよい。研究のための経済実験の意義は理論の成立・不成立を実証する結果を研究者が他の研究者に示すことにあるが、教育のための経済実験の意義は理論の成立・不成立の実証を試みる現場を先生が学生に身近に感じさせることであると思う。「21世紀のチェンバリンとスミス」の再現可能性は決して０％ではない。

## 注

[1] 筆者がネットの検索エンジンで探したところ、そのようなデータはなかった。

[2] 筆者がネットの検索エンジンで探したところ、1件だけ「囚人のジレンマ」そっくりの事件が熊本で起きていた（2012年8月22日）。この事件では2名中1名が"協力"、もう1名が"裏切り"を選択しているが、彼らが「囚人のジレンマ」というゲームを知っていたか知らなかったかは報じられていない。

[3] より詳しい説明については、例えば下村（2015）を参照。

[4] 提案者が0を提案したサブゲームにおいて、受領者にとって「提案0」を受諾することと拒否することは無差別なので、「受諾」も「拒否」も自己利得を最大化することに注意する。

[5] 独裁者ゲームでは、通常は提案者を「独裁者」と呼ぶ。

[6] 実験2において、6つのオプションの組み合わせはランダムに各提案者に提示され、各組み合わせは1回しか各提案者に提示しないことが確保された。

## 参考文献

■ Anderson, C. M., C. R. Plott, K.-I. Shimomura and S. Granat (2004) "Global Instability in Experimental General Equilibrium: the Scarf Example," *Journal of Economic Theory,* 115(2), pp.209-249.

■ Andersson, O., M. M. Galizzi, T. Hoppe, S. Kranz, K. Wiel and E. Wengström (2010) "Persuasion in Experimental Ultimatum Games," *Economics Letters,* 108(1), pp.16-18.

■ Bolton, G. E. and R. Zwick (1995) "Anonymity versus Punishment in Ultimatum Bargaining," *Games and Economic Behavior,* 10(1), pp.95-121.

■ Camerer, C. F. (2003) *Behavioral Game Theory: Experiments in Strategic Interaction,* Princeton University Press.

■ Cameron, L. A. (1999) "Raising the Stakes in the Ultimatum Game: Experimental Evidence from Indonesia," *Economic Inquiry,* 37(1), pp.47-59.

■ Chamberlin, E. H. (1948) "An Experimental Imperfect Market," *Journal of Political Economy,* 56(2), pp.95-108.

■ Crockett, S., R. Oprea and C. R. Plott (2011) "Extreme Walrasian Dynamics: The Gale Example in the Lab," *American Economic Review,* 101(7), pp.3196-3220.

■ Croson, R. T. A. (1996) "Information in Ultimatum Games: An Experimental Study," *Journal of Economic Behavior and Organization,* 30(2), pp.197-212.

■ Eckel, C. C. and P. J. Grossman (2001) "Chivalry and Solidarity in Ultimatum Games," *Economic Inquiry,* 39(2), pp.171-188.

■ Flood, M. M. (1958) "Some Experimental Games," *Management Sciences,* 5(1), pp.5-26.

■ Gale, D. (1963) "A Note on Global Instability of Competitive Equilibrium," *Naval Research Logistics Quarterly,* 10(1), pp.81-87.

■ Goeree, J. K. and L. Lindsay (2016) "Market Design and the Stability of General Equilibrium," *Journal of Economic Theory,* 165(1), pp.37-68.

■ Kahneman, D., J. L. Knetsch and R. H. Thaler (1991) "Anomalies: the Endowment Effect, Loss Aversion, and Status Quo Bias," *Journal of Economic Perspective,* 5(1), pp.193-206.

■ List, J. A. and T. L. Cherry (2000) "Learning to Accept in Ultimatum Games: Evidence from an Experimental Design That Generates Low Offers," *Experimental Economics,* 3(1), pp.11-29.

■ Plott, C. R. and V. L. Smith (eds.) (2008) *Handbook of Experimental Economic Results,* Vol.1, Elsevier.

■ Reinstein, D. and G. Riener (2012) "Decomposing Desert and Tangibility Effects in a Charitable Giving Experiment," *Experimental Economics,* 15(1), pp.229-240.

■ Scarf, H. (1960) "Some Examples of Global Instability of the Competitive Equilibrium," *International Economic Review,* 1(3), pp.157-172.

■ Shen, J. and H. Takahashi (2013) "A Cash Effect in Ultimatum Game Experiments," *Journal of Socio-Economics,* 47, pp.94-102.

■ Smith, V. L. (1962) "An Experimental Study of Competitive Market Behavior," *Journal of Political Economy,* 70(2), pp.111-137.

■ Sonnenschein, H. (1972) "Market Excess Demand Functions," *Econometrica,* 40(3), pp.549-563.

■ 下村研一（2015）『実験経済学入門』新世社

■ 山岸俊男（1998）『信頼の構造──こころと社会の進化ゲーム』東京大学出版会

■ 山岸俊男（2000）『社会的ジレンマ──「環境破壊」から「いじめ」まで』PHP研究所

　　『進化する経済学の実証分析』pp.20-27を一部修正して再掲]

実証分析手法の現在

Introduction

# 機械学習と計量経済分析のこれから

## 新谷元嗣
しんたに・もとつぐ

東京大学大学院経済学研究科教授。専門はマクロ経済学、計量経済学。論文は "Current Account Dynamics under Information Rigidity and Imperfect Capital Mobility," *Journal of International Money and Finance*, 92, pp.153-176, 2019（with A. Shibata and T. Tsuruga）など。

経済分野での機械学習の利用が盛んになっている。経済分析に用いられる機械学習の手法を整理しつつ、機械学習と経済理論・計量経済分析の関係の今後について展望する。

## 1　ビッグデータ時代の到来

### 情報量の増大と機械学習の利用

　経済分析で用いられるデータの種類とサンプルサイズ（観測値の数）は、過去20年間で指数関数的に増大した。経済学の実証分析で用いられるツールは、おもに計量経済学の研究対象であり、これまでにさまざまな設定の下で有効な計量経済学的手法が開発されてきた。ところが、膨大な情報を含んだ大規模なデータ、いわゆるビッグデータを用いた実証研究では、初級の計量経済学の教科書では説明されない分析手法が頻繁に登場する[1]。それは、ラッソ（lasso）回帰、決定木、サポートベクトルマシン、ニューラルネットワーク等に代表される機械学習の手法である。

　経済データの情報量の増大に伴い、その状況に柔軟に対応できる機械学習が経済分析に活用されるのは必然の帰結であろう。もちろん、データの情報量の急速な蓄積は経済分野以外でも同時に進行している現象であり、さまざまな分野で機械学習の利用が急速に広まっていることは、コンピュータの情報処理能力の飛躍的な向上と軌を一にしている。そこで、情報量の増加と機械学習を用いたデータ処理の関係を計量経済学的に理解するために、最初に以下のような例を考察しよう。

　まず、異なる情報量を回帰分析で用いる説明変数に変換できるとする。さらに、情報量が増えること

が、説明変数の数が増えることに対応していると考える。回帰分析ではサンプルサイズを所与として、説明変数の数が増加すればモデルの説明力が上昇し、決定係数が単調増加することはよく知られている。増加した説明変数の数がサンプルサイズに一致すれば、決定係数が 1（100パーセント）となり、推定されたモデルによって被説明変数の変動が完全に説明される。しかし、ここで新たな観測値が 1 つ増えたとしても、このモデルは新しい被説明変数の動きをうまく説明することができない。このように、推定に用いた観測値に対する説明力である内挿予測の精度が高い一方で、未知の観測値に対する説明力である外挿予測の精度が低い状況は、モデルの「過適合（overfitting）」と呼ばれる。

　機械学習では、内挿予測ではなく外挿予測の精度を高めることが重視され、過適合（過学習）を制御するために、さまざまな「正則化（regularization）」の手法が採用される。情報量がさらに増加して、説明変数の数がサンプルサイズを超えてしまう場合には、すべての説明変数を用いた回帰分析を行うことは不可能である。このため、説明変数の数をサンプルサイズ以下に抑える、あるいは多数の説明変数を少数の説明変数で要約することが必要となる。これは情報量の低下を避けつつ、高次元のデータを低次元のデータに変換する「次元縮約（dimension reduction）」の概念に相当し、機械学習はその目的に適している。ただし、すべての説明変数の中から最適な組み合わせを選択することは、いわば無数の回

帰分析を繰り返すような作業であり、機械学習の利用には高い計算処理能力が不可欠となっている。膨大な情報の中から重要度に従って変数を取捨選択、あるいは変換する作業は「特徴量選択（feature selection）」と呼ばれるが、その計算負荷を軽減するさまざまな効率的アルゴリズムが現在では利用可能である。

**進む非構造化データの活用**

では、過去には分析に用いられなかったどのような種類のビッグデータが利用可能となっているのだろうか。また、ビッグデータ処理のための機械学習手法を経済分析に組み込むことで、どのようなことが可能となるのだろうか。

ビッグデータ時代に入り、数値が表の形式に簡単に整理できる従来型の構造化データに加えて、音声や通信情報、画像、文字を含む非構造化データが経済分析にも積極的に利用されるようになった。例えば、衛星からの画像データである。古くは人工衛星から撮影された夜間の光量と経済活動の相関に着目して、途上国のGDP統計の精度を高める研究がある。特にGDPのような二次統計は集計に時間を要するため、公式統計の公表よりも迅速に現時点での数値を予測するナウキャストは、景気動向の判断に重要と考えられる。現在では途上国だけでなく、先進国のGDPや地域経済のGDPのナウキャストにも衛星画像が利用されている。また、過去の石油ショックの例からもわかるように、景気はエネルギー価格の動向に大きく左右される。石油備蓄基地の浮屋根式タンクの屋根の高さやタンカーの動きを衛星画像から判断すれば、原油の需給状況や価格の予測に役立てることができる。ショッピングモールの駐車場の車の台数の衛星画像からは、消費動向も予測できるだろう。新型コロナウイルス感染症拡大に伴う政府の自粛要請による経済活動の縮小規模は、個人の持つスマートフォンのGPS位置情報で把握できる人の流量を用いて分析することが可能である。

また、テキストデータを用いた経済分析も盛んである。文章の構造を統計モデルによって分析する手法は、自然言語処理の分野で確立されている。ブログやツイッター等のSNSのデータや検索エンジンへの入力データにこれらの手法を用いれば、人々の選好や経済的な状況が把握できるだろう。例えば、転職や求職に関わるキーワードの出現頻度を調べることで、失業率の将来予測やナウキャストに有益な情報が得られると考えられる。また、信用調査報告書や有価証券報告書に含まれる文章を用いて、企業の倒産確率や、株価収益率の予測に役立てる分析も進んでいる。金融政策の文脈では、日本銀行の金融政策決定会合や米国の連邦準備制度理事会の連邦公開市場委員会（FOMC）の議事録等に、センチメント（感情）分析やトピックモデルによる潜在的意味解析を適用し、政策決定と市場動向の関連性を見出す研究も行われている。実際に、これらの非構造化データを含むビッグデータは21世紀の石油とも称されるように、データの提供や解析結果に関するさまざまなビジネスが展開されている。

次節では、まず筆者の専門分野であるマクロ経済分析への応用研究を紹介し、後半の第3節、第4節において機械学習と経済分析の相互作用の今後を展望したい。

## 2 ┃ マクロ経済予測への応用例

**構造化データのマクロ経済分析への応用**

筆者は前橋昂平氏との共同研究（Maehashi and Shintani 2020）において、日本の大規模なマクロデータに代表的な機械学習の手法を適用し、マクロ経済予測モデルの予測精度を評価している。現代的なマクロ経済モデルでは、複数のマクロ経済変数の共通変動現象である景気循環の要因として、比較的少ない数の構造ショックが導入される。例えば、共通な供給要因としての生産性ショックや、共通な需要要因としての政策ショック等が考慮される場合が多い。一方、データ解析では共通因子（common factor）モデルの枠組みに基づき、複数の変数の主成分を用いて共通因子を抽出することができる。このため、多数のマクロ経済変数を用いた予測分析の先行研究では、次元縮約の手法として主成分分析が採用されることが標準的であった。この場合、関心のある変数の将来予測の作成のための予測変数（説明変

| モデルの分類 | おもな手法 |
|---|---|
| 定常時系列モデル | 自己回帰 (AR)、自己回帰移動平均 (ARMA)、ベクトル自己回帰 (VAR) |
| 共通因子モデル | 主成分回帰、因子拡張 AR (FAAR)、因子拡張 VAR (FAVAR) |
| 正則化最小二乗法 | ラッソ回帰、リッジ回帰、エラスティックネット回帰 |
| 決定木 | 決定木、回帰木 |
| 集団学習 | バギング、ランダムフォレスト、ブースティング |
| サポートベクトルマシン | サポートベクトルマシン、サポートベクトル回帰 |
| ニューラルネットワーク | 順伝播型ニューラルネットワーク (FFNN)、畳み込みニューラルネットワーク (CNN)、再帰型ニューラルネットワーク (RNN)、長短期記憶 (LSTM) |

**表1 |** ビッグデータを用いたマクロ経済予測のおもな分析手法

数）に、現在と過去の主成分が用いられる。一方、すでに述べたように、機械学習ではさまざまな方法を用いて次元縮約や特徴量選択が行われる。

そこで、この研究では、(1) 主成分を用いた共通因子モデルによる予測、(2) 個々のマクロ変数からさまざまな機械学習手法で予測変数を作成した場合の予測、(3) 主成分による共通因子抽出後に機械学習でさらに次元縮約した場合の予測、という3つの異なる次元縮約の方法について、実際のデータを用いて比較し、マクロ経済予測に適した組み合わせを検討した。

では、この研究で採用されている機械学習の手法を確認しよう（表1も参照）。まず、ラッソ回帰、リッジ回帰、エラスティックネット回帰の3つの推定量はすべて、過適合を避けるための正則化最小二乗法として分類できる。通常の最小二乗法では、残差平方和を損失関数として最小にするように回帰係数が推定されるが、このとき、回帰係数があまり大きくならないように罰則項を含めた損失関数に変更することで正則化が行われる。3つの方法では罰則項の形状が異なっている。

次に、説明変数の領域を逐次的に分割していく機械学習の手法は、枝分かれする構造から決定木と呼ばれる。さらに予測対象を2値変数から、マクロ経済予測のような連続変数に拡張したものは回帰木と呼ばれる。ただし、決定木や回帰木を単体で用いると過適合の傾向があるため、実際の応用では複数の決定木を繰り返し作成する集団学習（アンサンブル学習）と組み合わせて用いられることが多い。そのような集団学習の代表的な手法がバギング、ランダムフォレスト、ブースティングである。

最後にニューラルネットワークでは、予測対象の変数と説明変数の関係が、出力層と入力層の間に位置する中間層内の非線形な変換として表現される。非線形変換は、活性化関数と呼ばれる非線形関数を説明変数の一次結合で評価することで計算される。過適合を避けるために、ニューラルネットワークの推定には正則化が行われる。また、この研究では検討されていないが、サポートベクトル回帰を用いて予測を構築することもできる[2]。

筆者たちの研究では、1973年から2018年までの標本期間について、219系列を予測変数とし、鉱工業生産指数、稼働率、失業率、賃金、消費、卸売物価指数、消費者物価指数の7つのマクロ変数を予測した。その分析結果は以下のように要約される。因子モデルと機械学習はビッグデータが利用可能な場合、自己回帰（AR）モデルのような単純な時系列モデルに比べて予測精度が高く、特に中長期の予測で機械学習が有効であった。また、主成分による共通因子抽出と非線形性を重視する機械学習の組み合わせが有用である点が確認された。

**非構造化データのマクロ経済分析への応用**

次に、非構造化データの一種であるテキストデータを用いたマクロ経済分析への応用例として、五島圭一氏、石島博氏、山本弘樹氏と筆者の共同研究（Goshima et al. 2019）を紹介しよう。一般的に非構造化データに含まれる情報量は膨大であり、構造化データと同様の次元縮約が必要となる。

内閣府が公表している景気動向指数は、景気の現状や転換点を判断するに際して最も基本的な経済指標であるが、月次統計であるため、日々刻々の変化

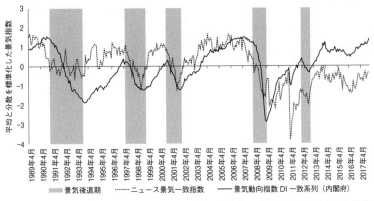

**図1** 日本経済新聞記事を用いたニュース景気一致指数と内閣府の景気動向一致指数（DI）

を捉えることができない。景気変動のナウキャストを目的とした、より高頻度な景気動向指数の構築を検討することは有益であろう。この研究では、1989年4月から2017年12月までの日本経済新聞記事のテキストデータを利用して、日次ベースで計算可能な実体経済活動に関するニュース景気指数を提案した。その計算方法は以下の通りである。

まず、内閣府が公表している景気ウォッチャー調査の5段階の景気の評価点数（最小0、最大1）と景気判断理由集の文章の関係をニューラルネットワークで学習する。次に、学習したモデルを約3200万の文章から構成される日本経済新聞記事に当てはめることで仮想的な景気の点数を計算し、日次景気指数を作成する。モデルの推定と指数の計算では、それぞれ別のデータが使用されていることに注意してほしい。一般的に機械学習は、予測対象変数の有無により「教師あり学習」と「教師なし学習」に大別することができる。景気ウォッチャー調査は、各文章に対応する景気の点数を予測対象の正解例として用いることができるため、モデルの推定は教師あり学習となる。一方、前節で触れたトピックモデルでは、出現する単語の種類と頻度をもとに文章をトピック別のグループに分けるため、正解例を必要としない教師なし学習である。ここで、日経新聞記事の各文章には正解例として使える景気の点数は存在しないが、景気ウォッチャー調査における教師あり学習の結果を活用している。一方のデータで学習済みのモデルを、別のデータの分析で再利用することは転移学習と呼ばれ、この研究のニュース景気指数の計算は転移学習の一種と解釈することもできる。

なお、景気ウォッチャー調査には、経済の現状と今後の見通しについての質問項目があることから、それぞれに対応するニュース景気一致指数とニュース景気先行指数を作成することが可能である。図1で示されているように、提案している日次のニュース景気一致指数は、内閣府の景気動向指数（DI）の一致系列と非常に高い相関を持ち、日次のナウキャストに有益なことが確認できる。

## 3 計量経済学と機械学習の融合

**操作変数によるバイアス除去**

本節では、伝統的な計量経済学と機械学習の関係性や、2つの手法を組み合わせる可能性について、政策の因果推論モデルを用いながら考察してみよう。

計量経済学の分野では、複数の経済変数の相互依存関係が分析の対象となることが多いことから、複数の方程式からなる連立方程式システムとしてモデルを組むことの有用性が、早い段階から認識されていた。全体の構造を無視して単一方程式を回帰分析した場合、内生変数と誤差項の相関から推定量にバイアスが生じるが、操作変数を利用すれば、そのバイアスを除去することができる。操作変数推定量はおもに計量経済学の分野で開発されて発展した重要な推定量であり、現在では経済分析だけでなく、数多くの社会科学および自然科学分野の応用研究で利用されている。

政策の因果推論でも、やはり変数の内生性に起因するバイアスの除去が必要である。ここではチェル

ノズーコフとその共著者たち（Chernozhukov et al. 2018）の用いた例から、次のような結果変数 $Y$ を説明する式と、政策介入変数 $D$ を決定する式の2本の連立方程式を考えよう。

$$Y_i = D_i\theta + g(X_i) + U_i$$
$$D_i = m(X_i) + V_i$$

ただし、$X$ は結果と政策の両変数に影響を及ぼす交絡因子（confounder）、$g$ と $m$ は未知の非線形関数、$\theta$ は政策効果を表す係数、$U$ と $V$ は $X$ と直交する誤差項とする。また、変数の添え字の $i$ は、$i$ 番目の観測値に対応している。ここで関心があるのは政策効果の係数 $\theta$ である。面倒な $g$ と $m$ の非線形推定を省略して、$Y$ を $D$ に直接回帰すると、交絡因子 $X$ を通した説明変数と誤差項の相関からバイアスが生じて、政策効果を正しく評価することができない。計量経済学の結果からは、あらかじめ推定された $\hat{g}$ と $\hat{m}$ を $Y$ と $D$ から引くことで交絡因子の影響を取り除いた直交化推定量

$$\hat{\theta} = \left(\sum \hat{V}_i D_i\right)^{-1} \sum \hat{V}_i (Y_i - \hat{g}(X_i))$$

ではバイアスが生じないことが証明できる。ここで $\hat{V} = D - \hat{m}$ であり、直交化推定量は内生変数 $D$ の操作変数に $\hat{V}$ を用いた操作変数推定量と解釈することもできる。

## 機械学習を利用したDML推定量

次に、ビッグデータが利用可能になり、交絡因子 $X$ の候補となる変数の数が増加する影響を考えよう。回帰分析で説明変数の数が増えるとモデルの説明力が上昇することは、$g$ と $m$ の部分の予測精度が高まることに対応する。すでにマクロ経済への応用分析でみたように、機械学習法は将来予測やナウキャストを含めた予測問題で有用であり、非線形性にも十分対応することができる。ところが分析の目的は $g$ と $m$ の正確な形状を把握することではなく、政策効果の評価である。このように直接分析の対象でない $g$ や $m$ の推定に多くの情報量を用いることで過適合が起こると、関心のある政策効果係数の推定量にもバイアスが生じてしまう。この問題を回避するために、チェルノズーコフとその共著者たちは、標本を分割して $\hat{\theta}$ を評価するDML推定量を提案した。

機械学習では過適合を避ける方法として、罰則項を含めた損失関数を最小化するように正則化を行うことはすでに述べた。しかし、罰則項とモデルの適合度のバランスをどの程度に保つべきかという点は、データの性質に依存する。そのトレードオフの評価には、標本全体を、推定のために用いる訓練データと外挿予測に用いる検証データに分割すればよい。このような標本分割のアイデアは統計学の分野では古くから交差検証法として知られているが、機械学習では定番の手法である。

同様に分割した標本を使えば、$\hat{\theta}$ の式の中の $\hat{g}$ や $\hat{m}$ は訓練データで推定して、検証データの $X$、$Y$、$D$ によって総和（$\Sigma$）を計算することも可能である。最終的には訓練データと検証データのさまざまな組み合わせを試し、その平均値がDML推定量となる（$k$ 分割交差検証）。「DML」推定量の「D」はダブル（2つ）とデバイアス（バイアス除去）に対応し、「ML」は機械学習（Machine Learning）の頭文字である。つまり、$g$ と $m$ の2つの関数に対して機械学習を用い、標本分割でバイアスを除去する、という意味が反映されている。もし直交化推定量 $\hat{\theta}$ の式の中の操作変数 $\hat{V}$ の代わりに、内生変数 $D$ を直接用いた推定量に対して標本分割するとどうなるだろうか。そのような（直交化しない）推定量は、標本分割しても $\hat{g}$ の正則化を原因とするバイアスが生じてしまう。このため、直交化推定量と標本分割を組み合わせることがバイアス除去には有効である。

なお、DML推定量は分析モデルを拡張することで、より一般的な平均処置効果の推定にも利用できる。具体的には、$Y$ を説明する式の右辺の $D\theta + g(X)$ を $g(D, X)$ で表す関数に一般化する。さらに、$D$ は政策介入あるいは処置を表す2値変数とし、$D$ の決定式は $D=1$ となる確率を交絡因子 $X$ で表す傾向スコアで置き替える。ここで、$D=0$ を $D=1$ に変化させた場合の平均的な結果の差である $E[g(1, X) - g(0, X)]$ が平均処置効果である[3]。

このDML推定量の例のように、既存の計量経済学の考え方と、ビッグデータ処理で必要とされる機械学習の手法を組み合わせて、より有益な分析を可

能とするような研究が進んでいる。機械学習の台頭で経済の実証分析における計量経済学の役割が低下するわけではなく、その成果が色あせてしまうこともない。2018年の日本経済学会秋季大会にて開催された機械学習と経済分析の関係をテーマとしたパネル討論会において、イェール大学経済学部の伊神満氏は、バイアス除去に対する伝統的な計量経済学のアプローチを軽視しないよう注意を喚起していた。また、同じ討論会でユニヴァーシティ・カレッジ・ロンドン経済学部の北川透氏は、計量経済学の構造モデルにおいて、政策の因果効果を識別するモーメント条件が、未知の回帰式や傾向スコアに依存する場合に、それらを自動的に処理できるという機械学習の利点を指摘している[4]。

# 4 公平性と解釈可能性

この節では、経済理論と機械学習の関係について考えたい。これまでみてきたように、機械学習は予測の目的にはきわめて有用であり、経済モデルで直接関心がなく構造の説明が必要でない部分の予測精度を上げることで、関心のある因果関係の分析に補完的な役割を果たすことが確認できただろう。

一方、機械学習の弱点として、よく取り上げられる問題として「公平性（fairness）」と「解釈可能性（interpretability）」が挙げられる。前者への関心は、機械学習への依存度を高め、予測精度のみを追及した場合、社会の公平性の観点から望ましくない結果が生じる可能性が認識されるようになったことを反映している。例えば、与信の審査、就職活動、医大の入試等で、人種、性別、居住地域等の情報に基づく選別は望ましくないだろう。ところがそのような情報を直接用いていないにも関わらず、機械学習によってそうした属性に関わる特徴量が自動的に選択されてしまい、結果的に機会均等の原則に反することにもなりかねない。また、後者の解釈可能性についてはどうだろうか。一般的に機械学習による予測計算は、次元縮約、非線形変換、集団学習等をさまざまに組み合わせた複雑な手続きとなり、最終的なモデルの構造が必ずしも明確とならない。このため、

仮にある時点で予測値に何か変化があったとしても、その要因を特定して説明することが困難である。つまり、ブラックボックスの中身が見えない部分を可視化する必要性が求められている。実は機械学習が苦手としているこれらの点に関して、経済学の知見が大いに貢献する余地がある。

例えば、公平性に関しては、統計的差別（statistical discrimination）の理論が解決策を見いだす手がかりのひとつとなるのではないだろうか。これはノーベル経済学賞を受賞したケネス・アローやエドムンド・フェルプスが提唱した非対称情報の理論モデルであり、労働経済学の分野では古くから分析に用いられている。企業は労働者を雇用するにあたって、情報の非対称性により、応募者の能力や生産性を直接観察することができない。この結果、応募者集団の全体のデータをシグナルとして用いることで採用の意思決定を行うが、結果として不利な集団に所属する有能な応募者の労働意欲を阻害し、社会的な厚生をも低下させてしまう。これは市場メカニズムの失敗の一例であり、例えば、男女共同参画政策の必要性に関する理論的な支柱ともなっている。

最後に、再び筆者たちのマクロ経済学の実証分析への応用例から、経済学が解釈可能性に貢献できる可能性についても検討しよう。日本経済新聞記事のテキストデータから、日次のニュース景気指数を構築する共同研究（Goshima et al. 2019）については先に紹介した。同じ研究の中では、日次の景気動向のナウキャストに用いるニュース景気一致指数以外にも、景気の先行きの情報を反映させたニュース景気先行指数も同時に構築し、インフレ率の将来予測に利用している。具体的にはニュース景気先行指数をフィリップス曲線型インフレ予測モデルに適用し、同指数が日次物価指数である日経CPINow・T指数の予測に有用かどうかを検討している。

分析の結果、日次景気先行指数を利用した場合、そうでない場合に比べて中長期のインフレの予測精度が改善されることが確認された。この分析では新聞記事のテキスト情報を直接的に入力に用いて、将来のインフレ率の予測値を機械学習で計算しているのではなく、そのテキスト情報を機械学習で景気指数に一度変換した上で、将来のインフレ率の予測変

数とした回帰モデルから予測値を計算している。このような2段階のアプローチを採用する利点は、予測モデルがフィリップス曲線を通じたインフレ率と実質経済活動の関係として、経済理論的な解釈を有することにある。マクロ経済学の分野でよく知られたフィリップス曲線は、インフレ率と生産の間に正の相関を予測する代表的な関係式であり、企業の最適な価格設定行動から導出することができる。実際に予測に用いた回帰式の景気指数の係数も正であり、理論と整合的な結果であった。このため、フィリップス曲線を用いることでインフレ予測値の変化を将来の経済活動の予測値の変化によって説明することが可能となる。

　本稿では特にマクロ経済学への応用例を中心に議論したが、ここで示唆されることは、他の経済学分野にも当てはまると考えられる。特に、構造をもつ経済モデルと機械学習の親和性は一般に考えられているよりも高いかもしれない。今後、機械学習を用いた経済分析では、これまで以上に経済理論や仮説を意識しながら進めていくことが肝要だろう。

## 注

[1] 標準的な計量経済学の教科書としては、例えば西山他(2019)、Stock and Watson (2019) などがある。

[2] 参考のために、マクロ経済予測に用いられる主な手法を表1に示した。これらの機械学習の手法を解説した計量経済学者による入門書としては照井 (2018) が挙げられる。

[3] 計量経済学における平均処置効果推定の基本については、例えば西山他（2019）や星野（2009）で説明されている。

[4] この討論内容の詳細に関心のある読者は、新谷他（2019）を参照してほしい。

### 参考文献

■ Chernozhukov, V., D. Chetverikov, M. Demirer, E. Duflo, C. Hansen, W. Newey and J. Robins (2018) "Double/Debiased Machine Learning for Treatment and Structural Parameters," *Econometrics Journal*, 21(1), pp.C1-C68.

■ Goshima, K., H. Ishijima, M. Shintani and H. Yamamoto (2019) "Forecasting Japanese Inflation with a News-based Leading Indicator of Economic Activities," CARF-F-458, pp.1-47, CARF F-Series from CARF, Faculty of Economics, University of Tokyo. (forthcoming in *Studies in Nonlinear Dynamics & Econometrics*)

■ Maehashi, K. and M. Shintani (2020) "Macroeconomic Forecasting Using Factor Models and Machine Learning: An Application to Japan," CIRJE-F-1146, CIRJE F-Series from CIRJE, Faculty of Economics, University of Tokyo. (forthcoming in *Journal of the Japanese and International Economies*)

■ Stock, J. H. and M. W. Watson (2019) *Introduction to Econometrics*, 4th Edition, Pearson Education. (2nd Editionの翻訳：ストック、ジェームズ、マーク・ワトソン著、宮尾龍蔵訳(2016)『入門計量経済学』共立出版)

■ 新谷元嗣・伊神満・北川透・和泉潔・宮川大介 (2019)「ビッグデータ・機械学習と経済分析（パネル討論1）」『現代経済学の潮流2019』宇井貴志・加納隆・原千秋・渡部敏明編、東洋経済新報社、pp.149-196

■ 照井伸彦 (2018)『ビッグデータ統計解析入門——経済学部／経営学部で学ばない統計学』日本評論社

■ 西山慶彦・新谷元嗣・川口大司・奥井亮 (2019)『計量経済学』有斐閣

■ 星野崇宏 (2009)『調査観察データの統計科学——因果推論・選択バイアス・データ融合』岩波書店

［新版にあたっての書き下ろし］

実証分析をめぐる
さまざまな論点

Hot Topics in Empirical Analyses

# 識別とは何か

## 奥村綱雄
おくむら・つなお

横浜国立大学大学院国際社会科学研究院教授。専門
は、計量経済学、マクロ経済学、労働経済学。論文：
"Concave-monotone Treatment Response and
Monotone Treatment Selection: With an Applica-
tion to the Returns to Schooling," *Quantitative
Economics*, 5(1), pp.175-194, 2014, 共著など。

計量経済学において本質的な問題である「識別」に焦点を当て、
近年急速に発展している「部分識別」の考え方についての導入
を行う。部分識別によって、従来の計量経済学で課されてきた仮
定の識別力と信頼性が検証できるようになる。

## 1　計量経済学における識別の問題

　本稿では、計量経済学で最も本質的な問題である
識別問題について説明する。そして、識別問題に対
し、従来の点識別の方法と近年急速に発展している
部分識別の方法が、それぞれどのように対処してい
るのかを説明する。

　識別問題とは、データが無限個ある場合でも、デー
タから求めたいパラメータを一意（１つの点とし
て）識別することができない問題である。従来の点
識別は、パラメータが一意に識別できなければ過少
識別の状態であり、識別不可能とされる。よって、
点識別できるまで関数形を特定化したり、誤差項の
分布に制約を加えたりと、強い仮定を課す必要があ
る。例として、計量経済学で最初に勉強する線形回
帰モデルを考えよう。

$$y_i = a + bz_i + u_i, \ i = 1, ..., n, \ \mathrm{E}[u \,|\, z] = 0 \quad (1)$$

ここで、$z_i$ は説明変数、$y_i$ は結果変数、$u_i$ は誤差項
である。(1)式には多くの仮定が課されている。特
に、①結果変数 $y_i$ に対し、説明変数 $z_i$ と誤差項 $u_i$
が線形の関係にあり、説明変数の結果変数への効果
$b$ は、すべての個人 $i$ で同一である、②誤差項 $u_i$ は
説明変数 $z_i$ と相関しないと仮定（平均独立の仮定
（後述））されている。

　しかし、個人の複雑な行動が(1)式の単純な線形
関係で表され、さらに、説明変数に対してみんな同
じ反応を示すという考えに完全に同意する人は少な
いであろう。また、誤差項 $u_i$ は、測定誤差だけでは
なく、観測されない個人の能力や嗜好といった異質
性も含んでいるが、個人の異質性 $u_i$ が説明変数 $z_i$
の選択に影響すると考えられることが多い。そのた
め、$\mathrm{E}[u \,|\, z] \neq 0$ である可能性が高い（自己選択問
題）。点識別の計量経済学は、(1)式の①と②のよう
な厳しい仮定から出発して、根拠に乏しい仮定や推
定のために便宜上課されているような仮定を少しず
つ弱めながら、求めたいパラメータを識別してきた。
その成果が、特定な関数形を仮定しないセミパラメ
トリック法やノンパラメトリック法などであり、説
明変数 $z_i$ と誤差項 $u_i$ の無相関の仮定を弱めたラン
ダム化実験、コントロール変数法（重回帰法）、マッ
チング法、傾向スコア法、操作変数法などである。
しかし、これらの方法でも、点識別を達成するため
には、依然として多くの便宜上の仮定が必要である。

　近年、部分識別という新しい考え方が発展し、識
別の問題に新しい研究方法を提示した。部分識別で
は、点識別で課すような仮定をすべて排して、デー
タのみから何が識別されるかを考えることにより、
パラメータを入りうる幅（バウンド）として識別す
る。その上で、多くの経済学者が同意するような信
頼できる弱い仮定を少しずつ加えていきながら、パ
ラメータが入りうるバウンドを狭めていく。その結
果、①識別が完全か不可能かの二者択一の概念では
ないことを示し、部分識別という新しい概念を提示
した、②仮定のもつ識別力が、バウンドの狭まり方

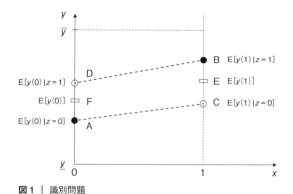

**図1** | 識別問題

をみることによってわかるようになった、③自己選択問題や不等式の仮定の下での識別など、これまで十分に分析できなかった、もしくは、識別するために根拠の乏しい強い仮定が必要であった問題に対し、新しい解決策を示した。

以下第2節では、識別問題について大学教育のリターンの例を使って説明する。そして、第3節と第4節では、点識別の方法と部分識別の方法がそれぞれどのようにして識別問題に対処するかを説明する。第5節で、部分識別を使った実証研究の例を紹介する。なお、本稿の詳しい内容については、奥村（2018）を参照していただきたい。

## 2 │ 識別問題とは

本節では、識別問題を、大学教育のリターンの例を使って説明する。大学教育を受けると、人々の賃金は平均的にどれだけ上昇するかを識別したい。高校卒業（高卒）を $x = 0$、大学卒業（大卒）を $x = 1$ と表す。大学教育を説明変数とする賃金関数（または人的資本関数） $y_i(\cdot)$ を考え、個人 $i$ が $x$ の教育を受けた結果、得られる賃金を $y_i(x)$ とする（$x$ を説明変数、$y_i(x)$ を結果変数と呼ぶ）[1]。ここで、実際に個人 $i$ の最終学歴が高卒であるときを $z_i = 0$、個人 $i$ の最終学歴が大卒であるときを $z_i = 1$ と表す（説明変数 $x$ と区別するため、$z_i$ を実現説明変数と呼ぶ）。識別問題において重要な点は、実際に高卒である $z_i = 0$ の個人 $i$ の賃金 $y_i(0)$ は観測されるが、もしその人（$z_i = 0$ の人）が大卒だった場合（$x = 1$）の賃金 $y_i(1)$ は、仮想的な潜在的結果変数であり、未実

現で観測されないことである。同様に、実際に大卒である $z_i = 1$ の個人 $i$ の賃金 $y_i(1)$ は観測されるが、もしその人（$z_i = 1$ の人）が高卒だった場合（$x = 0$）の賃金 $y_i(0)$ は未実現で観測されない。

図1は、横軸に説明変数 $x$、縦軸に結果変数 $y_i(x)$ をとり、高卒の人々の実際に観測される平均賃金 $E[y(0)|z = 0]$ を●Aで、大卒の人々の実際に観測される平均賃金 $E[y(1)|z = 1]$ を●Bで表し、高卒の人々がもし大卒だった場合の仮想的な平均賃金 $E[y(1)|z = 0]$ を○Cで、大卒の人々がもし高卒だった場合の仮想的な平均賃金 $E[y(0)|z = 1]$ を○Dで表している。●は観測されるが、○は観測されない。識別したい大学教育のリターンは、すべての人が大学教育を受ける（高卒から大卒になる）ことによって、平均的に賃金はどれだけ上昇するかである。それは、$E[y(1) - y(0)] = E[y(1)] - E[y(0)]$（□Eと□Fの差）で表され、平均処置効果と呼ばれる。

まず、すべての人が大学卒業だったときの平均賃金 $E[y(1)]$ の識別を考えよう。高卒（$z_i = 0$）の人口比率を「$P(z = 0) = $ 高卒の人数/（高卒の人数＋大卒の人数）」とし、大卒（$z_i = 1$）の人口比率を「$P(z = 1) = $ 大卒の人数/（高卒の人数＋大卒の人数）」とすると、繰り返し期待値の法則より、$E[y(1)]$ は、

$$
\begin{aligned}
E[y(1)] = {} & E[y(1)|z = 1]P(z = 1) \\
& + E[y(1)|z = 0]P(z = 0)
\end{aligned} \tag{2}
$$

と書ける。つまり、全員が大学卒業だったときの平均賃金 $E[y(1)]$（図1の□E）は、実際に大卒の人々の平均賃金 $E[y(1)|z = 1]$（●B）と、高卒の人々がもし大卒だった場合の平均賃金 $E[y(1)|z = 0]$（○C）

の平均値となる。(2)式において、E[y(1)|z=1]（●B）、P(z=1)、P(z=0)は観測されるが、高卒の人々がもし大卒だった場合の仮想的な平均賃金 E[y(1)|z=0]（○C）は観測されないため、E[y(1)]（□E）は識別できない。これが識別問題である。同様に、全員が高校卒業だったときの平均賃金 E[y(0)] は、

$$E[y(0)] = E[y(0)|z=0]P(z=0)$$
$$+E[y(0)|z=1]P(z=1) \qquad (3)$$

と書ける。(3)式において、実際に高卒の人々の平均賃金 E[y(0)|z=0]（●A）、P(z=0)、P(z=1)は観測されるが、大卒の人々がもし高卒だった場合の仮想的な平均賃金 E[y(0)|z=1]（○D）は観測されないため、E[y(0)]（□F）は識別できない。よって、平均処置効果 E[y(1)]−E[y(0)]（□Eと□Fの差）は識別できない。

## 3 点識別の方法

　伝統的な点識別の計量経済学は、さまざまな仮定を課して識別問題に対処してきた。その代表的なものが、実現説明変数 $z_i$ と結果変数 $y_i(x)$ の「平均独立の仮定」である。この仮定は、図1では、

$$E[y(1)|z=0](\text{○C}) = E[y(1)|z=1] \ (\text{●B}) \quad (4)$$
$$E[y(0)|z=1](\text{○D}) = E[y(0)|z=0] \ (\text{●A}) \quad (5)$$

が満たされている状況のことである。つまり、(4)式では、高卒の人々がもし大卒だった場合の仮想的な平均賃金 E[y(1)|z=0]（○C）は、実際に大卒の人々の平均賃金 E[y(1)|z=1]（●B）と等しいと仮定する。そして、(5)式では、大卒の人々がもし高卒だった場合の仮想的な平均賃金 E[y(0)|z=1]（○D）は、実際に高卒の人々の平均賃金 E[y(0)|z=0]（●A）と等しいと仮定する。

　平均独立の仮定(4)式の下では、(2)式は E[y(1)] = E[y(1)|z=1] となる（●B、○C、□E が一致する）。同様に、平均独立の仮定(5)式の下では、(3)式は、E[y(0)] = E[y(0)|z=0] となる（●A、○D、□F が一致する）。よって、この仮定の下では、平均処置

効果 E[y(1)]−E[y(0)]（□Eと□F の差）= E[y(1)|z=1]−E[y(0)|z=0]（●Bと●Aの差）となる。この E[y(1)|z=1]−E[y(0)|z=0] は、実際に観測される大卒と高卒の賃金格差であり、(1)式を最小二乗推定法で推定した $b$ の推定値でもある[2]。

　しかし、個人の複雑な行動は平均独立の仮定を満たさないことが多くの実証研究で示されている。教育のリターンの例でいうと、観測されない個人の能力は、その人が選択する学歴とその人がもつ賃金関数の両方に影響すると考えられる。よって、高卒を選んだ人々（$z_i = 0$）と大卒を選んだ人々（$z_i = 1$）の賃金関数 $y_i(x)$ は平均的には異なる可能性が高い。すなわち、E[y(1)|z=0] ≠ E[y(1)|z=1] と E[y(0)|z=1] ≠ E[y(0)|z=0] である可能性が高い（これを自己選択問題という）。

　そこで、点識別の計量経済学は、平均独立の仮定が成立するような状況を見つけ出し、その限定的な状況の下で、平均処置効果 E[y(1)]−E[y(0)] を識別する計量手法を開発してきた。例えば、ランダム化実験は、平均独立の仮定を正当化できる環境を人工的に作り出し、その下でパラメータを推定する。また、コントロール変数法、マッチング法、傾向スコア法は、実現説明変数 $z_i$ と結果変数 $y_i(x)$ の相関を生み出す第三の変数（共変量）を観測し、その変数が同じ値を取るグループにおいて平均独立の仮定が成立すると仮定して（これを、条件付き平均独立の仮定という）、パラメータを推定する。一方、操作変数法では、操作変数は結果変数 $y_i(x)$ と平均的に独立であると仮定することにより（これを除外制約という）、実現説明変数 $z_i$ と結果変数 $y_i(x)$ の平均独立の仮定が操作変数を通して成立すると考えて、パラメータを推定する。

　言い換えると、これらの既存の点識別の計量手法は、観測できない図1の○を、観測できる●から推測することにより、平均処置効果を識別しようとする方法である。

## 4 部分識別の方法

　部分識別は識別問題に対して、点識別の計量手法

とは真逆の発想を提示する：「図1の観測できない○に平均独立の仮定などの恣意的な仮定を課すのではなく、何も仮定を課さないとき何が識別できるかを考えよう」という発想である。その結果、パラメータが1つの点として完全に識別されるのではなく、パラメータが入りうる幅（バウンド）として識別される。その上で、これまで点識別で使われてきた仮定の中から、信頼できる弱い仮定を少しずつ加えながら、パラメータのバウンドを狭めていく。

まず、何も仮定を課さないときに平均処置効果 $E[y(1)]-E[y(0)]$ がどう識別されるかを説明する（Manski 1989, 1990）。結果変数 $y_i(x)$ の値域は、有限な最小値 $\underline{y}$ と有限な最大値 $\overline{y}$ をもつ実数値の閉区間 $[\underline{y}, \overline{y}]$ としよう（図1参照）。観測できない○に何も仮定しなければ、○がとりうる値の範囲は、結果変数 $y_i(x)$ の値域 $[\underline{y}, \overline{y}]$ になる。図1では、$\underline{y} \leq E[y(1)|z=0](○C) \leq \overline{y}$、および、$\underline{y} \leq E[y(0)|z=1](○D) \leq \overline{y}$ である。よって、(2)式の観測されない $E[y(1)|z=0]$（○C）を値域の下限 $\underline{y}$ と上限 $\overline{y}$ で置き換えることにより、$E[y(1)]$ が入りうるバウンドが以下のように識別される。

$$E[y(1)|z=1]P(z=1)+\underline{y}P(z=0) \leq E[y(1)]$$
$$\leq E[y(1)|z=1]P(z=1)+\overline{y}P(z=0) \quad (6)$$

同様に、(3)式の観測されない $E[y(0)|z=1]$（○D）を値域の下限 $\underline{y}$ と上限 $\overline{y}$ で置き換えることにより、$E[y(0)]$ が入りうるバウンドが識別される。

$$E[y(0)|z=0]P(z=0)+\underline{y}P(z=1) \leq E[y(0)]$$
$$\leq E[y(0)|z=0]P(z=0)+\overline{y}P(z=1) \quad (7)$$

(6)式と(7)式を使って、求めたいパラメータである平均処置効果 $E[y(1)]-E[y(0)]$ が入りうるバウンドを求めることができる。$E[y(1)]-E[y(0)]$ のバウンドの下限は、$E[y(1)]$ が(6)式の下限となり、$E[y(0)]$ が(7)式の上限となったときに得られる。一方、$E[y(1)]-E[y(0)]$ のバウンドの上限は、$E[y(1)]$ が(6)式の上限となり、$E[y(0)]$ が(7)式の下限となったときに得られる。具体的には、

$$\{E[y(1)|z=1]P(z=1)+\underline{y}P(z=0)\}$$
$$-\{E[y(0)|z=0]P(z=0)+\overline{y}P(z=1)\}$$

$$\leq E[y(1)]-E[y(0)]$$
$$\leq \{E[y(1)|z=1]P(z=1)+\overline{y}P(z=0)\}$$
$$-\{E[y(0)|z=0]P(z=0)+\underline{y}P(z=1)\} \quad (8)$$

である。(6)式、(7)式、(8)式が、何も仮定をせずにデータのみから識別される $E[y(1)]$、$E[y(0)]$、$E[y(1)]-E[y(0)]$ のバウンドである。

部分識別では、さらに、多くの経済学者が同意するような信頼できる弱い仮定を少しずつ加えて、観測できない○の取りうる範囲を狭めていくことにより、パラメータ $E[y(1)]$、$E[y(0)]$、$E[y(1)]-E[y(0)]$ のバウンドを狭めていく。この過程を、大学教育のリターンの例で示そう。

大学教育を受けると、人的資本は増加し、賃金は上昇すると考えることは自然であろう。よって、個人 $i$ の賃金関数 $y_i(x)$ が教育水準 $x$ の「増加関数であるという仮定」、つまり、すべての個人 $i$ に対し、

$$y_i(0) \leq y_i(1) \quad (9)$$

は、信頼できる仮定といえる。この仮定を課すことにより、$E[y(1)]$ のバウンド(6)式、$E[y(0)]$ のバウンド(7)式、そして、$E[y(1)]-E[y(0)]$ のバウンド(8)式が、どのように狭められるかを考えよう（Manski 1997）。(9)式の増加関数の仮定より、

$$E[y(0)|z=0] \text{（図1の●A）}$$
$$\leq E[y(1)|z=0] \text{（○C）} \quad (10)$$
$$E[y(0)|z=1] \text{（○D）}$$
$$\leq E[y(1)|z=1] \text{（●B）} \quad (11)$$

である。増加関数の仮定の下では、(2)式の観測されない $E[y(1)|z=0]$（○C）を(10)式の下限 $E[y(0)|z=0]$（●A）で置き換えることにより、$E[y(1)]$ のバウンドは、

$$E[y(1)|z=1]P(z=1)$$
$$+E[y(0)|z=0]P(z=0)$$
$$\leq E[y(1)]$$
$$\leq E[y(1)|z=1]P(z=1)+\overline{y}P(z=0) \quad (12)$$

となる[3]。一方、(3)式の観測されない $E[y(0)|z=1]$（○D）を(11)式の上限 $E[y(1)|z=1]$（●B）で置き換えることにより、$E[y(0)]$ のバウン

ドは、

$$
\begin{aligned}
&\mathrm{E}[y(0)|z=0]\mathrm{P}(z=0)+\underline{y}\mathrm{P}(z=1)\\
&\leq \mathrm{E}[y(0)]\\
&\leq \mathrm{E}[y(0)|z=0]\mathrm{P}(z=0)\\
&\quad +\mathrm{E}[y(1)|z=1]\mathrm{P}(z=1)
\end{aligned}
\tag{13}
$$

となる。平均処置効果 $\mathrm{E}[y(1)]-\mathrm{E}[y(0)]$ が入りうる
バウンドは、(12)式と(13)式のバウンドより、

$$
\begin{aligned}
&0 \leq \mathrm{E}[y(1)]-\mathrm{E}[y(0)]\\
&\leq \{\mathrm{E}[y(1)|z=1]\mathrm{P}(z=1)+\overline{y}\mathrm{P}(z=0)\}\\
&\quad -\{\mathrm{E}[y(0)|z=0]\mathrm{P}(z=0)+\underline{y}\mathrm{P}(z=1)\}
\end{aligned}
\tag{14}
$$

となる。何も仮定しないときのバウンド(6)、(7)、
(8)式に比べ、増加関数の仮定の下でのバウンド(12)、
(13)、(14)式は狭くなっている。これらの狭まりが、
増加関数の仮定の識別力である。

　さらに信頼できる仮定を加えてバウンドを狭める
ことができる。大学教育のリターンの既存研究では、
高い能力をもつ人々は、平均的に高い賃金関数
($y_i(x)$ の期待値)をもつのと同時に、高い学歴(実現
説明変数 $z_i$)を選択する傾向にあると考えることが
多い。これは、$\mathrm{E}[y(0)|z=0]$(図 1 の ● A)
$\leq \mathrm{E}[y(0)|z=1]$(○D)と $\mathrm{E}[y(1)|z=0]$(○ C)
$\leq \mathrm{E}[y(1)|z=1]$(●B)で表され、信頼できる仮定
といえる。Manski and Pepper (2000)は、この仮定
を「単調処置選択の仮定」と呼び、この仮定と増加
関数の仮定の下で、平均処置効果のバウンドを識別
した。

　さらに、Okumura and Usui (2014)は、関数 $y_i(x)$
が凹関数であるという仮定を、増加関数の仮定と単
調処置選択の仮定に加えて、平均処置効果のバウン
ドを識別した。凹増加関数は、限界生産力が逓減す
る関数を表しており、教育のリターンの例では、信
頼できる仮定といえる。そして、識別したバウンド
で大学教育のリターンを推定し、既存研究における
大学教育のリターンの点推定値と比較した。その結
果、操作変数法を使った既存の点推定値の中には、
Okumura and Usui (2014)のバウンド推定値を超え
る点推定値が多く存在することがわかった。これら
のバウンド推定値を超える点推定値に対しては、①
操作変数法で課せられる除外制約の仮定と線形関数

の仮定が正しくないか、②バウンド推定で課せられ
る凹増加関数の仮定と単調処置選択の仮定が正しく
ないかのどちらかであると考えられる。

　このように、部分識別と点識別の推定結果を比較
することにより、それぞれに課されている仮定の識
別力と信頼性を検証することができる。

## 5　部分識別による実証研究

　部分識別は、計量経済学の本質的問題である識別
問題に対する新しい考え方である。よって、現在、
さまざまな研究トピックスに応用されている。本節
では、部分識別を使った実証研究の例をいくつか挙
げる。

　①事実証拠に基づく政策を進めていくためには、
政策がその受益者に与える効果を定量的に評価する
必要がある。しかし、政策に参加して受益者となる
かどうかを各個人が自己選択して決めるため、点識
別の方法で推定する場合、自己選択問題が生じる。
Kreider et al. (2012)は、この問題を考慮して、米国
における低所得者向けの食糧配給政策が、受給した
人々の健康に与える効果を部分識別により推定して
いる。具体的には、健康状態の悪い人々(健康状態
の悪さを表す関数 $y_i(x)$ が高い水準にある人々)の
方が、食糧配給を受ける(実現説明変数 $z_i=1$)傾
向にあると考えられるので、単調処置選択の仮定を
課して、平均処置効果のバウンドを推定している。

　②操作変数法による実証研究において、操作変数
として使われた変数が、操作変数の仮定である除外
制約を満たしていないのではないかと批判されるこ
とがしばしばみられる。よって、除外制約より弱く
て、操作変数の候補となる変数が満たしやすい仮定
を考え、その仮定の下でパラメータを推定できれば、
より信頼のおける推定結果を得られる可能性がある。
Manski and Pepper (2000)は、「操作変数は結果変
数 $y_i(x)$ と平均独立である」という除外制約を弱めた、
「大きい操作変数をもつ(または受ける)人々の結果
変数 $y_i(x)$ の平均値は、小さい操作変数をもつ人々
の結果変数 $y_i(x)$ の平均値より大きい」という「単調
操作変数の仮定」を考え、その仮定の下で平均処置

効果のバウンドを識別した。そして、Ginther（2000）は、18歳まで両親と同居していたか否かを操作変数として使い、同居していた人のほうが、そうでない人より、大学進学を選択しやすく（実現説明変数 $z_i = 1$）、かつ、学歴で測れない能力も向上する傾向にある（賃金関数 $y_i(x)$ の平均値も高い）という単調操作変数の仮定の下、教育のリターンのバウンドを推定している。

③2つの企業が市場に参入競争をして、複数均衡が存在する場合に、各企業の参入行動関数（つまり、最適反応関数）$y_i(x)$ を識別することを考える。この場合、第2節で説明した処置効果の識別問題と同じ問題が発生するため、従来の点識別の方法では、企業の参入行動関数を識別できない。それに対し、Tamer（2003）は、参入ゲームに複数均衡がある場合でも、部分識別の方法により、企業の参入行動関数をバウンドとして識別できることを示した。また、Ciliberto and Tamer（2009）は、米国の航空会社の路線参入競争のデータを用いて、航空会社の参入行動関数のバウンドを推定している。

④需要・供給関数の交点である均衡価格と均衡取引量のデータしか利用できない場合、均衡を変動させる需要関数のシフトと供給関数のシフトを点識別することができない。Okumura（2011）は、供給関数が価格の増加関数であり、需要関数が価格の減少関数であるという仮定の下で、両関数の交点のデータのみから、需要関数のシフトと供給関数のシフトのそれぞれが入りうるバウンドを識別した。そして、労働市場における賃金の変動要因のバウンドを推定した。

部分識別の理論とそれに基づく分析手法は、今日、経済学の分野にとどまらず、社会学、政治学、犯罪学、医学などの多様な分野で応用されている。今後、部分識別理論のさらなる深化や、それに基づく的確な実証分析が精力的に行われるようになれば、従来の点識別で課されてきた仮定のもつ識別力と信頼性がより明確に検証されることになる。それによって、実証分析において、より有益でかつ信頼のおける結果を得るために、どのような仮定を課すべきかを判定できるようになることが期待される。

［『進化する経済学の実証分析』pp.46-51を一部修正して再掲］

## 注

[1] 関数 $y_i(\cdot)$ を、(1)式のような特定化をせずに、一般的な関数として定義する。

[2] 平均独立の仮定の意味を、関数 $y_i(x)$ が(1)式に対応する線形関数 $y_i(x) = a + bx + u_i$ である場合で説明する。このとき、平均独立の仮定(4)式と(5)式は、$\mathrm{E}[u \mid z = 0] = \mathrm{E}[u \mid z = 1]$ と同値であり、「誤差項 $u_i$ と実現説明変数 $z_i$ の無相関の仮定」となる。

[3] (12)式のバウンドの上限は、何も仮定しないバウンドである(6)式の上限のままである。

## 参考文献

■ Ciliberto, F. and E. Tamer（2009）"Market Structure and Multiple Equilibria in Airline Markets," *Econometrica*, 77(6), pp. 1791-1828.

■ Ginther, D. K.（2000）"Alternative Estimates of the Effect of Schooling on Earnings," *Review of Economics and Statistics*, 82(1), pp.103-116.

■ Kreider, B., J. V. Pepper, C. Gundersen and D. Jolliffe（2012）"Identifying the Effects of SNAP（food stamps）on Child Health Outcomes when Participation is Endogenous and Misreported," *Journal of the American Statistical Association*, 107(499), pp. 958-975.

■ Manski, C. F.（1989）"Anatomy of the Selection Problem," *Journal of Human Resources*, 24(3), pp.343-360.

■ Manski, C. F.（1990）"Nonparametric Bounds on Treatment Effects," *American Economic Review Papers and Proceedings*, 80(2), pp.319-323.

■ Manski, C. F.（1997）"Monotone Treatment Response," *Econometrica*, 65(6), pp.1311-1334.

■ Manski, C. F. and J. V. Pepper（2000）"Monotone Instrumental Variables: With an Application to the Returns to Schooling," *Econometrica*, 68(4), pp.997-1010.

■ Okumura, T.（2011）"Nonparametric Estimation of Labor Supply and Demand Factors," *Journal of Business and Economic Statistics*, 29(1), pp.174-185.

■ Okumura, T. and E. Usui（2014）"Concave-monotone Treatment Response and Monotone Treatment Selection: With an Application to the Returns to Schooling," *Quantitative Economics*, 5(1), pp.175-194.

■ Tamer, E.（2003）"Incomplete Simultaneous Discrete Response Model with Multiple Equilibria," *Review of Economic Studies*, 70(1), pp.147-165.

□ 奥村綱雄（2018）『部分識別入門——計量経済学の革新的アプローチ』日本評論社

［□は新たに追加した文献］

## 実証分析をめぐる さまざまな論点

Hot Topics in Empirical Analyses

## 中嶋 亮
なかじま・りょう

慶應義塾大学経済学部教授。専門は応用計量経済学、労働経済学。論文："Estimating the Effects of Pronatal Policies on Residential Choice and Fertility," *Journal of the Japanese and International Economies*, 34, pp.179-200, 2014（with R. Tanaka）など。

# 「誘導型推定」
# V.S.
# 「構造推定」

実証経済学の代表的手法である誘導型推定と構造推定。いずれがより信頼性のある手法かをめぐって、2010年に学術誌上で大論争が繰り広げられた。それぞれの手法の特徴と、論争をうけての近年におけるミクロ計量分析手法の発展を概観する。

## 1 はじめに

大学教育をめぐる「神話」のひとつに大学教員は同じ講義ノートを後生大事に使い回し、何十年も同じことを繰り返し続けるというものがある。この神話は、大学における手抜き教育の証拠としてよく持ち出される。これは講義内容に変化がなく、古色蒼然とした知識を伝授していることへの批判として持ち出されることが多い。

しかし、複数の大学と学部に従学・奉職して、講義の現場に関わった個人的な経験に基づけば、経済学においては、何を教えるべきかという基準は時代と共に変化しており、知識の新陳代謝は結構盛んであると思う[1]。例えば、最近の学部レベルの計量経済学の教科書は、筆者が学部学生として使ったものとは、内容が大きく異なっている[2]。このような計量経済学の教科書における内容——実証経済分析の道具として何を教えるべきか——についての変遷は、実証経済分析における二十年来の手法の進化を反映したものであろう。

本稿では、実証経済分析の発展におけるひとつの転機として、2010年に勃発した、構造推定と誘導型推定の間の信頼性をめぐる論争を解説する。さらに、その論戦をうけて、ミクロ計量経済分析における方法論が近年どのように発展しつつあるかについても概観する。

## 2 誘導型推定と構造推定の特徴

実証経済分析手法の信頼性を問う「論争」（以下では単に「論争」と表記する）が経済学および計量経済学を代表する学術誌において大々的に繰り広げられたのは2010年のことである[3]。論戦は誘導型推定派（reduced form estimation school）と構造推定派（structural estimation school）の二陣営間で展開された[4]。まずは、「論争」における両陣営の採用する分析手法の特徴についてみていこう。

説明のための例として、「生徒の学力は同じ学校に通う他の生徒の学力から影響を受ける」という仮説を検証することを考えてみよう[5]。具体的には、ある生徒の試験成績は、学力試験が全国上位10%以内の「優秀校」に通学する場合と通学しなかった場合でどれぐらい変化するかという因果関係を明らかにする問題が与えられたとする。いま、生徒の通学する学校が「優秀校」かどうかをダミー変数 $X$ で表し、生徒が「優秀校」に通学するという「処置」の有無（$X = 1$ または $X = 0$）が、試験成績という「結果」を表す変数 $Y$ に与える効果、すなわち、処置効果（treatment effect）を推定する問題として定式化しよう。各生徒について現実に観察される状態は「処置」を与えられた状況か、与えられなかった状況かのいずれかなので、ある生徒についての処置効果は実現した状態と実現しなかった反事実的状態の差で与えられる。母集団の平均的な処置効果を平均処

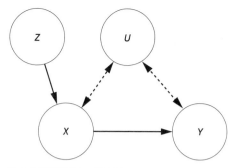

**図1** │ 誘導型推定の概念図

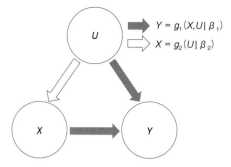

**図2** │ 構造推定の概念図

置効果（Average Treatment Effect：ATE）と呼ぶ[6]。図1では模式的に因果関係の経路は $X$ から $Y$ への実線の矢印で示されている。さらに $U$ は $X$ と $Y$ の双方と影響を与える要因であり、例えば、親の教育方針などが該当する。この変数 $U$ は研究者には直接観察されないことが多く、交絡変数とも呼ばれる。図1では $U$ の影響は点線の矢印で示されている。この $U$ という要因の存在のために、$X$ と $Y$ に観察される相関は、真の因果関係を表していない可能性がある。

　誘導型推定派はランダム化比較試験（Randomized Controlled Trial：RCT）を実証分析の理想形態と考え、RCTまたは、それに準じる方法論により因果関係の推定を行う。理想的なRCTでは、ATEを推定するために、処置 $X$ の無作為な割当が実施される。つまり、生徒を無作為に「優秀校」とそれ以外の学校に割り当て、それぞれの入学後の学力の平均を比較し、その差を平均処置効果の推定値とするのである[7]。しかしながら、現実には、こうした無作為な割当は実行不可能であることが多い。この場合には、誘導型推定によるアプローチでは、自然現象や制度を利用した「あたかも無作為」に原因が割り振られた特定の出来事や状況を発見し、それを利用して因果関係を発見することが実施される。これを疑似実験（quasi-experiment）と呼ぶ[8]。

　誘導型推定派が因果関係を解明するために利用する疑似実験を図1で説明しよう[9]。いま、偶然に（かつ不運にも）、学力のきわめて高い生徒が多く通う0地区に自然災害が発生したとしよう。もし、被災した0地区の学校の生徒を被災を免れた地区1〜 $N$ のいくつかで受け入れるならば、受入元となった

地区の学校の平均的な学力は災害発生後に上昇し、突如として「優秀校」となるかもしれない。図では被災生徒を受け入れたか否かという事象をダミー変数 $Z$ で表している。偶然発生した自然災害が、$a \neq 0$ 地区の被災生徒の受入という、あたかも偶然の出来事 $Z_a$ をもたらし、さらに、その地区の学校が「優秀校」か否かという状態 $X_a$ に影響を与える可能性がある。図1では、その経路を $Z$ から $X$ への実線矢印で示している。もし、自然災害の発生が、地区 $a \neq 0$ に居住する親の教育方針 $U_a$ に直接の影響を与えないならば、$Z_a$ という出来事は $X_a$ の変動を介して、その地区に以前からいた生徒の成績 $Y_a$ に伝達されることが想定できる。被災生徒の受入を通じて学校のランクが「非優秀校」（$X_a = 0$）から「優秀校」（$X_a = 1$）に変化し、受入校に以前から在籍していた生徒の成績 $Y_a$ が上昇するならば、この関連は「$X$ から $Y$ へ」という実線で表された因果関係によりもたらされたという解釈が可能である。$U$ とは無関係な $Z$ という事象を利用して $X$ が $Y$ に与える因果関係として測定するというアイディアを操作変数法と呼び、変数 $Z$ を操作変数と呼ぶ[10]。

　一方、構造推定派は、$X$ から $Y$ の因果関係を発見するために、自然災害の発生などという特殊な状況を考慮することはない。彼らにとって、因果関係解明の第一歩は、一般性のある経済理論に依拠して、経済主体の行動を仮説から演繹的にモデル化することである[11]。その一連の作業を図2で示している。ここでは、$X$ という「優秀校」の割当に相当する学校選択行動、つまり、親が、どのような学校を選択するか、そのために、どの地区に住むかという行動がモデル化される。また学校のランク $X$ や親の教

育方針 $U$ が生徒の成績 $Y$ に与える影響は教育生産関数として定式化される。さらに観察されない要因 $U$ がどのように分布しているかを示す確率分布も仮定される。つまり、構造推定では各変数間の影響を経済理論仮説、および、その他の仮説に基づき特定化して、それらをパラメトリックな関数 $Y = g_1(X, U | \beta_1)$, $X = g_2(U | \beta_2)$ によって定式化する作業が行われる。図中には、これらの関数が変数に与える影響を太矢印で記している。また、$U$ という確率変数の密度関数を $g_3(U | \beta_3)$ という関数で表す。これらの定式された関数のパラメータ $\beta = (\beta_1, \beta_2, \beta_3)$ は構造パラメータとも呼ばれる。当然、経済主体の行動は複雑である。そこで構造推定では、行動モデルは現実の第一次近似描像として行動の大胆な単純化を実施する[12]。その後、現実のデータを最もよく説明する（つまり、データ当てはまりの最もよい）構造パラメータ $\beta$ が推定値として採択される。この場合の $X$ から $Y$ への因果効果は、構造パラメータの推定値 $\hat{\beta}$ の下で処置 $X$ を 0 から 1 に変化させたときに発生する結果 $Y$ の変化を予測することで与えられる[13]。

## 3 誘導型推定派からの構造推定批判

「論争」の端緒を開いたのは *Journal of Economic Perspectives* 誌に掲載されたアングリストとピスケによる「CON OUT OF ECONOMICS」と銘打たれたシンポジウムの巻頭論文である（Angrist and Pischke 2010、以下では AP と表記する）[14]。彼らは「論争」において、構造推定の信頼性について厳しい批判を展開している。

その第一の批判は、因果関係を特定する際に、先験的な経済理論や、根拠が薄弱な定式化に、過度に依存しているというものである。図 2 で見たように、構造推定では、経済主体が $X$ を選ぶ行動、また、$X$ が $Y$ に与える影響は、いくつもの経済学的仮説（例えば、期待効用最大化、合理的期待形成、教育生産関数など）が前提とされていた。しかしながら、前提条件として用いられるこれらの理論仮説の真偽が検証されることはきわめてまれである。誘導型推定派は、これらの理論仮説がどうして正しいといえるのか？ と鋭い疑問を突きつける。さらに $g = (g_1, g_2, g_3)$ の関数型の仮定、具体的には、そのパラメトリックな定式化も、理論的な裏付けを欠いたその場しのぎ（ad hoc）であるとも批判されるのである。

構造推定に対する第二の批判は、原因 $X$ の変動と $Y$ の変動の関係が、きわめて不明瞭であるというものである。図 2 でいえば、$X$ の変動が大きく見える場合でも、それは $X$ と $Y$ の双方に影響を与える $U$ を介して発生した変動である可能性があるため、$X$ が $Y$ に与える因果効果の推定はきわめて不正確なものにならざるを得ないと指摘する。

AP は、自然や制度が生み出した偶然的な状況を上手く活用できるように実証研究を「デザイン」することで、先験的な仮説や仮定に推定作業が依存する度合いを最小限度にし、信頼性の高い因果関係の推定が可能であると主張した。彼らが強調するのは単純かつ明瞭な研究「デザイン」の重要性である。このアプローチのひとつの「売り」は、因果関係を特定する作業に、経済理論や仮定が前提とされないことである。AP において「経済理論は一群の実証的発見から現れる絵画を理解するには有用であるが、その絵画を描くには無用である」（p.23、筆者訳）と述べられていることからわかる通り、誘導型推定では、推定前の研究「デザイン」段階においては、経済理論は必要とされず、推定後にその結果を解釈する際に使用されるのである。

誘導型推定の「デザイン」が経済理論から自由であることを表すのに「根拠に基づく（evidence-based）」という言葉が使われることがある。これは、因果関係の特定は事前の理論や信念ではなく、データから明晰に提出された根拠にのみ基づくべきだという考え方と解説される。したがって、「根拠に基づく」誘導型推定では、データが生み出された「真のモデル」を探求する努力は放棄される。ここでは「何が起きたのか」（what happened）が「なぜ起きたのか」（why it happened）よりも重視されるのである。

誘導型推定のもうひとつの「売り」は、自然にまたは制度的により偶然に生じた（あたかも）無作為な変動を発見し、それを因果関係の推定に活用する

こととされる。そのような変動は、研究者の介入なしに原因 $X$ のさまざまな条件を生み出すことができるので、研究者はデータを詳細に観察することで原因 $X$ が結果 $Y$ に与える効果を正確に判別することが可能となる。よって、巧妙に「デザイン」された誘導型推定から、$X$ から $Y$ への因果関係は明瞭に判別できるという主張がなされている。APはこのような洗練された研究「デザイン」に基づく誘導型推定による因果関係の特定は、実証経済分析に「信頼性革命」(credibility revolution) をもたらしたと高らかに宣言したのである。

<br>

## 4 | 構造推定派からの反論

当然ながら、すべての経済学者が「デザイン重視」「根拠に基づく」という錦旗を掲げた実証研究を行っているわけではない。「論争」では、名だたる経済学者たちのAPの「信頼性革命」宣言に対する反発をみることができる[15]。こうした「反」誘導型推定派からの反論は多岐にわたるが、その代表的なものは以下のようにまとめられる。

### 4.1 隠蔽された仮定

APによる構造推定に対する批判は、それが先験的な仮説や正当化できない強い仮定に過剰に依存しているという点であったことを思いだそう。しかしながら、「反」誘導型推定派の見解では、誘導型推定の「デザイン」にも、理論仮説や仮定から完全に自由なわけではない。特に、疑似実験を利用した、誘導型推定で用いられる仮定のいくつかは検証不可能であるという指摘がなされる[16]。

図1で示した疑似実験の例でいえば、推定された因果関係の信頼性を担保するために、被災生徒の受入 $Z$ が結果 $Y$ に影響を与える経路は交絡変数 $U$ を経由せず、処置 $X$ のみを媒介とするという前提が置かれていた[17]。しかし、このような経路の限定は、研究の「デザイン」が、自然災害という偶然の出来事に基づいているということにより説明されるものではない[18]。もちろん、被災生徒の受入先が完全に無作為ならば、地区 $a \neq 0$ が被災生徒を受け入れ

たかどうかという状態 $Z_a$ は観察されない交絡変数 $U_a$ とは無関係であり、$Z \rightarrow X \rightarrow Y$ という限定された経路に関する仮定は成立する。しかし、そのようなことはありえそうもない。非被災地区 $a$ の親たちが被災学生を受け入れるかどうかという意思決定や、被災生徒の親たちが転入先として地区 $a$ を選ぶかどうかという意思決定は、地区 $a$ の親の教育方針や、その他の交絡要因から影響を受ける可能性は十分考えられるのである。この場合には、$Z$ と $U$ の関連を通じて $Z \rightarrow U \rightarrow Y$ という経路の「抜け道」が発生してしまう。

誘導型推定に基づく実証分析では、これらの因果関係の「抜け道」がないことは、データによって検証することはできない。そのためにいくつかの仮説や仮定を必要とするのである。しかし、多くの（特に出来の悪い）実証研究では、そのことが明確にされていない。そこでは、操作変数 $Z$ は偶然発生した自然現象の「代用」(surrogate) でしかないのに、それが完全に無作為であるかのように誤って認識されてしまっていると「反」誘導型推定派の論者は指摘するのである[19]。よって、このように数々の検証不能な前提に依拠する誘導型推定アプローチが、その点で構造推定アプローチを批判するのはダブルスタンダードであるというのが誘導型推定に対する定番の批判である。つまり、誘導型推定は「仮定がない」のではなく「仮定を書かない」だけというわけである (Heckman 2010)。

### 4.2 分析対象の矮小化

誘導型推定は「デザイン」を重視するあまり、経済学的・政策的に重要な問題ではなく、「デザイン」が可能な些末な問題のみを分析しているという批判もある。このため誘導型推定アプローチを援用した実証経済研究では、（あたかも）無作為な変動をもたらす出来事や状況、つまり、「良い」操作変数を発見することそれ自体が実証研究の目的となっているともいわれる。よって、問題が重要かつ深刻であっても、「良い」操作変数が発見されないならば、経済実証分析の対象にはならない、という懸念も表明されている。

この矮小化は、誘導型推定がその研究デザインの

対象をあまりに絞り込みすぎていることに原因の一端がある。現実社会における、因果関係の長く複雑な連鎖のうち、「デザイン」可能な一部の因果関係のみに焦点が当たっている。その単純さは明晰な因果関係の特定をもたらすも、その一方で、誘導型推定では、経済学の重要な概念のひとつである、経済主体間の戦略的相互作用や、市場間の一般均衡効果の分析は意図的に避けられていることも批判されている。これまでの例でいえば、子どもを最優秀校に入学させるために親同士がとる戦略的行動や、優秀な教育を行う学校に生徒が集中することで発生した混雑現象が生徒の学力成績に与える効果などは、「デザイン」をすることが困難なので、誘導型推定では、そもそも分析対象とはならない可能性があるだろう。

さらには、自然実験的な状況から遡って実証分析の対象をひねりだすという倒錯的な事態も起こっているという非難もある。喩えていえば、不運な自然災害の発生を見て、その状況を操作変数として使う「上手い」経済実証分析ができるかを後から考えるということである[20]。つまり極端な「デザイン」重視により、分析すべき経済問題のために操作変数を探しだすのでなく、発見できた操作変数から経済問題が「発明」されているのではないかというのである。

### 4.3 因果効果の局所性および異質性

これは、誘導型推定アプローチが抱える本質的な問題点であるので、やや丁寧にみていこう。

Imbens and Angrist（1994）は操作変数法を用いたプログラム評価分析から得られる因果効果は処置を受け入れた集団に対する処置効果の平均であることを示した。このような処置効果はその集団にのみ適用される平均処置効果という意味で局所的平均処置効果（Local Average Treatment Effect：LATE）と呼ばれる。前節で示した例を使って説明すれば、そこで推定されたLATEは優秀な被災生徒を受け入れることで「非優秀校（$X = 0$）」から「優秀校（$X = 1$）」に学力ランクが上昇した学校に在学していた生徒を対象とする処置効果の推定値であり、それ以外の学校に通学する生徒を対象にした因果効果の大きさは、必ずしも、これと一致しない可能性が

ある。しかしながら、経済政策を策定、または、政策効果が社会厚生に与える影響を分析する際に重要となるのは、社会の全成員を対象とする因果効果であって、特定の集団に対する局所的な因果効果ではない。したがって、誘導型推定から得られるLATEは、経済学者が知りたいもの、求めているものではないと、批判されるのである[21]。

疑似実験の下で「デザイン」された誘導型推定によって得られる平均処置効果の局所性は因果効果の異質性の裏返しでもある。LATEの推定値は、どの操作変数を使用するかで変化するが、これは集団ごとに因果効果の大きさが異なるためと解釈される。因果効果の異質性の問題は、RCTにおいても発生する[22]。RCTによる因果関係の推定では、被験者を同一の観察属性（性別、年齢など）グループ化して、そのグループ内において処置の無作為割当を実施する階層化が実施される（Duflo et al. 2008）。

もし、平均処置効果の推定値がグループごとに異なった場合には、理論仮説を使わずに、なぜそのような差が発生したかについて説得力のある回答を与えることはきわめて困難である。すでに述べたように、APは、分析結果の事後的な解釈にのみ経済理論を使用すべきと提唱したが、その場合、後付けでどのようなこじつけも可能となるだろう。もしも、因果効果が多様であるならば、それと矛盾しない複数の理論仮説も存在するだろう。だとすれば、誘導型推定は、どんな理論仮説の肯定も否定もできないし、それらの修正も拡張もできないことになる。よって誘導型推定の経済学の発展への寄与はきわめて限定的だ、と構造推定を擁護する人々は厳しい評価を与えるのである。

さらに、RCT実験において、実験後に恣意的に階層化を実施し、その階層化されたグループ内で平均処置効果を推定し、被験者のグループの組み合わせをさまざまに変えていけば「下手な鉄砲数撃てば当たる方式」で、いつかは統計的に有意な平均因果効果を発見できるかもしれない。しかし、それは、真の因果関係を表すものでなく、「データマイニング」という機械的な手続きにより「たまたま」発見された偽の因果関係にすぎない[23]。

## 4.4 政策評価の信憑性

「信頼性革命」宣言に懐疑的な論者たちの批判は、誘導型推定に基づいて実施される政策評価の信憑性にも向けられる。経済学における政策評価は事後的性質（ex post）のものと事前的性質（ex ante）のものとに分類される（Wolpin 2007）。以下ではその区分に基づき、誘導型推定の結果に基づき政策評価を実施する際の問題点を指摘しよう。

まず、事後（ex post）の政策分析の目的は、すでに実施された政策の効果を理解することである。誘導型推定では、その異質性の問題点として指摘したように、巧みな「デザイン」を考案することで、ある特定の集団に対して信頼性の高い政策効果を発見できるものの、それ以外の集団に対する政策効果を予測するものではない。すでに述べたように、前節で示した疑似実験の例では、推定されたLATEは、被災した生徒を受け入れて学力ランクが上昇した学校についての因果関係であると解釈され、それ以外の学校について、同様な因果関係が発見されるかについては不明である。

ひとつの集団で発見された因果効果を別の（地域的・時間的にも異なる）集団の因果効果に当てはめることは外挿予測と呼ばれる。誘導型推定アプローチの問題点は、それが、どのように外挿予測に適用できるかについて明確な手引きが与えられていないことである。同じ観察属性をもつ人々は、まったく同様な行動をとる、というきわめて強い仮定を置けば、集団を越えた外挿予測は可能である。しかし、その同質性の仮定はあまりに強く、そこから得られた政策評価の信憑性は低い。もちろん、このような同質性に強い制約を課す仮定ではなく、異質性を考慮する前提条件の下で因果関係の外挿予測に取り組んでいる研究もいくつか存在するが[24]、その仮定は、構造推定で課される仮定と比較しても、弱いものでもなければ自然なものでもない。よって、誘導型推定に批判的な立場の研究者達は、プログラム評価により推定された因果効果の外挿的予測、または、それに基づく事後的政策評価にきわめて慎重な態度をとる。

一方、事前（ex ante）の政策評価では、これまで一度も実行されたことのない政策評価を行うもので

ある。例えば、学力がきわめて劣る（全国学力試験の下位5％）の生徒だけを選んで近隣の比較的学力の高い学校（全国学力試験の上位20％）に転校させるという政策の導入が検討され、その効果を事前に評価することを考えよう。この未実施の政策を評価する際に、前節で示した疑似実験により明らかになった「優秀校」に通学することが成績に与える因果効果の推定値を参考にすることはできない。まだ発生していない出来事の予測を行うためには、何らかの経済主体の行動の仮定——人々が反事実的な状況（カウンター・ファクチュアル）にどのように反応して行動するかという仮定——を与えなければ、その予測を実施することは、不可能である。

これに対して、構造推定では、事前政策評価を実行することが可能である。そこでは、経済主体が未知の状況にどのような反応するかという予測を実施するための前提条件（主体の選好、情報集合、期待形成の方式）などがすべて備わっている。よって、どのような処置または政策であろうとも——それが現実のものであれ反事実のものであれ——その状況に経済主体を置き、人々がどのように行動を行うかをシミュレートし、その効果を予測することができる。

因果効果の外挿予測に伴う信頼性の問題は外的妥当性（external validity）と呼ばれる。それに対して、内的妥当性（internal validity）とは因果効果それ自体の信頼性に関するものである。この観点からいえば、APの「信頼性革命宣言」は内的妥当性のみを念頭においたものであり、外的妥当性の点からいえば、かなり割り引いた評価が与えられるべきであるというのが、「反」誘導型推定派の一般的な見解となっている。

## 5 | 論争後の実証分析の発展

誘導型推定派と構造推定派の信頼性をめぐる「論争」において、どちらの経済実証分析の手法が勝利したのだろうか？

最近では、「差の差の推定法」や「回帰不連続デザイン」といった誘導型推定の代表的な手法は、学部

生向け計量経済学教科書にも掲載されており[25]、デザインを重視する誘導型推定は、実証経済研究の標準的なツールとなっていることは間違いない。さらに、査読付き経済学論文に掲載された誘導型推定による論文は2010年以降も増加しつづけているというデータもある[26]。また、周知のように「根拠に基づく」という誘導型推定のセールストークは大流行でもある。実際、さまざまな国の政策決定に利用されているという（Miguel et al. 2014）[27]。

　しかしながら、このような実証経済分析における誘導型推定手法の流行と拡大をもって、それが唯一絶対の「正しい」ものであり、構造推定が「誤った」過去の遺物として葬り去られたと判断するならば、いささか粗忽の者であるという誹りを免れまい。われわれはしばしば論争を目の当たりにして、一方が正（善）ならば他方は偽（悪）という単純な二者択一的な思考に陥りがちである。しかし、算数では1＋1の計算の答えが2しかあり得ないが、経済学は、そのような単純なものではない。ひとつの正しい答えしかなく、それ以外はすべて誤りであるという考えは素朴にすぎる。実際、健全な思考をもつ大多数の経済学者は、誘導型推定と構造推定は、互いに代替的なものでなく相補的な経済実証分析のツールであるという認識をしているといってよいだろう[28]。

　誘導型推定と構造推定の最新のアプローチでは、双方のそれぞれの短所を一方の長所で補い、相補的な発展が図られている。以下でそうした取り組みを簡潔に紹介する。

## 5.1　構造型推定の進展

　構造推定アプローチでは、因果関係を特定化するための変動が欠如しているという批判を深刻に受け止め、無作為な変動を積極的に活用する実証研究が増加している。フィールド実験データを使用したものでは、Todd and Wolpin（2006）、Attanasio et al.（2012）などが代表的なものである。また、実験室における経済実験から得られたデータを利用して構造推定を行った実証研究としては、El-Gamal and Grether（1995）やBajari and Hortaçsu（2005）がある。これらは無作為実験から生成された外生的変動を利用した構造推定を実施している。

　また、構造推定と「デザイン」を考慮した誘導型推定を同時に実施することで、推定結果の信憑性を高める実証研究も近年増加している。Keane and Wolpin（2007）は、誘導型推定における「差の差の推定」と類似した発想により、構造推定の内的および外的妥当性を高める方法を提唱している。その実施例としてはHoude（2012）がある。この研究では石油小売りの合併による垂直的統合の影響を分析する際に、Berry et al.（1995）の差別化された財の需要推定に基づく構造推定を実施し、その推定値に基づくシミュレーションにより、合併の効果が分析されている。また、それと同時に「差の差の推定法」による合併効果の予測も実施し、前者と後者の予測結果がほぼ一致することが示されている[29]。

## 5.2　誘導型推定の進展

　ヘックマンは共著者と共に、LATEの局所性と異質性に考慮しつつ、誘導型推定アプローチにおける外的妥当性を高める研究を重点的かつ集中的に実施してきた[30]。その理論的な成果をすべて紹介するのは、本稿の範囲を超えるが、その要点だけを述べれば、誘導型推定から得られた平均処置効果に基づく外挿予測を行うためには、誘導型が想定する統計モデルに経済主体の処置を選択する行動について何らかの構造を導入する必要があるとされること[31]、また、その構造の下、母集団の平均処置効果は、ある特殊な形式のLATEの加重平均として与えられることが示されている[32]。

　また、誘導型推定による実証分析の最先端では、因果効果の大きさを推定するだけでなく、その効果を発現させたメカニズムの解明が重視されるようになってきている。つまり、分析の焦点が「何が起きたのか」（what happened）を明らかにすることから、「なぜ起きたのか」（why it happened）を明らかにすることへと移行している。実際、Card et al.（2011）は、主要経済学術誌に掲載された無作為割当を実施したフィールド実験をサーベイした結果、2000年代以降は、単なる因果効果の発見ではなく、その背後にある経済理論を検証する誘導研究が顕著に増加していることを指摘している。

　Ludwig et al.（2011）はメカニズムの解明に特化

した実験（または疑似実験）を「メカニズム実験」と呼び、実験を「デザイン」する段階で、経済理論を積極的に活用することを強く推奨している。これは経済理論を推定結果の解釈にのみ用いるべきだとする従来の誘導型推定アプローチよりも、経済理論を重視する立場である。さらに、彼らは「メカニズム実験」に基づき誘導型推定アプローチと構造型推定のアプローチのどちらを採用するかは、検証すべき経済理論に対して分析者がどれだけ事前の信頼をもっているかに依存するとも述べている。もし、研究者が経済理論の詳細にまで強い信頼を置くならば、分析手法としては、構造推定を用いることが推奨される。一方で、理論に対してそこまでの信頼がないならば、「メカニズム実験」に基づく誘導型推定を実施するべきだという提案がなされている。この考えに基づけば、誘導型推定と構造推定は、あれかこれかという二元的なものではなく、互いに重なり合う、相補的なものへと発展しつつあるといえるだろう。

## 6 おわりに

　本稿では、実証経済学における2つの代表的な方法論である誘導型推定と構造推定を取りあげ、推定結果の信頼性をめぐる論争を紹介した。両者は、異なる発想をもった分析枠組みであるものの、それらは代替的というより補完的であるといえる。最近では、これらのアプローチは、一方の長所を部分的に取り入れつつ、短所を解消するかたちで、それぞれ多様な展開をしつつあることも示した。

　このような実証経済分析手法の発展と深化を考慮するならば、実証経済分析家は、研究対象の経済・社会的特性にあわせて、誘導型推定と構造推定を適宜選択しつつ、ときには、両者を組み合わせた分析を実施する必要があると思う。経済学者がさまざまな経済的問題を抱える患者の治療を行う医者であるという比喩を使うならば、その診療で使える道具は誘導型推定と構造推定のどちらかひとつというわけではない。患者の抱える病気のタイプを的確に診断し、複数の治療法から最適なものを選んだ上で、ときにはそれらを組み合わせて適用することを目指す

べきであろう。

　では、このように高度な発展を遂げた実証経済分析のツールをどのように学生に教育していったらよいだろうか？　手抜きをしたいならば、これだけを信じておけば間違いないと断言して、誘導型推定と構造推定のどちらか「流行っている」一方だけを教えておけばいいのだし、そのほうが講義ノートやシラバスもすっきりと整理整頓され、何年も使い回せるほど長持ちするのだろう。しかし、経済という名前の複雑に絡み合ったロープの固い結び目をひとつの道具だけで力任せに裁ち切るならば、大切なロープは二度と使えなくなってしまうだろう。あれもいれたい、これもいれたいと欲張って収集のつかなくなった講義ノートをみながら、そんないいわけを考えてみたのだが、はたして、学生達は筆者の講義がしばしば陥る混沌と混乱を許してくれるであろうか？

**注**

[1] 結局のところ、新しい題材を講義で教えるかどうかは、教員次第である。本文の記述は、印象に残ることだけを判断材料とする「利用可能性バイアス」がかかった状態での「根拠に基づかない」単なる感想であることも記しておく。

[2] 例えば、筆者の大学時代の代表的教科書である山本（1995）と昨年出版された教科書である田中（2015）を比較したところ、「間接最小二乗法」、「コクラン＝オーカット法」といった懐かしい項目が新しい教科書では見当たらず、その代わりに「差の差の推定法」、「回帰不連続デザイン」といった項目が入っていることを発見した。

[3] この「論争」は、*Journal of Economic Perspectives*、*Journal of Economic Literature*、*Journal of Econometrics*の三誌をまたがって繰り広げられた。また、「論争」は2010年で終結したわけではない。Ludwig et al.（2011）、Wolpin（2013）、Rust（2014）などは誘導型推定と構造推定の違いを念頭におきつつ実証経済分析の信頼性について論じている。

[4] ここで誘導型推定とは、「実験に基づく推定」、または、「デザインに基づく推定」とも呼ばれる。従来の伝統的な計量経済学理論では「誘導型」とは同時方程式モデルを内生変数について解の形で表現することであるが、ここではそのような狭義の「誘導型」を意味していない。なお、「論争」では、誘導型推定派と構造推定派という区分は、Heckman（2010）で使用されている。本稿はその名称に従う。

[5] このような友人からの影響はピア効果（peer effect）とも呼ばれる。

[6] 誘導型推定の拠り所はプログラム評価（program evaluation）と呼ばれる統計手法である。その手法における因果効果を示す代表的な指標としては、ATEが用いられることが多いが、それ以外にも、後述の局所的平均処置効果など、さ

まざまな処置効果が定義されている。プログラム評価についての包括的なサーベイはImbens and Wooldridge（2009）などを参照せよ。日本語文献としては星野（2009）がある。

[7] 無作為割当をすることなく、「優秀校」に通う生徒の試験成績の平均とそれ以外の学校に通う生徒の試験成績の平均を比べても、その差は平均処置効果ではないことに注意せよ。その差は「優秀校」の定義から自明である。

[8] 疑似実験を含むさまざまな実験（実験室実験・フィールド実験・思考実験）についてはHarrison and List（2004）に詳細な解説がある。

[9] 本稿で使用した疑似実験と操作変数は、説明のために創作したものである。しかし、この操作変数の着想は、Angrist and Lang（2004）から得ている。彼らは、米国における人種差別撤廃を解決するために発案された「バス通学」の社会実験により発生した外生的な変動を利用して教育環境が学力に及ぼす影響を分析している。

[10] 本稿では、詳しくは説明を行わないが、疑似実験のアイディアを使った誘導型推定の手法としては、RCTや操作変数法の他に、「差の差の推定法（Difference-in-Difference：DID）」、「回帰不連続デザイン（Regression Discontinuity Design：RDD）」といった手法が知られている。

[11] 構造推定モデルの詳細な分析方法についてはReiss and Wolak（2007）やKeane et al.（2010）を参照せよ。

[12] 現実を厳密に説明しうる「正しい」行動モデルは存在しないので、行動モデルは分析対象と目的に応じて取捨選択すべきであるというのが構造推定派の主張である（Keane and Wolpin 2007）。

[13] 具体的には推定されたパラメータ $\hat{\beta}$ の下で $g_1$ という関数の期待値を処置 $X = 0$ と $X = 1$ のそれぞれについて計算し、その差分を因果効果とする。
$X = 1$ の場合の期待値は
$$E_v[g_1(X, U \mid \hat{\beta}_1, X = 1) \mid \hat{\beta}_2, \hat{\beta}_3]$$
$$= \int_{\{U : g_2(U \mid \hat{\beta}_2) = 1\}} g_1(X, U \mid \hat{\beta}_1, X = 1) \, g_3(U \mid \hat{\beta}_3) dU$$
で与えられる。$X = 0$ の場合の期待値も同様である。

[14] このシンポジウムの題目にある「CON」とは「欺瞞」と和訳される。なお、AP論文の題目は「The Credibility Revolution in Empirical Economics: How Better Research Design is Taking The Con out of Econometrics（実証経済学における信頼性革命——計量経済学から欺瞞を取り去る）」である。

[15] 「論争」では、Keane（2010a,b）、Nevo and Whinston（2010）、Rust（2010）が構造推定を重点的に遂行する実証研究家からの批判である。一方、Deaton（2010）、Leamer（2010）、Sims（2010）は構造推定を擁護する立場である。また、Heckman（2010）は構造推定を擁護すると同時に欠陥点も認識し、誘導型推定の利点を取り入れて、複合的な推定法を構築することを提案している。しかしいずれの論者もAPの「信頼性革命」という大胆な主張については懐疑的である。

[16] この点は「論争」以前から指摘されてきた。詳細な議論はHeckman（1997）やRosenzweig and Wolpin（2000）を参照せよ。

[17] 除外制約（exclusion restriction）とも呼ばれる。

[18] 誘導型推定が処置の無作為割当を行うRCTに依拠したとしても、信頼性の高い因果効果を推定するために、いくつもの前提条件が必要である。RCTの前提条件についてはHeckman and Smith（1995）やDuflo et al.（2008）を参照せよ。ま

た、プログラム評価の用語では、SUTVA（Stable Unit Treatment Value Assumption）と呼ばれる仮定がこれに対応する。

[19] Leamer（2010）は「操作変数（instrumental variable）」でなく「代用変数（surrogate variable）」という言葉を使うべきだという皮肉を述べている。

[20] 意地悪な書き方をしたが、このような批判は筆者のものではないことを強調しておきたい。誘導型推定派・構造推定派を問わず、筆者を含めた実証研究家は自然災害の発生を見れば、まずは被災者を思い遣る心優しき人々が多いと思う。残念ながら、その具体的な「根拠」を示すデータはまだ十分に得られていない。

[21] 本稿の範囲を超えるため詳細な説明は省略するが、推定された因果効果の局所性はLATEだけでなく、「差の差の推定法」、「回帰不連続デザイン」といった誘導型推定アプローチの他の「デザイン」にも当てはまる（DiNardo and Lee 2011）。

[22] 本稿では、詳細には立ち入らないが、RCTにおける因果効果推定では、被験者の観察属性を説明変数として追加した回帰分析が実施されることも多い（Duflo et al. 2008）。このような回帰から発見された平均因果効果の推定値に潜在的なバイアスが存在することが指摘される（Deaton 2010, Leamer 2010）。

[23] 実証経済分析における「データマイニング」とは、定式化探索とも呼ばれる。例えば $X$ から $Y$ の因果関係が存在しない場合であっても、100 の階層化された対象地域に独立にRCTを実施すれば、平均して5程度の対象地域に5％有意水準で統計的に有意な因果関係を発見することができるはずである。そのようにして発見された「偽の因果関係」は純粋に偶然の産物である。最近では、実験的手法を用いた経済分析におけるデータマイニングを防止するための事前分析計画（pre-analysis plan）を導入する必要性が議論されている。詳細は、Olken（2015）を参照せよ。

[24] 例えば、Hotz et al.（2005）、Stuart et al.（2011）、Flores and Mitnik（2013）などがある。

[25] 注［2］でも述べたが、例えば田中（2015）の教科書がこれに該当する。

[26] APは「デザイン」重視の誘導型推定による実証研究論文数は1970年から1989年には17本だったが、1990年から2009年には742本に増加したと記述している。筆者がAP論文で示された条件を使って同様の検索作業を2010〜2014年に対象期間を拡大して実施したところ、この期間だけで857本の論文がヒットした。この論文数は、直前の5年間（2005〜2009年）の2倍近いものとなっている。

[27] 日本においても「根拠に基づく」政策決定という言葉を耳にすることが多くなった。2016年度春季日本経済学会大会において「エビデンス・ベースの政策立案・政策評価と政策研究の連携の新たな展開」と題されたチュートリアルセッションが実施されたことは記憶に新しい。

[28] 「論争」では、Heckman（2010）やNevo and Whinston（2010）が2つの分析アプローチは相補的であると明言している。

[29] APは「差の差の推定法」を用いた石油小売りの合併効果の分析としてHastings（2004）を引用し、構造推定派が実施する企業合併シミュレーション分析を批判している。したがって、Houde（2012）はAPが推奨した手法と批判した手法を1つの論文で実施していることになる。

[30] 該当する論文としてはAbbring and Heckman（2007）、

Heckman and Vytlacil (1999, 2001, 2005, 2007)、Heckman et al.（2006）、Heckman and Urzua（2010）を参照せよ。

[31] 図1で言えば、経済主体の $X = 1$ または $X = 0$ の選択行動が操作変数 $Z$ および交絡変数 $U$ からどのような影響を受けるかについて明確な構造を仮定する必要があるとされる。ただし、$g$ の定式化には、必ずしもパラメトリックな仮定は必要ではないとされる（Vytlacil 2002）。

[32] より専門的には、「特殊な形式」のLATEは、限界処置効果（Marginal Treatment Effect：MTE）と呼ばれるものである。このMTEは、操作変数 $Z$ が連続変数としたとき、その極限をとった局所的操作変数（Local Instrumental Variable：LIV）に対するLATEとして定義される。Carneiro and Lee（2009）やCarneiro et al.（2011）はこの結果を援用し、母集団に関するさまざまな処置効果を推定している。

## 参考文献

■ Abbring, J. H. and J. J. Heckman (2007) "Econometric Evaluation of Social Programs, Part III: Distributional Treatment Effects, Dynamic Treatment Effects, Dynamic Discrete Choice, and General Equilibrium Policy Evaluation," in J. J. Heckman and E. E. Leamer eds., *Handbook of Econometrics*, Vol.6B, Elsevier, Ch.72, pp.5145-5303.

■ Angrist, J. D. and K. Lang (2004) "Does School Integration Generate Peer Effects? Evidence from Boston's Metco Program," *American Economic Review*, 94(5), pp.1613-1634.

■ Angrist, J. D. and J.-S. Pischke (2010) "The Credibility Revolution in Empirical Economics: How Better Research Design is Taking the Con out of Econometrics," *Journal of Economic Perspectives*, 24(2), pp.3-30.

■ Attanasio, O. P., C. Meghir and A. Santiago (2012) "Education choices in Mexico: Using a Structural Model and a Randomized Experiment to Evaluate PROGRESA," *Review of Economic Studies*, 79(1), pp.37-66.

■ Bajari, P. and A. Hortaçsu (2005) "Are Structural Estimates of Auction Models Reasonable? Evidence from Experimental Data," *Journal of Political Economy*, 113(4), pp.703-741.

■ Berry, S., J. Levinsohn and A. Pakes (1995) "Automobile Prices in Market Equilibrium," *Econometrica*, 63(4), pp.841-890.

■ Card, D., S. DellaVigna and U. Malmendier (2011) "The Role of Theory in Field Experiments," *Journal of Economic Perspectives*, 25(3), pp.39-62.

■ Carneiro, P., J. J. Heckman and E. J. Vytlacil (2011) "Estimating Marginal Returns to Education," *American Economic Review*, 101(6), pp.2754-2781.

■ Carneiro, P. and S. Lee (2009) "Estimating Distributions of Potential Outcomes Using Local Instrumental Variables with an Application to Changes in College Enrollment and Wage Inequality," *Journal of Econometrics*, 149(2), pp.191-208.

■ Deaton, A. (2010) "Instruments, Randomization, and Learning about Development," *Journal of Economic Literature*, 48(2), pp.424-455.

■ DiNardo, J. and D. S. Lee (2011) "Program Evaluation and Research Designs," in O. Ashenfelter and D. Card eds., *Handbook of Labor Economics*, Vol.4A, Elsevier, Ch.5, pp.463-536.

■ Duflo, E., R. Glennerster and M. Kremer (2008) "Using Randomization in Development Economics Research: A Toolkit," in T. P. Schultz and J. A. Strauss eds., *Handbook of Development Economics*, Vol.4, Elsevier, Ch.61, pp.3895-3962.（エステル・デュフロ、レイチェル・グレナスター、マイケル・クレーマー著、小林庸平監訳・解説、石川貴之・井上領介・名取淳訳『政策評価のための因果関係の見つけ方──ランダム化比較試験入門』日本評論社、2019年）

■ El-Gamal, M. A. and D. M. Grether (1995) "Are People Bayesian? Uncovering Behavioral Strategies," *Journal of the American Statistical Association*, 90(432), pp.1137-1145.

■ Flores, C. A. and O. A. Mitnik (2013) "Comparing Treatments across Labor Markets: An Assessment of Nonexperimental Multiple-Treatment Strategies," *Review of Economics and Statistics*, 95(5), pp.1691-1707.

■ Harrison, G. W. and J. A. List (2004) "Field Experiments," *Journal of Economic Literature*, 42(4), pp.1009-1055.

■ Hastings, J. S. (2004) "Vertical Relationships and Competition in Retail Gasoline Markets: Empirical Evidence from Contract Changes in Southern California," *American Economic Review*, 94(1), pp.317-328.

■ Heckman, J. J. (1997) "Instrumental Variables: A Study of Implicit Behavioral Assumptions Used in Making Program Evaluations," *Journal of Human Resources*, 32(3), pp.441-462.

■ Heckman, J. J. (2010) "Building Bridges Between Structural and Program Evaluation Approaches to Evaluating Policy," *Journal of Economic Literature*, 48(2), pp.356-398.

■ Heckman, J. J. and J. A. Smith (1995) "Assessing the Case for Social Experiments," *Journal of Economic Perspectives*, 9(2), pp.85-110.

■ Heckman, J. J. and S. Urzua (2010) "Comparing IV with Structural Models: What Simple IV Can and Cannot Identify," *Journal of Econometrics*, 156(1), pp.27-37.

■ Heckman, J. J., S. Urzua and E. J. Vytlacil (2006) "Understanding Instrumental Variables in Models with Essential Heterogeneity," *Review of Economics and Statistics*, 88(3), pp.389-432.

■ Heckman, J. J. and E. J. Vytlacil (1999) "Local Instrumental Variables and Latent Variable Models for Identifying and Bounding Treatment Effects," *Proceedings of the National Academy of Sciences*, 96(8), pp.4730-4734.

■ Heckman, J. J. and E. J. Vytlacil (2001) "Policy-Relevant Treatment Effects," *American Economic Review*, 91(2), pp.107-111.

■ Heckman, J. J. and E. J. Vytlacil (2005) "Structural Equations, Treatment Effects, and Econometric Policy Evaluation," *Econometrica*, 73(3), pp.669-738.

■ Heckman, J. J. and E. J. Vytlacil (2007) "Econometric Evaluation of Social Programs, Part II: Using the Marginal Treatment Effect to Organize Alternative Econometric Estimators to Evaluate Social Programs, and to Forecast their Effects in New Environments," in J. J. Heckman and E. E. Leamer eds., *Handbook of Econometrics*, Vol.6B, Elsevier, Ch.71, pp.4875-5144.

■ Hotz, V. J., G. W. Imbens and J. H. Mortimer (2005) "Predicting the Efficacy of Future Training Programs Using Past Experiences at Other Locations," *Journal of Econometrics*, 125(1-2), pp.241-270.

■ Houde, J. F. (2012) "Spatial Differentiation and Vertical Mergers in Retail Markets for Gasoline," *American Economic Review*, 102(5), pp.2147-2182.

■ Imbens, G. W. and J. D. Angrist (1994) "Identification and Estimation of Local Average Treatment Effects," *Econometrica*, 62(2), pp.467-475.

■ Imbens, G. W. and J. M.Wooldridge (2009) "Recent Developments in the Econometrics of Program Evaluation," *Journal of Economic Literature*, 47(1), pp.5-86.

■ Keane, M. P. (2010a) "A Structural Perspective on the Experimentalist School," *Journal of Economic Perspectives*, 24(2), pp.47-58.

■ Keane, M. P. (2010b) "Structural vs. Atheoretic Approaches to Econometrics," *Journal of Econometrics*, 156(1), pp.3-20.

■ Keane, M. P., P. E. Todd and K. I. Wolpin (2010) "The Structural Estimation of Behavioral Models: Discrete Choice Dynamic Programming Methods and Applications," in O. Ashenfelter and D. Card eds., *Handbook of Labor Economics*, Vol. 4A, Elsevier, Ch.4, pp.331-461.

■ Keane, M. P. and K. I. Wolpin (2007) "Exploring the Usefulness of a Nonrandom Holdout Sample for Model Validation: Welfare Effects on Female Behavior," *International Economic Review*, 48(4), pp.1351-1378.

■ Leamer, E. E. (2010) "Tantalus on the Road to Asymptopia," *Journal of Economic Perspectives*, 24(2), pp.31-46.

■ Ludwig, J., J. R. Kling and S. Mullainathan (2011) "Mechanism Experiments and Policy Evaluations," *Journal of Economic Perspectives*, 25(3), pp.17-38.

■ Miguel, E., C. Camerer, K. Casey, J. Cohen, K. M. Esterling, A. Gerber, R. Glennerster, D. P. Green, M. Humphreys, G. Imbens, D. Laitin, T. Madon, L. Nelson, B. A. Nosek, M. Petersen, R. Sedlmayr, J. P. Simmons, U. Simonsohn and M. van der Laan (2014) "Promoting Transparency in Social Science Research," *Science*, 343(6166), pp.30-31.

■ Nevo, A. and M. D. Whinston (2010) "Taking the Dogma out of Econometrics: Structural Modeling and Credible Inference," *Journal of Economic Perspectives*, 24(2), pp.69-82.

■ Olken, B. A. (2015) "Promises and Perils of Pre-Analysis Plans," *Journal of Economic Perspectives*, 29(3), pp.61-80.

■ Reiss, P. C. and F. A. Wolak (2007) "Structural Econometric Modeling: Rationales and Examples from Industrial Organization," in J. J. Heckman and E. E. Leamer eds., *Handbook of Econometrics*, Vol.6A, Elsevier, Ch.64, pp.4277-4451.

■ Rosenzweig, M. R. and K. I. Wolpin (2000) "Natural "Natural Experiments" in Economics," *Journal of Economic Literature*, 38(4), pp.827-874.

■ Rust, J. (2010) "Comments on: "Structural vs. Atheoretic Approaches to Econometrics" by Michael Keane," *Journal of Econometrics*, 156(1), pp.21-24.

■ Rust, J. (2014) "The Limits of Inference with Theory: A Review of Wolpin (2013)," *Journal of Economic Literature*, 52(3), pp.820-850.

■ Sims, C. A. (2010) "But Economics Is Not an Experimental Science," *Journal of Economic Perspectives*, 24(2), pp.59-68.

■ Stuart, E. A., S. R. Cole, C. P. Bradshaw and P. J. Leaf (2011) "The Use of Propensity Scores to Assess the Generalizability of Results from Randomized Trials," *Journal of the Royal Statistical Society, Series A*, 174(2), pp.369-386.

■ Todd, P. E. and K. I. Wolpin (2006) "Assessing the Impact of a School Subsidy Program in Mexico: Using a Social Experiment to Validate a Dynamic Behavioral Model of Child Schooling and Fertility," *American Economic Review*, 96(5), pp.1384-1417.

■ Vytlacil, E. J. (2002) "Independence, Monotonicity, and Latent Index Models: An Equivalence Result," *Econometrica*, 70(1), pp.331-341.

■ Wolpin, K. I. (2007) "Ex Ante Policy Evaluation, Structural Estimation, and Model Selection," *American Economic Review*, 97(2), pp.48-52.

■ Wolpin, K. I. (2013) *The Limits of Inference without Theory*, MIT Press.

■ 星野崇宏 (2009)『調査観察データの統計科学——因果推論・選択バイアス・データ融合 (シリーズ確率と情報の科学)』岩波書店

■ 田中隆一 (2015)『計量経済学の第一歩——実証分析のススメ』有斐閣

■ 山本拓 (1995)『計量経済学 (新経済学ライブラリ)』新世社
　　[『進化する経済学の実証分析』pp.52-62を一部修正して再掲]

実証分析をめぐる
さまざまな論点

Hot Topics in Empirical Analyses

# 開発経済学における計量的アプローチと実験的アプローチ

## 樋口裕城

ひぐち・ゆうき

上智大学経済学部准教授。専門は開発経済学。論文："Sustained Impacts of *Kaizen* Training," *Journal of Economic Behavior and Organization*, 120, pp.189–206, 2015（with V. H. Nam and T. Sonobe）など。

1990年代以降の実証分析において、それまで中心的であった観察データに基づく計量的なアプローチに加えて、実験的なアプローチが盛んになったのはなぜか。開発経済学における実証分析手法の変遷を振り返りながら、両者を比較する。

　開発経済学においては、データ分析による実証研究が大きなウエイトを占めている。それは、途上国の現状の理解のためにはデータ分析が必要だという理由もあるが、最近では、途上国ではより安価にデータを収集できるという研究者側の事情もある。いずれにせよ、開発経済学の進歩において実証分析が重要な役割を果たしてきたことは言うまでもなく、本稿ではまず、開発経済学における実証分析の発展を概観する。その中で、まず観察データによる計量的アプローチが、次いで実験的アプローチが進歩してきた経緯を述べる。それから、両アプローチの強みと弱みについて解説した上で、今後の開発経済学における実証分析の展望についての筆者の意見を述べる。

## 1　開発経済学における実証分析

　戦後の開発経済学はおもに理論研究が中心であったが、1970年代以降は、途上国において集めたデータを分析する計量的アプローチが進歩した。早い時期に開始された代表的なデータ収集として、国際熱帯半乾燥作物研究所（ICRISAT）によるインドでの農村調査や、国際稲研究所（IRRI）によるフィリピンでの農村調査が挙げられる[1]。これらの調査により百数世帯の家計からのデータが集められ、途上国家計の行動パターンが綿密に分析された。その後、1980年には世界銀行による家計生活水準計測調査

（LSMS）プロジェクトが開始され、数千世帯の家計からのデータが収集されたことで、さらに幅広い実証分析が可能となった。なお、LSMSプロジェクトには、2015年にノーベル経済学賞を受賞したアンガス・ディートンが当初より参画した。彼の授賞理由として、「大雑把なマクロデータに基づく理論研究から、質の高いミクロデータに基づく実証研究へと、開発経済学の軸足を移した（筆者訳）」との記載があることは、1970年代から1980年代にかけて、計量的アプローチを用いた実証分析によって開発経済学が進化したことを顕著に表している。

　1990年代以降は、開発経済学における実証分析の水準がさらに高まった。不破（2008）はその背景に、①世界銀行のLSMSが地域的に拡大し、そのデータが広く利用可能になった点、②データを分析する計量経済学の手法が洗練された点、③実験的アプローチが開発経済学に応用されるようになった点があると指摘する。不破（2008）の執筆時点でランダム化比較試験（Randomized Controlled Trial：RCT）が開発経済学に導入されつつあったが、その後はRCTに代表される実験的アプローチがますます用いられるようになった。アメリカ経済学会のRCTのレジストリには2016年6月現在、93カ国における742もの、現在進行形あるいは完了したRCTが登録されている[2]。さらに、開発経済学におけるRCT研究の第一人者であるエステル・デュフロは、経済学の五大ジャーナル（AER、EMA、QJE、JPE、RES[3]）に掲載された論文数を数え、2000年には全215本の論

文のうち開発経済学の論文は21本でRCTを用いた研究はゼロであったのに対し、2015年には全271本中開発経済学の論文が32本に増え、うち10本がRCTを用いた研究であることを紹介し、RCTによって経済学全体における開発経済学の存在感が高まったと指摘している[4]。

## 2 ▏ 計量的・実験的アプローチと内的・外的妥当性

　実験的アプローチがここまで台頭した背景には、計量的アプローチでは因果関係の識別が容易ではないという点が大きい。筆者が専門としている途上国の中小零細企業を例として、ある経営者が過去に経営トレーニングに参加した経験があり、平均的な企業よりも高い業績をあげていることが観察されたとする。こうした観察データをして、トレーニングが業績の向上に効果をあげたと結論づけることはできない。なぜなら、その経営者はそもそも能力が高く、トレーニングを受けずとも、高い業績をあげられる可能性があるためである。つまり、この経営者が「トレーニングを受けていなかった場合に業績がどうなっているか」というカウンターファクチュアルを観察することができなければ、トレーニングの効果を識別することはできない。すなわち、観察データの分析に基づく計量的アプローチでは、観察された2つの事象の間に因果関係があるという「内的妥当性」が確保されにくいのである。その一方で、現実社会における人々の実際の行動についてのデータを集め、かつ、広範囲にわたってのデータの収集が可能であるため、ある事象が現実社会において一般的に観察されるという「外的妥当性」の確保は可能となる（Roe and Just 2009）。

　実験的アプローチを用いることで、比較的弱い仮定の下での因果関係の識別が可能となる。実験的アプローチは、実験室においてデータを収集するラボ実験と、フィールドにおいて何かしらの介入を行ってからデータを収集するフィールド実験とに大別される[5]。ラボ実験では、対象となる個人に実験室などの特定の場所に集まってもらい、リスク選好・利他性・競争志向といった選好パラメータを測定する

ためのゲームや、現実社会を再現したようなゲームにおける意思決定を行ってもらう。研究者によるコントロールがきく環境で実験を行うため、ゲームのルールをかえた際に個人の行動がどのように変化するかを分析することで、因果関係の特定が可能となる。

　しかしながら、ラボ実験において問題となるのは、実験室内において得られた結果が、実験室の外の現実世界でも当てはまるのかどうかという点である。実験的アプローチの第一人者であるジョン・リストの研究によると、スポーツカード交換の実験を実験室で行った場合と、実際のカード店で客は自分のデータが集められていることは知らないという状況（つまり、自然型フィールド実験の状況）で行った場合に、異なる結果が観察されることを明らかにした（List 2006）。つまりラボ実験では、実験室内で観察された結果についての内的妥当性は高いが、こうした結果がラボ外でも当てはまるかといった外的妥当性の確保は容易ではないのである。

　こうした内的妥当性と外的妥当性とのトレードオフに対処しうる可能性をもつのが、フィールド実験（とりわけRCT）を用いた実験的アプローチである。フィールド実験においては、研究者が状況をコントロールしうるという点で内的妥当性を確保することができ、さらには実験室の外での現実世界での人々の行動を観察しているという点で、外的妥当性を確保することができる。中小零細企業の例を用いると、ランダムに選んだ経営者にのみトレーニングを提供することで（処置群）、トレーニングを受けない経営者（対照群）をカウンターファクチュアルとみなし、トレーニング後の両群の経営者の業績を比較することで、トレーニングに効果があるかどうかを測定できる。

　RCTを用いての分析と、伝統的な観察データの分析とを比較した例として、Glewwe et al.（2004）が挙げられる。ケニアの学校において生徒の視覚に訴えるフリップチャート（FC）を導入することについて、RCTを用いてその効果を測定した場合には、効果はゼロだという結果が出た。しかし、無作為化を用いない観察データによって、FC導入校とそうでない学校で試験結果を比較したところ、導入校にお

いて試験結果が高いことが見いだされ、FCには「効果がある」という結論となった。無作為化を用いない場合には、FCの効果が出そうな学校に選択的にFCが導入されたため、本来FC自体には効果がないにもかかわらず、他の要因によって導入校の生徒のほうが高得点を記録したのである。すなわち、FC導入校とそうでない学校とが異なる属性を持っているため、FCを導入していない学校をしてFCを導入しないことのカウンターファクチュアルとみなすことができなかったのである。

　経営トレーニングの例でもFCの例でも、プログラムの効果だけではなく、それにかかる費用を測定することができる。このようにフィールド実験のアプローチを用いることによって、どのような政策的介入の費用対効果が高いのかを調べられるため、具体的な政策提言につながりうる。実際に、途上国の子どもの就学率を高めるためには子どもの健康を害している寄生虫の駆除が効果的で費用対効果も高いことが明らかにされたため、数多くの途上国政府やNGOによって虫下し薬の配布が行われ、これまでに9500万人の子どもがその恩恵を受けた[6]。このような途上国が抱える課題への対応策につながるという社会的な要請と、それに加えて、フィールド実験は多くの費用がかかるために物価の安い途上国において実施しやすいという研究者の都合による参入によって、開発経済学の分野においてフィールド実験を用いた実験的アプローチが広く普及したのである。

## 3　フィールド実験の課題

　フィールド実験において、常に内的妥当性と外的妥当性とが確保されるわけではない。例えば、トレーニングに招待したけれども参加しない経営者が多いといった参加率・出席率（take-up）に関する問題や、トレーニング後に追跡できない経営者が多く（かつ、それがトレーニング参加に左右される）といったデータの欠落（attrition）の問題によって、内的妥当性が問題となりうる。さらに、とりわけ政策を議論する際に注意しなければならないのは、実験室内外という意味よりも広い意味においての外的妥当性

の問題である[7]。こうした外的妥当性の問題には、介入の特異性（ある特定のトレーニングは効果があるかもしれないが、他のトレーニングは効果がないかもしれないし、トレーニングはある特定の産業の経営者には効果があるかもしれないが、他の産業の経営者には効果がないかもしれない）、介入の拡張可能性（研究者が現地に入って重点的に行ったトレーニングは効果があるかもしれないが、オペレーションを現地機関に任せてスケールアップした場合には、効果が出ないかもしれない）、一般均衡効果（一部の経営者にトレーニングを提供すると業績が伸びるかもしれないが、多くの経営者をトレーニングすることで市場がより競争的になり、結局、業績の伸びはなくなるかもしれない）、といった点が含まれる。外的妥当性を確保するためには、同じか類似した介入を別の地域で行う、といった実験の積み重ねによる追試が必要である。しかし、二番煎じの研究の学術的な価値はさがるため、研究者としてはこうした追試を行うインセンティブは低いという問題を内包している。

　さらには、フィールド実験の場合、論文として学術的な成果が出ればそれで終わりというケースも少なくない。しかし、トレーニングによって経営者の経営に関する知識が向上して、処置群と対照群の経営者の間の知識量に差がついたという意味で介入の効果がみられたとしても、長期的にはこうした知識が実際の経営に役立てられるどころか忘れられてしまい、業績の向上にはつながらないということも十分に考えられる。このように長期的な効果がない場合には政策としての介入の意義が低くなるため、フィールド実験においては、短期的な介入の効果を分析して終わりにするのではなく、長期的な効果があるのかどうかまで調べることがより望ましいといえよう。

　また、そもそもフィールド実験にはなじみにくいトピックもある。例えば、インフラの建設や工業団地の建設といった大規模な介入である。こうした介入の定量的な効果に関する情報は政策立案者にとっては重要であろうが、ランダムにこうした大きなプロジェクトを実施することは現実的ではない[8]。こうした大規模介入のほとんどは公共財としての性

質を有しており（多くの場合正の）外部性がある。インフラや工業団地といった公共財的な性質をもつプロジェクトを含め、外部性のある介入はフィールド実験には不向きである。RCTでは処置群と対照群を比較することで介入の効果を測定するため、対照群は介入によって影響されていないという仮定（Stable Unit Treatment Value Assumption：SUTVA）を置くことが常であるが、外部性のある介入の場合は対照群も介入による影響を受けるためにこの仮定が満たされない。しかしながら、正の外部性のある介入は、社会的には望ましいだけでなく、外部性がある場合は市場の失敗が生じうることを意味するため、こうした介入こそ政府が政策として行うべきなのである。したがって、実験的アプローチになじみにくい介入であればあるほど、その効果が立証されれば政府による介入の価値がある、といった逆説的な状況が生じる。

## 4 │ 今後の開発経済学における実証分析

　開発経済学においては、1970年代から計量的アプローチによる実証分析が発展し、2000年代以降は実験的アプローチ、とりわけRCTが台頭した。RCTを用いた研究が増え（すぎ）た結果、今日の開発経済学者はRCTには食傷気味であると言っても過言でないかもしれない。しかし、RCTは因果関係の識別を可能とする強力なツールであり、開発経済学に大きな貢献をしてきたことは言うまでもない。本稿のまとめとして、筆者自身のものを含め最近の研究を紹介しつつ、今後の開発経済学における実証分析の展望についての筆者の意見を述べる。

　開発経済学の目標である途上国の経済発展に向けての政策の提言という観点からすると、実験的アプローチを用いた研究では短期的な効果のみが分析されがちであるという傾向や、外的妥当性の確保のための研究を行うインセンティブが低いという点が問題となりうることを前節で指摘した。近年では、こうした課題に対処するような研究が行われつつある。

　RCTによる介入の長期的な効果の分析として、ケニアでの虫下し薬配布の結果、生徒の就学年数が伸びるという短期的な効果がみられただけでなく、就学年数が伸びた結果として介入の10年後にも、虫下し薬が配布された学校に通っていた生徒はそうでない生徒よりも労働市場でよいパフォーマンスを発揮していることを発見したBaird et al. (2016)や、職業訓練をうけた若者がその直後に職を得る可能性が高まっただけではなく、8年経ってもなお労働市場でよりよいパフォーマンスを発揮しており、さらにはその家族の教育投資を促すという影響まであったことを発見したKugler et al. (2015)などが挙げられる。外的妥当性の特異性の問題への対応としては、RCTの追試やサーベイ論文を掲載する目的で2009年に創刊された*Journal of Development Effectiveness*の存在は、より評価されてしかるべきであろう。また筆者は、ベトナム2カ所（Higuchi et al. 2015）とタンザニア1カ所の複数の調査地において、産業集積地に立地する中小企業の経営者を対象として、日本式のカイゼンを中心に据えた経営研修を提供するというRCTを行った。その後、数年間にわたってデータを収集することで、短期的のみならず長期的なトレーニングの効果を分析するという研究を現在行っている。拡張可能性の問題に対しては、研究者が参画して行った場合に効果のあった零細企業家向け経営トレーニングを、オペレーションを現地機関に任せた場合には効果が出なかったということを発見したBerge et al. (2012)が挙げられる。このような、実験的アプローチの限界を認識した上でそれに対処するような設計の実験は、今後ますます重要となってくるであろう。

　実験的アプローチが進歩しているのと共に、近年では計量的アプローチも急速に進歩している。筆者は2016年6月に世界銀行本部にて開催された開発経済年次会合に参加する機会を得たのであるが、この会合のテーマは"Data and Development"であった。筆者が特に驚いたのは、開発経済学の実証研究における機械学習とビッグデータの利用の進展である。Engstrom et al. (2016)は、高解像度の衛星画像を機械学習により解析し、家屋の大きさや密集度・屋根の素材・車両の数などに基づいて、地域ごとの貧困度を推定した。Blumenstock et al. (2015)は、150万人の利用者による数十億もの携帯電話の通話データ

の分析により、コミュニケーションの頻度やネットワークの広さに基づいて、地域ごとの貧困度を推定した。いずれの推定でも、家計調査に基づいて割り出された貧困度と非常に高い精度でマッチしているということが証明されている。開発経済学はこれまで計量的アプローチと実験的アプローチの方法の進歩により発展してきたが、実証研究における方法論の革新は、現在進行形でも起こっているといえよう。

## 注

[1] ICRISATの農村調査データを用いての研究成果については、本書pp.149-163の伊藤論文による解説を参照のこと。なお、このフィリピン農村における調査は、日本の開発経済学の先駆者である速水佑次郎によって開始された。「速水村」として知られるこの村では現在でも調査が継続されている（Sawada et al. 2012）。

[2] https://www.socialscienceregistry.org/を参照のこと。

[3] AERは*American Economic Review*、EMAは*Econometrica*、QJEは*Quarterly Journal of Economics*、JPEは*Journal of Political Economy*、RESは*Review of Economic Studies*の略。

[4] http://pubdocs.worldbank.org/en/394531465569503682/Esther-Duflo-PRESENTATION.pdfを参照のこと。

[5] ラボ実験はさらに細かく、実験室で行う実験（lab experiment）と、それを実際のフィールドにおいて行う実験（artefactual field experiment、または、lab-in-the-field experiment）とに分けられ、フィールド実験は実験参加者が実験に参加していることを認識しているかどうかで、フレーム型フィールド実験（framed field experiment）と自然型フィールド実験（natural field experiment）とに分けられる。それぞれの実験的アプローチの比較や、経済学の各分野における具体例については、『経済セミナー』2015年6・7月号特集「世の中を変えよう！ フィールド実験入門」で詳しく解説されている。

[6] 注[4]に同じ。虫下し薬の配布が子どもの出席率向上に役立ったという研究については、前掲伊藤論文による解説を参照のこと。

[7] 内的妥当性の問題についてはDuflo et al.（2008）の第6節を、外的妥当性の問題については同号第8節を参照のこと。

[8] ただし、Gonzalez-Navarro and Quintana-Domeque（2016）はメキシコにおいて、RCTを用いて道路のアスファルト舗装を行うことで、インフラ整備の家計への効果の定量的な分析を試みている。また、Lee et al.（2016）はケニアにおいて、RCTを用いて利用者の支払価格に差をつけた送電網の敷設を行うことで、貧困家計の電力需要を推計している。こうした大規模な実験は多額の資金を要するので、日本で獲得可能な規模の研究費で行うことは困難であろう。

## 参考文献

■ Baird, S., J. H. Hicks, M. Kremer and E. Miguel (2016) "Worms at Work: Long-run Impacts of a Child Health Investment," Forthcoming in *Quarterly Journal of Economics*.

■ Berge, L. I. O., K. Bjorvatn, K. S. Juniwaty and B. Tungodden (2012) "Business Training in Tanzania: From Research-driven Experiment to Local Implementation," *Journal of African Economies*, 21(5), pp.808-827.

■ Blumenstock, J., G. Cadamuro and R. On (2015) "Predicting Poverty and Wealth from Mobile Phone Metadata," *Science*, 350 (6264), pp.1073-1076.

■ Duflo, E., R. Glennerster and M. Kremer (2008) "Using Randomization in Developing Economics: A Toolkit" in T. P. Schultz and J. A. Strauss eds., *Handbook of Development Economics*, Vol.4, Elsevier, Ch.61, pp.3895-3962. （エステル・デュフロ、レイチェル・グレナスター、マイケル・クレーマー著、小林庸平監訳・解説、石川貴之・井上領介・名取淳訳『政策評価のための因果関係の見つけ方——ランダム化比較試験入門』日本評論社、2019年）

■ Engstrom, R., J. Hersh and D. Newhouse (2016) "Poverty in HD: What Does High-Resolution Satellite Imagery Reveal about Poverty?" Presented in Annual Bank Conference on Development Economics 2016, the World Bank.

■ Glewwe, P., M. Kremer, S. Moulin and E. Zitzewitz (2004) "Retrospective vs. Prospective Analyses of School Inputs: The Case of Flip Charts in Kenya," *Journal of Development Economics*, 74(1), pp.251-268.

■ Gonzalez-Navarro, M. and C. Quintana-Domeque (2016) "Paving Streets for the Poor: Experimental Analysis of Infrastructure Effects," *Review of Economics and Statistics*, 98(2), pp.254-267.

■ Higuchi, Y., V. H. Nam and T. Sonobe (2015) "Sustained Impacts of *Kaizen* Training," *Journal of Economic Behavior and Organization*, 120, pp.189-206.

■ Kugler, A., M. Kugler, J. Saavedra and L. O. H. Prada (2015) "Long-Term Direct and Spillover Effects of Job Training: Experimental Evidence from Colombia," NBER Working Paper, 21607.

■ Lee, K., E. Miguel and C. Wolfram (2016) "Experimental Evidence on the demand for and Costs of Rural Electrification," NBER Working Paper, 22292.

■ List, J. A. (2006) "The Behavioralist Meets the Market: Measuring Social Preferences and Reputation Effects in Actual Transactions," *Journal of Political Economy*, 114(1), pp.1-37.

■ Roe, B. E. and D. R. Just (2009) "Internal and External Validity in Economics Research: Tradeoffs between Experiments, Field Experiments, Natural Experiments, and Field Data," *American Journal of Agricultural Economics*, 91(5), pp.1266-1271.

■ Sawada, Y., Y. Higuchi, K. Kajisa, N. Fuwa, E. B. Marciano and J. P. Estudillo (2012) "The East Laguna Village: Four Decades of Studies in a Filipino Village," PRIMCED Discussion Paper Series, 18.

■ 不破信彦 (2008)「実証開発経済学の分析手法の最近の動向について——計量経済分析における「内生性」問題を中心に」『農業経済研究』79(4), pp.233-247.

　　［『進化する経済学の実証分析』pp.63-67を一部修正して再掲］

実証分析手法の現在

Introduction

# RCTによる開発経済学研究の来し方行く末

## 會田剛史
あいだ・たけし

日本貿易振興機構アジア経済研究所・開発研究センター・ミクロ経済分析研究グループ。専門は開発経済学、行動経済学、農業経済学。論文："Social Capital as an Instrument for Common Pool Resource Management: A Case Study of Irrigation Management in Sri Lanka," *Oxford Economic Papers*, 71(4), pp.952–978, 2019など。

経済学におけるRCTの隆盛は、2019年のノーベル賞によりますます揺るぎないものとなった。RCTは従来の経済学にどのようなインパクトを与えたのか。「ポストRCT」の経済学はどこに向かうのか。「激震地」となった開発経済学の事例を中心に紹介する。

「社会科学は実験ができない」という考えはもはや過去のものとなり、経済学研究においても実験は実証分析におけるツールのひとつとして市民権を得るに至った。ノーベル経済学賞の受賞をみると、実験的アプローチで初めて同賞を受賞したのは2002年のダニエル・カーネマンとヴァーノン・スミスで、その理由は「行動経済学と実験経済学という新研究分野の開拓への貢献」である。彼らの研究は、外的な状況を可能な限りコントロールした実験室(ラボ)で実験を行うことで経済学理論を検証するということに主眼が置かれていた。一方、2019年に同賞を受賞したアビジット・バナジー、エステル・デュフロ、マイケル・クレマーの三氏の受賞理由は「世界の貧困削減への実験的アプローチへの貢献」であるが、ここでの「実験」は現実社会の文脈において研究者が外生的な操作を加えるフィールド実験の中でも、特にランダム化比較試験(Randomized Controlled Trial：RCT)を指している[1]。このRCTは実験室実験とは異なり、政策評価を中心に発展してきたといえよう。そこで本稿では、RCTが経済学をどのように変えたのかについて、その激震地となった開発経済学の事例を中心に概観してみたい。

## 1 ｜ 政策評価とRCT

政策評価を行う際に最も関心のあることは、当然ながらその政策に効果があったかどうかである。個人 $i$ があるプログラムに参加した場合($D_i = 1$)のアウトカムを $Y_{i1}$、参加しなかった場合($D_i = 0$)のアウトカムを $Y_{i0}$ としよう。この場合、個人レベルでのプログラムの効果は $Y_{i1} - Y_{i0}$ で求められる。しかし、ここで問題となるのは、$D_i = 1$ の場合には $Y_{i0}$ が、$D_i = 0$ の場合には $Y_{i1}$ が実際には観測されない「潜在的アウトカム(potential outcome)」だということである。そこで、個人レベルではなく、プログラムの「平均的」効果を推定することを考えよう。その際に興味のあるパラメータは、$E[Y_{i1} - Y_{i0}]$ で定義されるプログラムの「平均処置効果(Average Treatment Effect：ATE)」、もしくは $E[Y_{i1} - Y_{i0} | D_i = 1]$ で定義される「参加者への平均処置効果(Average Treatment Effect on Treated：ATT)」であろう。しかし、実際に観測されるアウトカム(observed outcome)である $Y_i$ について、参加者と非参加者との平均的な差からこれらの効果を識別することは困難である。なぜなら、

$$E[Y_i | D_i = 1] - E[Y_i | D_i = 0]$$
$$= \underbrace{E[Y_{i1} | D_i = 1] - E[Y_{i0} | D_i = 1]}_{\text{ATT}}$$
$$+ \underbrace{E[Y_{i0} | D_i = 1] - E[Y_{i0} | D_i = 0]}_{\text{サンプルセレクションバイアス}}$$

となり、$E[Y_{i0} | D_i = 1] - E[Y_{i0} | D_i = 0]$ というサンプルセレクションバイアスの存在により、ATTを識別することができないからだ。このバイアスをゼロとするためには、$E[Y_{i0} | D_i = 1] = E[Y_{i0} | D_i = 0]$、つ

まり、プログラム参加者がもし参加していなかった場合、そのアウトカムは実際に参加していない人と平均的に同じだという仮定が必要である[2]。

この仮定を満たしてATTを正確に推定するための最も直接的な方法は、RCTによりサンプルを処置群（プログラム参加）と対照群（プログラム非参加）にランダムに割り当てることである。すると、以下の関係性が導かれる。

$$E[Y_{i0}] = E[Y_{i0}|D_i = 1] = E[Y_{i0}|D_i = 0]$$
$$E[Y_{i1}] = E[Y_{i1}|D_i = 1] = E[Y_{i1}|D_i = 0]$$

この場合、処置群と対照群の平均的アウトカムを比較するだけで、ATTを推定することができ、それはATEに一致する。これはアウトカムを被説明変数、処置群ダミーを説明変数とした回帰分析を行うことに対応しており、推定の精度を上げるために追加的なコントロール変数が含められることも多い。

なお実際には、処置群に割り当てられた場合（$Z_i = 1$）でも処置を受けない、または対照群に割り当てられても（$Z_i = 0$）処置を受けるといった、コンプライアンス（遵守）の問題が生じる可能性がある。このとき、処置群と対照群との間のアウトカムの差である$E[Y_i|Z_i = 1] - E[Y_i|Z_i = 0]$は「政策意図に基づく効果（Intention to Treat Effect：ITT）」と呼ばれる。このような場合でも、実際の処置の有無を内生変数、ランダムな割り当てを操作変数として用いることにより、一定の仮定の下で、$E[Y_{i1} - Y_{i0}|D_{i1} > D_{i0}]$で定義される「局所的処置効果（Local Average Treatment Effect：LATE）」を推定することができる[3]。ここで$D_{i1}$と$D_{i0}$はそれぞれ処置群と対照群に選ばれた時の参加の有無を示しており、LATEは処置群に選ばれた時のみプログラムに参加する（$D_{i1} > D_{i0}$）人々の間での平均的な効果を意味している。

以上のように、RCTによりサンプルを処置群と対照群にランダムに割り当てることは、政策の「平均的効果」を推定するために非常に強力なツールとなる。ただし、実際の分析においては各種の仮定が満たされることを確認するとともに、どのようなパラメータを推定しようとしているのかについて絶えず自覚的であることが求められる。

## 2 ┃ RCTの歴史

このようなRCTのアイデア自体は古く1920年代のフィッシャーの貢献（Fisher 1925）まで遡ることができるが、社会実験としてRCTが行われるようになったのは1960年代以降である。この時代の有名なプロジェクトとして、1962〜1967年に実施されたペリー就学前プログラムや、1974〜1982年のランド健康保険プロジェクトなどが挙げられる。国際開発分野でも、1960〜1970年代にかけてRCTによる先駆的な研究が多く行われた（de Souza Leão and Eyal 2020）。例えば、世界銀行におけるRCTとしては、1978年のニカラグアにおける数学教育改善のための介入実験（Jamison et al. 1981）がおそらく最初期のものであろう。

一方、現在の経済学研究におけるRCTの隆盛の背後には、1990年代からの「信頼性革命（credibility revolution）」（Angrist and Pischke 2010）の影響がある。統計学者であるドナルド・ルービンによる「Rubinの因果モデル」（Rubin 1974）に始まり、統計学や疫学を中心に因果推論という分野が大きく発展し、計量経済学においても非実験データから因果効果を精確に推定するための手法が開発されてきた。このような「信頼性の高い」手法によるデータ分析は経済学の「実証化」を進め、特に労働経済学分野などを中心にさまざまな政策評価が行われるようになってきた（澤田 2016）。

軌を一にして、開発経済学においても1990年代以降、ミクロデータを用いた実証研究が主流となってくる。不破（2008）はこの背景を、上述の分析手法の発展に加え、途上国のミクロデータの量的拡大と、実験的手法による途上国におけるデータ収集方法の技術革新に求めている。興味深いのは、先行の労働経済学等の分野においては自然実験や各種計量経済学的手法を用いた政策評価が主流であったのに対して、開発経済学においてはRCTによる研究者の積極的な介入が主流の研究スタイルとなったことである。これには、研究者自身が独自のデータを収集するという文化が以前より存在していたことや、分野として特に政策志向が強く、RCTに適した多くのプロジ

ェクトが存在したこと、先進国に比べて介入のための諸コストが相対的に低かったことなどが理由として挙げられよう。そして、この流れを牽引してきたのが、冒頭に記したバナジー、デュフロ、クレマーの三氏である[4]。

開発経済学研究におけるRCT研究の流行に先鞭をつけた有名な研究は、Miguel and Kremer（2004）によるケニアの小学校における虫下し薬の配布実験であろう（伊藤 2016）。しかし、クレマー自身の初のRCT研究は1994年に開始したケニアにおける小中学校の教科書の無償配布に関する実験（Glewwe et al. 2009）であり、これが現代の開発経済学におけるRCT研究の最初期のものと言える。共同受賞者であるバナジーとデュフロによる最初期のRCTも、この研究を発展させる形で実施した、インドの補習教育についての実験（Banerjee et al. 2007）だといわれる（手島 2020）。

これらの研究もさることながら、特にバナジーとデュフロをRCT研究のトップランナーとして印象付けたのは、両氏がセンディル・ムッライナタンと共に2003年に立ち上げたAbdul Latif Jameel Poverty Action Lab（J-PAL）による貢献であろう。同ラボはマサチューセッツ工科大学の本部と世界6箇所の地域オフィスを構え、発展途上国のみならず先進国においても多くのRCTによる政策評価を実施している一大研究センターである（青柳・小林 2020）。

以上のような経緯で始まった開発経済学を中心とするRCTによる「革命」は、経済学の実証分析の精度を大きく高めた（Sawada and Aida 2019）。Banerjee et al.（2020）では、RCTが経済学に与えた影響を、実験アプローチと非実験アプローチの間のフィードバックとして捉えている。まずRCTを含む実験アプローチの台頭は、非実験アプローチにおいて求められる識別戦略の水準を大幅に上げた。一方、RCTによる研究自体も、非実験アプローチとしての計量経済学的手法の発展を受け、操作変数に関する理解や理想的な実験ができなかった場合の分析手法にも大きな進展がみられた。このようなフィードバックを通じて、RCTは直接的・間接的に実証分析の「進化」に貢献したといえよう。

## 3 RCTにおける経済学理論

しかし、RCTの「経済学への貢献」を議論するには、経済学理論とRCTとの関係性について考える必要がある。そしてその手がかりとなるのが、誘導型アプローチと構造推定アプローチとの間の「論争」であろう[5]。誘導型はRCTに代表される被説明変数を説明変数にて回帰するアプローチであり、政策効果を直接推定できるが、そのメカニズムについてはブラックボックスとして扱われる。一方、構造推定は観察データから経済理論モデルのパラメータを推定するアプローチであり、得られたパラメータを元に間接的に政策効果の計算や、反現実のシミュレーションをすることができるが、仮定する理論モデルへの「過度な」依存に対して批判されることが多い。

両者の論争の核となっているのは経済理論をどこまで厳密に仮定するかどうかである。しかし、誘導型推定においてさえ経済理論と無縁でいることはできない（中嶋 2016）。まず、誘導型推定派も自ら認めている通り、推定された政策効果を解釈するためには経済理論は有益な指針となる。また、構造推定派が指摘しているように、RCTは実験デザインの段階においても（多くの場合検証不可能な）暗黙の理論モデルを仮定している。これらの点について、より具体的な問題に基づいて考えてみよう。

しばしば薬の治験に比される経済学のRCTであるが、前者では処置効果が個人レベルにとどまるのに対し、後者では被験者の行動を通じて周囲の人にも影響を及ぼすという違いがある。具体的には、処置効果が市場メカニズムを通じて対照群にも影響を与える一般均衡効果と、市場メカニズムを通じずに影響を与える外部性が挙げられる。一般均衡効果とは、例えば大規模な職業訓練プログラムを実施した場合、労働市場にスキルを持った労働者が大量に供給されるため、需給のバランスを通じて賃金の上昇効果が抑えられてしまうというような現象である。一方、外部性とは、例えばワクチン接種を受けた人が増えることにより集団免疫率が高まり、接種を受けていない人の感染確率も下がるといったような現

象である。

　ここで重要なのは、一般均衡効果も外部性も通常の因果推論においては、介入が対照群の行動には影響を与えないというStable Unit Treatment Value Assumption（SUTVA）への抵触として積極的に避けられるべき問題であるのに対し、経済学においてはこれらの効果自体が関心の対象だということである。実際、先述のMiguel and Kremer（2004）においても、処置を受けた子供が増えることによる対照群へのスピルオーバー効果を分析対象としている。また、一般均衡効果についても近年の研究では分析が進んでおり、例えばBurke et al.（2019）はケニアの地場メイズ市場における裁定行動の妨げとして信用制約に注目し、マイクロファイナンスによってこれを緩和した場合、融資対象者が多い地域の市場ほど裁定が進み、個人レベルの利益が小さくなることを示している。いずれのメカニズムの検証においても、一定の地理的空間内における処置群の大きさの違いを識別のために使っている。注目すべきは、このような実験をデザインする段階で理論的予測を用いていることに加え、ブラックボックスとして提示される結果の解釈にもその予測を用いているということである。このように、RCTにおいてさえ（経済学）理論の検証という側面を免れ得ないのである。

　なお、誘導型アプローチにおいては理論モデルを明示的に記述する必要がないため、実験結果に合わせて都合のいい理論モデルを後付けで当てはめることができてしまうという根源的な問題も存在する。これを防ぐために、経済学においても近年ではRCTを実施する際に実験デザインや分析手法等をプレアナリシス・プランとして事前に登録することが一般的になってきた[6]。実験終了後には、登録した通りの分析を行い、そこから逸脱する際には詳細な説明が求められる。このような事前のコミットメントは、誘導型モデルによる研究の問題を防ぐために有効な仕組みであるといえよう。

　なお、以上の議論は政策評価を念頭に置いたRCTについてであるが、より直接的に経済理論の検証を目指す「メカニズム実験（mechanism experiment）」（Ludwig et al. 2011）も存在する。この好例として、Karlan and Zinman（2009）は、マイクロファイナンスの返済行動における逆選択やモラルハザードといった教科書的なメカニズムを、複数段階に分けたRCTによって厳密に検証している。また、「誘導型対構造推定」という対立を超えて、RCTによって収集したデータを構造推定により分析するという「複合アプローチ」とも呼ぶべき研究も存在する（Todd and Wolpin 2006, Attanasio et al. 2012, Duflo et al. 2012など）。このように、経済学理論を積極的に活用することにこそ、経済学研究としてRCTを実施することの意義があるといえよう。

## 4 ┃ RCTと「政策科学」としての経済学

　RCTの経済学に対する貢献は上記にとどまらず、よりインパクトが大きいのは「政策科学」としての経済学への貢献であろう。RCT研究の隆盛により、現実の政策の厳密なインパクト評価に学術的な注目が集まったことで、研究者と政策立案者の距離は縮まった。これに関連して、近年しばしば話題に上るのは、「エビデンスに基づく政策立案（Evidence-Based Policy Making：EBPM）」であろう。限られた資源を最大限有効に用いるために、厳密な分析手法に基づいて測定された証拠（エビデンス）に基づき、政策立案を行う潮流を指す言葉である。

　EBPMの基本が良質な研究成果の蓄積であることは論をまたない。しかし一方で、RCTをすればそれがそのまま良質なエビデンスになるというナイーブな考え方には注意しなければならない。ある時・場所においてプログラムの効果が検出されたとしても、それが別の時・場所においても当てはまるとは限らないという、外的妥当性（external validity）の問題が存在するからである。実際、開発経済学研究におけるRCT批判の急先鋒ともいうべき、アンガス・ディートンやマーティン・ラヴァリオンらの議論でも、その要諦のひとつは外的妥当性の問題に帰着する（Deaton and Cartwright 2018, Ravallion 2019など）。

　この外的妥当性の問題については、異なる時・場所において実施された実験のエビデンスを蓄積することで対処できるとされる。具体的には、ひとつの論文内で複数箇所における実験結果を総合的に検証

するアプローチや、公刊済みの個々の結果をまとめて分析するシステマティック・レビューやメタ分析といったアプローチがある。これらが難しい場合でも、Banerjee et al.（2017）が提案するように、その研究で得られた知見に基づいて、他の状況下で得られるであろう結果について反証可能な予測を立てる「構造化された推測（structured speculation）」を行うことで、個別の研究の間をつないでいく努力も有用である。

　しかし、上記のやり方で質の高いエビデンスを蓄積したとしても、そのエビデンスを生み出す過程自体に内生的なプロセスが存在するという問題は依然として残る。このような問題のうち、しばしば言及されるのが「出版バイアス（publication bias）」であろう。これは、期待される政策効果が検出されなかった論文は学術雑誌に掲載されにくい（＝世に出てきにくい）という問題を指す。先述のRCTの事前登録制度は、この問題を解消するための試みとしても重要である（高橋 2020）。この他にも、「RCTを実施するかどうか」という意思決定がそもそも内生的なプロセスだという、より根源的な問題も存在する。実際、Allcott（2015）はRCTが実施される対象地に明らかな偏りがあることを示しており、これを「サイト・セレクション・バイアス」と呼んでいる。

　したがって、RCTによる厳密な政策評価の知見を個々に積み上げたとしても、そこから帰納的にプロジェクトのもつ一般的な効果を外的妥当性として議論することには細心の注意を払わねばならない。疫学における「エビデンス・レベル」を参考に、RCTのメタ分析を頂点とする分析精度の議論を政策評価に用いる動きもあるが、今後求められるのはRCT以外の方法も含めて分析の妥当性を見極め、良質なエビデンスを蓄積して政策に生かす努力であろう。

　また、研究者と政策立案者との間では、（少なくとも短期的な）目的が異なることも留意しておかなければならない。政策立案に資する良質なエビデンスを蓄積していくためには、同様のプロジェクトをさまざまな条件下で実施する必要がある。一方、研究者のモチベーションは研究の新規性にあるため、このような再現研究を実施するインセンティブは弱い。両者のニーズのズレに対応するためにも、政策評価

を実施し、蓄積された知見の妥当性を厳密に見極めつつまとめ、政策立案につなげられるような専門家の育成が今後は重要な課題となってくることであろう[7]。

## 5 ┃ RCTの倫理的側面

　経済学におけるRCT研究を巡る議論では必ずしも注目されていない印象があるが、RCTの倫理性も重要な問題である。RCTの実施においては、処置の有無をランダムに割り当てるために、介入を本当に必要としているのに受けられない人や、必要としていないにもかかわらず介入を受ける人が必然的に発生する。このような倫理的問題については、以下のような擁護がなされることが多い（Ravallion 2019）。まず、資金的な制約等から全員に対してプログラムを実施できない際には、ランダムに選ぶということはある種の「公平性」を担保している。また、プログラムの実施を段階的にすることで、最終的には全員を対象とすることもできる。さらに、奨励デザイン（encouragement design）のRCTでは、処置群のみにプログラムへの参加を「奨励」し、対照群の参加も拒まないという意味でより公平な実験を実施できる。これらの理由づけに加えて、経済学研究においても倫理審査委員会の審査を経ることが求められるようになってきたことも、特筆に値する変化である。

　しかし特に注目すべきは、参加者のプログラムに対する支払許容額（willingness-to-pay：WTP）を考慮して処置を割り当てる実験デザインを開発するという近年の研究の潮流であろう。例えば、Chassang et al.（2012）は各人の投入する努力水準によって政策効果が異なるケースを想定し、WTPに応じて実験への参加を自己決定してもらうことで、異質性がある場合の処置効果を厳密に計測するためのメカニズム（selective trial）を考案している。ほかにも、Narita（2019）は被験者のWTPを抽出し、それに応じて処置群への割り当て確率を変えることで、社会的厚生を高めつつ通常の処置効果も検出できるメカニズム（Experiment-as-Market：EXAM）を提

案している。このような研究は、必要に応じた介入をしつつ政策効果も正確に計測するという「公平」なデザインとして、経済学の枠にとどまらず、広く人間を対象とする実験科学のありかたを考える上でも今後の発展が期待される[8]。

## 6 ポストRCT時代の多様化する開発経済学

最後に、ポストRCTともいうべき今後の開発経済学の展望を概観してみたい。RCTによる開発経済学研究の絶対数は過去20年ほどで大幅に増えたものの、実はその割合は必ずしも大きなものではない。McKenzie（2020）によれば、2015年において経済学の五大誌[9]に掲載された開発経済学論文のうち、RCTが占めるのは31.3％である。これに主要一般ジャーナルと開発経済学の主要フィールドジャーナルを含めると、その割合は9.7％まで下がる。つまり、たしかにトップジャーナルに掲載される論文にはRCTによる研究が多いものの、開発経済学研究がRCT一色に染まってしまったという認識は誤りであるといえよう。

このような流れの背後には、利用可能な非実験データの多様化が進んできたこともある。なかでも、地理情報に紐付けされた歴史データや、衛星画像データなど、広範な地域をカバーできる大規模なデータが整備されてきたことは特筆すべき変化である（山﨑 2018, 樋口 2020）。これらによって分析可能なテーマの時空間的な幅が大きく広がり、制度や文化の起源を求めるようなスケールの大きな研究も可能になってきた[10]。RCTによる分析はその性質上、厳密性は高くともスケールの小さい研究になりがちであるので、それを補完するこのような研究の潮流は興味深い。

また、RCT研究においても、近年は対象とするテーマ・地域の拡大がみられる（中村・鈴木 2019）。注目すべきは、アウトカムとする指標の多様化により、通常の調査では計測することが難しかったさまざまな側面への政策効果を検証する動きであろう。これには例えば、条件付き現金給付プログラムの効果測定のアウトカムとして、唾液中のコルチゾール

から計測したストレス指標を用いたHaushofer and Shapiro（2016）や、ベイリー尺度（Bayley scales）という乳幼児の発達指標を用いたAttanasio et al.（2014）などが挙げられる。このような政策効果の多面的分析を受けて、それを説明するような新たな経済学理論の発展も今後期待される。

ただし、RCTはあくまでもツールのひとつであり、それを使ってどのようなテーマを分析するかということこそが重要な課題である（大塚 2020）。実際、バナジーらも自らの論考において「ランダム化実験は『黄金律（ゴールドスタンダード）』というよりも、道具箱の中の標準的（ただのスタンダード）な道具になった」と記している（Banerjee et al. 2020, 筆者訳）。ポストRCT時代の経済学研究としては、RCTができるようなテーマを探して振り回されるのではなく、あくまでも「道具箱の中の道具のひとつ」として臨機応変に使いこなすことで経済学研究の地平を広げていくことこそが求められている。

**謝辞**

本稿の執筆にあたり、菊地信義、樋口裕城、室岡健志の各氏から非常に有益なコメントをいただいた。記して感謝したい。

**注**

[1] フィールド実験には、RCT以外にもゲーム実験をフィールドで実施する人工フィールド実験（artefactual field experiment）などの形態も含まれる。詳しい定義についてはHarrison and List（2004）などを参考にされたい。

[2] 観測可能な属性をコントロールすることでプログラムの外生性が満たされる場合には、各種のマッチングや差の差（difference-in-difference）分析などの手法を用いることもできる。

[3] このようなアプローチの詳細については、市村（2010）による概説や、西山他（2019）のような最近の計量経済学の教科書などを参照されたい。

[4] 三氏のノーベル賞受賞についての解説記事をまとめたものとして、手島健介氏による「2019年ノーベル経済学賞解説Web付録」（https://sites.google.com/view/keisemi202023-tkrev-nobel2019/）を参照されたい。

[5] 慣例に従って「誘導型」と表記するが、市村（2010）が指摘するように「内生変数から内生変数への影響を見る」ことに主眼が置かれるため、厳密には「非構造推定」とする方が正確である。

[6] 具体的な試みとしては、アメリカ経済学会によるRCTのレジストリや、*Journal of Development Economics* のPre-results Reviewの制度などが挙げられる（高橋 2020）。

[7] 日本におけるこのような人材育成の先駆的な取り組みとし

て、東京大学の政策評価研究教育センター（CREPE）や、大阪大学のEBPM研究センター（CEPO）などが挙げられる。

[8] このほかにも、社会厚生を最大化する処置の割り当てについて研究したものに、Kitagawa and Tetenov（2018）などがある。

[9] *American Economic Review, Econometrica, Quarterly Journal of Economics, Journal of Political Economy, Review of Economic Studies*の5誌。

[10] このような研究の例としては、時間選好の起源を大航海時代における農業生産性の向上に求めるGalor and Özak（2016）や、インドネシアにおける植民地時代のサトウキビ強制栽培制度が現在の経済構造に与えた影響を分析したDell and Olken（2020）などが挙げられよう。

## 参考文献

■Allcott, H.（2015）"Site Selection Bias in Program Evaluation," *Quarterly Journal of Economics*, 130（3）, pp.1117-1165.

■ Angrist, J. D. and J. -S. Pischke（2010）"The Credibility Revolution in Empirical Economics: How Better Research Design Is Taking the Con out of Econometrics," *Journal of Economic Perspectives*, 24（2）, pp.3-30.

■ Attanasio, O. P., C. Fernández, E. O. A. Fitzsimons, S. M. Grantham-McGregor, C. Meghir, and M. Rubio-Codina（2014）"Using the Infrastructure of a Conditional Cash Transfer Program to Deliver a Scalable Integrated Early Child Development Program in Colombia: Cluster Randomized Controlled Trial," *BMJ*, 349, g5785.

■Attanasio, O. P., C. Meghir, and A. Santiago（2012）"Education Choices in Mexico: Using a Structural Model and a Randomized Experiment to Evaluate PROGRESA," *Review of Economic Studies*, 79（1）, pp.37-66.

■Banerjee, A., S. Chassang, and E. Snowberg（2017）"Decision Theoretic Approaches to Experiment Design and External Validity," *Handbook of Economic Field Experiments*, Volume 1, Elsevier, Ch.4, pp.141-174.

■Banerjee, A., E. Duflo, and M. Kremer（2020）"The Influence of Randomized Controlled Trials on Development Economics Research and on Development Policy." In Basu, K., D. Rosenblatt and C. Sepúlveda eds. *The State of Economics, the State of The World* pp.439-487, The MIT Press.

■ Banerjee, A., S. Cole, E. Duflo, and L. Linden（2007）"Remedying Education: Evidence from Two Randomized Experiments in India," *Quarterly Journal of Economics*, 122（3）, pp.1235-1264.

■Burke, M., L. F. Bergquist, and E. Miguel（2019）"Sell Low and Buy High: Arbitrage and Local Price Effects in Kenyan Markets," *Quarterly Journal of Economics*, 134（2）, pp.785-842.

■Chassang, S., P.I. Miquel, and E. Snowberg（2012）"Selective Trials: A Principal-Agent Approach to Randomized Controlled Experiments," *American Economic Review*, 102（4）, pp.1279-1309.

■ Deaton, A. and N. Cartwright（2018）"Understanding and Misunderstanding Randomized Controlled Trial," *Social Science & Medicine*, 210, pp.2-21.

■Dell, M, and B. A. Olken（2020）"The Development Effects of the Extractive Colonial Economy: The Dutch Cultivation System in Java," *Review of Economic Studies*, 87（1）, pp.164-203.

■de Souza Leão, L. and G. Eyal（2020）"Searching under the Streetlight: A Historical Perspective on the Rise of Randomistas," *World Development*, 127, 104781.

■Duflo, E., R. Hanna, and S. P. Ryan（2012）"Incentives Work: Getting Teachers to Come to School," *American Economic Review*, 102（4）, pp.1241-1278.

■Fisher, R. A.（1925）*Statistical Methods for Research Workers*. Genesis Publishing Pvt Ltd.

■Galor, O. and Ö. Özak（2016）"The Agricultural Origins of Time Preference," *American Economic Review*, 106（10）, pp. 3064-3103.

■Glewwe, P., M. Kremer, and S. Moulin（2009）"Many Children Left Behind? Textbooks and Test Scores in Kenya," *American Economic Journal: Applied Economics*, 1（1）, pp.112-135.

■Harrison, G. W. and J. A. List（2004）"Field Experiments," *Journal of Economic Literature*, 42（4）, pp. 1009-1055.

■Haushofer, J. and J. Shapiro（2016）"The Short-term Impact to Unconditional Cash Transfers to the Poor: Experimental Evidence from Kenya," *Quarterly Journal of Economics*, 131（4）, pp.1973-2042.

■Jamison, D. T., B. Searle, K. Galda, and S. P. Heyneman（1981）"Improving Elementary Mathematics Education in Nicaragua: An Experimental Study of the Impact of Textbooks and Radio on Achievement," *Journal of Educational Psychology*, 73（4）, pp. 556-567.

■Karlan, D. and J. Zinman（2009）"Observing Unobservables: Identifying Information Asymmetries With a Consumer Credit Field Experiment," *Econometrica*, 77（6）, pp. 1993-2008.

■Kitagawa, T. and A. Tetenov（2018）"Who Should Be Treated? Empirical Welfare Maximization Methods for Treatment Choice," *Econometrica*, 86（2）, pp.591-616.

■Ludwig, J., J. R. Kling, and S. Mullainathan（2011）"Mechanism Experiments and Policy Evaluations," *Journal of Economic Perspectives*, 25（3）, pp. 17-38.

■McKenzie, D.（2020）"Comment" In K. Basu, D. Rosenblatt and C. Sepúlveda eds. *The State of Economics, the State of The World* pp.440-493, The MIT Press.

■ Miguel, E. and M. Kremer（2004）"Worms: Identifying Impacts on Education and Health in the Presence of Treatment Externalities," *Econometrica*, 72（1）, pp.159-217.

■Narita, Y.（2019）"Experiment-as-Market: Incorporating Welfare into Randomized Controlled Trials," Cowles Foundation Discussion Paper, 2127R.

■Ravallion, M.（2019）"Should the Randomistas（Continue to）Rule?" CGD Working Paper 492.

■Rubin, D.（1974）"Estimating Causal Effects of Treatments in Randomized and Nonrandomized Studies," *Journal of Educational Psychology*, 66（5）, pp.688-701.

■ Sawada, Y. and T. Aida（2019）"The Field Experiment Revolution in Development Economics," in Kawagoe T. and H. Takizawa eds. *Diversity of Experimental Methods in Economics*, pp.39-60, Springer.

■Todd, P. E. and K. I. Wolpin（2006）"Assessing the Impact of a School Subsidy Program in Mexico: Using a Social Experiment to

Validate a Dynamic Behavioral Model of Child Schooling and Fertility," *American Economic Review*, 96(5), pp.1384-1417.

■青柳恵太郎・小林庸平（2020）「RCT革命は開発政策の現場をどう変えたのか？」『経済セミナー』2020年2・3月号

■伊藤成朗（2016）「開発経済学」経済セミナー編集部編『進化する経済学の実証分析』日本評論社

■市村英彦（2010）「ミクロ実証分析の進展と今後の展望」日本経済学会編『日本経済学会75年史——回顧と展望』有斐閣

■大塚啓二郎（2020）「貧困問題と開発経済学」『経済セミナー』2020年2・3月号

■澤田康幸（2016）「経済学における実証分析の進化」経済セミナー編集部編『進化する経済学の実証分析』日本評論社

■高橋和志（2020）「よりよい政策評価に向けて——研究の質を高めるための近年の取り組み」『経済セミナー』2020年2・3月号

■手島健介（2020）「研究と実践のサイクルを変えた技術革新——バナジー、デュフロ、クレマーのRCTアプローチ」『経済セミナー』2020年2・3月号

■中嶋亮（2016）「誘導型推定　vs.構造推定」経済セミナー編集部編『進化する経済学の実証分析』日本評論社

■中村信之・鈴木綾（2019）「開発ミクロ実証経済学は実験系論文に寄せられる課題を解消しているか？——開発経済学ジャーナルのシステマティックレビューを基に」『農業経済研究』91(1), pp.1-16.

■西山慶彦、新谷元嗣、川口大司、奥井亮（2019）『計量経済学』有斐閣

■樋口裕城（2020）「衛星画像でわかる世界の貧困」『日本経済新聞電子版』2020年1月19日

■不破信彦（2008）「実証開発経済学の分析手法の最近の動向について——計量経済分析における「内生性」問題を中心に」『農業経済研究』79(4), pp.233-247.

■山﨑潤一（2018）「開発経済学の潮流——データを切り口に」『経済セミナー』2018年8・9月号

[新版にあたっての書き下ろし]

## 実証分析をめぐる
## さまざまな論点

Hot Topics in Empirical Analyses

## 渡部敏明

わたなべ・としあき

一橋大学経済研究所教授。専門は計量ファイナンス・マクロ計量分析。論文："Bayesian Analysis of Dynamic Bivariate Mixture Models: Can They Explain the Behavior of Returns and Trading Volume?" *Journal of Business and Economic Statistics*, 18(2), pp. 199-210, 2000 など。

# ルーカス批判と
# マクロ計量分析

1970年代にマクロ経済学のパラダイム転換を引き起こした「ルーカス批判」は、今日のマクロ経済学にも多大な影響を与えている。ルーカスはいったいどんな批判を行い、その後のマクロ経済学はどのような発展を遂げていったのか。

## 1　はじめに

1995年にノーベル経済学賞を受賞したロバート・ルーカスは1976年の論文（Lucas 1976）で、その当時主流であったケインズ経済学を基礎とする同時方程式体系のマクロ計量モデルに対して次のような疑問を投げかけた。

「経済政策を変更すると、期待の変化を通じて人々の行動は変化し、それによって、計量モデルのパラメータの値が変化する。そこで、過去のデータから推定したパラメータの値を使って政策変更の効果を測ることはできない。」

これは「ルーカス批判」と呼ばれ、その後のマクロ計量モデルに大きな影響を与えた。本稿では、「ルーカス批判」について簡単に説明した後、その後のマクロ計量モデルの新たな展開について解説する。

## 2　ルーカス批判

まず最初に、「ルーカス批判」の意味を、以下のルーカス型総供給関数を用いて簡単に説明する。（より詳しい説明については、Romer（2011）を参照されたい。）

$$y_t = a + b(p_t - p_t^e), \quad b > 0 \tag{1}$$

ここで、$y_t$ は総生産量、$p_t$ は物価水準、$p_t^e$ はその期待値を表す。これはLucas（1972）において、「島の寓話」と呼ばれる不完全情報モデルに基づいて導出されたものである。各島ではそこで生産する財の価格が物価水準（すべての島で生産される財の価格の平均）と比べて相対的に上昇（下落）した場合、その島の財の需要が増加（減少）したものとして生産を増やす（減らす）。

しかし、各島ではそこで生産する財の価格はわかるものの、他の島で生産される財の価格はわからないので、物価水準はわからないと仮定する。そこで、各島では物価水準を予想し、それに比べて自ら生産する財の価格が上昇（下落）すると、生産を増やす（減らす）ことになる。その結果、物価水準が上昇しても、それが予想されていなければ、各島では自らの財の相対価格が上昇したものと考えて生産を増やすので、総生産量が増えることになる。

したがって、政府もしくは中央銀行が物価水準を上昇させる政策を行った場合、物価水準の期待が変わらなければ総生産量は増加するが、物価水準の上昇であると認識され $p_t^e = p_t$ となると、総生産量は増えない。すなわち、経済政策の効果は期待に依存するので、期待への影響を無視しては測れないということである。

経済政策の効果の計測では、それまで人々の期待を考慮しないケインズ型計量モデルが用いられていた。しかし、そうしたモデルでは政策変更によって人々の期待が変わると、経済政策の効果やマクロ変

数間の関係を表すパラメータの値も変わるので、過去のデータから推定したパラメータの値に基づいて政策効果を測定することはできない。これが「ルーカス批判」の意味である。

## 3　DSGEモデル

「ルーカス批判」に対応するためには、人々の期待を考慮したforward-lookingなモデルであり、かつパラメータの値が政策変更によって変化しないモデルを用いることである。そこで登場したのが動学確率一般均衡（Dynamic Stochastic General Equilibrium：DSGE）モデルである。このモデルは企業や家計の動学的最適化を基礎とするミクロ理論に基づくので、効用関数や生産関数のパラメータ等、ディープ・パラメータと呼ばれる、政策を変更しても変化しないパラメータを推定することができる。このことを説明するために、以下のような家計の期待効用最大化問題を考えよう。

$$\text{Max } E_0[\textstyle\sum_{t=0}^{\infty} \beta^t U_t(C_t, L_t)] \tag{2}$$

ここで、$E_0[\cdot]$ は 0 期における期待値、$\beta$ は割引率（$0 < \beta < 1$）、$U_t$ は $t$ 期の効用関数、$C_t$ は $t$ 期の消費、$L_t$ は $t$ 期の労働供給を表す。このとき、例えば、$t$ 期の効用関数を、

$$U_t(C_t, L_t) = \varepsilon_t^a \left[ \frac{C_t^{1-\sigma_c}}{1-\sigma_c} - \varepsilon_t^l \frac{L_t^{1+\sigma_l}}{1+\sigma_l} \right] \tag{3}$$

と定式化すると、パラメータ $\sigma_c$ と $\sigma_l$ はそれぞれ相対的危険回避度と労働の賃金弾力性の逆数を表す。これらは政策変更によって影響を受けないディープ・パラメータであると考えられるので、それらを推定することでルーカス批判を回避できる。また、$\varepsilon_t^a$ は異時点間の代替の弾力性のショック、$\varepsilon_t^l$ は労働供給のショックであり、このようにミクロ的基礎付けのあるモデルを使うことにより、ショックの識別も容易にできる。さらに、将来の期待値に基づくので、期待の変化も考慮して政策変更の効果を分析できる。DSGEモデルでは、通常、合理的期待を仮定する。合理的期待とは、予測する時点で利用可能なすべての情報とモデルから計算される期待値を予測値とすることである。

モデルの均衡を求めるには、予算制約の下で期待効用(2)式最大化の 1 階の条件（オイラー方程式）を求め、ほかに企業の期待利潤最大化のオイラー方程式、金融政策ルール、市場の均衡条件などを加えて、それらを対数線形近似し、合理的期待均衡を求める。金融政策ルールには、通常、中央銀行はGDPとインフレ率によって金利を決めるとするテイラー・ルールを仮定する。そこで、金融政策変更の効果の計測では、テイラー・ルールの式に加わる確率的ショックを金融政策変更のショックと考え、0 期に 1 単位のショックがあったときにそれがどのように各マクロ変数に波及するか（インパルス応答関数）を計算する。

DSGEモデルはKydland and Prescott（1982）らの実物景気循環（Real Business Cycle：RBC）モデルに端を発するが、こうした新古典派モデルは現実のマクロデータの動きをうまく捉えられないので、その後、市場の摩擦を加えたニューケインジアン・モデルへと発展している。そうしたニューケインジアン・モデルの中でデータへの当てはまりがよいモデルとしてよく用いられるのが、Christiano et al.（2005）によって提案されたCEE（Christiano, Eichenbaum and Evans）モデルである。このモデルには、①名目価格・賃金の硬直性、②消費の習慣形成、③投資の調整コスト、④可変資本稼働率といったさまざまな市場の摩擦が導入されている。その結果、新古典派モデルではうまく捉えられないインフレや生産のショックの持続性を説明するのに成功している。

近年、DSGEモデルのパラメータはマルコフ連鎖モンテカルロ法（Markov Chain Monte Carlo：MCMC）を用いてベイズ推定するのが主流になっている。古くは、パラメータに適当な値もしくは何らかの方法で推定した値を代入してインパルス応答関数を求めていたが（こうした手法をカリブレーションと呼ぶ）、MCMCを用いたベイズ推定では、パラメータとインパルス応答関数を同時推定できるので、パラメータの不確実性を考慮してインパルス応答関数を推定できる。Smets and Wouters（2003）

はこの方法を用いてCEEモデルを推定し、さらにベイズ統計学のモデル選択の手法である事後オッズ比を用いてCEEモデルと次節で説明するVARモデルの比較を行い、データへの当てはまりが同等であることを示している。また、ミシェル・ジュイヤールがDSGEモデルのMCMCを用いたベイズ推定を簡単に行えるフリーソフトDynareを開発したことから、この推定法が盛んに用いられるようになった。DSGEモデルとその推定法について詳しくは、藤原・渡部（2011）を参照されたい。

　DSGEモデルは2008年のリーマン・ショックに端を発する金融危機を予見できなかったことから、それ以降、異議を唱える研究者が少なくない。しかし、ルーカス批判に対応できる重要なモデルであり、今後もモデルの改良を続けるべきであろう。DSGEモデルの問題点としては以下のような点が指摘されてきた。①定常状態の周りの変動を分析するので、Hodrick-Prescottフィルターなどによってあらかじめデータからトレンドを除去する必要がある、②閉鎖経済モデルが主流で、開放経済モデルへの拡張もあるが、現実のデータの変動と整合的でない、③ゼロ金利制約、ショックの分散の変動等の非線形性や、分布の非正規性の導入が難しい。

　①に関しては、生産性のショックがランダム・ウォークに従うと仮定することにより、マクロ変数が確率的トレンドをもつモデルが用いられるようになっており、そうしたモデルでは、事前にデータからトレンドを除去する必要はない。これについては、藤原・渡部（2011）を参照されたい。②と③についても徐々に改良が行われている。②についてはKano and Morita（2015）、③についてはFernàndez-Villaverde et al.（2015）を参照されたい。金融危機や震災のような時折発生する大規模なショックを考慮するために、③のショックの分散の変動や分布の非正規性の導入は重要である。ただし、それらを導入しても、通常の対数線形近似を用いると、ショックの分散の変動や分布の非正規性の経済に与える影響を捉えられないので、その場合は高次の近似が必要である。

# 4　VARモデル

　2011年にノーベル経済学賞を受賞したクリストファー・シムズはケインズ経済学を基礎とする同時方程式体系のマクロ計量モデルに対して別の観点から問題提起をしている。具体的には、Sims（1980）において、そうした計量モデルはマクロ理論による制約が強すぎるので、制約の少ない多変量自己回帰（Vector Autoregressive：VAR）モデルを使うことを提案している。

　VARモデルは、複数の変数のベクトルをその過去の値の線形関数として表す。$m$個の変数からなるベクトルを $\boldsymbol{y}_t = (y_{1t}, ..., y_{mt})'$ とすると、これを以下のように $p$ 期前までの値の線形関数としたものが、次数 $p$ のVARモデルである。

$$\boldsymbol{y}_t = \boldsymbol{\Phi}_1 \boldsymbol{y}_{t-1} + \cdots + \boldsymbol{\Phi}_p \boldsymbol{y}_{t-p} + \boldsymbol{u}_t \tag{4}$$

ここで、$\boldsymbol{\Phi}_1, ..., \boldsymbol{\Phi}_p$ はそれぞれ $m \times m$ の係数行列を表す。また、$\boldsymbol{u}_t$ は $m \times 1$ の誤差ベクトルで、平均0、分散共分散行列 $\Sigma_u$ で過去と無相関であると仮定する。ただし、ここでは簡単化のため、定数項は省略する[1]。

　通常、$\boldsymbol{u}_t = (u_{1t}, ..., u_{mt})'$ には互いに相関があるので、このままではショックの識別ができない。そこで、(4)式の両辺に同時点の変数間の関係を表す行列 $\boldsymbol{A}$ を掛けて、同時点の誤差項を無相関にしたものが構造VARモデルである。

$$\boldsymbol{A}\boldsymbol{y}_t = \boldsymbol{B}_1 \boldsymbol{y}_{t-1} + \cdots + \boldsymbol{B}_p \boldsymbol{y}_{t-p} + \boldsymbol{\epsilon}_t \tag{5}$$

ここで、$\boldsymbol{B}_i = \boldsymbol{A}\boldsymbol{\Phi}_i (i = 1, ..., p)$、$\boldsymbol{\epsilon}_t = \boldsymbol{A}\boldsymbol{u}_t$ である。ただし、$\boldsymbol{A}$ が一意に決まるためには、識別制約を課す必要がある。これについては、宮尾（2006）を参照されたい。また、近年よく用いられる識別制約に符号制約があるが、これについてはUhlig（2005）を参照されたい。

　$\boldsymbol{\epsilon}_t = (\epsilon_{1t}, ..., \epsilon_{mt})'$ が互いに無相関であるなら、例えば、

$$\epsilon_{it} = \begin{cases} 1 & i = 1, \quad t = 0 \\ 0 & \text{その他} \end{cases}, \quad \boldsymbol{y}_t = \boldsymbol{0} \ (t < 0)$$

として、

$$\boldsymbol{y}_t = \boldsymbol{\Phi}_1 \boldsymbol{y}_{t-1} + \cdots + \boldsymbol{\Phi}_p \boldsymbol{y}_{t-p} + \boldsymbol{A}^{-1} \boldsymbol{\epsilon}_t \qquad (6)$$

から $y_{it}$ $(i = 1, ..., m ; t = 0, 1, ...)$ を逐次的に計算することにより、$\epsilon_{10}$ に1単位のショックがあったときに、それが $y_{it}$ $(i = 1, ..., m ; t = 0, 1, ...)$ に与える影響（インパルス応答関数）を計測できる。

しかし、このモデルも人々の期待を考慮しておらず、政策変更によりパラメータの値が変わるので、ルーカス批判を免れない。そこで、近年、新たな発展がみられる。

そのひとつは、政策変更によってパラメータの値が変わるのであれば、パラメータを一定とせず、時間を通じて確率的に変動すると仮定し、その変動をモデル化するという試みである。そうしたモデルは時変VARモデルと呼ばれ、近年、最もよく用いられているモデルはPrimiceri（2005）によって提案されたモデルである。このモデルは、構造VARモデル(5)式において、$\boldsymbol{A}, \boldsymbol{B}_1, ..., \boldsymbol{B}_p$ をすべて時変にし、以下のように表す。

$$\boldsymbol{A}_t \boldsymbol{y}_t = \boldsymbol{B}_{1t} \boldsymbol{y}_{t-1} + \cdots + \boldsymbol{B}_{pt} \boldsymbol{y}_{t-p} + \boldsymbol{\epsilon}_t \qquad (7)$$

また、$\boldsymbol{A}_t, \boldsymbol{B}_{1t}, ..., \boldsymbol{B}_{pt}$ の各要素がランダム・ウォークに従うと仮定する。さらに $\boldsymbol{\epsilon}_t$ の各要素の分散 $\sigma_{it}^2$ $(i = 1, ..., m)$ もその対数値がランダム・ウォークに従って変動するものと仮定する。これは、誤差項の分散が変動するのにそれを一定として時変VARモデルを推定すると、パラメータの推定値にバイアスが生じるからである。このモデルについて詳しくは、Nakajima et al.（2011）、Nakajima（2011）、中島・渡部（2012）を参照されたい。Primiceri（2005）はこのモデルの推定法としてMCMCを用いたベイズ推定法を提案しているが、その推定法には誤りがあり、Del Negro and Primiceri（2015）によって修正されているので注意されたい。また、Primiceri（2005）やDel Negro and Primiceri（2015）では近似を用いているのに対して、Nakajima et al.（2011）では厳密な推定法を提案しており、Nakajima（2011）、中島・渡部（2012）でもこの厳密な推定法を用いている[2]。

このモデルでは、パラメータの変動をランダム・ウォークで定式化するが、Hamilton（1989）の提案

したマルコフ・スイッチング・モデルによって定式化するマルコフ・スイッチングVARモデルもある。これについては、Sims and Zha（2006）やInoue and Okimoto（2008）を参照されたい。

ただし、これらの時変VARモデルにも人々の期待は含まれておらず、パラメータの値は政策変更とは独立に変動するので、ルーカス批判に完全に対応できているとはいえない。

ほかにVARモデルのパラメータをベイズ推定する際の事前分布をDSGEモデルから選択するという試みも行われている。これについては、藤原・渡部（2011）を参照されたい。

# 5 | インフレ期待の分析

本稿では、ルーカス批判とそれがマクロ計量モデルに与えた影響について説明したが、ルーカス批判が主張しているのは、期待の重要性である。通常、DSGEモデルでは合理的期待を仮定するが、期待が合理的に形成されているとは限らない。近年、さまざまな機関が人々の期待に関するアンケート調査を行っているので、そうした期待に関するサーベイデータを用いて、期待がどのように形成されているかを分析することも重要である。海外ではかなり前からインフレ期待に関してそうした研究が行われており、インフレ期待には粘着性と異質性があることが明らかになっている。また、Carroll（2003）、Coibion and Gorodnichenko（2015）、Mankiw and Reis（2002）らは、そうしたインフレ期待の粘着性と異質性を説明する理論を提案している。

日本でも、日本銀行がインフレ目標を2％に設定した後、西口他（2014）、Abe and Ueno（2016）、Nakazono（2016）らによって、サーベイデータを用いたインフレ期待の研究が行われている。例えば、西口他（2014）では、インフレ期待は過去の経験に依存し、インフレを経験したことのない若年層は将来インフレになると予想しないとの興味深い結果を示しており、同様の結果はアメリカでも得られている（Malmendier and Nagel 2016）。前川他（2015）、日本銀行企画局（2015）では、サーベイデータでは

なく、物価連動債からインフレ期待を計算して分析
している。

## 注

[1] $\boldsymbol{y}_t = (y_{1t}, ..., y_{mt})'$ の各変数にあらかじめ平均を除去したもの
を使えば、定数項を省略できる。
[2] この厳密な推定法については、OxMetricsとMATLABのプ
ログラムが以下のサイトからダウンロードできる。https://
sites.google.com/site/jnakajimaweb/tvpvar

## 参考文献

■ Abe, N. and Y. Ueno (2016) "The Mechanism of Inflation
Expectation Formation among Consumers," RCESR Discussion
Paper Series, No. DP16-1, The Research Center for Economic
and Social Risks, Institute of Economic Research, Hitotsubashi
University.

■ Carroll, C. D. (2003) "Macroeconomic Expectations of House-
holds and Professional Forecasters," *Quarterly Journal of
Economics*, 118(1), pp.269-298.

■ Christiano, L. J., M. Eichenbaum and C. Evans (2005) "Nominal
Rigidities and the Dynamic Effects of a Shock to Monetary
Policy," *Journal of Political Economy*, 113(1), pp.1-45.

■ Coibion, O. and Y. Gorodnichenko (2015) "Information Rigid-
ity and the Expectations Formation Process: A Simple
Framework and New Facts," *American Economic Review*, 105
(8), pp.2644-2678.

■ Del Negro, M. and G. E. Primiceri (2015) "Time Varying
Structural Vector Autoregressions and Monetary Policy: A
Corrigendum," *Review of Economic Studies*, 82(4), pp.1342-1345.

■ Fernàndez-Villaverde, J., P. Guerròn-Quintana and J. F.
Rubio-Ramìrez (2015) "Estimating Dynamic Equilibrium Mod-
els with Stochastic Volatility," *Journal of Econometrics*, 185(1),
pp.216-229.

■ Hamilton, J. D. (1989) "A New Approach to the Economic
Analysis of Nonstationary Time Series and the Business Cycle,"
*Econometrica*, 57(2), pp.357-384.

■ Inoue, T. and T. Okimoto (2008) "Were There Structural
Breaks in the Effects of Japanese Monetary Policy? Re-evaluat-
ing Policy Effects of the Lost Decade," *Journal of the Japanese
and International Economies*, 22(3), pp.320-342.

■ Kano, T. and H. Morita (2015) "An Equilibrium Foundation of
the Soros Chart," *Journal of the Japanese and International
Economies*, 37, pp.21-42.

■ Kydland, F. and E. Prescott (1982) "Time to Build and
Aggregate Fluctuations," *Econometrica*, 50(6), pp.1345-1370.

■ Lucas, R. E. (1972) "Expectations and the Neutral of Money,"
*Journal of Economic Theory*, 4(2), pp.103-124.

■ Lucas, R. E. (1976) "Economic Policy Evaluation: A Critique,"

*Carnegie-Rochester Conference Series on Public Policy*, 1(1), pp.
19-46.

■ Malmendier, U. and S. Nagel (2016) "Learning from Inflation
Experiences," *Quarterly Journal of Economics*, 131(1), pp.53-87.

■ Mankiw, N. G. and R. Reis (2002) "Sticky Information versus
Sticky Prices: A Proposal to Replace the New Keynesian Phillips
Curve," *Quarterly Journal of Economics*, 117(4), pp.1295-1328.

■ Nakajima, J. (2011) "Time-varying Parameter VAR Model
with Stochastic Volatility: An Overview of Methodology and
Empirical Applications," *Monetary and Economic Studies*, 29, pp.
107-142.

■ Nakajima, J., M. Kasuya and T. Watanabe (2011) "Bayesian
Analysis of Time-varying Parameter Vector Autoregressive
Model for the Japanese Economy and Monetary Policy," *Journal
of the Japanese and International Economies*, 25(3), pp.225-245.

■ Nakazono, Y. (2016) "Inflation Expectations and Monetary
Policy under Disagreements," Bank of Japan Working Paper
Series, No.16-E-1.

■ Primiceri, G. E. (2005) "Time Varying Structural Vector
Autoregressions and Monetary Policy," *Review of Economic
Studies*, 72(3), pp.821-852.

■ Romer, D. (2011) *Advanced Macroeconomics*, 4th Edition,
MacGrow-Hill (堀雅博・岩成博夫・南條隆訳 (2010)『上級マクロ
経済学』第3版、日本評論社)

■ Sims, C. (1980) "Macroeconomics and Reality," *Econometri-
ca*, 48(1), pp.1-48.

■ Sims, C. and T. Zha (2006) "Were There Regime Switches in
US Monetary Policy?" *American Economic Review*, 96(1), pp.
54-81.

■ Smets, F. and R. Wouters (2003) "An Estimated Dynamic
Stochastic General Equilibrium Model of the Euro Area," *Journal
of the European Economic Association*, 1(5), pp.1123-1175.

■ Uhlig, H. (2005) "What are the Effects of Monetary Policy on
Output? Results from an Agnostic Identification Procedure,"
*Journal of Monetary Economics*, 52(2), pp.381-419.

■ 中島上智・渡部敏明 (2012)「時変ベクトル自己回帰モデル
——サーベイと日本のマクロデータへの応用」『経済研究』63(3),
pp.193-208.

■ 西口周作・中島上智・今久保圭 (2014)「家計のインフレ予想
の多様性とその変化」『日銀レビュー』No.2014-J-1.

■ 日本銀行企画局 (2015)「『量的・質的金融緩和』——2年間の
効果の検証」『日銀レビュー』No.2015-J-8.

■ 藤原一平・渡部敏明 (2011)「マクロ動学一般均衡モデル——
サーベイと日本のマクロデータへの応用」『経済研究』62(1), pp.
66-93.

■ 前川功一・小林衆統・永田修一 (2015)「VARモデルによる日
本の金融緩和政策効果の検証——2009年～2014年の期間につい
て」『広島経済大学経済研究論集』38(2), pp.1-20.

■ 宮尾龍蔵 (2006)『マクロ金融政策の時系列分析——政策効果
の理論と実証』日本経済新聞社

　　[『進化する経済学の実証分析』pp.37-41を一部修正して再掲]

実証分析をめぐる
さまざまな論点

Hot Topics in Empirical Analyses

## 山田知明
やまだ・ともあき

明治大学商学部教授。専門は定量的マクロ経済学。
論文： "Achieving Fiscal Balance in Japan," *International Economic Review*, 57(1), pp.117-154, 2016
（with S. İmrohoroğlu and S. Kitao）など。

# 評価装置としての経済モデルとカリブレーション

1990年代以降の経済学にとって必要不可欠な分析手法となっているカリブレーションとは、いったいどのような手法なのだろうか。カリブレーションが経済学において確固たる地位を築いた経緯と、実際の経済モデルでカリブレーションを行う方法を紹介する。

## 1　はじめに

経済学を勉強し始めた学部生にとって、「カリブレーション」はまったく聞き覚えがない単語かもしれない。しかし現在のマクロ経済学にとって、カリブレーションは必要不可欠な分析手法のひとつとなっている。端的にいうと、カリブレーションとは、経済モデルのシミュレーション分析を行う際に必要となるパラメータを実証研究に基づいて設定する行為である。そんなことにわざわざ大層な名前をつける必要があるのかと感じる人もいるであろう。しかし、カリブレーションという手法の背景には、経済分析に対する姿勢、特に理論と実証の間のギャップをどう埋めるかという重要なテーマが関わっている。

経済学の教科書にはさまざまな経済モデルが紹介されている。経済モデルは、現実のある側面を抽象化することによって、われわれが社会・経済を理解する手助けをしてくれる。例えば、マクロ経済学でおなじみのIS-LMモデルは、（数多くの批判があるものの）マクロ経済の実物的側面と貨幣・金融的側面を抽象的に2次元のグラフ上で表現することによって、財政・金融政策の有効性に関する理解を助けてくれる。

一歩進んで、政策効果の定性的性質（例えば、利子率を下げたら産出が増える）だけでなく、政策の効果はどれくらいなのかという定量的疑問（1％の利子率低下がどの程度の産出量の増加につながるのか）に関心があるとしよう。マクロ経済政策の定量的効果を測定して評価する分析ツールは、マクロ計量モデルとして1950年代から開発が行われてきた。

しかし、ルーカス批判によると、ミクロ的基礎付けをもたないマクロ経済モデルは、政策の変更に伴う家計や企業の意思決定の変化、すなわち期待の影響を考慮できないため問題がある。そのため、1970年代以降、ミクロ的基礎をもつマクロ経済モデルの構築が急ピッチで行われてきた。現在、マクロ経済学の中心は動学的確率的一般均衡（Dynamic Stochastic General Equilibrium：DSGE）理論である。DSGEモデルでは、ミクロ経済学でおなじみの家計や企業の意思決定問題を時間を通じた形に拡張した上で、市場均衡としてマクロ経済の動態を考察する。その際にカリブレーションが必要になってくる。

## 2　カリブレーションの歴史

現在、マクロ経済学で流行しているDSGEモデルのひな形は、フィン・キッドランドとエドワード・プレスコット（Kydland and Prescott 1982）による実物的景気循環（Real Business Cycle：RBC）理論である[1]。カリブレーションがマクロ経済学者のツールボックスの中に入ってきたのもRBC理論からである。

Kydland and Prescott（1996）はカリブレーションという言葉を次のように説明している。カリブレ

ーションとは、そもそも「測定機器にメモリを付ける」作業を意味している。例えば、水銀が温度で膨張する性質を利用して、氷が水に変わる温度を０度と定義して、水が気化する温度を100度と定義したものが摂氏温度計である。現在では温度が数字で表されるのは当たり前であるが、これは測定機器にメモリをふったことによって初めて可能になったのである。経済モデルを現実経済の動きを理解して測定する装置とみなすのであれば、同様にモデルにメモリを付ける作業が必要になってくる。

キッドランドとプレスコットは論文の中で、新古典派経済成長モデルに基づいて、全要素生産性（Total Factor Productivity：TFP）が景気循環に強い説明力をもつことを明らかにした。ここで重要なことは彼らの論文の結論ではなく、分析対象へのアプローチの方法である。

RBC理論のエッセンスはこうである。経済には家計と企業が存在している。家計は労働供給（$L$）によって労働所得（$wL$）を得て、それを貯蓄（$K$）と消費（$C$）に振り分ける。企業は家計の労働供給（$L$）と家計が保有する資本（$K$）を用いて生産活動を行い、対価として賃金（$w$）と利子（$r$）を支払う。財、資本、労働の３つの市場に家計と企業が参加しており、それぞれの市場において毎期需給のバランスが取れている状態、すなわち一般均衡が、われわれが観察するマクロ経済である。キッドランドとプレスコットはそこに予期しないショック（具体的にはTFPショック）が生じた際に、家計と企業、そしてマクロ経済がどのように反応するのかを分析している。

この抽象化された経済モデルはマクロ経済の動きをある程度うまく描写してくれるが、ひとつ大きな問題がある。それは経済モデルが複雑なため、解析的な解が存在しない可能性があることである。言い換えると、それまで行われてきた紙と鉛筆による研究では限界があるのだ。この限界に直面したときに進むべき道は２つある。第一の道は、モデルをさらに簡単化して、紙と鉛筆だけで解くことができる形に落とし込む方法である。分析のエッセンスを損なうことなく簡単化できるのであれば、このアプローチは理想的かもしれない。しかし、必ずしも取り扱いやすい形でモデルを簡単化できないことは多々あ

る。特に確率的要素が入っている場合はその傾向が強い。また、シンプルで抽象度が高いモデルは定量的な答えを得にくいという問題もある。その場合、第二の道であるコンピュータを使って近似的に解くという方法に頼ることになる。現在、物理学や工学といったさまざまな分野で第二の道で研究が行われている。

キッドランドとプレスコットは経済モデルをコンピューテーションによって解く道を選んだ[2]。すなわち、経済モデルを測定機器に見立てて、コンピュータを用いてモデルを定量的に解き、その際に必要となるパラメータの選択をカリブレーションと呼称したのである。それ以降、経済モデルをカリブレートして、コンピュータを使って分析するというアプローチは急速に拡大していき、純粋な理論と実証研究の間の領域として、カリブレーションによるマクロ経済分析は確立された手法となった[3]。

## 3 | カリブレーションはどうやって使われるのか

実際にカリブレーションがどのように使われるのかをもう少し具体的にみてみよう。最近のマクロ経済学の論文は、①研究動機、②実証研究に基づくファクトの整理、③経済モデルの構築、④カリブレーション、⑤コンピューテーションによって解いたモデルを用いてさまざまな分析・実験を行う、というステップで書かれていることが多い。②のファクト整理は、①の研究動機を補完する役割をもつ場合もあるし、新しい事実を示しつつそれを説明する理論モデルを構築するという形で自己完結する場合もある。また、②で示したファクトがカリブレーションのターゲットになる場合もある。すなわち、理論モデルが予測する結果が説明したいファクトとマッチするようにモデルを調整するのである。この点について詳細は後述する。経済モデルを測定機器と考えるのであれば、測定機器の初期状態が現在の経済状態にマッチするように調整されている必要があるし、そこから反事実的実験（counterfactual experiments）を行うことによって、新たな知見を得ることもできる。

多くの理論モデルはそのままの形ではコンピュータには理解できない。教科書でおなじみのコブ=ダグラス型生産関数 $Y = K^\alpha L^{1-\alpha}$ を考えてみよう[4]。生産活動には資本 $K$ と労働 $L$ が必要で、資本と労働を投入することによって産出 $Y$ が生み出される。それを抽象的に $Y = F(K, L)$ と書いてもコンピュータは理解してくれないので、明示的な式で書く必要がある。コブ=ダグラス型生産関数で $\alpha$ は資本分配率を表している。すなわち、生産量のうちどの程度が資本家の取り分になるかを表すパラメータである。取り分の合計は 1 なので、$1-\alpha$ が労働分配率となる。カルドアの定型化された事実の通り、先進国では資本と労働の分配率は時間を通じて比較的安定している[5]。

資本分配率がどの程度であるかは、GDPを算出しているSNA統計から簡単に計算することが可能だ。日本の場合（米国などの他の先進国でもほぼ同じ）、資本分配率 3 割から 4 割程度である。例えば、İmrohoroğlu and Sudo（2010）は $\alpha = 0.377$ と設定している。これがカリブレーションである。

そんなことにわざわざ名前をつけたのか、と思う人もいるかもしれない。たしかに資本分配率についてはマクロ経済学者の間で意見が分かれることもないし、簡単に計算可能なため、カリブレーションは頭を悩ませることもなく一瞬で完了する。しかし、他のパラメータについては注意が必要なものもある。

## 4 カリブレーションをめぐる議論

一般的に、客観的に評価しやすいデータが揃っている生産サイドのパラメータよりも、人間の行動を記述する家計・消費者サイドのパラメータのほうが設定は難しい。DSGEモデルなどでよく使う効用関数に相対的危険回避度一定（Constant Relative Risk Aversion：CRRA）型効用関数 $\frac{c^{1-\gamma}}{1-\gamma}$ がある。$\gamma$ は異時点間の代替の弾力性（Intertemporal Elasticity of Substitution：IES）および相対的危険回避度を表したパラメータである。

では、異時点間の代替の弾力性はどれくらいが妥当なのであろうか。さまざまな実証研究でIESが推計されているが、結果には $\gamma$ には 1 から 4 程度のバラツキがある。また $\gamma$ は相対的危険回避度も表しているが、こちらは資産価格理論の研究によると50を超えるという結果を示している論文すらある[6]。こういった場合、できることはさまざまな $\gamma$ で分析をしてみて結果が $\gamma$ によって左右されるか否かを確認するしかない。

ほかにもカリブレーションが難しいパラメータは存在している。先述の通り、RBCモデルにおいて家計は労働供給の選択を行っている。賃金の変化に対してどの程度、労働供給を変えるかは産出の変動を分析する上で重要である。賃金の変化に対してどれだけ労働供給が反応するかを表したパラメータとしてフリッシュ弾性値がある。フリッシュ弾性値がどの程度の値なのかについては、労働経済学者の間でも意見が分かれる。加えて厄介なのが、マクロデータとミクロデータの間の矛盾である。ミクロデータレベルで労働時間の変化を観察すると、労働者は賃金の変化に対してそれほど労働供給を変化させない。つまり、フリッシュ弾性値はゼロに近い。一方、マクロデータを使ってフリッシュ弾性値を推定するとより 1 に近い値となる。どちらを用いればよいのであろうか？　私たちの生活実感に近いのはミクロデータの方であろう。しかし、DSGEモデルやRBCモデルはマクロ経済変動を分析対象としているので、マクロデータとマッチするようにパラメータを設定したほうがよいという意見にも説得力はある。この問題にまだ決着はついていない。労働供給の弾力性は、税制変更などさまざまな政策実験において重要なパラメータであり、政策の有効性にも影響を与えるだけに無視をするわけにはいかない。カリブレーションは、別の研究で推計された値を借りてきてモデルの中に放り込むだけでおわりというわけにはいかないのである。

もうひとつカリブレーションを難しくしていることがある。それは多くの場合、一般均衡を想定しているという点である[7]。DSGEモデルでは、われわれが観察しているマクロ経済は市場均衡であるとみなしている。そのため、経済モデルのパラメータを 1 つ設定して経済モデルをコンピューテーションで解いた結果として得られた市場均衡が、現実のマク

ロ経済のデータとマッチする必要がある。人々の行動を記述する多くのパラメータは直接観察できないため、他の先行研究から借りてくることができないものも多く存在している。したがって、モデルの均衡がデータと一致するようにパラメータを微調整する必要があるわけだが、この作業は楽ではない。これが先述のターゲットに合わせてカリブレーションをするということである。この点を逆手にとって、モデルの背後にあるパラメータを推定する試みも存在している。近年のDSGEモデルの構造推定では、カリブレーションの枠を超えて、モデルの背後にあるパラメータを推計している。

## 5 おわりに

カリブレーションとコンピューテーションによるマクロ経済分析は、実証的な背景をもつ経済理論（キッドランドとプレスコットの言葉を借りればwell-tested theory）を構築して、それを用いて定量的に政策評価や実験を行うことを目的としている。経済モデルはただわれわれの経済への理解を深めてくれる役割だけではなく、政策評価のツールとしての側面ももつ。特に政策指向が強いマクロ経済学においてその傾向は強く、カリブレーションによるDSGEモデルは中央銀行の強力な分析ツールにもなっている。カリブレーションは複雑な経済モデルの定量化、そして実証研究との整合性という、エビデンスに基づいた政策評価に役立っている。

興味深いのは、カリブレーションというアプローチの是非に関して最近の研究者がどのように考えているのかを探そうとしたところ、文献が1990年代に偏っていたことである。RBC理論の方法論に沿った形でマクロ経済分析が行われるようになった当初は、アプローチそのものの是非に関する議論も盛んに行われていた[8]。しかし、最近ではそういった議論は数少なくなり、カリブレーションは分析手法のひとつとして市民権を得たようである。

なお、本稿では歴史的経緯からマクロ経済学寄りに書いているが、カリブレーションそのものはマクロ経済学でしか使えないわけではない。データが存在していて定量的に理論のテストが必要なあらゆる分野で使えるアプローチである。

## 注

[1] RBC理論というと、貨幣・金融的側面が存在しておらず、実物側面のみが経済変動にとって重要であるという帰結を思い浮かべるかもしれない。しかし、現在、金融政策を分析する際に標準的分析ツールとなっているニューケインジアンDSGEモデルも実物サイドはRBCモデルと共通しており、そこに価格硬直性と金融政策を加える形となっている。そのため、分析手法に対する姿勢は共通しているといえる。

[2] より正確には、定常均衡の近傍で線形近似を行いモデルを線形列の形で表現をした後でコンピュータを用いて解いている。現在では数値解析の手法とコンピュータの進歩により、モデルはより複雑化し、設定する必要があるパラメータの数も増加している。

[3] この背景にコンピュータの発展が寄与していることは言うまでもない。

[4] コブ＝ダグラス型関数の詳細については、例えば、神取（2014）を参照。

[5] ピケティなど最近の議論（ピケティ 2014を参照）では労働分配率の低下が問題になることもあるが、いまのところ日本では労働分配率の極端な低下は観察されない。

[6] CRRA型効用関数では相対的危険回避と異時点間の代替の弾力性は同じ変数で表されるが、両者は本来異なるものである。エプスタイン＝ジン型効用関数（Epstein and Zin 1989を参照）を用いれば、両者を別々のパラメータで表現することが可能になる。ただし、相対的危険回避はどの程度が妥当なのかについては依然として議論の余地が残されている。

[7] ただし、カリブレーションは必ずしも一般均衡モデルである必要はない。

[8] 例えば、Hansen and Heckman（1996）を参照。

## 参考文献

■ Epstein, L. G. and S. E. Zin (1989) "Substitution, Risk Aversion, and the Temporal Behavior of Consumption and Asset Returns: A Theoretical Framework," *Econometrica*, 57(4), pp.937-969.

■ Hansen, L. P. and J. J. Heckman (1996) "The Empirical Foundations of Calibration," *Journal of Economic Perspectives*, 10(1), pp.87-104.

■ İmrohoroğlu, S. and N. Sudo (2010) "Productivity and Fiscal Policy in Japan: Forecasts from the Standard Growth Model," IMES Discussion Paper Series, 10-E-23.

■ Kydland, F. E. and E. C. Prescott (1982) "Time to Build and Aggregate Fluctuations," *Econometrica*, 50(6), pp.1345-1370.

■ Kydland, F. E. and E. C. Prescott (1996) "The Computational Experiment: An Econometric Tool," *Journal of Economic Perspectives*, 10(1), pp.69-85.

■ 神取道宏（2014）『ミクロ経済学の力』日本評論社

■ ピケティ、トマ著、山形浩生、守岡桜、森本正史訳（2014）『21世紀の資本』みすず書房（Piketty, T. (2013) *Le capital au XXIème siècle*, Éditions du Seui)

［『進化する経済学の実証分析』pp.42-45を再掲］

# 第Ⅱ部 最先端を知る

経済学の諸分野では、データを用いた研究がどのように行われているのか。各分野における実証分析手法の進化の歴史、有効な分析手法をめぐる論争、エポックメイキングとなったできごと、現在の潮流、研究成果が現実社会に与えた影響、そして今後の展望を紹介する。

## 各分野の実証研究

Different Fields in Empirical Economics

# マクロ経済学

1970年代以降、マクロ経済学において数量化とミクロデータ化が大きく進行している。マクロ経済学の分析手法の変遷を、黎明期の議論をふまえながら振り返ると同時に、マクロ経済学の本質と今後の展望について考察する。

## 阿部修人
あべ・なおひと

一橋大学経済研究所教授。専門はマクロ経済学。著書：『家計消費の経済分析』岩波書店、2011年など。

## 1　マクロ経済理論の数量化とデータのミクロ化

21世紀に入り、マクロ経済学はゆっくりと、しかし大きく変化しつつある。無論、マクロ経済学は時代と共に常に変わり続けており、これまでにもケインジアンと新古典派の対立のような論争が後を絶たなかった。しかしながら、近年生じている変化、すなわちマクロ理論モデルの数量化とデータのミクロ化は、1970年代の合理的期待革命に匹敵するような、大きくかつ持続的な変化と思われる。

表1は、1975年に創刊された、マクロ経済学分野のトップジャーナルである*Journal of Monetary Economics*（JME）に発表された論文の分析手法の変遷を示している[1]。一見して、純粋理論の論文が激減し、カリブレーションが増加している（カリブレーションに関しては後に詳しく説明する）。また、21世紀に入ってからのミクロデータを用いた分析の急増も目を引く。カリブレーションに分類した論文の中には、ミクロデータも併用しているケースが多いため、全体として、数量化とミクロデータ化が大きく進行していることがわかる。

この、ミクロデータの結果をふまえた理論モデルの数量分析は、今後長期にわたってマクロ経済学の中心的な地位を占めると筆者は予測する。本稿では、近年生じているマクロ経済学の分析手法の変遷を、マクロ経済学黎明期の議論をふまえながら振り返っていきたい。

## 2　カリブレーションとは何か

「カリブレーション」は今日のマクロ経済学のフロンティアでは頻繁に用いられる手法であり、カリブレーションなくして、今日のマクロ経済学は存在しないと言ってもよいだろう。カリブレーションとはどういうものか、アメリカの資産格差拡大における税制改革の影響を計測した最近のバリス・カイマクとマルクス・ポシュケによる研究（Kaymak and Poschke 2016）を例として説明しよう。

アメリカの税務データという膨大なミクロデータに基づき、大富豪のトップ1％が保有する資産の割合が、1970年の27.6％から2012年には41.8％まで増加しているという結果が報告されている（Saez and Zucman 2016）。1970年から2012年までの40年間、アメリカでは所得税の累進性が著しく緩和されると同時に、法人税や補助金、さらに賃金所得の格差、金利水準等、多くの変化が生じている。それらの中で、はたして、所得税の累進性の緩和は、どの程度資産格差の拡大を引き起こしたのだろうか。

Kaymak and Poschke（2016）は、まず消費・貯蓄を決定するライフサイクルモデルを作成する。そこには、遺産相続、就業期間の賃金変動、年金、死亡といった要素に加え、各時代の累進所得税等の各種税や補助金も含まれている[2]。次に、利潤最大化を行う企業を導入し、そこに生産性ショックを導入する。最後に政府の予算制約を導入してモデルを閉じ

| 刊行年 | 論文数 | 純粋理論 | マクロ計量 | ミクロ計量 | カリブレーション | その他<br>（サーベイ等） |
|---|---|---|---|---|---|---|
| 1976年 | 31 | 15(48%) | 9(29%) | 1(3%) | 0(0%) | 6(19%) |
| 1986年 | 30 | 15(50%) | 9(30%) | 1(3%) | 0(0%) | 5(17%) |
| 1996年 | 38 | 13(34%) | 17(45%) | 0(0%) | 5(13%) | 3(8%) |
| 2006年 | 36 | 12(33%) | 7(19%) | 6(17%) | 10(28%) | 1(3%) |
| 2016年 | 27 | 0(0%) | 6(22%) | 9(33%) | 12(44%) | 0(0%) |

注1）1976年Vol.2, No.1-4、1986年Vol.17, No.1-2、Vol.18, No.1-2、1996年Vol.37, No.1-2、Vol.38, No.1-2、2006年Vol.53, No.1-2、
　　Vol.54, No.1-2、2016年Vol.77, Vol.78, Vol.79, Vol.80。
注2）「マクロ計量」には、各国SNAデータ、Penn World Table、各種サーベイ調査の集計量を扱った論文が含まれる。
注3）「純粋理論」の中には、数値例が含まれているものもあるが、現実経済のデータの各種モーメント等とのフィットを前提にし
　　たものは「カリブレーション」とした。
注4）ミクロデータを用いてファクトを提示し、モデルをカリブレートしてそのファクトの再現を試みたものはカリブレーション
　　に区分した。
出所）筆者作成

**表1** ｜ マクロ経済学分析手法の変遷（JMEの分析手法、データの分類）

ている。このモデルは非常に複雑であり、経済全体の資産格差と税制がどのような関係になるか、モデルを眺めるだけではよくわからない。そこで、カリブレーションの出番となる。

このモデルには多くのパラメータがある。賃金変動の持続性やその水準と分散、初期時点における親からの遺産額とその分散、マクロ生産性ショックの水準等である。均衡を計算するには、それらの値を一つひとつ検討して、設定する必要がある。パラメータの値がいい加減に決められると経済モデルの信頼性が損なわれてしまうため、この作業は非常に慎重に行われる。カリブレーションでは、モデルを解いたときに生み出される経済諸変数の動きの中からいくつかを選び、それが現実のデータの動きと一致するようにパラメータを設定していく。選択される「いくつか」の変数の動きはカリブレーションターゲットと呼ばれる。本モデルのカリブレーションターゲットは、一日24時間の中での平均労働時間の割合、資本ストックと国民所得の比率、平均引退年齢、1960年における資産格差等である。この一連の作業、モデルのパラメータを、モデルが生み出すさまざまな性質がデータと合致するように設定することが、現在、カリブレーションと呼ばれているものである。

カリブレーションの結果、コンピュータの中には、一国の仮想的な経済ができており、その中では無数の家計が生まれ、働き、消費・貯蓄選択を行い、引退し、遺産を残して死んでいく。このコンピュータの中にある一国経済を用いて、実際の歴史とは異な

る世界を考えるのである。カイマクとポシュケは、累進税性が1960年代の水準のままであり続けたら、21世紀のアメリカの資産格差はどうなっていたか、モデルで検証した。その結果によると、アメリカで生じた資産格差上昇の約半分が、累進性の緩和と補助金の変化によるものになっている。

## 3 ｜ 実証分析としてのカリブレーション

カリブレーションがKydland and Prescott（1982）により初めてマクロ経済学に紹介されたころ、マクロ経済学で主として用いられていた実証分析手法は多変量自己回帰（Vector Autregressive：VAR）や最尤法（Maximum Liklihood：ML）であり、それらと比べて統計的仮説検定を重視しないカリブレーションは、異色な手法であった。また、初期のカリブレーションの定義はあいまいであり、批判も多かった（Hansen and Heckman 1996）。しかし、初期の研究から30年以上が経過した現在、マクロのトップジャーナルに掲載される論文の多くには、カリブレーション、と題したセクションが存在し、完全にマクロ経済学に定着している。

今日、カリブレーションはマクロ経済学における支配的な手法になりつつある。マクロ経済モデルを現実に近づけるには、人口構成や失業確率、累進税率等、多くの要素を含まねばならない。さらに、ミクロ的基礎を有するとなると、そのモデルを手で解

くことは不可能であり、コンピュータで解く必要が出てくるのである。

　マクロモデルのカリブレーションのイメージを捉えるには、惑星探索機の打ち上げを想像するとよいだろう。小惑星「イトカワ」と地球を往復した惑星探査機「はやぶさ」等である。もしも数千を超える探査機を打ち上げて、どの経路なら目的地に到着するか確認することが可能であれば、特に物理法則を意識しなくても目的地に到着しうる経路を発見できるかもしれない。私たちがキャッチボールで相手のミットにめがけてボールを投げる際、練習を積めば、複雑な偏微分方程式を解かなくともボールは相手のミットに収まるようになるのと同じことである。しかし、そのような実験や練習ができないとき、われわれは限られた数の過去の経験から得られた情報と物理法則に頼らざるを得ない。おそらく、「はやぶさ」の軌道計算の際には気の遠くなるほどのシミュレーションが行われたことであろう。

　では、経済問題に戻り、累進税率を緩めたときに、50年後に資産格差はどうなっているか考えてみよう。惑星探査機と同じように、多くの実験を行うことは不可能である。とすると、まず資産格差が変化していくようなマクロ経済理論モデルを作成し、慎重にパラメータを選びながら将来予測を行うしかない。マクロ経済理論は物理法則に比べるとはるかに信頼性は劣るが、その目的と手法はよく似ている。カリブレーションにより、ミクロ的基礎を有するマクロモデルが、机上から現実世界に移行することが可能になったのである。

## 4　ミクロデータとマクロ経済学

　表1からは、カリブレーション以外に、ミクロデータを利用した分析もまた増えていることがわかる。しかしながら、考えてみればマクロ経済学は一国全体の集計量を分析する学問であるのに、なぜミクロデータが必要なのだろうか。また、なぜ近年になってミクロデータの利用が増えているのだろうか。

　実は、ミクロデータを利用したマクロ経済分析は、マクロ経済学の黎明期から行われている。現在のマクロ経済分析で頻繁に採用される消費の習慣形成仮説を提唱したジェームス・デューゼンベリーは、1949年に出版された著書（Duesenberry 1949）の中で、以下のように述べている。

> 「第一に、すべての仮説は、たとえその集計量にのみ興味があるとしても、個々の企業や家計レベルの行動に関してたてられねばならない。…第二に、可能であれば、それらの仮説は、家計や企業レベルのデータによって検証されねばならない。（Duesenberry 1949, p.75, 筆者訳）」

　このデューゼンベリーの第一の主張は、後にミルトン・フリードマンによる一連の恒常所得研究に引き継がれ、1970年代の合理的期待革命とルーカス批判につながっていく。1950年代に構築されたウィリアム・ボーモルとジェームズ・トービンによる貨幣需要や1960年代のデール・ジョルゲンソンによる投資理論は、いずれも企業や家計レベルの行動、すなわちミクロ経済学的視点で構築されている。マクロ経済現象を念頭においていても、モデル構築はミクロ経済学的に行われているケースがマクロ経済学の黎明期においても少なくなかったのである。仮説がミクロ的視点で立てられている場合、その検証をミクロデータで行うことは自然な発想である。ミクロデータは決してここ数十年で新たに生じたものではなく、国民経済計算や物価統計が作成され始めた20世紀初頭において、世界各国で構築されている。なぜなら、国民経済計算も物価統計も、ミクロデータを積み上げて計算されているためである[3]。

## 5　ミクロデータ分析の技術的限界と1970年代のマクロ時系列データの隆盛

　消費関数や投資関数の推計では、ミクロデータがその後も利用されることはあったが、全体としては、表1からわかるように、マクロ経済学においてはマクロ時系列データを用いた研究がその後支配的となっていく。1970年代から始まるクリストファー・シムズやトーマス・サージェントによる一連のマクロ時系列分析は、金融政策と景気循環、フィリップス曲線に関する知識を飛躍的に増加させた。紙幅の都

合で省略せざるを得ないが、1970年代の合理的期待革命とルーカス批判に基づくマクロモデルの刷新、実物景気循環理論および内生的成長理論は、どれもマクロ時系列データに基づく成果であり、林文夫氏（Hayashi 1982）やチャールズ・ユウジ・ホリオカ氏（Feldstein and Horioka 1980）のように日本人による貢献も少なくない。

マクロ時系列データの大きな利点は、長期間にわたっていることである。景気循環分析から普遍的な特徴を見いだすには複数のサイクルを含むデータが必要であり、4サイクルを分析するには、戦後アメリカ経済では20年程度のデータ期間が必要となる。1970年代にマクロ時系列分析が隆盛を極めたのは、景気循環に関して多くのデータの蓄積が進んだためと思われる[4]。一方、前述のDuesenberry（1949）やShinohara（1959）は、クロスセクションデータ、すなわち一時点のみの調査に依存した分析であり、動学的な分析はそもそも不可能であった。景気循環と消費の関係をミクロデータから分析するには、複数時点のミクロデータを積み上げねばならないが、1970年代のコンピュータ環境を考えればそれは非常に困難であった。1977年に一橋大学経済研究所に導入された日本電気（NEC）製メインフレーム、ACOS 77システム400は、当時最新鋭コンピュータであり、一室を占拠するほど巨大であったが、メインメモリーは640KBしかなく、数万件を超えるような家計別消費データや企業データを扱うには非力であった。一方、マクロ時系列であれば、四半期データで20年間でも観察数は100件に満たず、当時のコンピュータでも問題なくさまざまな分析が可能である。

## 6 マクロ経済学の集計問題

デューゼンベリーが主張したような、マクロに関心がある場合でも、モデルと仮説検証はミクロで行うべきである、という発想は、当時は少数派だったのだろうか。マクロ経済学者はミクロ経済理論との関係をどのように捉えていたのだろうか。筆者の知る限り、分析対象をマクロとミクロに分類し、両者で異なる分析が必要であると論じた最初は、第一回

ノーベル経済学賞を受賞したラグナル・フリッシュ（Frisch 1933）である。ケインズの「一般理論」よりも先に発表されたこの論文の中で、フリッシュはミクロとマクロの違いを明確に述べている。少々長くなるが引用しよう。

「景気循環を分析する際、…われわれは分析をミクロ動学（micro-dynamics）とマクロ動学（macro-dynamics）に分ける必要がある。ミクロ動学分析では、巨大な経済の中の一要素を詳細に分析するが、その際、経済の他の側面は所与となる。…ミクロ動学分析とは、要するに、ある特定の市場や特定の消費者がどのように変化していくかを描写するものである。

一方、マクロ動学とは経済全体がどのように変動していくかを分析する。その際、細かな要素は捨象せざるを得ない。……やろうと思えば、経済を構成する全商品、全消費者、全企業等、ありとあらゆる要素を組み込んだ動学モデルを構築することは可能である。しかしながら、そのような試みにはほとんど価値がない。なぜなら、そのようなモデルでは、経済のどの部分の変動が大きく、何が景気に先行し、何が遅行するのか、等の景気循環分析にとり重要な問題を明らかにすることができないからである（Frisch 1933, pp.2-3, 筆者訳）」

すなわち、フリッシュは、厳密な経済理論に基づいて、ミクロデータを用いた動学方程式を組むことは理論的には可能であるが、実際には、そのような体系は巨大すぎ、景気循環分析が不可能であると述べている[5]。マクロ経済学が厳密な経済理論を欠くのもやむを得ないとし、Frisch（1933）は、景気変動を描写するマクロ動学モデルを構築し、パラメータを適当に設定することで、周期8.5年と周期3.5年の景気循環が生じることを示している。

一方、マクロ計量モデルの創始者であるローレンス・クラインは、フリッシュと異なり、ミクロ理論とマクロの集計量の間の乖離を真剣に考慮した。1946年に発表した2本の論文（Klein 1946a, b）で、クラインは個人や企業が最適化行動をした結果得られるミクロの経済諸変数の関係と、それらの集計量

の変数間にいかなる関係が生じるかを分析している。これはマクロの集計問題（aggregation）と呼ばれるものであり、マクロ経済学の根幹に関わる重要な問題である。

1940年代、クラインは既存のマクロ集計量がミクロ理論と非整合であることから、新たな集計量の必要性を訴えた。新たな集計量は、ミクロ理論で生じる最適化の一階条件をマクロ諸変数間でも成立するようなもの（Klein's Aggregate）になるべきである。実際には、そのような集計量は、いくつか提案されることはあっても、直ちに問題点が指摘されるなどしたため、実際にクラインが望んだような新たな集計量が作成されることはなかった。その後、なんら解決されていないにも関わらず、集計問題はマクロ経済学の主要課題からはずれ、もっぱら数理経済学者の研究対象となった。ヒューゴ・ソネンシャインは、1973年に発表した論文（Sonnenschein 1973）で消費データが個人レベルで需要法則など、さまざまな経済法則に従っていても、一国全体で集計してしまうと、それらの経済法則は一般に成立しなくなり、総需要曲線はどんな形にでもなりえてしまうことを指摘した。これは、マクロ経済理論という概念自体に対する深刻な挑戦である。

このような破壊的な指摘がされても、マクロ経済学者の側からの反論はほとんどなく、むしろ集計問題は無視されていったようである。マクロ経済学におけるミクロ的基礎付けの重要性が指摘された1970〜1980年代においても、集計問題が議論された形跡は筆者が調べた限りではなく、名高いトーマスサージェントによる大学院向け教科書 *Macroeconomic Theory*（Sargent 1987）でも、集計問題についてはまったく触れられていない。

## 7 クラインによる 集計問題へのアプローチ

クラインはマクロ経済学の歴史に関するエッセイ、"What is Macroeconomics?"（Klein 1993）を1993年に発表し、集計問題について振り返っている。Kleinによると、集計問題の解決方法は、①ミクロ理論に代表的個人や、線形性等、非常に強い制約を置

く、②集計する際に、ミクロ理論と整合的な公式を用いる、③理論分析を行う場合に、ミクロ理論から出発し、分布関数を用いてマクロ集計量を導く、の三種類である。

### 7.1 代表的企業、代表的消費者の仮定

解決法①のように、代表的家計・企業の仮定は70年代以降のマクロ経済学が選択した道であり、たしかに集計問題はなくなってしまう。もっとも、両者とも非常に問題のある仮定である。「代表的企業」という概念は、マクロ経済学が誕生するはるか前、19世紀にアルフレッド・マーシャルが導入し（Marshall 1891）、1920年代に大論争を巻き起こした。概して批判的な指摘が多く、Robbins（1928）による批判は特に痛烈である。集計問題に対するマクロ経済学者の貢献がなくなっていった1960年に、名高い計量経済学者ツヴィ・グリリカスが、集計することによりミクロデータのノイズが打ち消しあい、より正確な推計が可能になる、という結果を報告し注目を集めたが（Grunfeld and Griliches 1960）、後年の研究では、Sasaki（1978）のように集計のデメリットのほうが大きいという指摘が多く、計量経済学分野で代表的企業の仮定を受け入れる研究は近年では見当たらない。

代表的個人、すなわち家計間のaggregationを実証的に正当化するような研究はほとんどない[6]。逆に、代表的個人を批判する研究は無数にある。例えば、Attanasio and Weber（1993）は、家計消費を集計してから対数をとったものと、個々の家計レベルで対数をとった後に集計したもの、の2種類の集計量間の引き算、すなわち、

$$\Delta \sum_n (\ln c_n) - \Delta \ln \left( \sum_n (c_n) \right)$$

を計算している。マクロ経済学ではしばしば対数値が出てくる。もしもこの引き算の値が時間によらず一定であれば、マクロの消費データを用いて消費関数の推計が可能である。残念ながら、この値は一定ではなく系列相関が存在している。これは、マクロの消費データの対数値は、ミクロの消費データの対数値と異なる時系列特徴を有していることを意味している。代表的個人の仮定を実証的なマクロモデル

で用いる理由は、分析上の容易さが主たるものだったと思われる。

## 7.2　集計量の再作成

クラインの主張する第二の解決法は、マクロの集計量をミクロデータと整合的に作成することである（Klein 1993）。これこそ、1940年代のクラインが積極的に主張していたものであり、さまざまな研究者により合成財という概念が構築された[7]。しかしながら、現在では、かなり強い仮定をミクロ経済モデルに課しても、それに対応する集計量は非常に複雑なものになってしまうことが明らかになっている。

例えば、対数効用関数を仮定する場合、先の例のように、意味のあるマクロの消費支出は、家計単位の消費支出の対数値を作成した上で集計することになる。これは、現在のように供給サイドから国民経済計算を計算する場合には実現不可能である。1993年の時点では、クライン本人もこの解決法に対して否定的である。

## 7.3　ミクロ理論を用いた集計

第三の解決法は多少複雑である。まず、ミクロ経済理論、すなわち企業や家計の最適化行動を解き、ミクロレベルの経済諸変数の関係式を得る。次に、すべての企業および家計に関して、経済諸変数についてある種の分布関数を用いて集計し、その集計量の関係をマクロ経済理論とするのである。その際、分布関数の形状が重要となるが、理想は現実の経済データからその形状を計算することが望ましい。

マクロ経済学において集計問題が深刻なのは、ミクロレベルの変数間の関係とマクロレベルの変数間の関係、すなわちミクロの理論とマクロの理論が一致しないためである。ミクロレベルで資本の限界生産性が資本コストと一致していても、マクロの資本の限界生産性が資本コストと一致するとは限らなくなる。むしろ、マクロの理論はどの程度異なる企業や家計が存在するか、すなわち経済全体の異質性の強度、分布の形状に依存してくる。

本稿の冒頭で紹介したKaymak and Poschke (2016) の研究を思い出してみよう。彼らは、まず動学一般均衡を一旦解き、各個人レベルのすべての所得や資産の値を計算する。次に、その仮想経済の下で現実に存在するマクロ集計量、すなわち資産や所得の分散を計算し、租税システムとの関係を分析している。これはクラインによる第三の解決法そのものであり、ミクロ理論とマクロ集計量の乖離、すなわち集計問題は発生していない。

## 8　クラインとフリッシュの夢

ケインズの影響を受け、巨大マクロ計量モデルの創始者となったクラインは、マクロ理論がミクロ理論から構築されることを重視していたが、両者のギャップを埋めることはできなかった。マクロ経済学という用語を生み出したフリッシュは、コンピュータのなかった時代にミクロのすべての単位を取り込んだ巨大システムを考え、実際には不可能であろうと議論していた。

マクロ経済学が成立した1930年代から100年近くが経過した現在、コンピュータ技術の発展により、家庭用PCでも、数万人規模の非線形シミュレーションが容易に行えるようになっている。ミクロ理論を用いた動学モデルを解き、そこからマクロ集計量を構築するそのアプローチは、クラインが苦慮した集計問題を解決している。データのミクロ化と数量化が、マクロ経済学の黎明期に提起された問題の解決法となったのである。もっとも、現在、異質な個人を扱うマクロモデルのほとんどは、Ex-anteには同質、すなわち、所得や資産と年齢が同じであれば、同じ消費や労働供給を行うと仮定されるなど、ミクロ経済学で展開される一般均衡モデルに比べて著しい単純化がいまだになされている。また、生産部門では代表的企業を想定しており、まだまだ発展の余地が残されている。

1930年代にマクロ経済学が誕生して以来、マクロ経済学は、黎明期のミクロデータ利用・数量化の試みが潰え、マクロ時系列データ利用と純粋理論が70〜80年代に栄え、1990年代以降、再びミクロデータ利用・数量化に戻ってきた。あたかも螺旋を描くような進歩であるが、マクロ経済学のあるべき姿をようやく取り戻したともいえる。もっとも、マクロ

経済学者は常に楽観的すぎるのかもしれない。ポール・サミュエルソンが、その名高い教科書の第3版（Samuelson 1955）で、ケインズ経済学と新古典派の総合によるマクロ経済学の進化を謳い上げたときも、アメリカの金融政策を指揮したベン・バーナンキがThe Great Moderationとして、金融政策の発展により深刻な景気循環は過去のものとなった、と宣言したとき（Bernanke 2004）も、どちらもまったく間違ったものであった。しかしながら、今日生じているマクロ経済学の分析上の変化は、政策やマクロ経済学の主張に関するものではなく、手法上のものであり、さまざまな経済現象の分析に応用可能なものである。マクロ経済学の数量化とミクロ化の波は、マクロ経済学の創始者の夢を一部かなえることに成功し、今後もずっと進展していくものと筆者は考えている。

[『進化する経済学の実証分析』pp.70-76を一部修正して再掲]

## 補論 ┃ マクロ経済学の実証分析 ：近年の展開

### administrative（業務）データを用いた経済分析

経済学に限らず、社会科学分野全体にわたる実証分析に大きな変化が進行中である[8]。それは、administrativeデータ（日本語では「行政データ」と訳されることが多いが、行政府のみならず、民間企業を含む組織が、業務上作成するさまざまなデータを示す言葉なので、ここでは「業務データ」と呼ぶことにする）を活用した分析が増えてきていることである。その波はマクロ経済学にも押し寄せており、さまざまな業務データを用いたマクロ経済分析が行われている。

一般に、業務データは統計を作成することを目的として設計されておらず、一国全体の代表性が確保されているとは限らない。むしろ、ある特定の企業の人事データ等、普遍化することが難しいケースが多いため、これまで、労働経済学や、政策評価を行う公共経済学・財政学、および医療経済学等では活用されていても、経済全体を扱うマクロ経済学では十分に活用されてこなかった。しかし、近年、悉皆的な、すなわち全数調査に近い業務データが利用さ

れるようになり、一気にマクロ経済学にも業務データの波が押し寄せたのである。ここでは、紙面の都合上、特に家計消費分析に限定して、近年のいくつかの研究を紹介したい。

### マクロ経済学における業務データ活用の先行例

業務データを活用したマクロ分析は、必ずしも新しいものではない。20世紀後半には小売店における販売記録データ（Point of Sale：POS）を用いた物価研究が行われていたし[9]、税務統計の中の高額納税者に関する記録を用いた、トマ・ピケティやエマニュエル・サエズ、および森口千晶氏の研究が注目を集めたことも記憶に新しい（Piketty and Saez 2003, Moriguchi and Saez 2008）。さらに、業務用データの学術研究に関する先進国として有名なデンマークにおいて、人口のほとんどを対象とするさまざまな業務データが研究者に公開されたことで、多くの研究が進んでいる。例えば、マクロ経済学とは必ずしもいえないが、Kleven et al.（2011）では、税務調査が行われる確率を人々にランダムに割り当てることによって、人々の申告額が、外生的な税務調査確率の違いにどう反応するかを調べる大掛かりな社会実験をデンマークで行っている。しかしながら、デンマークは先進国ではあるものの、世界的に代表的な経済とは言えないし、ピケティたちが用いた高額納税者データは全国民を対象にしたものではなく、マクロ経済学の広い分野に応用可能なものとは言い難かった。

### グベナンの研究の衝撃

2014年に刊行されたフェイト・グベナンらによる研究は、特に家計の消費行動分析を行う研究者に衝撃を与えた。消費の恒常所得・ライフサイクル仮説では、所得に生じた変動が恒常的か、一時的か、あるいは事前に予測されたものであるか、それらを区別することが重要になっている。所得過程の推計といわれるこの分野は、労働経済学とマクロ経済学の接点に位置するもので、50年近い研究の歴史がある。所得過程の推計にはパネルデータが有用であるため、従来はPanel Study of Income Dynamics（PSID）等の、研究者が主体となって作成している学術目的の

パネルデータが用いられてきた。PSIDは長期にわたる代表的なパネルデータであるが、長期にわたり追跡調査している対象は数千人程度であり、格差やリスクの分析には必ずしも適していなかった。その中で、Guvenen and Smith (2014) は、アメリカ合衆国における社会保障番号（Social Security Number：SSN）を用いた、非常に大規模な分析を行ったのである。SSNはアメリカ合衆国で経済活動を行うすべての人が保有しており、この情報をもとに銀行口座の開設や納税を行っている。これは事実上の悉皆データ、すなわち全数調査といってよいものになっている。グベナンは、SSNを用いることで、40年間にわたる大量の個人別パネルデータを用い、景気後退期には急激に所得が上昇する人の数は減り、逆に急激な所得低下が頻繁に生じること、所得上位1％の所得の動きは、他の人々とはまったく異なることなど、従来のパネルデータではとうてい不可能であった数多くの発見を行った。その後、グベナンは、SSNを用い、長期的な失業経験が将来の所得をどの程度減少させるか（Guvenen et al. 2017）、高額所得者層の所得上昇は一時的なのに対し、所得下落は長期的であるという非対称性を指摘（Guvenen et al. 2019）するなど、SSNを用いた研究を次々と発表している[10]。

### より高精度の消費データは可能か？

　SSNは所得に関する包括的なデータであるが、消費支出のデータではない。所得のデータが高精度化しても、消費データの精度が低いままでは経済分析全体への影響は限られたものになってしまう。業務データを用いた消費支出データとしては、市場調査会社の行っている購買記録データがある。これは、各消費者が購入した商品のバーコードをスマートフォンやバーコードリーダーで読みとり、さらに購買店舗および価格のデータは別途に調査会社に送信（例えば領収書をスキャン）し、調査会社がまとめるものである。このようなデータは世界各地で作られており、多くの分析がなされている商品レベルでの家計・個人の購買履歴がわかる貴重なデータベースであるが、自動販売機での購買のように、外出時に購入しそのまま消費してしまうような財でスキャン漏れが生じる等、家計簿ベースの消費データよりも過少になる傾向があることをLeicester (2015) 等が報告している。近年発表されたEika et al. (2020) とKolsrud et al. (2020) の2つの論文は、前者はノルウェー、後者はスウェーデンの業務データから消費の動きを正確に計測しようとする試みである。具体的には、各国の行政府が有する、ほぼ正確と考えられる所得と資産のパネルデータから予算制約式を用いて消費を逆算して計算し、その特徴を分析している。その結果、サーベイベースの標準的な消費データに比べ、引退時や病気の際の消費の下落がより正確に推計可能になるという結果を報告している。

### 人々の負債に関するサーベイ調査は信頼できるのか？

　人々が負債をどの程度有しているか、負債を有している家計はそうでない家計と何が異なり、それらは経済理論と整合的なのだろうか。これらは恒常所得仮説の中心課題であり、クレジットカード保有の有無は、流動性制約の検証の際の重要な情報とされている。しかしながら、研究者が一般家計に対して調査しても、その資産額や負債額に関する情報は信頼性に乏しく、誤差の多いものと考えられている。その点、業務データを用いるメリットは大きいであろう。ジョアンナ・スタービンスが2020年に発表した論文では、人々に対して行ったクレジットカード残高に関するサーベイ調査とクレジットヒストリー、すなわち負債額とその返済履歴を管理するEquifaxという組織の記録を突合させる分析を行った（Stavins 2020）。無論、人々のクレジットヒストリーは個人情報であるが、スタービンスは連邦準備銀行から許諾をとり、個人単位でサーベイ調査と実際のクレジットヒストリーのマッチングを行ったのである。その結果は、アンケート調査での回答額は実際のクレジットヒストリーと大きくは乖離しておらず、十分に信頼性の高いものであるというものであった。これは、サーベイ調査の負債データは信頼できない、と考えてきた従来の研究に一石を投じるものである。

### 業務データ活用の課題と将来

　業務データ、特に行政府やクレジット履歴管理会社の有するデータは従来では不可能であった多くの

研究を可能にする、大きな潜在力を有しているのは疑いの余地がない。特に、行政府データのもつ悉皆性はマクロ経済分析にとり非常に魅力的であり、従来では不可能だった詳細な個人間異質性、非対称性の分析が今後急速に進むことが考えられる。一方、業務データは学術分析を目的として設計されていないため、学歴などの重要な情報が抜け落ちていることが多い。また、改善されつつあるが、いまだ、多くの研究者が自由にアクセスできる環境とは言い難い。さらに、データが利用される側となる一般の人々の間で、自らのデータが研究者に使われることに対する理解をいかにして得るか、など、業務データ活用にはさまざまな課題がある。業務データによって得られた知見が、マクロ経済学の本流である動学一般均衡モデルに直接利用されるまでには、まだ長い道のりを行く必要があるだろう。しかしながら、業務用データは非常に貴重な公共財である、という認識は世界中で急速に高まりつつある。悉皆性を有するデータが多くの人に共有されるようになれば、それは、マクロ経済学のみならず、社会科学全体を大きく変貌させるものになると筆者は考えている。

［2020年5月加筆］

## 注

[1] 刊行された全論文ではなく、1976年から10年ごとに期間を区切り、各期間の期首から刊行順に4冊のJMEに掲載された論文を対象とした。純粋理論、マクロ計量分析（マクロデータを用いた実証分析）、ミクロ計量分析（ミクロデータを用いた実証分析）、カリブレーション、その他（サーベイ等）の5つに分類している。

[2] 賃金変動に対して保険は存在しないと仮定している。

[3] なお、日本においても、ミクロデータを用いたマクロ経済理論の検証を篠原三代平（Shinohara 1959）が20世紀中頃にすでに行っている。

[4] 同一の個人を追跡するパネル調査は1968年にアメリカで開始され、Hall and Mishkin（1982）等、1980年代から徐々にマクロ経済学者の利用が始まる。

[5] コンピュータがなかった時代に現代のカリブレーションとよく似たアプローチを採用していることに留意されたい。

[6] 完備保険市場が存在すれば、そしてもしも家計の選好がまったく同じであれば、消費の動きは全家計で同一となり、代表的個人を仮定しても問題なくなるが、完備保険市場仮説を支持する研究は近年ではほとんどない。

[7] クラインに触発された集計量研究については、ウィリアム・ゴーマンによる1953年（出版は1996年）の講演（Gorman 1996）を参照せよ。

[8] 経済学以外の展開については、Connelly et al.（2016）を参照されたい。

[9] Feenstra and Shapiro（2003）は2000年に開催されたPOSデータと物価に関するコンファレンス報告論文を集めたものである。

[10] 所得過程の業務データを活用した分析としては、マニュエル・アレラーノおよびリチャード・ブランデルという超御大による非線形過程の推計が、ノルウェーの行政府データを用いて行われている（Arellano et al. 2017）。

## 参考文献

□ Arellano, M., R. Blundell and S. Bonhomme（2017）"Earnings and Consumption Dynamics: A Nonlinear Panel Data Framework," *Econometrica*, 85(3), pp.693-734.

■ Attanasio, O. P. and G. Weber（1993）"Consumption Growth, the Interest Rate and Aggregation," *Review of Economic Studies*, 60(3), pp.631-649.

■ Bernanke, B. S.（2004）Remarks by Governor Ben S. Bernanke, at the Meetings of the Eastern Economic Association, Washington, DC, February 20, 2004

□ Connelly, R., C. J. Playford, V. Gayle and C. Dibben（2016）"The Role of Administrative Data in the Big Data Revolution in Social Science Research," *Social Science Research*, 59, pp.1-12.

■ Duesenberry, J. S.（1949）*Income, Saving, and the Theory of Consumer Behavior*, Havard University Press.

□ Eika, L., M. Mogstad and O. L. Vestad（2020）"What can We Learn about Household Consumption Expenditure from Data on Income and Assets?" *Journal of Public Economics*, forthcoming.

□ Feenstra, R. C. and M. D. Shapiro eds.（2003）*Scanner Data and Price Indexes*, University of Chicago Press.

■ Feldstein, M. and C. Horioka（1980）"Domestic Saving and International Capital Flows," *Economic Journal*, 90, pp.314-329.

■ Frisch, R.（1933）"Propagation and Impulse Problems in Dynamic Economics," in *Economic Essays in Honor of Gustav Cassel*, Allen & Unwin.

■ Gorman, M.W.（1996）"Klein Aggregates and Conventional Index Numbers," in C. Blackorby and A. F. Shorrocks eds., *Separability and Aggregation: The Collected Works of W. M. Gorman,* Vol.I, Clarendon Press.

■ Grunfeld, Y. and Z. Griliches（1960）"Is Aggregation Necessarily Bad?" *Review of Economics and Statistics*, 42, pp.1-13.

□ Guvenen, F. and A. A. Smith（2014）"Inferring Labor Income Risk and Partial Insurance from Economic Choices," *Econometrica*, 82(6), pp.2085-2129.

□ Guvenen, F., F. Karahan, S. Ozkan and J. Song（2017）"Heterogeneous Scarring Effects of Full-Year Non-employment," *American Economic Review*, 107(5), pp.369-373.

□ Guvenen, F., F. Karahan, S. Ozkan and J. Song（2019）"What Do Data on Millions of U.S. Workers Reveal about Life-Cycle Earnings Dynamics?" mimeo.

■ Hall, R. E. and F. S. Mishkin（1982）"The Sensitivity of Consumption to Transitory Income: Estimates from Panel Data on Households," *Econometrica*, 50(2), pp.461-81.

■ Hansen, L. P. and J. J. Heckman（1996）"The Empirical Foundations of Calibration," *Journal of Economic Perspectives*,

10(1), pp.87-104.

■ Hayashi, F. (1982) "Tobin's Marginal Q and Average Q: A Neoclassical Interpretation," *Econometrica*, 50(1), pp.213-224.

■ Kaymak, B. and M. Poschke (2016) "The Evolution of Wealth Inequality Over Half a Century: The Role of Taxes, Transfers and Technology," *Journal of Monetary Economics*, 77(1), pp.1-25.

■ Klein, L. R. (1946a) "Macroeconomics and the Theory of Rational Behavior," *Econometrica*, 14(2), pp.93-108.

■ Klein, L. R. (1946b) "Remarks on the Theory of Aggregation," *Econometrica*, 14(4), pp.303-312.

■ Klein, L. R. (1993) "What is Macroeconomics?" in H. Barkai, S. Fischer and N. Livatan eds., *Monetary Theory and Thought*, Macmillan.

□ Kleven, H.J., M. B. Knudsen, C. T. Kreiner, S. Pedersen and E. Saez (2011) "Unwilling or Unable to Cheat? Evidence from a Tax Audit Experiment in Denmark," *Econometrica*, 79(3), pp. 651-692.

□ Kolsrud, J., C. Landais and J. Spinnewijn (2020) "Studying Consumption Patterns Using Registry Data: Lessons from Swedish Administrative Data", *Journal of Public Economics*, forthcoming.

■ Kydland, F. E. and E. C. Prescott (1982) "Time to Build and Aggregate Fluctuations," *Econometrica*, 50(6), pp.1345-1370.

□ Leicester, A. (2015) "The Potential Use of In-Home Scanner Technology for Budget Surveys," in Carroll, C. D., T. F. Crossley, and J. Sabelhaus eds. *Improving the Measurement of Consumer Expenditures*, pp.441-491.

■ Lucas, R. E. (1972) "Expectations and the Neutrality of Money," *Journal of Economic Theory*, 4(2), pp.103-124.

■ Marshall, A. (1891) *Principles of Economics*, 2nd ed., Macmillan.

□ Moriguchi, C. and E. Saez (2008) "The Evolution of Income Concentration in Japan, 1886-2005： Evidence from Income Tax Statistics," *Review of Economics and Statistics*, 90 (4), pp. 713-734.

□ Piketty, T. and E. Saez (2003) "Income Inequality in The United States, 1913-1998," *Quarterly Journal of Economics*, 118 (1), pp.1-39.

■ Robbins, L. (1928) "The Representative Firm," *Economic Journal*, 38(151) pp.387-404.

■ Saez, E. and G. Zucman (2016) "Wealth Inequality in the United States since 1913: Evidence from Capitalized Income Tax Data," *Quarterly Journal of Economics*, 131(2), pp.519-578.

■ Samuelson, P.(1955) *Economics*, 3rd ed., McGraw-Hill.

■ Sargent, T. (1987) *Macroeconomic Theory*, 2nd ed., Academic Press.

■ Sasaki, K. (1978). "An Empirical Analysis of Linear Aggregation Problems. The Case of Investment Behaviour in Japanese Firms," *Journal of Econometrics*, 7(3), pp.313-331.

■ Shinohara, M. (1959) "The Structure of Saving and Consumption Function in Postwar Japan," *Journal of Political Economy*, 67(6), pp.589-603.

■ Sims, C. (1972) "Money, Income, and Causality," *American Economic Review*, 62(4), pp.540-552.

■ Sonnenschein, H. (1973) "Do Walras' Identity and Continuity Characterize the Class of Community Excess Demand Functions?" *Journal of Economic Theory*, 6(4), pp.345-354.

□ Stavins, J. (2020) "Credit Card Debt and Consumer Payment Choice: What Can We Learn from Credit Bureau Data?" *Journal of Financial Services Research*, 58(1), pp.59-90.

［□は加筆に際し追加した文献］

各分野の実証研究

Different Fields in Empirical Economics

柴田　舞
しばた・まい

高千穂大学商学部教授。専門は計量ファイナンス。論文："The Influence of Japan's Unsecured Overnight Call Rate on Bull and Bear Markets and Market Turns," *Asia-Pacific Financial Markets*, 21 (4), pp.331-349, 2014など。

# ファイナンス

ファイナンス分野における実証研究の変遷とその最先端について、株価のリターンとボラティリティの分析を中心に、今後の課題も含め解説する。

## 1　ファイナンス実証分析手法の変遷

ファイナンス研究の実証分析にはさまざまな分野があるが、ここでは特に株価の変化率を表すリターンと、その変動の大きさを表すボラティリティの研究を中心に、分析の変遷や重要な研究を解説しよう。

ところで、株価はその値のままでは分析できず、リターン（もしくは収益率あるいは変化率、％で表記）に変換しなければならない。そこで、まずリターンの説明から始めよう。続いてこの分野の研究の変遷、近年の流れである高頻度データの研究を説明していこう。

### 1.1　リターン

まず、株価のままでは分析に堪えない理由を説明しよう。図1は2000年1月から2016年5月末までにおけるTOPIX（東証株価指数）の、各取引日の最終価格である「終値」である。1日につき1つのデータがあるので「日次データ」と呼ばれる[1]。図を見ると、TOPIXは山や谷を描くように上下変動を繰り返している様子がわかる。

このような上下変動を繰り返すデータは、その平均値が一定ではないことが図より明らかである。データ処理が可能となる統計学の「定常性」を満たすため、平均が一定などの性質を伴うデータへ処理する必要がある[2]。そこで、株価を対数変換した値を用意し、対数価格から前日の対数価格を引き、100倍

してリターンへと変換する。この方法で毎日のリターンを計算できる。

リターンは、前営業日から株価が何％変化したのかを表している。1日のリターンを2日分足し合わせると2日間のリターンと一致するので便利である（より長い日数についても同様）。

TOPIXの日次リターンを図2に示した。上側の折れ線がリターンである。単位は％であり、左の目盛りを読む。横軸は日付である。リターンがゼロを中心に上下に変動している様子がわかるであろう。

### 1.2　リターンの分布

リターンの日次データを一定期間まとめて、その平均と分散を算出すれば、リターンの特徴がわかる。通常の発想として、リターンが正規分布に従うと考えられた。正規分布は平均と分散だけで特定できる代表的な分布である。しかし、分析が進むにつれ、正規分布とは異なる特徴がわかってきた。平均から大きく離れた値が正規分布を想定するには多すぎること、また、平均の近くのリターンが多いことである。この証拠は、基本統計量の尖度の高さにある。数年といった一定期間の日次データで尖度を推定すると、正規分布の尖度である3よりも大きいことが示されている。

その説明のひとつとして、ボラティリティの変化が指摘された。これはリターンの変動の大きさを表す変数である。やや難解ではあるが、リターンの分布そのものの分散ではなく、リターンについて、あ

注) 2000年1月から2016年5月末まで、日次終値。日経NEEDSから取得した。

**図1 | TOPIX（東証株価指数）**

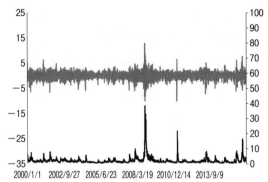

注) リターンは上側の折れ線で、左目盛りを読む。ボラティリティは下側の折れ線で、右目盛りを読む。横軸は日付であり、リターンとボラティリティで共通している。

**図2 | リターンとボラティリティ**

る日までの情報をもとに予測する翌日のリターンの分布の分散である。ボラティリティの研究について、詳しくは後述する。なお、そのほかの説明として、リターンが裾の厚い分布に従っているとする研究が進められた。そこでは $t$ 分布などが分析に用いられる。

### 1.3 ブル市場とベア市場

ここで少し話が変わるが、ブル・ベア市場の分析を紹介する。これは、株価上昇時を力強いブル（雄牛）が角を突き上げる様に見立て、一方の下落時を、どっしりとしたベア（熊）が爪を振りかざす様に見立てた表現である。古くから使われている表現で、ニューヨーク証券取引所の近くにはブルの像があるそうである。

ブル・ベア市場の分析にはHamilton（1989）のマルコフ・スイッチング・モデルが使われる。その時々の状態を推定できるモデルであり、いわばダミー変数を推定するモデルといって差し支えないであろう。これを株式市場の分析に応用するには、ブル市場なら0、ベア市場なら1に変化する変数を取り入れ、リターンやボラティリティ、あるいは他のパラメータが変化するモデルを想定すればよい。

このモデルは複数の拡張が行われている。ボラティリティに、後述するARCHモデルやSVモデルを仮定することや、状態が0と1の間で変化する確率を金利などの変数で説明するといった工夫がされている。

実証分析によると、株価下落とボラティリティ上昇が通常は同時に観測される。この関係は直感的にも解釈可能であろう。例えばバブル崩壊やリーマンショックなどのとき、市場ではショックと共に株価が急激に下落したため、ボラティリティは大きくなる。このような極端なケースに限らず、株価下落時のボラティリティは大きいことが通常である。逆に、株価上昇時にはリターンの振れ幅が小さいままで上昇していくことが多いため、ボラティリティは小さくなる。後述するVIXと呼ばれるボラティリティ指数には「恐怖指数」というあだ名があるが、これは、VIXの大きさが将来の株価下落への恐怖を反映しているためである。

このモデルの優れた点は、理解が容易なことである。市場状態が変わればリターンの分布も変わると考えており、直感的にわかりやすい。一方で、このモデルの議論の余地は状態の数の選択であろう。状態数がブルとベアの2つでよいのか検証が必要であり、状態数を増やした研究も行われている。

## 2 | ボラティリティ研究がファイナンスの世界を変えた

ファイナンス実証分析は、ボラティリティ（Volatility）の研究で大きく飛躍した。ボラティリティはリターンの条件付き分散（または標準偏差）で、その時々に変化することが知られている。しかし、ボラティリティは直接観測されない変数であるため、

推定方法の開発が必要とされた。中でも代表的なものがARCHモデルとSVモデルである。

## 2.1 ボラティリティの特徴

ARCHやSVモデルを説明する前に、ボラティリティの特徴を確認しておこう。まず、ボラティリティ・クラスタリングと呼ばれる現象がある。ボラティリティを図に示すと、高いボラティリティが数日続いていたり、反対に低いボラティリティが続いたりする。つまり、ある日のボラティリティは前日のボラティリティと同程度の値になることが多く、ボラティリティの持続性が高いといわれる。

また、ボラティリティ変動には非対称性という性質もある。リターンの動きが想定に対してプラスかマイナスのどちらへずれていたのかにより、ボラティリティの大きさが異なることを示す。リターンが想定よりも大幅に低下すると、翌日のボラティリティが一層大きくなる性質である。これらの特徴を取り入れたモデルが考えられた。

## 2.2 ARCH

ARCH（Autoregressive Conditional Heteroscedasticity）モデルは時系列モデルの枠組みで作られた。前日までの価格情報を取り入れた条件付き（conditional）で、リターンの分散は日々変化する不均一分散（heteroscedasticity）であり、それ自体の過去の値を説明変数とする自己回帰モデルで説明される（autoregressive）、という意味である。Engle（1982）がARCHモデルを提示し、ARCH効果検定法や実証分析でモデルの妥当性を示した。

ARCHモデルではまずリターンをモデル化する。通常は自己回帰モデルを用いる。各期の誤差項は、各期で値の異なるボラティリティと、確率変数を掛け合わせたものとする。

ボラティリティ自体については、過去のリターンの誤差項の2乗値で説明するモデルを想定するが、重要なのは、ボラティリティの式に誤差項が入らない点である。いわば、自己回帰モデルから誤差項をとった形に相当する。ある日までの株価データがあれば過去のボラティリティがわかり、ARCHモデルで翌日のボラティリティが確実にわかるのである。

これは、今日までのデータを使えば明日の株式市場がどれほど荒れるのか、あるいは静かなのか予言可能といっているに等しい。

この仮定は現実的ではないと思われるかもしれない。しかし、モデルの扱いの簡単さとモデルの正確さは、トレード・オフの関係になることを考えると、このきつい仮定はむしろ素晴らしい工夫といえよう。このため、SVモデルと比べるとARCHモデルの推定は簡単である。正規分布や $t$ 分布などを仮定して最尤法を用いればよい。

過去のリターンの誤差項の2乗に加えて、過去のボラティリティもモデルに含めることによりARCHモデルを一般化した、Generalized ARCH（GARCH）モデルがBollerslev（1986）により提案された。理論上では、最も単純な（誤差項とボラティリティを1つずつ含む）GARCHモデルが、1期前から無限期前までの誤差項の2乗をすべて含めたARCHモデルに等しいことがわかっているため、GARCHモデルの方が広く使われている。このほかにも、ARCHモデルの拡張モデルが数多く提案された。ボラティリティ変動の非対称性を取り入れたモデルや、多変量モデルなどがある[3]。

図2下段にGARCHモデルで推定されたボラティリティを示した。縦軸は右目盛りを読む。リターンが大きく変化する日のボラティリティが高いことや、ボラティリティが高い日や低い日があることが見てとれる。

## 2.3 SV

SV（Stochastic Volatility）モデルは、ARCHモデルと双璧をなす代表的なボラティリティ・モデルのひとつである。ボラティリティが確率的（stochastic）であることを意味している。Clark（1973）が連続時間の枠組みでボラティリティが一定ではないこと示した論文が最初とされる。ボラティリティをモデル化した初期の論文にTaylor（1982）がある。

SVモデルは、リターンそのものと、そのボラティリティの対数値の両方が自己回帰モデルに従うと考えている。ARCHモデルと比較した特徴は、ボラティリティに確率的に変化する誤差項が含まれる点である。このため、ARCHモデルとは異なり、今日ま

での情報があっても、明日のボラティリティは確定しない。

　この仮定は現実的であるが、一方で、モデルの推定が困難になる。データを所与としてもリターンの分布が確定しないため、最尤法を使えない[4]。そこで、ベイズ統計をもとにしたMCMC（マルコフ連鎖モンテカルロ）法が用いられている。

　SVモデルでも、拡張モデルの研究が行われている。ボラティリティの非対称性は、リターンの誤差項とボラティリティの誤差項の共分散で分析される。SVモデルについて詳しくは、Shephard（2005）によるSVモデル論文集がある。

## 2.4　ボラティリティ（ARCHやSV）の研究が社会に与えた影響

　ARCHモデルやSVモデル、そして拡張モデルの研究により、株価変動をより正確に把握できるようになった。これを活用してリスク管理に応用できる。そもそもファイナンスではリターンの標準偏差や分散をリスクと考える。このとき、ボラティリティ変動をモデル化して精度を高めて推定できれば、その日までの情報をもとに将来のリターンの分布がより正確にわかる。すると、Value-at-Risk（VaR）と呼ばれる一定額の損失を出す確率を計算できるので、リスク管理に応用できる。実際、バーゼル合意（バーゼル銀行監督委員会が公表している、国際的に活動する銀行の管理体制に関する国際統一基準）では、市場リスクを算出する方法のひとつとして、VaRを用いる方法が認められている。

　また、デリバティブの評価にも応用できる。オプション価格評価で有名なブラック・ショールズモデルで必要な数値のひとつはボラティリティである。推定されたボラティリティを活用すればよい。

　実社会へ与えた影響にとどまらず、研究の世界では大きな影響があった。ARCHモデル以降、ボラティリティに関する研究は大幅に増え、現在も盛んに研究が進められている。なお、Engleは、ARCHモデルを含む時系列分析手法の確立によって2003年にノーベル経済学賞を受賞した。

## 3 | 高頻度データの時代へ

　世の中の流れは大規模データの分析に向かっている。ファイナンスの研究では、日中の約定価格や数量、発注などの細かい情報を含むティック・データの分析が行われている。このデータは短い間隔で頻繁に観測されるため、高頻度データとも呼ばれる。取引が頻繁な銘柄では1秒間に複数回のデータが記録されている上、ひとまとまりの情報に売り・買い注文の複数の価格に対する数量が保存されている。これを数日や数カ月にわたって分析すると、データ全体では膨大な量になる。とはいえ、通常のパソコンで分析可能である。

　ティック・データは、ボラティリティの研究や、マーケット・マイクロ・ストラクチャーと呼ばれる取引構造の研究で活用されている。

　ボラティリティにおける高頻度データの活用では、RV（Realized Volatility）の研究が進んでいる。RVは、5分などの一定間隔のリターンの2乗値を1日にわたって合計することで計算される、1日のボラティリティの推定値である。Andersen and Bollerslev（1998）などにより提唱されて以降、RVの性質について理論・実証両面で活発に研究が行われている。

　RVは、データの時間間隔が十分に短ければ、ある条件の下で目的とするボラティリティに一致することが証明されている[5]。理論的背景がしっかりしている上、モデルが不必要で計算方法も単純であることから、ボラティリティを推定する方法として非常に便利である。

　しかし注意点もある。1日のリターン変動を丁寧に追っていく構造のため、市場が荒れた日のボラティリティが高い値になる傾向がある。また、RVを観測されたデータとして時系列モデルを推定すると、ロングメモリー・モデルがフィットしやすい傾向にあるが、ロングメモリー・モデル自体の分析や解釈が難しい。さらに、時間間隔も考慮すべき問題であろう。短すぎる時間間隔で観測される価格には、非合理的な行動や市場の取引構造に起因する価格ノイズが含まれてしまい、理想的ではない。一方で、時

間間隔を長くしすぎると、せっかくの日中データのメリットが薄れてしまう。そこで、価格ノイズを考慮した上で、日中データのメリットを活かしボラティリティをより高い精度で推定する研究が盛んに進められている。また、RVそのものをモデル化する研究や、RVをARCHモデルやSVモデルに組み込んだボラティリティ・モデルの開発も行われている。

株価指数のRVで特に問題になるのが、日中の指数リターンにみられる自己相関である。市場全体に影響を及ぼすニュースがあると、多くの銘柄の株価が変化するが、その反応の速さには差がある。このため、すぐに反応した株価はすぐに株価指数に反映され、遅く反応した株価は時間が経ってから株価指数に反映される。この結果、株価指数は、上昇あるいは下落といった同一方向へしばらく変化を続け、そのリターンは同方向へ動き続けることになる。この状況で、単純にリターン2乗値を足し合わせても、目的としているボラティリティとはズレが生じてしまう。そこで、自己相関によるズレがなくなるように調整する研究も行われている。

また、高頻度データが取得できない時間帯のデータをどのように扱うかも問題である。東京証券取引所（以下、東証）で取引が終了する午後3時から翌日の取引が開始される午前9時までのデータは、入手不可能である。その間をひとつのリターンでカバーしてRVを計算すると、実はこの間のリターン変動が大きくて影響が強い。また、東証では取引が中断する昼休みも同様の問題を含んでいる。これらの対処の研究も行われている。

マーケット・マイクロ・ストラクチャーの分析では、一つひとつの取引に注目した分析が行われる。例えば日中データを使った流動性の分析がある。ティック・データには、売り注文の最安値であるアスクと、買い注文の最高値であるビッドの価格が記録されている。2つの差はスプレッドと呼ばれ、これが小さいほど取引コストが少なくてすむ。これは「流動性」と呼ばれる、取引のしやすさの指標の一つである。このように取引の一つひとつに注目してコストを算出することが、ティック・データにより可能となる。近年では取引の高速化や、アルゴリズム取引が増えていることなど、株式市場を取り巻く問題の分析には、日中のデータが必要不可欠である。

そのほかの近年の話題として、VIXがある。VIXはシカゴ・オプション取引所が考案したボラティリティ・インデックスであり、S&P500オプション価格から取り出される情報をもとにして算出されている。日本では日本経済新聞社が、日経平均ボラティリティ・インデックスを2010年11月19日から算出している。数値の説明は日本経済新聞社のホームページで閲覧できる。

## 4 ┃ 今後の研究課題

ファイナンス実証分析の研究は、ボラティリティの研究で大きく飛躍した。それから約30年が経過し、ボラティリティ変動の分析、モデル拡張の研究など、幅広く研究が行われてきた。しかし、ファイナンスを取り巻く環境が大きく変わっている中で、残された課題はある。環境の変化による研究の必要性、方法の厳密さと汎用性の問題の2点について述べておこう。

金融取引の実態からみて、高頻度データの分析は必要である。世界の多くの株式市場がデータ処理時間を高速化させていて、東証では注文応答時間が0.5ミリ秒未満、情報配信時間が1ミリ秒未満である（2015年9月以降）。このような短い時間の中で、あらかじめ定められたアルゴリズムに従った取引が多く行われている。このような状況では、1日よりも短い時間間隔の分析が必要である。

なお、研究を進めるためには、データの整備が必要である。日次四本値は大学などで入手可能であるものの、長期時系列や日中データを入手するには、データ元へ個別の交渉が必要である。さまざまなデータをより容易に活用できる環境を整え、入手手段などが総合的に容易になれば、分析の裾野が広がるであろう。

次に分析方法についてであるが、多くの拡張モデルが開発されたとはいえ、まだ研究は必要である。中でもボラティリティの予測やその変動を説明するモデルの開発は続くであろう。研究の厳密さを考えると、複雑なモデル、高度な手法が必要とされる。

そのためには、統計ソフトを使いこなし、プログラムを書けなければならない。広く使われている表計算ソフトではボラティリティ研究は不可能である。しかし一方で、手法が高度になると、広く活用されることは難しい。研究成果の実社会への貢献を考えたとき、扱いやすさも望まれる。

## 注

[1] 週当たり1つのデータならば週次、1月当たり1つのデータならば月次データである。

[2] （弱）定常性の条件は、平均と分散が有限で、時間に依存しないこと、共分散が時間差だけに依存することである。

[3] ほかにもさまざまな拡張モデルが提案されている。例えば、Bollerslev et al.（1994）を参照されたい。

[4] ただし、疑似最尤法で推定可能である。

[5] さらに正確に表現すると、RVは真のボラティリティに確率収束する。

## 参考文献

■ Andersen, T. G. and T. Bollerslev (1998) "Answering the Skeptics: Yes, Standard Volatility Models Do Provide Accurate Forecasts," *International Economic Review*, 39(4), pp.885-905.

■ Bollerslev, T. (1986) "Generalized Autoregressive Conditional Heteroskedasticity," *Journal of Econometrics*, 31(3), pp.307-327.

■ Bollerslev, T., R. F. Engle and D. B. Nelson (1994) "ARCH Models," in R. F. Engle and D. L. McFadden, eds., *The Handbook of Econometrics*, vol.4, North-Holland, pp.2959-3038.

■ Clark, P. (1973) "A Subordinated Stochastic Process Model with Finite Variance for Speculative Process," *Econometrica*, 41(1), pp.135-155.

■ Engle, R. F. (1982) "Autoregressive Conditional Heteroscedasticity with Estimates of the Variance of United Kingdom Inflation," *Econometrica*, 50(4), pp.987-1007.

■ Hamilton, J. D. (1989) "A New Approach to the Economic Analysis of Nonstationary Time Series and the Business Cycle," *Econometrica*, 57(2), pp.357-384.

■ Shephard, N. (2005) *Stochastic Volatility*, Oxford University Press.

■ Taylor, S. J. (1982) "Financial Returns Modelled by the Product of Two Stochastic Process: A Study of Daily Sugar Prices, 1961-79," in O. D. Anderson, eds., *Time Series Analysis: Theory and Practice1*, North-Holland.

［『進化する経済学の実証分析』pp.77-82を再掲］

各分野の実証研究
———
Different Fields in Empirical Economics

# 行動経済学

## 大垣昌夫
おおがき・まさお

慶應義塾大学経済学部教授。専門は行動経済学、マクロ経済学。論文：“Normative Behavioural Economics Based on Unconditional Love and Moral Virtue,” *Japanese Economic Review*, 66 (2), pp. 226-246, 2015（With V. Bhatt and Y. Yaguchi）など。

行動経済学で用いられる実証分析の手法は、他分野の手法を取り入れることで発展してきた。ここでは、ラボ実験とフィールド実験の比較などを通じて、その手法を概観するとともに、将来への展望について語る。

## 1　はじめに

　行動経済学は、「利己的で合理的な経済人の仮定を置かない経済学」と定義できる（大垣・田中 2014, p.4）。経済人（ホモ・エコノミカス）を仮定する場合に無意味なさまざまな他分野の研究手法が、行動経済学では意味をもつことになる。このため、心理学、脳科学、社会学、文化人類学、などさまざまな分野の実証分析手法や知見を経済学に取り入れることができる。

　第2節ではラボ実験とフィールド実験をめぐる論争を通じて、実験的アプローチがどのように行動経済学で用いられているかを説明する。第3節では神経経済学の実験的アプローチ、第4節では労働供給理論をめぐる計量経済学的アプローチ、第5節では双曲割引に関するカリブレーションの行動経済学での応用について説明する。第6節では、将来への展望として、今後の行動経済学での応用の発展が期待される質的研究方法について言及する。

## 2　ラボ実験とフィールド実験をめぐる論争

　行動経済学で重要な実証分析手法のひとつが実験であり、実験には大きく分けて実験室実験（ラボ実験）とフィールド実験（『経済セミナー』2015年6・7月号の特集「世の中を変えよう！　フィールド実験入門」を参照）がある。自然科学のラボ実験では、重力などの物理法則が実験室の中と外で違う可能性は問題にならないが、社会科学では、ラボ実験で得られる知見が実験室の外部にも応用できるという外的妥当性（external validity）があるのか、という問題が多くの分野で議論されてきた（Falk and Heckman 2009が概観している）。

　Levitt and List（2007）は、社会的選好の測定という行動経済学にとって特に重要な分野で、ラボ実験には外的妥当性に関して大きな困難があることを指摘している。レヴィットらの論文の結論としての主張は、ラボ実験と現場（フィールド）データの間の橋渡しのために、フィールド実験を使うことが望ましいということであり、まったく穏当な主張である。しかし、もしラボ実験には外的妥当性がまったくないか、ほとんどない、ということであるなら、ラボ実験よりもフィールド実験を行うべき、ということになるであろう。実際に、このようにレヴィットらの論文を解釈する研究者も多くいるようである。本節では、社会的選好の分野を中心にラボ実験の外的妥当性の問題をどのように考えて、どのような研究方法を取ることが望ましいか、について考察する。

　レヴィットらは、ラボ実験の外的妥当性の問題の例のひとつとして、Benz and Meier（2008）の2006年のワーキング・ペーパー版を引用している（レヴィットらの他の重要例にギフト交換モデルに関する実験があり、竹内 2015で説明されている）。ベンツらはチューリッヒ大学が毎学期にオファーしている

大学の社会基金への献金行動の現場（フィールド）データを用いた。経済的に困窮している学生のための社会基金と、外国からの学生を支援するための社会基金という2つの基金があった。このデータのある学生の一部を対象としたラボ実験での慈善ゲーム（独裁者ゲームの受益者が慈善団体であるゲーム）を実施した。このようにして、ベンツらはフィールド・データでの献金行動と、ラボ実験での献金行動を比べる研究を行うことができたのだ。

フィールド・データでは、実験の前後で大学の社会基金にまったく献金をしない学生の、ラボ実験での同じ社会基金への献金は平均で、実験で与えられた初期保有額の約65％であった。この結果だけをみると、ラボ実験の外的妥当性には致命的な問題があるように思える。しかしベンツらは、フィールド・データでの献金額とラボ実験での献金額に正の関係があることも強調している。フィールド・データで実験の前後で常に献金をする学生は、平均で初期保有額の約87％であった。またラボ実験での平均献金額の、フィールド・データでの実験前の平均献金額との相関係数は0.28、実験後の平均献金額との相関係数は0.4で、どちらも1％水準で有意であった。

ここでまず、なぜ、ラボ実験では初期保有の多くの割合を献金をする人が、フィールドでは献金をしない場合が多くあるのかという、外的妥当性の問題を考える必要がある。レヴィットらは、人は自分の資産だけではなく、社会規範に従うことからも効用が生じるモデルを提案している。また、社会規範に従うことからの効用は、どの程度詳細に、その人の行動が精査（scrutiny）されているかにも依存する、とする。行動が録画されていたり、自分の子どもたちに見られていたり、実験者によって見張られているなど、精査の程度が大きい状況では社会的規範に従うことの効用がより大きくなる、という考えである。ラボ実験では精査の程度がフィールドに比べて非常に大きいため、より社会規範にそった行動が観察されて外的妥当性の問題が生じると考えられる。

社会規範と精査により外的妥当性の問題が生じる影響が出ているが、同時にラボ実験での行動とフィールドでの行動には、ベンツらが発見したように正の関係もあるので、この影響のために完全に外的妥

当性がなくなっているわけではない、と考えることができる。そうであれば、ひとつの有力な対策は、ラボ実験を少なくすることではなく、ラボ実験をもっと多く行うことである。特に適切なラボ実験で、社会的規範と精査の行動への影響を研究することが有効な対策となる。Falk and Heckman（2009）は、社会科学でのラボ実験というより大きな文脈で、より多くラボ実験をすることが外的妥当性の問題への智恵のある解決策であることを説明している。

そのようなラボ実験研究のひとつの具体例としては、Krupka and Weber（2013）による社会規範の独裁者ゲームでの行動への影響の研究がある（大垣・田中 2014の第9章でこの研究を詳しく説明している）。

もうひとつの例として、Dana et al.（2006）がある。この研究では、$10のパイを分ける独裁者ゲームで、配分者は配分を決めた後に独裁者ゲームをプレイしないで、$9を受け取る選択肢が与えられた。配分者が独裁者ゲームをプレイしない選択枝を選ぶと、受益者は独裁者ゲームについてまったく何も知らされない。28％（40人中11人）は、ゲームをプレイしないことを選択した。このうち2人は$10すべてをキープする予定だった。他人（この場合はゲームの受益者）に見られているという精査があるので、自分は公平な人間と見られたいという聴衆効果（audience effect）があると考えられる。精査があるとき、公平にふるまわないと自分が不公平な人間と見られる状況に置かれたら公平にふるまうが（聴衆効果）、できれば費用を支払ってもそのような状況に置かれたくない、という行動である。

実験者からの精査の効果を完全に統制するのはラボ実験では不可能であるが、自然型フィールド実験という、参加者に自分が実験に参加しているという自覚がない実験方法がある。ただしこの方法は、実験者倫理の重要な原則のひとつであるインフォームド・コンセントに反するので、十分な注意が必要である。

List（2011）は、参加者の健康に関わる実験の場合にインフォームド・コンセントは不可欠であるが、経済実験では参加者のリスクが十分に小さくて、実験からの社会的便益が大きければ、自然型フィール

ド実験を行っても倫理的に正当化される場合もあることを主張している。ただし、この判断を、研究からさまざまな利益を得る研究者自身が行うとどうしてもバイアスが生じるので、Institutional Review Board（IRB）などの第三者による厳密な審査と管理が必要であることを説明している。日本の大学でも経済学研究のためのIRBが設立されるところが増えてきているが、自然型フィールド実験の実施に興味のある経済学研究者の大学に、そのようなIRBがまだ存在しない場合もありえるので十分な注意が必要である。

　まとめると、ラボ実験を行うときには外的妥当性の問題に注意する必要があり、特に社会的選好に関する行動研究の場合、社会的規範や精査の程度、方法が行動に影響している可能性について考察する必要がある。そこで、社会的規範や精査について研究するラボ実験を行ったり、関連するフィールド・データを計量経済学分析したりしてその橋渡しとしてフィールド実験を行ない、これら3つの手法を補完的に用いることが有効な実証研究手法である。

## 3 ｜ 神経経済学の実験的アプローチ

　脳科学（神経科学）の分野では、脳の働きを調べる実験的手法によって動物や人間の意思決定のメカニズムが研究されてきた。大垣・田中（2014）第2章の定義によれば「神経経済学とは、経済行動を生み出す脳の働きを脳科学の手法を用いて解明し、実際の人間の経済行動をよりよく説明できるような新しい経済理論を作ろうとする学問」である。ホモ・エコノミカスの大前提をおく伝統的経済学では、意思決定のメカニズムは制約下の効用最大化でモデル化されるため、脳科学による知見はほとんどの場合無視されてきた。しかし、この大前提を置かない行動経済学にとって、神経経済学の実験的アプローチによって、人間の意思決定メカニズムについて研究することが重要となる。

　行動経済学者として筆者がこれまでに最も深い影響を受けた神経経済学の研究が、Tanaka et al.（2007）である。この研究は脳内に異なる時間割引率で評価する複数のシステムが存在することを説得的に示している。生涯効用を考えるなら、異なる時間割引率が存在するということは、脳内にはひとつではなく、異なる複数の生涯効用関数が存在することになる。もし個人の生涯効用関数がひとつであれば、その効用関数をさまざまな制約の下で最大化することが個人にとって望ましいと考えられる。しかし複数の生涯効用関数が存在するなら、個人が目標とすべきことは、特定の効用関数の最大化ではなく、状況に応じた時間割引率と生涯効用関数を用いて学習することであるように思える。例えば、不安定な状況にあるときは、高い時間割引率を用いた方が、学習が早い場合が多いであろうし、安定した状況にあるときは、低い時間割引率を用いて忍耐強く学習を進めることが望ましい場合が多いであろう。

　こう考えると、個人の人生の目的は特定の生涯効用関数の最大化ではなく、むしろ、学習である。社会の仕組みや公共政策も、学習のためにはある程度の効用の水準を保つことが重要であろうが、効用だけに注目するのではなく、学習の促進という観点もあったほうが望ましいことになる。このような発想からBhatt et al.（2015, 2016）は、共同体への貢献を喜ぶようになる人格的な学習を強調する徳倫理の規範行動経済学への導入を研究している。

## 4 ｜ 計量経済学的アプローチによる労働供給理論をめぐる論争[1]

　行動経済学で重要な参照点の理論を、ニューヨーク市のタクシー運転手の労働供給に応用した一連の研究は、非構造計量経済学と構造計量経済学の好例である。

　カメレールら（Camerer et al. 1997）は、聞き取り調査により、ニューヨーク市の個人タクシー運転手の労働時間を調べた。彼らは非構造計量経済学の手法を応用して一時的に需要の低い日に長時間働き、一時的に需要の高い日には短時間働く傾向があったことを発見した。しかし伝統的経済学の需要・供給理論では、一時的に需要が大きく、時間当たりの労働所得も高い日には、タクシー運転手の労働供給は長時間になり、低い日には短時間になると理論的に

予測する。カメレールらは、ニューヨークの運転手は「日々の目標売上」を定めていて、それがプロスペクト理論による参照点となっていると考えた。その日の所得が参照点に達しないと損失と認識される。そこで損失回避のために、目標売上に達するまで長時間働く。

Farber（2005）は、ニューヨークのタクシー運転手の労働供給についての新しいデータを収集し、カメレールらのような大きな参照点の効果はみられないと主張した。Farber（2008）はこのデータで参照点を含む労働供給モデルを推計し、モデルの所得の参照点に達すると、労働供給を止める傾向がみつかった。しかし、特定の運転手の参照点が日によって大きく変動し、また、ほとんどの場合、参照点に所得が達する前にシフトが終わってしまう。ファーバーはこれらの2点から、ニューヨークのタクシー運転手の労働供給に関して、参照点に依存する選好に重要な役割は認められないとした。

Crawford and Meng（2011）は、Köszegi and Rabin（2006）の理論モデルを用い、時間と所得の参照点が合理的期待によって決まってくる労働供給モデルを構造計量経済学の手法で推計した。彼らの所得の参照点は安定的で、Farber（2008）の「参照点が不安定」という批判を免れている。

参照点については、実験的アプローチでも、Kahneman et al.（1990）の初期保有効果に対する決定的な証拠と思われた実験結果が、Plott and Zeiler（2005）によって実験手法を変えるだけで消えてしまうことが示され、論争になった。この論争と解釈については、大垣・田中（2014）の第1章と第4章で詳しく説明がある。労働供給の論争とあわせて、参照点の決定のより深い理解が行動経済学で必要となっている。

## 5 カリブレーション・アプローチと双曲割引

行動経済学におけるカリブレーションの応用の好例は、双曲割引が実際に人々の行動に影響を及ぼしているさまざまな証拠を見つけた、Angeletos et al.（2001）の研究である。

この研究では、アメリカの人口動態統計、所得・消費・労働などに関する統計を用いて、労働所得、退職時期、扶養家族数などに関するさまざまな家計のライフ・サイクルを作り出し、現実に妥当性をもつと考えられる効用関数の下で、さまざまな家計が、どのような消費、貯蓄、資産選択行うかを1年間を1期間とするシミュレーションとして計算した。そして、その結果を実際の家計の行動と比較した。そこでは準双曲割引モデルと指数割引モデルが用いられ、どちらのモデルでも流動資産と非流動資産が存在し、準双曲割引モデルでは洗練された消費者が非流動資産を用いてコミットメントを行うことができる、という設定である。

準双曲割引モデルの$\beta$は、実験で得られてきた典型的な結果から0.7、$\delta$については、モデルにおいて50歳〜59歳の資産と所得の比が、彼らのSurvey of Consumer Finance（SCF）データの中位数3.2になるように0.957と設定され、指数割引モデルでは、同様に資産と所得の比についてデータとモデルが一致するように0.944が選ばれた。

シミュレーションの結果では、資産総額のうち流動資産の割合は指数割引モデルでは平均51%、双曲割引モデルでは平均41%である。双曲割引モデルでは非流動資産がコメットメントに用いられるため、流動資産の割合が小さくなっている。SCFのデータでは、流動資産をどう定義するかにもよるが、彼らのひとつの定義でみると平均16%となっている。現実には、流動資産の割合は指数割引モデルの予測よりもかなり小さく、なぜ小さいか双曲割引モデルで完全に説明できるわけではないが、ある程度説明できていることがわかる。

次に、レイブソンらの実際のデータからあらかじめ予測された限界消費性向（所得の変化の、消費の変化への影響の割合）の推定値は、消費の定義にも依存するが、0.19〜0.33の範囲で、ほとんどの推定値は5%水準で有意であった。指数割引モデルは、予測された所得については0の限界消費性向を予測する。双曲割引モデルのシミュレーションからの限界消費性向は0.166であり、モデルは現実における消費と所得の連動をかなりよく説明している。

Laibson（1997）とAngeletos et al.（2001）の研究

によって、心理学で一般的だった双曲割引による時間割引の本質を経済モデルに導入して分析できるようになった。また、現実の人々の時間を通じた経済行動をより深く理解できることが明らかにされ、その後の研究に大きな影響を与えた。例えば双曲割引から生じる時間不整合性が、アンケートデータでの禁煙や禁酒、ダイエットの先送り行動を含む健康に関わる行動や借金の行動に説明力を持つことについて、依田・後藤・西村（2009）と池田（2012）が概観している。

## 6 おわりに

本稿では、行動経済学で用いられてきたさまざまな実証分析アプローチを説明した。行動経済学のひとつの特徴は、さまざまな他分野の実証分析手法を取り入れることができる点にある。伝統的経済学では量的研究方法が中心であったが、社会学などで用いられているインタビューなどの質的研究方法も、今後は行動経済学でも用いられるようになっていくことが予想される。

研究方法は、目的が違うとその方法も異なってくる。そして、分野が違うと目的が違うので、その方法も異なってくることになる。例えば同じ実験でも、心理学と経済学では方法が異なっている。そのため、行動経済学の質的研究方法は、他の分野での質的研究方法とは違ってくると思われる。

量的研究方法は、調査対象グループの平均的傾向をみるという一般性があるのに対し、行動経済学の質的研究方法では、個々のケースについて、因果関係の連鎖（あるいは「物語」）を深く調べることができる。

例えば、量的研究方法によるエビデンスに基づいて有効と示された教育方法で教育することの重要性を考えてみよう。平均的な子供を対象とする教育政策では、このような量的研究方法が重要である。しかし、障がい児教育では、有効な教育方法は一人ひとり違うことがあるといわれている。そこで、質的研究方法によって、細かく、どのような障がいがある場合には、どのような教育方法が有効であるかを

調べることが重要になる。

このように、質的研究方法が探究する「物語」の一般性は、量的研究方法が求める平均としての一般性とは違っている。今後の行動経済学における質的研究方法の発展と応用が期待される。

［『進化する経済学の実証分析』pp.83-88を一部修正して再掲］

## 補論 2つのアプローチの発展と展望

この補論では、2016年以降に発展した2つのアプローチについて、将来の展望とともに解説する。

### 安静時fMRIの発展

1つは、第3節で説明した神経経済学の実験的アプローチである。安静時fMRIという、神経科学で1990年代の終わりごろから使われだした手法の経済学への応用である[2]。大垣・田中（2018）では第2章と第6章で、大垣・田中（2014）以降の神経経済学の発展をいくつかの研究を通して説明しているが、fMRIを用いた研究については、従来の意思決定課題中の脳のさまざまな領域の働きを測定する作業時fMRIを用いたものだけに限定している。作業時fMRIと異なり安静時fMRIは、意思決定課題を与えないで安静時の脳のどの領域が機能的に結合しているかを調べる。作業時fMRIと比較した安静時fMRIの利点は、横になっているだけなので撮像が比較的簡単で撮像時間が短いこと、脳の機能的ネットワークに主眼を置いた解析ができることなどである。Li et al.（2013）は作業時fMRIと安静時fMRIの両方を用い、Wakaizumi et al.（2019）は安静時fMRIとアンケート調査を組み合わせて、どちらも時間選好に関する研究を行っている。

今後、安静時fMRIを使うことで、選好の個人差と脳の領域の結合の個人差の関係などから、選好の変化の原因や動機の多様性などについて、新しい知見を得られることが期待される。例えば、中枢神経の進化において、脊髄神経から延髄、橋、中脳、小脳、辺縁系（線条体を含む）などは「古い脳」、皮質は「新しい脳」と考えられている。「古い脳」はヒト科以外の動物と比較したとき、普遍的にみられる構造であ

るが、「新しい脳」はヒトだけが他の動物と比べて顕著に発達している。食欲のような生命活動における本質的な欲求はヒトも動物も同様に「古い脳」で処理され、誰でも普遍的に動機を感じるものと思われる。これに対し、人間社会における多様な価値観が「新しい脳」の働きであるとすると、個人や文化の多様性の背後に、「古い脳」と「新しい脳」の結合から生じた多様な動機づけがあるのかもしれない。例えば食文化について考えてみると、子どものときから宗教的な食事制限を受けている人と、そのような制限を受けていない人では、「古い脳」と「新しい脳」のネットワークに違いがみられるのであれば、成長過程で受けた宗教教育が、食事という経済行動の背後にある動機の多様性に影響を与えていることを示唆する。

また、このような研究は、時間割引率のような選好を含む非認知能力が、どのように教育などの環境に影響を受けるかについて知見を与える可能性がある[3]。例えば、「古い脳」や「新しい脳」の独立した機能自体は遺伝でほぼ決定されているとしても、「古い脳」と「新しい脳」のネットワークは環境に影響されるところが大きいのであれば、教育やナッジなどの介入による、選好を含む非認知能力の変化の神経科学的基盤を研究することができる。

大垣・大竹（2019）は、経済システムでは公的メカニズム、市場メカニズム、共同体メカニズムの3つのメカニズムが働いていると考え、非認知能力は共同体メカニズムの活用のために重要であるとしている。彼らは、多くの国々で進んでいる少子高齢化によって、市場メカニズムを一人では有効に使えない認知能力の衰えた高齢者の割合が増え、また男女共同参画によって、市場メカニズムを一人では使えない子どものための保育の重要性が増すために、共同体メカニズムの重要性が高まっていくと予想している。Rajan（2019）は同様に、国家、市場、共同体を社会を支える3本柱とし、今後は格差拡大やポピュリズムの台頭などの問題に対し、歴史的に弱まってきた共同体を強くしてバランスを戻すことが有効な対策になるとしている。Zhou（2020, 第1章）は、大災害の際に共同体の働きが重要になることを指摘している。

## 質的研究方法の応用

もう1つは、第6節「おわりに」で書いた、質的研究方法の行動経済学への応用である。大垣他（2019）はさまざまな質的研究方法の中でも、物語に一般性を求める大倉（2008）の方法論を用い、インタビューなどの結果を実証的証拠として、共同体メカニズムが重要な保育の委託に関する行動経済学の実証分析を行っている。これに対しPiore（2006）は、オープンエンド型インタビューによる質的研究方法からの調査結果は、実証的証拠ではなく、経済理論構築の一方法として、仮定に批判的観点を与えるという解釈をする方法論を提唱している。

行動経済学における質的研究の方法論の発展が、今後のさらなる経済学の発展のために望まれる。

[2020年6月加筆]

### 注

[1] 本節と次節は、大垣・田中（2014）に一部を依拠している。
[2] この補論の神経経済学に関する記述は、ノースウェスタン大学Shirley Ryan AbilityLabの若泉謙太博士との意見交換に基づいている。
[3] 非認知能力に対する介入についての研究の概観に、大垣・田中（2018、第13章3節）がある。

### 参考文献

■ Angeletos, G-M., D. Laibson, A. Repetto, J. Tobacman and S. Weinberg (2001) "The Hyperbolic Consumption Model: Calibration, Simulation, and Empirical Evaluation," *Journal of Economic Perspectives*, 15(3), pp.47-68.

■ Benz, M. and S. Meier (2008) "Do People Behave in Experiments as in the Field? Evidence from Donations," *Experimental Economics*, 11(3), pp.268-281.

■ Bhatt, V., M. Ogaki and Y. Yaguchi (2015) "Normative Behavioural Economics Based on Unconditional Love and Moral Virtue," *Japanese Economic Review*, 66(2), pp.226-246.

■ Bhatt, V., M. Ogaki and Y. Yaguchi (2016) "Introducing Moral Virtue Ethics into Normative Economics for Models with Endogenous Preferences," Paper presented at Marcoeconomics Workshop at Tel Aviv University, March 2016.

■ Camerer, C., L. Babcock, G. Loewenstein and R. Thaler (1997) "Labor Supply of New York City Cab Drivers: One Day at a Time," *Quarterly Journal of Economics*, 112(2), pp.407-441.

■ Crawford, V. P. and J. Meng (2011) "New York City Cabdrivers' Labor Supply Revisited: Reference-Dependent Preferences with Rational-Expectation Targets for Hours and Income," *American Economic Review*, 101(5), pp.1912-1932.

■ Dana, J., D. M. Cain and R. M. Dawes (2006) "What You don't Know Won't Hurt Me: Costly (But Quiet) Exit in Dictator

Games," *Organizational Behavior and Human Decision Processes*, 100(2), pp.193-201.

■ Falk, A. and J. J. Heckman (2009) "Lab Experiments Are a Major Source of Knowledge in the Social Sciences," *Science*, 326 (5952), pp.535-538.

■ Farber, H. S. (2005) "Is Tomorrow Another Day? The Labor Supply of New York City Cabdrivers," *Journal of Political Economy*, 113(1), pp.46-82.

■ Farber, H. S. (2008) "Reference-Dependent Preferences and Labor Supply: The Case of New York City Taxi Drivers," *American Economic Review*, 98(3), pp.1069-1082.

■ Harrison, G. W. and J. A. List (2004) "Fields Experiments," *Journal of Economic Literature*, 42(4), pp.1009-1055.

■ Kahneman, D., J. L. Knetsch and R. H. Thaler (1990) "Experimental Tests of the Endowment Effect and the Coase Theorem," *Journal of Political Economy*, 98(6), pp.1325-1348.

■ Köszegi, B. and M. Rabin (2006) "A Model of Reference-Dependent Preferences," *Quarterly Journal of Economics*, 121 (4), pp.1133-1165.

■ Krupka, E. L. and R. A. Weber (2013) "Identifying Social Norms Using Coodination Games: Why Does Dictator Game Sharing Vary?" *Journal of European Economic Association*, 11 (3), pp.495-524.

■ Laibson, D. (1997) "Golden Eggs and Hyperbolic Discounting," *Quarterly Journal of Economics*, 112(2), pp.443-477.

■ Levitt, S. D. and J. A. List (2007) "What Do Laboratory Experiments Measuring Social Preferences Reveal About Real World?" *Journal of Economic Perspectives*, 21(2), pp.153-174.

□ Li, N., N. Ma, Y. Liu, X.-S. He, D.-L. Sun, X.-M. Fu, X. Zhang, S. Han and D.-R. Zhang (2013) "Resting-State Functional Connectivity Predicts Impulsivity in Economic Decision-Making," *Journal of Neuroscience*, 33(11), pp.4886-4895.

■ List, J. A. (2011) "Why Economists Should Conduct Field Experiments and 14 Tips for Pulling One Off," *Journal of Economic Perspectives*, 25(3), pp.3-15.

□ Piore, M. J. (2006) "Qualitative Research: Does It Fit in Economics?" *European Management Review*, 3(1), pp.17-23.

■ Plott, C. R. and K. Zeiler (2005) "The Willingness to Pay-Willingness to Accept Gap, the "Endowment Effect," Subject Misconceptions, and Experimental Procedures for Eliciting Valuations," *American Economic Review*, 95(3), pp.530-545.

□ Rajan, R. (2019) *The Third Pillar: How Markets and the State Leave the Community Behind*, Penguin Press.

■ Tanaka, S. C., N. Schweighofer, S. Asahi, K. Shishida, Y. Okamoto, S. Yamawaki, K. Doya (2007) "Serotonin Differentially Regulates Short-and Long-Term Prediction of Rewards in the Ventral and Dorsal Striatum," *PLoS One*, 2(12), e1333.

□ Wakaizumi, K., R. Jabakhanji, N. Ihara, S. Kosugi, Y. Terasawa, H. Morisaki, M. Ogaki and M. N. Baliki (2019) "Altered Functional Connectivity Associated with Time Discounting in Chronic Pain," *Scientific Reports*, 9 (8154), pp.1-11.

□ Zhou, M. (2020) Three Essays on Other-regarding Preferences and the Community, Ph.D. Dissertation, Graduate School of Economics, Keio University.

■ 池田新介 (2012)『自滅する選択――先延ばしで後悔しないための新しい経済学』東洋経済新報社

■ 依田高典・後藤励・西村周三 (2009)『行動健康経済学――人はなぜ判断を誤るのか』日本評論社

□ 大垣昌夫・大竹文雄 (2019)「規範行動経済学と共同体」『行動経済学』12, pp.75-86.

□ 大垣昌夫・大竹文雄・大倉得史・奥山尚子・佐々木周作・山本展明 (2019)「大学や病院の保育委託で保育の質を守る方法について――公共メカニズム、市場メカニズム、共同体メカニズムの研究」行動経済学会第13回大会報告論文

■ 大垣昌夫・田中沙織 (2014)『行動経済学――伝統的経済学との統合による新しい経済学を目指して』有斐閣

□ 大垣昌夫・田中沙織 (2018)『行動経済学〔新版〕――伝統的経済学との統合による新しい経済学を目指して』有斐閣

□ 大倉得史 (2008)『語り合う質的心理学――体験に寄り添う知を求めて』ナカニシヤ出版

■ 竹内幹 (2015)「ラボ実験とフィールド実験――学生相手の実験のどこが悪いのか」『経済セミナー』2015年6・7月号 (No.684)、pp.58-63

[□は加筆に際し追加した文献]

各分野の実証研究
———
Different Fields in Empirical Economics

今井　晋
いまい・すすむ
北海道大学大学院経済学研究院教授

加納和子
かのう・かずこ
早稲田大学商学学術院准教授

南橋尚明
みなみはし・なおあき
上智大学経済学部准教授

# 産業組織論

産業組織論では、経済理論と計量的手法が相互に補完しながら実証研究が発展を続けてきた。今日では多くのデータが手に入るようになり、既存の理論や手法で説明できない事象の存在も明らかになってきた。その発展経緯と今後の可能性を概観する。

## 1　産業組織論における実証分析手法の変遷

　産業組織論は、独占市場や寡占市場、情報の非対称性といった完全競争市場の仮定が当てはまらない場合における消費者および企業の行動を分析し、それが経済厚生という意味において、社会、特に消費者にどのような影響を与えるかを理論的・実証的に分析する分野である。政策的には、規制等の政府の介入が市場の結果を改善しうるかについても判断する。企業行動のトピックとしては、価格や生産量の決定、企業合併や垂直的統合、設備投資行動、研究開発、参入・退出行動などが挙げられる。

　産業組織論の実証分析の変遷を語る場合、1980年代を境として実証分析の枠組みおよび手法に大きな変化が生じたとするのが一般的といえる（Einav and Levin 2010, Aguirregabiria 2012）。1980年代以前における研究の目的は、産業間の市場構造や集中度の違いから、例えば企業の市場支配力の違いを説明することにあった。このような実証研究は、いわゆるSCPパラダイム（Structure－Conduct－Performance：構造－行動－成果）に基づくものである。SCPパラダイムは、産業組織を研究する際に、市場構造が企業行動を決定し、市場の結果を決定するという一方向の因果関係を仮定して行う方法論である（Bain 1951参照）。

　しかし、こうした推定方法には、外生変数とされる市場集中度や価格が、本来は内生的であるという

問題があった。さらに、需要構造、費用関数や利潤関数が産業の間で大きく異なると考えられ、個々の市場の異質性に着目することが必要との認識が高まった。同時に、1980年代前後は、理論の分野ではゲーム理論の導入などの大幅な精緻化が進んだ時期でもあり、実証分析にも大きな影響を与えた。産業組織論の実証分析の特徴のひとつとして、構造推定が主要な役割を占めていることが挙げられる。構造推定は、均衡戦略をはじめとする理論的制約をモデルに課した上でファンダメンタルなパラメータの推定を行い、さまざまなシナリオの下での市場の結果のシミュレーションを行う政策実験を行うことを特徴とする。

　産業組織論において構造推定が盛んである理由には、経済理論と計量的手法の相互補完的な発展があるといえる。また、産業組織論で利用できるデータの制約も理由のひとつである。近年、労働経済学においては、外生変数を操作変数として使う誘導型推定法（reduced form estimation）がおもに使われているが、それは、労働者の行動に関していえば、比較的多くの外生変数が存在することが重要な理由である。しかし、産業組織論では需要と供給の均衡をもとにした推定を行うので、操作変数として使える変数が少なく、多くの場合、すべての重要な需要・供給のパラメータを推定することは困難である。

　さらに、今日では、個別の企業や消費者一人ひとりに関する詳細なデータが、以前よりもはるかに容易に入手できるようになった。そのような精緻なデ

ータに基づく分析からは、従来多くの研究で用いられていた同一な「代表的」企業と「代表的」消費者に基づく理論、そしてそうした理論に基づく実証研究手法では説明できない事象が多くあることがわかってきた。

本稿では、こうした流れをうけて、1990年代以降の需要構造の推定を中心とする分析手法を概観する。まず最初に差別化された財市場における離散選択モデルによる需要推定の方法を説明する。これは、個別市場について洞察し、企業や個々の消費者の異質性を考慮した分析手法が発達したことによる。また、複数均衡の問題や個人の購買履歴等、ミクロデータの利用が可能となったことなどによる発展についても概観する。

## 2 産業組織論における需要推計 ——ロジット・モデル

産業組織論の需要推計において一般に想定している状況は、ある市場で消費者が多様に差別化された財に直面しており、その中から購入対象を選ぶという状況である。研究者は、製品別の価格や販売数量といった市場データを観察できることが一般である。こうした状況での推定方法のひとつとして、確率的選択モデルの発展を取り入れた多選択ロジット・モデル（Multinominal Logit Model）がある（例えば、Train 2009参照）。

具体的には、人々の効用関数は以下のような式で表されると仮定する。

$$u_{ij} = \bar{u}_j + \epsilon_{ij} = \beta x_j - \alpha p_j + \zeta_j + \epsilon_{ij}$$

$u_{ij}$ は、個人 $i$ の、ある製品カテゴリーにおける財 $j$ の消費1単位から得られる効用である。それは、どの消費者にとっても共通の部分 $\bar{u}_j$ と、それぞれの消費者にとって異なる部分 $\epsilon_{ij}$ の和である。共通項（$\bar{u}_j$）は、その財のデータにある特徴 $x_j$、その財の価格 $p_j$、そして、データにはない特徴 $\zeta_j$ の関数により成り立っていると仮定する。そして、消費者にとって異なる部分 $\epsilon_{ij}$ は純粋にランダムであり、通常は独立な極値分布に従うと仮定されている。さらに、消費者はひとつの製品を1単位購入・消費すると仮

定する。また、このモデルでは財を何も買わないという選択もでき、ここでは $j=0$ として表す。その効用は

$$u_{i0} = \epsilon_{i0}$$

と標準化する。効用最大化の下では、消費者 $i$ によって財 $j$ が選ばれたということは、消費者 $i$ にとって財 $j$ から得られる効用が、他の選択 $k$（$k \neq j$）から得られる効用と同等、もしくはより高いということを示している。つまり、

$$\bar{u}_j + \epsilon_{ij} \geq \bar{u}_k + \epsilon_{ik}, \quad \forall k \neq j$$

が成り立たなければならない。製品の需要関数は、そのような消費者を足し合わせたもの（積分和）として表現される。数学的に言い換えるなら、それは、ランダムな誤差項ベクトル $\epsilon_i$ が、以下のような性質を満たすような消費者の積分和である。

$$\epsilon_{ij} - \epsilon_{ik} \geq \bar{u}_k - \bar{u}_j, \quad \forall k \neq j$$

$s_j$ を財 $j$ のマーケットシェアと定義すると、極値分布の数学的定理を用いると、それは以下のようなロジット関数として表されることが知られている。

$$
\begin{aligned}
s_j &= \frac{\exp(\bar{u}_j)}{\exp(\bar{u}_0) + \sum_{k=1}^{J}\exp(\bar{u}_k)} \\
&= \frac{\exp(\beta x_j - \alpha p_j + \zeta_j)}{1 + \sum_{k=1}^{J}\exp(\beta x_k - \alpha p_k + \zeta_k)}, \quad j \geq 1
\end{aligned}
$$

$$
\begin{aligned}
s_0 &= \frac{\exp(\bar{u}_0)}{\exp(\bar{u}_0) + \sum_{k=1}^{J}\exp(\bar{u}_k)} \\
&= \frac{1}{1 + \sum_{k=1}^{J}\exp(\beta x_k - \alpha p_k + \zeta_k)}
\end{aligned}
$$

さらに、$Q$ を潜在的購買者数と仮定すると、個人の離散選択行動から、市場の需要関数が以下のように導出できる。

$$
\begin{aligned}
D_j &= Q s_j = Q \frac{\exp(\bar{u}_j)}{\exp(0) + \sum_{k=1}^{J}\exp(\bar{u}_k)} \\
&= Q \frac{\exp(\beta x_j - \alpha p_j + \zeta_j)}{1 + \sum_{k=1}^{J}\exp(\beta x_k - \alpha p_k + \zeta_k)}, \quad j \geq 1
\end{aligned}
$$

ここでは、$D_j$ は財 $j$ の需要を示す。

上記のマーケットシェアの式を対数化し、差をとると

$$\ln(s_j) - \ln(s_0) = \bar{u}_j - \bar{u}_0 = \beta x_j - \alpha p_j + \zeta_j$$

になる。この式は通常の需要関数に非常に似ているが、製品差別化された財の需要関数であるという点が重要である。つまり、財 $j$ の価格が他の財の価格よりも高くても、需要はゼロにならない。なぜなら、たとえ価格が高くても財 $j$ の効用が最も高い（$\epsilon_{ij}$ の高い）消費者がいるからである。財 $j$ のマーケットシェア $s_j$、そして非購買者のマーケットシェア $s_0$、さらに財 $j$ の観測できる特徴 $x_j$、そして価格 $p_j$ がすべてデータとしてあれば、以上の式は、残差項（$\zeta_j$）以外はデータにあるので、普通の回帰分析の式とほぼ同じ形式である。

この推定モデルのもうひとつの特徴は、マーケットシェアの式の誤差項が、製品の観測されざる品質として解釈できることである。つまり、この式の $\zeta_j$ を推定することによって、ブランド効果も測定することができる。

しかし、実際には、以上のような式を回帰分析で推定すると、価格の係数 $\alpha$ の推定値がマイナスとなり、需要が価格の増加関数となることが多い。このような結果は、データからは観察されない特徴 $\zeta_j$ と価格 $p_j$ が正の相関をもっていることに由来する（例として、Trajtenberg 1989がある）。つまり、高品質な良いブランドの製品は、より高い価格で売られているからである。実際、企業の利潤最大化問題を解くと、そのような関係を導き出すことができる。そこで、価格とは相関があるが、観測されざる品質とは無関係である操作変数が必要になる。操作変数としては、供給側の変数、例えば賃金などが挙げられる。また、寡占的な状況で有効になる操作変数として、他の製品の観測される特徴も利用可能である。なぜなら、他の製品の特徴は、直接製品 $j$ の効用を左右せず、間接的に均衡価格を通じてのみ製品 $j$ の需要に影響するからである。そのような操作変数（$z_j$）を用いると、以下のような直交条件をもとに、パラメータが推定できる。

$$\sum_{j=1}^{J} z_j \zeta_j = \sum_{j=1}^{J} z_j \left[\ln(s_j) - \ln(s_0) - \beta x_j + \alpha p_j\right] = 0$$

以上のようなモデルは、観察されない製品の品質と価格の内生性の問題に対しては有用であるが、現実のデータにおいて応用する際には、まだ問題がある。そのひとつは、マークアップの推定値が不自然になることである。理解のために、企業の利潤最大化に関する、1階の条件、つまり限界収益（MR）と限界費用（MC）が等しくなる場合を考察する。すると、

$$MR_j = p_j - \frac{1}{(1-s_j)\alpha} = MC_j$$

この条件から、マークアップは

$$p_j - MC_j = \frac{1}{(1-s_j)\alpha}$$

となる。つまり利益マージンは、高級製品であろうと安物であろうと、マーケットシェアが同じであれば、同じになってしまう。直観的にも、この結果は現実的でないといえる。また、製品 $j$ のマーケットシェアを異なる製品 $k$ の価格で微分すると、

$$\frac{\partial s_j}{\partial p_k} = s_j s_k \alpha, \quad k \neq j$$

となる。例えば、自動車のベンツのマーケットシェアを考える場合、競争相手の価格が及ぼす効果は、相手が高級車であろうが大衆車であろうが、相手のマーケットシェアのみで決まってしまう。これも不自然である。

## 3 ランダム係数モデルの推定

前節では、ロジット・モデルの不自然な結果について説明したが、それは、モデルが消費者の多様な選好を十分に反映していない為である。つまり、高級車をほしがる消費者は、高級車のもつ優れた性能をより好む人々であり、一般車を購入する消費者は、そのような性能に関して、どちらかというと無関心

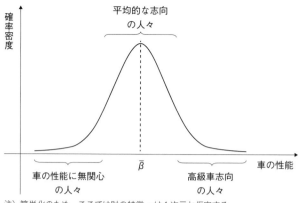

注）簡単化のため、ここでは財の特徴 $x_j$ は1次元と仮定する。

**図1** ｜ 車の性能（$x_j$）に対する代表的個人 $i$ の選好（$\beta_i$）の確率分布

であり、むしろ価格を重視する人々であると考えられる。以下のランダム係数モデル（Berry et al. 1995）では、そのような多様性が取り入れられている。

$$u_{ij} = \bar{u}_{ij} + \epsilon_{ij}$$
$$= \beta_i x_j - \alpha p_j + \zeta_j + \epsilon_{ij}, \quad \beta_i \sim N(\bar{\beta}, \Sigma)$$

ここでは、財の特徴に関する選好は平均 $\bar{\beta}$、共分散 $\Sigma$ の多変量正規分布に従うと仮定する。例えば、高級車志向の消費者は、車の性能に関心の高い人々、つまり $\beta_i$ の高い人々であり、一般車志向の消費者は、車の性能に興味がない人々、つまり、$\beta_i$ がゼロに近い人々であると考えることができる（図1参照）。$\beta_i$ に関して積分することにより、以下のように製品 $j$ のマーケットシェアを得ることができる。

$$s_j = \int_{\beta_i} \frac{\exp(\beta_i x_j - \alpha p_j + \zeta_j)}{1 + \sum_{k=1}^{J} \exp(\beta_i x_k - \alpha p_k + \zeta_k)} \phi(\beta_i; \bar{\beta}, \Sigma)\, d\beta_i,$$
$$j \geq 1$$

このように、消費者が製品の特徴を評価することに多様であっても、マーケットシェアが定義できる。このモデルでは、パラメータ $\alpha$、$\bar{\beta}$、$\Sigma$ さえ与えられれば、未知の変数は $\zeta_j$ だけなので、マーケットシェアから $\zeta_j$ を求めることができ、よって、

$$\sum_{j=1}^{J} z_j \zeta_j(\alpha, \bar{\beta}, \Sigma, x_j, p_j) = 0$$

の式からパラメータ $\alpha$、$\bar{\beta}$、$\Sigma$ を推定できる。

以上のようなモデル設定を行えば、先に述べたような非現実性は克服できる。しかし、推定を行う必要のあるパラメータが2倍以上に増えてしまう。このように、モデルをより柔軟に設定すればするほど、必要なパラメータが増えて、それを推定するために、より多くの操作変数が必要となる。すると多くの場合、効果的な操作変数が不十分なため、推定したパラメータが有意でなくなるという問題が生じる。

マーケットシェアだけではなく、個人の選択のミクロデータが手に入る場合は、ミクロデータを使えば、操作変数を増やさなくても、以上で述べたモーメント（直交条件）を、例えば所得水準ごとに設定して推定すれば、モーメントの数を飛躍的に増やすことができる。さらに、異なる時間のデータが取れる場合、パネル残差をとり、それを使ってモーメントを形成することもできる。しかし、その際に企業がモデルチェンジ等により製品の特徴 $x_{jt}$ を時間を通じて内生的に変えると、$x_{jt}$ が外生的であるという仮定が満たされず、推定値にバイアスを生じさせてしまう。さらに、企業の利潤最大化に基づくモーメントも使用することがパラメータ推定に効果的であることが知られている。その際に多くの場合、限界費用は費用に関係する変数 $w_j$ の線形関数であると仮定される。$v_j$ をコストショックと定義すると、次式が得られる。

$$MR_j - MC_j$$
$$= p_j - s_j \int \frac{1}{s_j(\beta_i)(1 - s_j(\beta_i))\alpha} \phi(\beta_i; \bar{\beta}, \Sigma) d\beta_i - w_j \gamma - v_j$$

$$= 0$$

そして、コストショックと需要側の変数 $x_j$、そして $w_j$ とが無相関であると仮定すると、$x_j$, $w_j$ を操作変数としてまた使える。

# 4 複数均衡の問題

以上のようなモデルのパラメータを推定した後に、そのモデルとパラメータを使って政策実験を行うことを考えてみる。自動車産業を例にとると、事前政策評価において重要な研究課題として、輸入車に対する関税が自動車販売台数にどう影響するかという問題がある。関税をかけた場合、外国車の販売コストが上昇するので外国車の均衡価格が上がり、代替効果によって国産車の需要が増えることが予想される。とはいえ、寡占企業の戦略的行動および政府との関係を考慮したモデルでは複数均衡が存在する可能性が高く、よって、政策効果は一意的には計測できない。

複数均衡は、単に政策効果の特定だけではなく、推定においても、パラメータが一意に推定できないという大きな問題を引き起こす。ここで、完全情報ゲーム、すなわちそれぞれのプレイヤーが他のプレイヤーの情報を状態変数としてすることができる場合と、そうでない不完全情報ゲームの場合では、問題の複雑さが異なる。まず、完全情報ゲームから考える。例として、2企業の参入問題を考察する。2つの企業の生産性はランダムであり、それぞれ独立で同一の分布に従っていると仮定する。データでは、2社ともに参入している市場、1社だけ参入している市場、そしてどの企業も参入していない市場の3つの場合が存在しうる。

複数均衡の問題は1つの企業だけが参入しているマーケットにおいて生じる。Bresnahan and Reiss (1991) では生産性が高いほうが参入すると仮定しているが、その場合は、2社参入する頻度、生産性が高い企業のみ参入する頻度、そして誰も参入しない頻度から、生産性の分布が推定できる。しかし、もう1つの均衡は、1社だけが参入する場合、生産性の低い企業が参入する均衡である。すると、生産性が低い企業の生産性が十分高くなければならず、したがって、推定される生産性が高くなる。よって、1社だけ参入する場合、生産性が高い企業が参入するか、低い企業が参入するかわからないので、パラメータが一意に推定できない。よって、推定値ではなく、推定値集合が得られる。その推定値集合の中には、生産性が低い企業だけが参入する場合のパラメータ推定値も、生産性の高い企業のみが参入する場合の推定値も含まれる。そのような推定値集合を求めることは、静学モデルですら難しい（より詳しくは、Ciliberto and Tamer 2009参照）。

しかし、動学モデルにおいては、パラメータと競争相手の戦略を所与とした個々の企業の動学的参入問題を解くこと自体が、数値演算的に困難である。さらに、与えられたパラメータの下での市場にある潜在的企業のすべての動学問題の均衡解を求めなければならない。さらに、均衡が単一ではない場合、ありうる均衡をすべて計算しなくてはならない。パラメータがある特定の範囲にある（つまり、ゲームのそれぞれのプレイヤーの戦略が補完的である）場合には均衡がすべて計算できる。しかし、実際の推定作業の場合、現実のパラメータがその範囲にある保証はまったくない。

不完全情報の場合は、企業は他の企業の戦略変数の実現値を知ることができず、そのかわり、変数の分布は知っていると仮定する。例えば、上記の参入問題の場合、競争相手の参入、退出は意思決定時にはわからないが、彼らの参入確率を知っており、その上で、自分の参入確率を選ぶものと考える。その場合、複数均衡の数は一般的にはるかに少ないことが知られているので、静学ゲーム、そして動学ゲーム両方に関して、複数均衡の問題はそれほど難しくない。そのような場合の推定方法の論文としては、Aguirreagabiria and Mira（2007）、Kasahara and Shimotsu（2009）、Arcidiacono and Miller（2011）等がある。

いままでは、主として製品のマーケットシェアから需要関数を推定する方法を議論してきた。一方、マーケティングの分野では、かなり前から多くの詳細な個人データが集められ、それを用いた消費者需要の推定が離散選択モデルを使って行われてきた。それに対して、従来のミクロ経済理論では、需要関数は価格や所得の連続関数であった。しかし、実際の消費者の購買行動を品目別にみると、長い期間消費者は特定の品目を買わない。たとえ購入する場合も、多くの場合数個しか買わない。つまり、現実には、需要を連続関数で表すよりも離散選択モデルで表すほうがより適しているといえる。

この場合、購入するときと消費するときが違うことから来る消費者の消費財の在庫形成（Hendel and Nevo 2006）、また、財の情報の不完全性による消費、および企業の宣伝効果等を考慮しなければならず（Erdem and Keane 1996）、それらを分析するなら消費行動はより複雑な動学モデルによって分析しなければならなくなる。その際、以上のような動学モデルは、とりわけ構造推定を使ってきた実証経済学者にとってなじみがあるものなので、マーケティングと産業組織論の融合が、近年ひとつの潮流になってきている。

しかし、マーケティング分野においての関心は、広告、バーゲンセール、そしてプロモーションのタイミングとその内容をどのようにすれば企業が異なる消費者によりきめ細かく対応して、利潤を最大化できるかの分析である。そこでは価格やセールスを外生的に考えて推定するので、モデルの推定時における暗黙の仮定としては、企業が価格、宣伝、そしてプロモーションを外生的に行っているとして推定している論文が多い。もちろん内生性を無視することは、分析を単純化する際の必要悪であり、それによって生じるバイアスは少ないとされているが、本当にそうかは、詳しく検証する必要があるだろう。

[『進化する経済学の実証分析』pp.89-94を一部修正して再掲]

ランダム係数（BLP）モデルにおけるマーケット・シェアは、$\bar{\beta}$をランダム係数$\beta$の平均、そして$\delta_j = \bar{\beta}x_j - \alpha p_j + \zeta_j$と表記する。すると、マーケット・シェアのベクトル$s = (s_1, ..., s_J)$はランダム係数（BLP）モデルでは

$$s_j = \int_{\beta_i} \frac{\exp(\beta_i x_j - \alpha p_j + \zeta_j)}{1 + \sum_{k=1}^{J} \exp(\beta_i x_k - \alpha p_k + \zeta_k)} \phi(\beta_i, \bar{\beta}, \Sigma) d\beta_i$$

$$= \int_{\beta_i} \frac{\exp(\beta_i x_j + \delta_j)}{1 + \sum_{k=1}^{J} \exp(\beta_i x_k + \delta_k)} \phi(\beta_i, 0, \Sigma) d\beta_i$$

であるが、それは$s = \sigma(x, p, \delta; \Sigma)$と表すことができる。このマーケット・シェアのベクトル$s$とベクトル$\delta = (\delta_1, ..., \delta_J)$の間の関数関係の逆関数を求めると、それは$\delta = \sigma^{-1}(x, p, s; \Sigma)$と表すことができる。ランダム係数（BLP）モデルは、異なる製品の間の代替関係をロジット型モデルより正確に把握することができるが、それでもまだ、ランダム係数の分布等に強い関数型の制約が課されており、それが実際の消費者行動のより正確な推定を妨げている。そのような制約が必要とされた理由は、それなしには、データから得られるマーケット・シェアからそれぞれの製品の需要ショックを導き出すことができなかったからである。

Berry et al.（2013）は、各製品のマーケット・シェアおよび非購買シェアが競合製品の価格の非増加関数であり、そして、ある市場のどのような製品の部分集合においても、それに属する製品は、その集合以外の少なくとも1つの製品の価格の減少関数であると仮定する。そしてその仮定が成立すれば、逆関数$\sigma^{-1}(x, p, s)$が導出されることを示した。さらにBerry and Haile（2014）は追加的に、操作変数の排他制約、そして完備性を仮定し、各製品の需要要因がマーケット・シェアと価格の任意の関数として表されれば、それは操作変数によって推定可能であることを示した。

操作変数の排他制約の仮定は、$x$を外生的な説明変数のベクトル、そして$z$を操作変数のベクトルと

し、$\zeta$を需要ショックのベクトルとすると、$\mathrm{E}[\zeta_j|z, x] = 0$、つまり直交条件が成立するというものである。また、この場合の操作変数の完備性は、$\delta_j = \sigma_j^{-1}(x, p, s)$において、$\mathrm{E}[\delta_j|x, z] = \mathrm{E}[\sigma_j^{-1}(x, p, s)|x, z]$は外生変数と操作変数の関数となるが、その関数さえ計測できれば、関数$\sigma_j^{-1}(x, p, s)$を導出できるという仮定である。排他制約の下では、

$$\mathrm{E}[\delta_j(x, p, s)|x, z] = \mathrm{E}[\sigma_j^{-1}(x, p, s)|x, z]$$
$$= \bar{\beta}x_j - \alpha\mathrm{E}[p_j|x, z] + \mathrm{E}[\zeta_j|x, z]$$
$$= \bar{\beta}x_j - \alpha\mathrm{E}[p_j|x, z]$$

が成立する。BLPのように、$\sigma_j(x, p, s)$の関数型がパラメータ$\Sigma$によって決定されるパラメトリックな関数$\sigma_j(x, p, s, \Sigma)$であることが仮定されている場合は、

$$\mathrm{E}[\sigma_j^{-1}(x, p, s, \Sigma)|x, z] = \bar{\beta}x_j - \alpha\mathrm{E}[p_j|x, z]$$

の関係式から$\Sigma$, $\bar{\beta}$, $\alpha$を推定することができる。もしも$\sigma_j(x, p, s)$が関数型に依存しないノンパラメトリックなものである場合は、$\zeta_j$の分布が$(x, z)$とは独立であるという、さらに強い仮定が必要である。その場合の推定式は、以下の通りである。

$$\delta_j(x, p, s) = \bar{\beta}x_j - \alpha\mathrm{E}[p_j|x, z] + \zeta_j$$

そこで$\delta_j(x, p, s)$を$x$、$p$、$s$の多項式として書き表し、分位点回帰（quantile regression）等を用いてその係数、そして$\bar{\beta}$と$\bar{\alpha}$をすべて推定することになる。この場合、Berry and Haile（2014）はさらに、以上のような推定方法が$\delta_j = g(x_j, \zeta_j)$のような関数型の制約がない関係であっても、$g(\cdot)$が$\zeta_j$の増加関数であり、観測されざる品質$\zeta_j$が$x$、$z$と独立であれば、関数$g(\cdot)$をノンパラメトリックに推定できることを証明した。

このように、近年関数型の制約がほとんどない形であっても、操作変数を用いてマーケット・シェア関数が推定できることが明らかになった。しかし、その要求を満たす操作変数を実際に見つけることは難しい。通常用いられる操作変数は、費用に関係する変数、または競合他社の製品の観測される特徴である。しかし、Armstrong（2016）は、市場当たり

の企業数が増えると、競合他社の製品の特徴は操作変数として有効ではなくなることを示した。その理由は、1市場当たりの企業数が増えると、それに応じて1企業の製品の需要の変化が他社の価格に与える影響が低下し、よって操作変数の内生変数への説明力が低下してしまうからである。

以下、この点についてロジット型需要関数を用いて説明する。利潤最大化を行う企業は、限界収益が限界費用に等しいように価格を設定するので、価格は以下のように表すことができる。

$$p_j = \frac{1}{(1 - s_j)\alpha_0} + MC_j$$

つまり、競合他社の特徴$x_l (l \neq j)$は$s_j$の分母を通じて価格に影響を与えるが、競合他社の数が増加すると$s_j$はゼロに近づき、価格$p_j$は$\frac{1}{\alpha_0} + MC_j$に近づく。すると競合他社の特徴$x_l$は価格$p_j$にほとんど影響をもたなくなるので、操作変数としては使えなくなってしまうことがわかる。その場合操作変数として使える変数は、限界費用関数の変数のみになる。一般的に限界費用関数は産出量$q_j$、投入財価格$w_j$、そして自社の製品の特性$x_j$と観測されざる費用ショックの関数であるが、それらの中で観測される外生変数である$w_j$と$x_j$のみが使えることになる。そのような操作変数のみでは、マーケット・シェアが複雑な関数型をもつか、ノンパラメトリックな場合に推定する際必要となる直交条件を獲得するためには不十分である。

そのような内生性の問題を軽減するために、パネルデータの手法を用いることができる。Moon et al.（2018）は、$t$期における製品$j$の観測されざる特性$\zeta_{jt}$を以下のように定式化する。

$$\zeta_{jt} = f_t\lambda_j + e_{jt}$$

ここで$f_t$は観測されざる特性を決定するさまざまなマクロ・レベルの要因である。$f_t$と$\lambda_j$両者ともにパラメータとして推定する。このような定式化では、データに多くの時間$T$が含まれ、そして製品数$J$も多いことが必要となる。この手法では、観測されざる特性$\zeta_{jt}$の中から、時間や製品の固定効果に

よって説明できる要素はできるだけそれらによって説明すると、それでも対処できない部分 $e_{jt}$ は比較的小さい値をとることが予想されるので、内生性の問題も軽減される。

Gandhi and Houde（2019）は、より寡占市場のモデルの特性を考慮した操作変数法を提唱する。寡占市場における企業 $j$ の価格 $p_j$ は、同一市場の競合製品の観測される特徴 $x_{-j}$ に依存すると考えられる。その理由は、ある市場において自社の製品の観測される特徴 $x_j$ に近い特徴をもつ製品が多い場合は、その製品はあまり差別化されていないので、製品間の競争がより激しく、均衡価格が低くなると考えられるからである。逆に、同一市場内のほとんどの製品が自社の製品の観測される特徴 $x_j$ とはかなり異なる特徴をもつ場合には、その製品はかなり差別化されているので、他社製品からの競争にさらされず、均衡価格が高めであることが想定される。そのように考えると、ある製品の均衡価格を左右する外生変数は、競合製品の特徴 $x_l\,(l \neq j)$ よりは、競合製品との間の相対的なポジション、つまり $x_j - x_l\,(l \neq j)$ であることがわかる。したがって、$x_l\,(l \neq j)$ の代わりに $x_j - x_l\,(l \neq j)$ を操作変数として使うと、推定のパフォーマンスが向上することを報告している。

［2020年6月加筆］

## 参考文献

■ Aguirregabiria, V.（2012）"Empirical Industrial Organization: Models, Methods, and Applications," University of Toronto, *manuscript*.

■ Aguirreagabiria, V. and P. Mira（2007）"Sequential Estimation of Dynamic Discrete Games," *Econometrica*, 75(1), pp.1-53.

■ Arcidiacono, P. and R. A. Miller（2011）"Conditional Choice Probability Estimation of Dynamic Discrete Choice Models with Unobserved Heterogeneity," *Econometrica* 79(6), pp.1823-1867.

□ Armstrong, T. B.（2016）"Large Market Asymptotics for Differentiated Product Demand Estimators with Economic Models of Supply," *Econometrica*, 84(5), pp.1961-1980.

■ Bain, J. S.（1951）"Relation of Profit Rate to Industry Concentration: American Manufacturing, 1936-1940," *The Quarterly Journal of Economics*, 65(3), pp.293-324.

□ Berry, S., A. Gandhi and P. Haile（2013）"Connected Substitutes and Invertibility of Demand," *Econometrica*, 81(5), pp. 2087-2111.

□ Berry, S. and P. Haile（2014）"Identification in Differentiated Products Markets Using Market Level Data," *Econometrica*, 82(5), pp.1749-1797.

■ Berry, S., J. Levinsohn and A. Pakes（1995）"Automobile Prices in Market Equilibrium," *Econometrica*, 63(4), pp.841-890.

■ Bresnahan, T. and P. C. Reiss（1991）"Entry and Competition in Concentrated Markets," *Journal of Political Economy*, 99(5), pp.977-1009.

■ Ciliberto, F. and E. Tamer（2009）"Market Structure and Multiple Equilibria in Airline Markets," *Econometrica*, 77(6), pp. 1791-1828.

■ Einav, L and J. Levin（2010）"Empirical Industrial Organization: A Progress Report," *Journal of Economic Perspectives*, 24(2), pp.145-162.

■ Erdem, T. and M. Keane（1996）"Decision-Making under Uncertainty: Capturing Dynamic Brand Choice Processes in Turbulent Consumer Goods Markets," *Marketing Science*, 15(1), pp.1-20.

□ Gandhi, A. and J.-F. Houde（2019）"Measuring Substitution Patterns in Differentiated Products Industries," NBER Working Papers, No.26375.

■ Hendel, I. and A. Nevo（2006）"Measuring the Implications of Sales and Consumer Inventory Behavior," *Econometrica*, 74(6), pp.1637-1673.

■ Kasahara, H. and K. Shimotsu（2009）"Nonparametric Identification of Finite Mixture Models of Dynamic Discrete Choices," *Econometrica*, 77(1), pp.135-175.

□ Moon, H. R., M. Shum and M. Weidner（2018）"Estimation of Random Coefficients Logit Demand Models with Interactive Fixed Effects," *Journal of Econometrics*, 206(2), pp.613-644.

■ Train, K. E.（2009）*Discrete Choice Methods with Simulation* 2nd ed., Cambridge University Press.

■ Trajtenberg, M.（1989）"The Welfare Analysis of Product Innovations, with an Application to Computed Tomography Scanners," *Journal of Political Economy*, 97(2), pp.444-479.

［□は加筆に際し追加した文献］

各分野の実証研究
———
Different Fields in Empirical Economics

# 労働経済学

## 小原美紀
こはら・みき

大阪大学大学院国際公共政策研究科教授。専門は労働経済学。論文：“Maternal Employment and Food Produced at Home: Evidence from Japanese Data,” *Review of Economics of the Household*, 14（2）, pp. 417–442, 2016（with Y. Kamiya）など。

労働経済学は生産に関わるモノを分析する学問であり、その研究対象は幅広い。本稿では、近年この分野で関心を集めている研究にはどのようなものがあるのか、計量分析の成果にも注意しつつ、整理する。

## 1　はじめに

　労働経済学は誰の何を対象とした学問かと尋ねられて、一言で答えられる人はいないだろう。労働経済学の対象はそれほど範囲が広い。生産に関わるモノを対象にした研究といえばおそらく間違いないが、われわれが思いつく多くのことが何らかの形で生産に関わっている。企業の行動、労働者の行動、労働者を取り巻く周りの人々の行動、生産に関わる技術や資本、雇用に関わるシステム、生産者の人的資本を作り出す教育や訓練、それらすべてに関わる法律や政策、そして結果として生じる産業構造や職業分布、格差の問題など、ありとあらゆるものが研究対象に入る。労働経済学者は世界で最も数が多いといわれることにも納得がいく。

　このような分野で、大きな影響を与えた研究や画期的な研究をひとつ取り出して論じることは難しい。画期的な研究に対して一致した見解があるとも思えない。そこで、以下では、労働経済学の分野で近年関心を集めている研究にはどのようなものがあるか、どのような研究傾向となっているかについて整理してみたい。その際、多くの論文に添えられている計量分析の成果にも注意してまとめたい。これにより、経済学を勉強している学生の皆さんには労働経済学を学ぶことの楽しさを、経済学分野で研究をする皆さんには何となく感じている近年の傾向を数分で確かめてもらえればと思う。

## 2　専門誌に掲載された　　　近年の研究テーマ

### 2.1　分野横断的な研究

　どのような研究テーマが、近年注目を集めているのだろうか。これを知るために、国際的な専門学術雑誌として、労働経済学の分野で評価の高い*Journal of Labor Economics*と*Labour Economics*の2つ（以下ではそれぞれJLEとLEと呼ぶ）を取りあげ、両雑誌に2014年から2016年6月までの2年半の間に掲載が決まった論文について、どのようなキーワードが付されているかを整理してみる。労働経済学に関する論文は、これら2つの専門学術誌以外に、一般学術雑誌で取りあげられることも多い。いわゆる学術評価のランクが高い一般学術雑誌に掲載されている論文も多数あることを考えれば、これら2雑誌だけを取りあげることは不十分であろう。しかしながら、専門雑誌に限定したほうが専門分野での流れを読みとりやすいし、専門家から高い評価を得た研究テーマを考察しやすい。

　表1は、2014年から2016年前半までにJLEとLEに掲載された論文のキーワードを、大雑把に分類してキーワード数を数えたものである。ほぼすべての論文について、論文1本あたりに3個のキーワードが付されているため、キーワードの合計数は論文数ではない。キーワード数は、論文の執筆者が重要だと考えているテーマを大まかに捉えるものである。

　表1からわかることとして、第一に、分野横断的

表1 | 2014年〜2016年前半に、JLEまたはLEに掲載された論文のキーワード出現回数

（A）：トピック別

| | |
|---|---|
| **(1) 労働市場 (a：全般)** | **75 (a：54)** |
| 賃金、雇用、解雇、労働市場成果、市場全般 | 19 |
| 移民、労働移動 | 12 |
| ジョブサーチ、ジョブマッチ、採用、昇進 | 7 |
| 生産性、人的資本、技術革新 | 5 |
| 産業構造、地域労働市場 | 5 |
| 欠勤、病欠、労働者傷病 | 4 |
| 労働組合 | 2 |
| **(1) 労働市場 (b：労働政策)** | **75 (b：21)** |
| 失業保険、労働災害保険、健康保険 | 8 |
| 年金、社会保障 | 6 |
| 最低賃金 | 3 |
| 労働市場改革 | 2 |
| その他労働政策[注1] | 2 |
| **(2) 教育** | **68** |
| 高等教育の選択、教育の収益、テストスコア | 28 |
| 実験フレームワークによる教育成果 | 17 |
| 教師や学校の質 | 8 |
| 公立学校と私立学校 | 2 |
| 教育政策 | 13 |
| **(3) 家族** | **28** |
| 母親の就労 | 8 |
| 育児、出産 | 4 |
| 時間配分、家計生産 | 4 |
| 子供の成果・成長 | 3 |
| 配偶者の労働、結婚 | 2 |
| 家族政策 | 7 |
| **(4) 格差** | **16** |
| 所得格差、階層移動、世代間格差 | 9 |
| 男女間格差 | 6 |
| その他　満足度 | 1 |
| **(5) ソーシャルネットワーク、相互作用** | **6** |
| **(6) 行動パラメータ** | **3** |
| **(7) その他[注2]** | **3** |

（B）：計量分析データ、分析手法別

| | |
|---|---|
| 実験（教育成果に関する実験；（A）の再掲) | 17 |
| パネルデータ、パネル分析 | 12 |
| 行政データ | 6 |
| 事業所データ | 1 |
| 構造推定 (Structural Estimation) | 6 |
| 差の差推定 (Difference in Differences Estimation) | 5 |
| 非連続回帰デザイン (Regression Discontinuity Design) | 4 |
| 操作変数法 (Instrumental Variables Estimation) | 1 |

注1）「その他労働政策」には、労働時間規制、労働移動規制が含まれている。
注2）1本の論文に複数のキーワードが含まれているため、ここでリストしたものの合計数は論文数に等しくならない。

29本である。なぜ教育が労働経済学と関わるかといえば、労働生産性を左右する大きな要素のひとつに人的資本があり、人的資本は教育によって作り出されるからである。教育の成果は、「教育の収益」と呼ばれる、教育を受けることによる賃金上昇分として計測され、さまざまな国や時代において、計量分析の対象とされてきた。実際に表1で、教育に関するトピックの中身をみると、教育の成果、高等教育の質、教育の費用、それらに関わる支援や政策などが取りあげられている。

　教育の次に数が多いトピックには「家族」があり、28本（JLEで9本、LEで19本）にのぼる。成人の労働決定は、例えば、世帯を形成していれば夫婦間の労働決定として世帯員の労働決定に与える影響が分析されるし、世帯を形成していなくても、親子間の就労相関といったテーマが分析される。

　さらに、親の市場労働時間や家計内労働時間の決定が、世帯員の行動や経済厚生に与える影響についても取りあげられている。例えば、母親の労働時間が子供の教育成果や健康状態に与える影響などである。教育成果は学校教育に関して教育のトピックでも取りあげられていたが、家計内での生産を通じて生み出される子供の教育成果として、家族のトピックでも注目されているといえる。

　先に述べた通り、教育は人的資本の形成につながり、労働経済学の中でも重要なテーマである。しかしながら、労働のための人的資本は家庭や学校だけではなく、教育終了後に企業内外で行われる訓練でも培われるものである。これら企業特殊訓練や一般訓練は、労働経済学で長く研究対象とされてきたテ

な研究テーマが多いことがあげられる。当然のことながら、労働経済学の学術雑誌であるから、雇用や賃金、労働市場の帰結や労働生産性、ジョブサーチやジョブマッチング、労働移動など長く研究されてきた労働問題をテーマとした研究が多い。表1で示されている通り、これらの掲載数は一番多く、労働政策も含めて全体で75本にのぼる。2雑誌でも傾向は異なり、JLEは労働政策以外が22本、労働政策が5本（18.5%）、LEは労働政策以外が32本、労働政策が16本（33.3%）となっている。

　これらのいわゆる労働市場の問題と同じ程度取りあげられているテーマに、過去2年半では「教育」が入っている。全体で68本あり、JLEで39本、LEで

ーマである。近年は、これら以上に、教育機関や家庭内での教育に注目した研究が多くなっているといえよう。

## 2.2 政策に関する分析

表1からわかる第二の特徴は、「政策」に関する研究が多いことである。例えば、労働政策をキーワードにしたものは21本取りあげられている。中身をみると、古くから研究されてきた、労働組合の存在や最低賃金制度が賃金や雇用に与える影響、あるいは、マイクロデータが入手できるようになって一気に研究が進んだ、失業（雇用）保険がジョブサーチやジョブマッチングに与える影響などとは異なる政策トピックスも数々取りあげられている。例えば、多くの先進国で高齢化が進んでいることを反映して、高齢者に関する社会保障政策や、健康・医療保険制度といった、間接的に労働者に関わる政策や制度の分析が行われている[1]。

政策分析は、先にみた「教育」や「家族」に関するトピックでも多く取りあげられている。教育分野では、教育費の支援策や、教育環境の整備などの教育政策が教育成果を高めるのかについて議論されている。家族分野では、育児休暇や産後休暇のありかた、保育所の整備、働く親の労働時間に関する制度が、母親の労働供給にどのような影響を与え、それが子供の成長や家計厚生を変えるのかが検証されている。

分野横断的な研究に加えて、政策評価や政策分析が近年多く取りあげられていることは、労働経済学だけの傾向ではないだろう。ただし、労働経済学は企業や労働者、それを取り巻く多くの人々の行動を分析対象とするものであり、私たちの日常生活に密着したテーマを取りあげることが多いため、ほかの分野以上に政策に関する分析結果に注目が集まることが多い。

## 2.3 理論に基づいた計量分析

分野横断的な分析や政策に関する研究が増えているというと、理論分析から離れた計量分析に注目が集まるようになっている印象をもたれるかもしれない。しかしながら、表1の(A)から読み取るべきは

その逆で、理論分析の枠組みに基づいた計量分析の重要性が増しているといえる。取りあげられた論文のタイトルをみれば、理論モデルの蓄積が進んだテーマに関する計量分析が多いことに気が付く。今回調べた論文で計量分析だけを行っているものをみても、背景として理論モデルの説明がなされている。後でみるように、構造モデルの推定も増えている。今後も、理論モデルの枠組みから外れた計量分析に注目が集まることはないだろう。

例えば、ジョブサーチに関して、求職者のデータを用いた分析を行う研究では、求職行動を説明するサーチ理論に基づいて検証モデルが展開されているし、検証結果を得た後には、理論モデルの妥当性に関してインプリケーションが導かれる。また、例えば労働組合や家族内労働配分の分析では、バーゲニングモデルから導かれるインプリケーションの検証が行われ、得られた結果から、理論モデルでどのような要素が考慮されるべきかが述べられる。計量分析の発見が理論モデルへフィードバックされる。

労働経済学は応用分野であるからこそ、たとえ誘導型の計量分析モデルにおいても、経済学の理論モデルの枠組みを理解することが必要なのだろう。理論モデルの枠組みが、因果効果のルートやモデルを識別するのにも役立つ。

## 3 分析に用いられるデータや手法

### 3.1 社会実験による効果検証

今回は「計量分析」がテーマであるので、分析に用いられるデータや手法に関するキーワードも整理してみる。表1の(B)は、先と同様に、2014年から2016年前半までのJLEおよびLEに掲載された論文のうち、分析データや分析手法に関するキーワードの出現回数を整理したものである。

まず目に留まるのは、実験成果に基づいた研究の多さである。内訳をみると、JLEが10本、LEが7本であり、どちらかの雑誌に偏った傾向ではなく、実験成果の取りあげられる機会自体が増えているといえる。今回取りあげた2雑誌の場合、実験室実験ではなく社会実験によるもので、教育成果に関する研

究が多くなっている。例えば、ある大学において学生を無作為に2つのグループに分け、1つのグループに割り当てられた学生のみ、一定の成績を維持すれば特別な奨学金がもらえるという実験を行った場合に、学生の学習努力や成績はどうなるかをみた研究がある（Barrow et al. 2014）。先に述べた通り、人的資本の蓄積は生産に大きく関わるという意味で、教育成果は労働経済学に深く関わるが、この研究では、成果給のように成果に依存したインセンティブを与えることで人はやる気を高めるのかという点に議論を広げ、労働市場へのインプリケーションを導いている[2]。

　教育現場ではなく、より労働現場に近い教育として、就業トレーニング（訓練）に注目した実験も行われている。抽選で就業訓練に参加できることが決まった場合に、訓練参加者と非参加者で効果が異なるのかや、どのような形の訓練を割り当てることで訓練成果が高まるのかが検証されている。

　さらに、失業保険の給付（受給）方法に関する実験もある。無作為に割り当てられたグループ間で受給方法が変えられる場合に、ジョブサーチやジョブマッチングの帰結がグループごとに異なるのかをみた研究も存在している。就業訓練や失業保険給付に関する実験が行われるようになった背景には、特に先進国において若年失業率の高さが各国共通の問題となっていることがあるだろう。就業訓練制度や失業給付制度をどのように割り当てれば高い成果が得られるか、政策的にも高い関心が持たれている。

## 3.2　行政データの活用

　表1の(B)で、実験に続いて目に留まる点は、「行政データ」による分析の多さである。行政データとは、国や地方自治体が行政のために登録された個人情報を収集したデータを指す。キーワード数自体は「パネルデータ」の半分であるが、行政データを利用できる可能性の低さを考えれば、パネルデータの半分に及ぶ数字は、行政データを利用した研究成果に対する注目度が高いことを示しているといえる[3]。

　行政データを研究に利用できることは、経済学の計量分析にとって大きな意味をもつ。まず、行政データを使えば、人々の行動の帰結や政策の影響を、長期的かつ包括的に考察できる。行政データは、通常、広範囲について長期間にわたり情報を収集していることが多い。例えば、同一個人について、失業保険の支払いや受給状況を毎月把握するといった具合である。行政データでなければ、ある企業での採用や離職の状況を捉えることはできても、それを長期間にわたって調査することは難しい。加えて、行政データでなければ、ある地域の特定グループに、これまでの転職状況や失業状況を詳しく聞くことはできても、国全体に広げることは難しい。

　さらに、国や自治体が調査主体であることで回収率が高くなるという利点もある。何十万、何百万人に及ぶ標本を研究者だけで集めることは通常不可能である（可能であってもコストがかかる）。特に、影響を受けたと考えられる対象が必ずしも多くない事柄について分析する場合には、調査標本が大きいことで初めて分析が可能となることも多い。

　行政データを利用した研究は、また、複数の行政データをマッチングさせたときに研究利用のメリットが大きくなる。雇用保険に関する行政データを、職業訓練に関する行政データと合わせれば、訓練の就業促進効果を、単なる訓練直後の達成感や技能の習得状況だけでなく、再就職後の賃金や再就職後の定着にまで視野を広げて明らかにできる。

　表1で取りあげた論文の中でも、行政データを利用した分析は、ジョブサーチやジョブマッチングに関する研究だけでなく、教育成果に関する研究や、家族の労働決定に関する研究、医療や健康に関する研究において利用されている。現時点では、行政データを研究利用できる国は限られているが、学術的な意味だけでなく政策的な意味においても必要不可欠とされており、今後ますます研究利用は広がっていくだろう。

## 3.3　多様な分析データ・分析手法による研究蓄積

　表1の(B)の後半は、分析手法に関するキーワードについて出現回数をまとめたものである。現在注目を集めている手法には、構造推定（structural estimation）や、いわゆるプログラム評価に関する分析として使われる差の差（差分の差分：difference in differences）推定、非連続回帰デザイン

（regression discontinuity design）による分析がある。

　ここで、キーワード数をみるにあたり注意が必要である。分析手法はキーワードとして書かれないことも多い。そのため、キーワード数は論文に使われている分析手法数を表さない。例えば、操作変数法に関する分析に基づく研究であっても、キーワードに「操作変数法」と書かれないことは多い。それ自体が新しい分析手法ではないためである。しかしながら、このことは操作変数法による分析成果の価値が下がっていることを意味するわけではない。

　この点は、先にみた分析データに関するキーワード出現回数についてもいえる。「パネルデータ」や「行政データ」がキーワードとして書かれるのは、入手可能性が限られているからである。例えば、国全体のデータや時系列データを用いた実証分析を行った場合に、キーワードとして「時系列データ」や「マクロデータ」と書かれることはない。同様に、県別や州別といった地域別データを用いた分析でも、「地域データ」がキーワードとならない研究は多い。しかしながら、このことは、時系列データや地域別データへの関心がなくなっていることや、それらの分析が重要でないことを意味しない。

　何を分析するのかによって、分析のターゲットやデータの利用方法は異なるはずである。同じ分析テーマであっても、異なる種類のデータや分析手法により研究することが必要であろう。この点についてはChetty（2009）から、次の引用をしたい――大切なのは計量分析が構造型か誘導型のどちらで行われているかではない。因果効果に留意した誘導型の推定は、影響の経路がわかりやすいという意味で、さまざまな仮定を同時に置きながら行動モデル全体を表現しようとする構造型モデルの分析にはない価値がある。いろいろな種類の研究成果を蓄積することが重要であろう。

　分析データに関していえば、テーマによってはマイクロデータ（個人や企業別の個票データ）よりもマクロデータや地域別の異質性を捉えたほうがよいものや、そうでなければ明らかにできないものも存在する。例えば、労働組合の組織率の分析や、景気を捉える意味での失業率の分析、地域の産業構造の分析などは、全体の傾向を捉えられるマクロデータ

や地域データのほうがよい場合もある。失業や傷病といった個人に関わるテーマの分析であっても、実際に失業した人を追跡するマイクロデータを利用すれば十分に議論ができない場合がある。失業したことで標本から落ちることもあるし、そのように脱落した標本が特別な特徴をもっている（無作為に落ちるわけではない）可能性もある。

　価値のある計量分析とは、検証したい分析仮説に合致した標本データを用いているものだろう。そのためにも、2.3項で述べたように、理論モデルの枠組みを明確に示すことと、検証仮説や、分析方法（因果検証の場合は因果効果をみるための工夫）、対象とする標本特徴を十分に説明することが必要であろう。

## 4 日本での発見を海外に発信する必要性

　ところで、ここまでみてきた、2014年から2016年前半にかけてJLEあるいはLEに掲載された論文の計量分析は、どの国を対象に行われているのであろうか。

　表2は、表1で取りあげた論文の中で、計量分析の結果が示されているものについて、分析対象国となった回数をまとめたものである。複数の国のパネルデータを用いた分析については数に入れていない。

　これによると、最も多い分析対象国はアメリカ合衆国であり、ほかを大きく引き離している。第2位にドイツが続き、第3位以降はヨーロッパの多くの国が入る。アジアの国では韓国と中国が2本ずつ存在している。これに対して日本は数が少ない。

　アメリカやヨーロッパを対象にした研究が多い理由はいくつも考えられるが、これらの国で研究者が多いことや、2雑誌がアメリカとヨーロッパの学会により出版されていることが影響しているだろう（JLEはThe Society of Labor Economists（Chicago, USA）、LEはThe European Association of Labour Economistsの公式雑誌）。

　日本を対象にした分析数が少ない理由はほかにもあると考えられる。日本の研究成果は、日本に関係する雑誌（例えば名前にJapanが付いた雑誌）に掲

| | | | |
|---|---|---|---|
| アメリカ合衆国 | 24 | 日本 | 1 |
| ドイツ | 10 | ロシア | 1 |
| カナダ | 4 | メキシコ | 1 |
| イタリア | 4 | オーストリア | 1 |
| フランス | 4 | ポーランド | 1 |
| オーストラリア | 3 | パレスチナ自治区 | 1 |
| イギリス | 3 | アイルランド | 1 |
| オランダ | 3 | チリ | 1 |
| スウェーデン | 3 | | |
| 韓国 | 2 | | |
| 中国 | 2 | | |
| スペイン | 2 | | |
| ノルウェー | 2 | | |
| フィンランド | 2 | | |

注）表1と同様に、2014年～2016年前半のJLEとLEに掲載された論文が対象。これらのうち、計量分析の分析対象となった国をリストした。ただし、国ごとのパネル分析など、ある国にターゲットを絞ったものではない場合は除いた。

**表2 | 掲載された論文の分析対象国**

載されていることや、注目されている分析手法に使えるデータが少ないこと、例えば先ほどあげた行政データの利用が難しいことがあるだろう[4]。

ここで、日本が分析対象とならない理由として、日本や日本人の行動が特殊であって、他国の人が日本の研究成果に興味を持たないとか、日本が行っている政策に関心がないことは考えにくい。日本では多くの興味深い政策が行われていて、世界中の人々の関心も高い。国際学会に行けばさまざまな国の人から日本の制度について質問を受ける。日本の雇用慣行には古くから興味が持たれてきたし、日本特有の就職活動の習慣にも関心がもたれている。日本の女子労働力率の低さや高齢者の労働力率の高さは顕著であり、背後にある家族政策や法律は関心を集めている。実際に、今回検索した2014年から2016年に掲載された論文の中で日本が分析対象国となっているAsai（2015）では、日本における育児休暇の改正の効果検証をしている。

日本を対象にした研究が少ない理由は何であれ、日本に関する計量分析の成果が世界に向けてより多く発信される必要があることは間違いないだろう。筆者も含め、日本を対象に計量分析を行っている者がより多くの研究成果を紹介する必要がある。海外に日本の結果を紹介することで、多くの研究者が日本の研究成果について議論してくれるようになれば、よりよい政策議論ができるようになる。

## 5 | おわりに

ここでは、労働経済学分野での計量分析について、過去2年半の間に労働専門雑誌に掲載された論文のキーワードをみながら近年の傾向をまとめてきた。労働経済学の分野はわれわれの生活に密着したテーマについて幅広い視点から研究するものであり、行動の実態や政策の効果についてデータを用いた研究が必要な分野であることを述べてきた。

大学で経済学を学ぶ皆さんには、労働経済学はデータを使った研究が尊重される分野であり、学んでいるさまざまな分野の経済学の知識がすべて活かせる分野であること、日本に関しても研究成果を出せば世界中にアピールできる分野であることを理解してもらえたら幸いである。そして、一人でも多くの優秀な学生に大学院に進学して学び続けてもらいたいと思う。

最後に、自戒を込めて以下を記したい。コンピュータ技術の発展により、簡単に計量分析が行われるようになったいま、毎日多くの研究成果がネット上に公開されるようになっている。これら一つひとつの研究について、使用データの妥当性を読者が詳しく吟味することは難しい。だからこそ、分析者本人が、データの特徴を明確に示し、得られた結果から明らかにできる範囲とできない範囲を十分に説明することが求められていると思う。計量分析においては、結果がロバストであるかどうかを示すことが重要であるが、それ以上に、間違ったデータ利用をしていないかや、間違ったインプリケーションを導出していないかを確認できる情報を提供することが必要であろう。私自身、これらを忘れずに研究を進めていきたい。

［『進化する経済学の実証分析』pp.95-101を再掲］

## 補論 | その後の展開と可能性

**労働経済分野における実証分析の特徴**

2016年の小稿では、労働経済学の学術専門雑誌で扱われているトピックスが近年大きく変わってきて

いることを述べた。分野横断的な研究テーマが増えていること、政策効果に関する研究が増えていること、同時に、背後で考えられる理論モデルの研究はますます重要となっていることを述べた。この傾向は、その後4年間でさらに強くなっていると感じる。4年前にはまた、これらを分析する手法やデータの収集方法も変わってきていることを記した。手法の開発や流行は他の学問分野と大差はなく、分析デザインとしてのランダム化比較試験や社会実験を用いた手法、非連続回帰デザインを用いた方法、観測データを用いた推定手法としての操作変数法や構造推定などが頻繁に使われるようになっている。しかしながら、すべての研究分野にはその分野が扱う人々や社会の特徴があり、分析の難しさがある。それでは、労働経済学におけるデータ解析の特徴、使い方の難しさとは何だろうか。

第一に、労働経済学ではランダム化実験が難しい。倫理的な理由で実験の実施が難しいことはどの分野でも言われる通りである。プライバシーに関わるとか、損失が明白に予想されるとか、利得が公平でないといった理由で実施できないことは多い。この問題とは別に、労働経済学の分野では実験対象に近づく難しさがある。例えば労働供給をみる場合の分析対象は、実際に働く労働者や従業員、職探し中の者、彼らの活動を支えている者であったりする。実験のために彼らに近づくことは容易ではない。近づけたとしても機会費用の低い者に偏ってしまう。他の分野では深刻になりにくい実務的な問題もある。実在する民間の企業現場（例えば工場）で実験を行うとか、就職支援の機関で実験を行うことは、彼らの生産活動や支援活動を阻害しないことが重要であり、「政策効果を検証するのに必要だから」という理由だけでは実施が叶わないことも多い。公的な現場であれば、費用負担を支払うとか金銭的な利得を与えることで解決することもできない。

第二に、近年利用が進みつつある行政データの利用が難しい。日本ではどの分野においても行政データの利用は難しいが、労働分野には他にはない複雑な難しさが存在しているように思う。例えば、生活保護世帯の識別や所得・納税の情報、病気や治療の情報は、捕捉しやすいがプライバシーの問題で利用

が難しい。ただし、プライバシーの問題が解決されれば研究への利用可能性も高まろう。ところが、労働関係の情報の場合、行政データであってもそれを十分に補足することが難しい。例えば、個人の労働遍歴を完全に記録することは、どの国でも非常に困難だと言われる。雇用保険番号で追跡できると思われるかもしれないが、雇用保険の対象外の就業をしている者は少なくない。そのような者こそ政策の対象となる可能性が高いにもかかわらず、である。就職支援機関が、求職者の求職期間中および期間後の情報を収集すればよいと思うかもしれないが、求職者を追跡することはきわめて難しい。求職者が求職期間中の状況や就職決定の状況を報告する義務はないからだ。

第三に、労働政策の多くは、政策の期間を前後に分けることが難しい。あるいは、政策がとられたグループととられなかったグループに分けることが難しい。多くの政策は実施前後に移行期間を設けていたり、政策対象に近い地域や人々には政策内容に近い保障が行われていたりする。すなわち、政策は時点や場所、グループに応じて段階的にとられていて、明らかな差を見つけにくいことが多い。このような場合に、グループや政策変更の差を利用した分析手法を用いても明確な結果は得られにくい。効果がないわけではないのに、効果がみえにくくなる可能性である。さらに、労働政策の多くは他の政策と共に行われることが多い。そして、それらの政策対象が重なっていることも多い。この場合、仮に労働政策は有効ではなくてもそうであるようにみえる可能性もある。

## 実証分析にあたって心得ておくこと

もちろん、このような困難があるからといって、統計的証拠が蓄積されなくてよいことにはならない。どうすればよいのだろうか。まず、万能なデータや分析手法があるわけではないことを知っておく必要があるだろう。分析にとって完全なデータなど存在しない。そうならば、データから扱えるテーマを適した手法で分析することが大切になる。そのためには、学部や大学院で計量経済学や統計学の勉強をするときに、推定や検定の弱点を合わせて学んでおく

とよいだろう。自分が分析に使うデータがどのように収集され、どのような特徴をもっているかを十分に理解しておくことも、分析結果を解釈する際の助けになる。

また、実際に分析をして結果を示す際には、分析手法やデータの限界を明らかにすることが必要である。すなわち、分析からどこまで言えるのか、言えないのかについて、分析を一番よくわかっている筆者が明らかにする必要がある。社会経済の分析において、「データが完全でないから」という理由だけで論文の価値が否定されることはない。同様に、「因果関係ではない」という理由だけで分析結果が否定されるわけではない。因果関係に近づくことは必要不可欠であるが、経済学の分析における「変数」はほぼすべて内生性をもち、因果関係を完全に明らかにすることは難しい。因果関係と言えない可能性があるならば、それはどのような場合かを明らかにしながら、何が発見されたのかを示すことが大切だろう。一番の問題は、限界を隠して政策効果の有無を判断したり、結果を超越した政策インプリケーションを導き出したりすることである。限界はどんな研究にも存在する。応用計量経済学の研究は、不完全なデータの中から言えることを、なるべく間違いなく抽出する作業であることを自覚しておきたい。

データ利用については、引き続き利用可能性を探ることが重要だろう。ただし、そのためには研究する側が責任を果たすことも重要である。研究が信頼されていなければデータの利用は叶わない。分析前には、分析の重要性を専門外の人にもわかる形で伝える義務、分析後には、結果から言えることを一般の人にもわかる形で説明する義務や、政策担当者や社内制度の策定担当者に、どのような施策の可能性が考えられるかを説明する義務がある。行政データや社内データが研究者の学術研究の業績蓄積だけに使われるようであれば、（たとえどんなすばらしい雑誌に論文が載ったとしても）データ管理側がデータを開示するインセンティブをもてない。データ管理側が知りたいことを理解して積極的に分析に取り入れる柔軟性と、得られた結果がデータ管理側にとって望ましくない結果であっても開示する一貫性も

重要である。

最後に、研究成果は統計的に有意である結果が注目を浴びやすいことを覚えておきたい。そのため、統計的に有意な結果が蓄積されがちである。しかしながら、統計的に有意でない結果が意味をもたないのではない。私たちに求められているのは、データや分析手法に忠実に、ひとつでも多くの研究成果を報告することだろう。分析対象範囲の広い労働経済学には、分析すべきテーマが山積している。有効性が検証されるべき政策も多い。広い視点で、異なる分析手法やデータを用いて研究を蓄積する必要がある。学部生や大学院生の皆さんに、ぜひこの作業に加わってもらいたい。労働経済学の分野で統計的証拠を積み上げることに力を貸してほしい。

［2020年6月加筆］

## 注

[1] 健康・医療保険に関するテーマでは、表1（A）にある「労働市場全般」にあげたトピックの中でも、欠勤行動や労働者の傷病率に関する分析が含まれている。労働と健康に関連したトピックへの関心の高さがうかがわれる。

[2] より多く行われている教育実験は、初等教育で、教師やクラス環境を無作為に割り当てるときに学生の学習努力や教育成果が変わるのかを検証したものなどがある。

[3] もう少し年代を広げると、行政データへの関心の高まりを明確に確認できる。JLEとLEにおいて、行政データ（administrative data）を用いた研究は、1995年から2005年にかけて8本であったが、2006年から2015年にかけては42本に増えている。よりランクの高い一般誌に広げ、*Econometrica, American Economic Review, Journal of Political Economy, Quarterly Journal of Economics*をみると、行政データを用いた研究は、1995年から2005年にかけては6本であったが、2006年から2015年前半にかけては17本となっている。

[4] 日本に関する研究が、専門誌ではなく一般誌に掲載されやすいということは考えにくい（根拠はない）。

## 参考文献

■ Asai, Y. (2015) "Parental Leave Reforms and the Employment of New Mothers: Quasi-Experimental Evidence from Japan," *Labour Economics*, 36, pp.72-83.

■ Barrow, L., L. Richburg-Hayes, C. E. Rouse and T. Brock (2014) "Paying for Performance: The Education Impacts of a Community College Scholarship Program for Low-income Adults," *Journal of Labor Economics*, 32(3), pp.563-599.

■ Chetty, R. (2009) "Sufficient Statistics for Welfare Analysis: A Bridge Between Structural and Reduced-Form Methods," *Annual Review of Economics*, 1, pp.451-488.

## 各分野の実証研究

Different Fields in Empirical Economics

# 開発経済学

## 伊藤成朗

いとう・せいろう

日本貿易振興機構（ジェトロ）アジア経済研究所・開発研究センター・ミクロ経済分析研究グループ長。専門は開発経済学。論文："How Does Credit Access Affect Children's Time Allocation?: Evidence from Rural India," *Journal of Globalization and Development*, 3 (1), pp. 1–28, 2012 (with N. Fuwa, K. Kubo, T. Kurosaki and Y. Sawada) など。

開発経済学において近年広く用いられるランダム化フィールド実験について解説し、疫学におけるランダム化比較試験との比較を行う。また、開発経済学の実証分析手法の変遷を概観し、行動経済学や実験経済学が与える影響について展望する。

## 1　はじめに

　開発経済学は戦後、マクロ経済学的な色彩を濃く帯びて出発した。戦後から70年代にかけては、戦後復興、植民地独立、南北問題などのマクロ単位の開発が盛んに議論されたことが背景にある。同時に、開発を加速するための経済学の使命として、開発経済学は実態理解と政策介入を強く意識した性格をもつ。この時期にビッグ・プッシュ、成長理論、ルイス・モデル、金融深化、移転逆説など、マクロ視点から画期的な知的貢献がなされたのは、マクロ単位の開発手段を考える当時の開発経済学の性格を反映している。現在、開発経済学はさまざまな分野の実態解明と開発促進に取り組むため、ミクロ経済学的な色彩が濃くなっている。戦後当初の伝統をふまえる開発マクロ経済学は、マクロ的視点からミクロ的政策介入の正当性を裏付けるものとして捉えられ、開発ミクロ経済学において感覚的な誘導灯の役割を果たしている[1]。

　本稿では、開発過程の実態解明と成長や機会均等を促す政策が開発ミクロ経済学でどのような実証方法を用いて議論されているか、選択的に紹介する[2]。開発ミクロ経済学は、低所得地域には標準的な経済学が通用しないという戦後初期の先入観を覆して「貧しいが効率的」（Schultz 1964）に移行し、さらに情報非対称性と誘因に着目した結果、「貧しいが現実的な制約の下で効率的」（Stiglitz 1986）と変遷し

た。そこでの研究スタイルは、理論を用いて仮説を含む推定式を導出し仮説検定する現状観察研究である。近年になると、「何が効くのか」（what works）という問いに答えるために、開発過程により積極的に関わる介入研究というスタイルが増えていく。

　この近年の潮流の代表は、何といってもRFE（Randomized Field Experiments：ランダム化フィールド実験）である。RFEの流行は後述する信頼性革命と相まって車の両輪のように驀進している感がある[3]。ほかにも、近年の開発経済学は行動経済学や実験経済学の成果を取り込み、以前は計測しなかった選好情報を積極的に使うようになったほか、人間の生物学的な側面を取り込むために、疫学・公衆衛生学や神経科学など異分野にも乗り入れるようになっている[4]。異分野との交錯は開発経済学にとって知識を増やす新たな機会を与えつつ、摩擦を伴いながら分析手法の厳密化にも役立っている。

　以下では、まず、RFEが流行する前の研究方法から取り上げ、RFEとの比較を試みる。次に、開発経済学の代表的なRFE論文を題材に、疫学のRCTとの比較をする。さらに、RFEの推定方法について確認した後、効果の不均一性の問題について言及する。最後に、実験経済学や行動経済学の影響について簡単に展望する。

## 2 オールド・スクール──データの収集と経済理論の利用

ミクロ経済学で学ぶ厚生経済学はすべてがうまく機能する楽園のような様子を描き、現実との関連が低いと考えられがちである。でも、実はそうではない。開発経済学では一般均衡理論を真面目に適用することがある。中世農村の一般均衡（Townsend 1993）などを研究していたTownsend（1994）は、同様の視座でインドの農村経済がパレート最適なリスク・シェアリングを実施しているのか検証した。パレート最適なリスク・シェアリングとは、村内で相殺できるショック（怪我など）はすべて相殺し、村内相殺で対応できない村全体に等しく影響するショック（干ばつなど）のみが個人消費に影響を与える状態である。実際に、一般均衡モデルで村内でパレート最適なリスク共有状態を導くと、均質なリスク回避度の下では個人の消費 $c$ は自らの所得 $y$ とは無相関だが、村の平均所得 $\bar{y}$ とは正相関する状態であることが示される。誘導型の推定式で表現すると

$$c = a_0 + a_1 y + a_2 \bar{y} + u$$

において、パレート最適ならば $a_1 = 0$（無相関）、$a_2 = 1$（正相関）である。彼は国際熱帯半乾燥作物研究所（ICRISAT）が収集したインド農村家計データを用い、不完全なリスク・シェアリングであることを示している。

信用市場を分析したUdry（1994）やTownsend（1994）は、農村経済の資源配分機能の効率性仮説を検定するために図1のステップを踏んでいる[5]。

「$p$ならば$q$」という仮説は、現象に関する特定の制約（$p$のとき$q$）を示しているので、仮説が正しい場合には、推定値は特定の値（正、負、ゼロなど）に制約される。農家家計の消費と生産の分離仮説を検定したBenjamin（1992）、途上国家計の単一家計仮説を検定したThomas（1990）なども、理論と仮説を特定し、理論と仮説が正しい場合に満たされる推定値の制約を示し、データを得てその制約を検定している。

こうした研究の後、開発ミクロ経済学では、仮説を示し、仮説を表現できる特定の理論モデルを設定

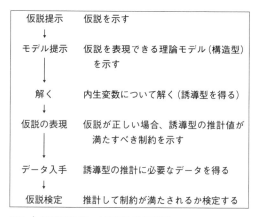

| | |
|---|---|
| 仮説提示 | 仮説を示す |
| ↓ | |
| モデル提示 | 仮説を表現できる理論モデル（構造型）を示す |
| ↓ | |
| 解く | 内生変数について解く（誘導型を得る） |
| ↓ | |
| 仮説の表現 | 仮説が正しい場合、誘導型の推計値が満たすべき制約を示す |
| ↓ | |
| データ入手 | 誘導型の推計に必要なデータを得る |
| ↓ | |
| 仮説検定 | 推計して制約が満たされるか検定する |

**図1｜誘導型を使った実証方法の手順**

し、そのモデルと仮説を検定できるデータを収集する、というスタイルが定着する[6]。現地での観察やデータ収集はRFEを用いた近年の研究においても踏襲されているが、理論を示して仮説を示す傾向は減っている[7]。

誘導型導出と対応するデータ収集というスタイルは、誘導型を明示的に解く必要性から、複雑な非線形連立方程式を扱えない。言い換えれば、想定するメカニズムを単純な理論モデルで描くことが求められる。また、特定の理論に限定して誘導型を得ることから、想定しないメカニズムを検定しない態度が明確である。例えば、Townsend（1994）の不完全なリスク・シェアリングという結果は、将来にも互恵的なリスク・シェアリングを確約できない市場の失敗を組み込んだ理論を考慮すれば納得のいく結果である（Ligon et al. 2002）。あらかじめ構造を念頭に現実（データ）を見なければ、どのようなメカニズムがあるのか判定できないということの一例である。

## 3 ランダム化フィールド実験（RFE）の流行

### 3.1 RFE実施の動機

RCT（Randomized Controlled Trial：ランダム化比較試験）は医学の治療効果検証で「至適標準」と言及されることが多く、RFEを推奨する開発経済学者もそのアナロジーに倣っている（Duflo 2006a, Duflo et al. 2008a, Banerjee and Duflo 2009, 2011, Karlan and Appel 2011）。しかし、後述するように、

RFEはRCTと同じではない（Favereau 2016）[8]。

RFEが推奨される理由は、政策効果が一致性を以て推定できること（内的整合性があること）、政策担当者に伝えるメッセージが明快なこと、政策担当者との距離が近く政策変更に繋がりやすいことなどである[9]。政策効果の影響が歪みなく計測できるのは、対象をランダムに処置群と対照群に割り振れば、両者が政策の影響の有無以外は同等の集団になるためである。「何が効くのか」という結果は明確であり、しかも、共同でRFEを実施すれば、政策変更に繋がりやすい。

「何が効くのか」（what works）を積み上げることで、効果と環境の関係を描くことができる（外的整合性を高める）ほか、より重要なメリットとして、効果をもたらす要因ごとにRFEをデザインすることで「どのように、なぜ効くのか」（how and why works）の示唆を得られる。例えば、Duflo et al.（2008b）のRFEで肥料利用率が低かったことを説明するために、Duflo et al.（2011）で近視眼的な個人の意思決定をモデル化し、モデルの予測どおり現時点での少額割引で肥料利用率が高まるか検討している。ランダム化できるから実施した、という類いの検定するメカニズムが分かりづらいRFEが散見されるなかで、既存のRFEの結果をふまえつつ、理論を利用して介入内容を決めるRFEこそ学術的だけでなく政策立案にも価値があることを示す例である。

### 3.2 疫学との対照

開発経済学でRFEを採用した初期の論文Miguel and Kremer（2004）を例に、開発経済学におけるRFEの実践について疫学と対照しながら考えていこう。本研究は実験としてケニアの学校で抗寄生虫（蠕虫）薬を配布しているが、経済学者が蠕虫を駆除して何をしたいのか疑問に思うかもしれない。これは薬が体内の蠕虫に与える効果を検討した論文ではない。本研究では、体内から駆除することで健康状態が改善して学校への出席率が高まる間接効果、特に、一部生徒の駆除による他生徒への外部効果（＝間接効果の外部効果）に焦点を当てている[10]。

開発経済学研究と疫学研究は関心事が異なることに伴い、計測対象や計測方法、検定方法も異なる。最も異なるのは、本研究が外部効果の測定を主眼としていることである。疫学では一般に、実験に外部効果があると実験汚染（contamination）として実験失敗の判断を促すことがある[11]。対照群に処置群から正（負）の影響が及べば、治療効果が過小（過大）評価されるためである。しかし、正の外部効果を積極的に評価せずに蠕虫駆除の就学効果を不当に過小評価している可能性は、公衆衛生や経済厚生にとって検討の価値がある（Miguel and Kremer 2004）[12][13]。

本研究は経済厚生に関心があるため、結果指標も疫学とは異なる。疫学では蠕虫や赤血球量などを直接計測するほか、知的能力への効果をみるために認知能力テストを実施することが多い。しかし、学習が途絶えがちだった子どもを相手にするとき、知的能力回復を測るまでどの程度時間を空ける必要があるのか判断が難しい（Bundy et al. 2009）。知的能力を測るよりも、短期間に変化が観察でき、その後の厚生変化も示唆できる学校出席率などの方がむしろ都合がよい。本研究は疫学研究では軽視されてきた出席日数への効果を取り入れている[14]。他方、疫学の結果指標からも学ぶ点がある。本研究では、「健康状態が改善した」という生徒本人が回答した主観的健康改善情報はあるものの、貧血や身長体重などの客観的指標で健康改善がみられないため、出席率上昇の医学的なメカニズムを描きにくい（Davey et al. 2015, Humphreys 2015）。健康改善が人的資本投資に帰結するメカニズムのうち、体内部分の検証方法を異分野から取り入れることでさらなる知識が生産できる。

本研究では言及がないが、結果指標が異なるため、潜在的には行動に関する仮説検討を含む。出席は登校するかその他の活動をするかの意思決定を介する。例えば、児童労働が選択肢にあれば、賃金率や教育投資の収益率を含めた行動仮説を検討しなければならない。行動に関わる結果指標を選び、その変化が厚生にどのような影響を与えるか考察するのは疫学の対象範囲外である。

行動なども含む結果を導くメカニズムの検討は、どの分野でも実験計画策定の重要な土台となるが、その扱いかたも疫学と開発経済学では異なる。

RCTもしくは治験（clinical trial）とは、前治験期、フェーズ0-4を総称した言葉である。前治験期には分子レヴェルで効果が検討され、動物実験等が実施されて治療効果を確認し、フェーズ0と1では健常者に実験して副作用の確認や投与量を調整する。フェーズ2になって初めて患者を対象に治療が実施される。規模を拡大するフェーズ3では、実効性を確認する。認可後に実施するフェーズ4では、長期の追跡調査によって治験と異なる環境での治療効果や副作用を調査する。医学のRCTでは患者対象のフェーズ2になるまでに分子レベルでの理論的裏付けが再三確認されるため、フェーズ2以降は効果測定のみに特化する。開発経済学と異なり、効果の背後にあるメカニズムを推測するのは患者対象に実験をする前である（Favereau 2016）。後ではない。

著者らの推定では、抗蠕虫薬を投与すると、投与を受けた生徒の欠席率の1/4が削減され、貧血症が減少し、外部効果によって他校生徒の蠕虫駆除率と出席率が向上することが示された。抗蠕虫薬の価格は低いため費用対効果は大きい。このため、本研究は政策担当者などに影響力があったといわれる。現地で活動するNGOや政府と共に公益性のある政策をRFEとして実施するという研究スタイルは、開発ミクロ経済学では多くの研究が踏襲するようになる。

## 3.3 再現可能性

Miguel and Kremer（2004）は研究結果の再現可能性（reproducibility）を広める役割も果たした。著者らは自らのwebサイトにデータと推定コードを公開し、誰もが論文中の結果を再現できるようにしている。このような透明性は公衆衛生学や疫学では例がなく、経済学ならではの先進的な取り組みと評価できる。ところが、2015年7月、国際疫学雑誌に推定結果が再現できないという論文（Aiken et al. 2015）、より適切な方法で再分析したとする論文（Davey et al. 2015）、および、原著者の返答論文（Hicks et al. 2015a）が掲載されて論争が発生する[15]。原著者らの推定コードに誤りがあり、原著者たちも認めた推定コードの誤りを修正すると、薬の投与を受けた生徒については、出席率向上は統計的に有意であることに変わりなく効果は認められる

が、その程度が小さくなること、貧血症への効果はなくなることが示された。さらに、論文が焦点を当てた外部効果は、学校から3km以内に住む他校生徒の蠕虫駆除にのみ認められ、他校生徒の出席率への効果はないことが示された。

推定コードの誤り修正後は、投与を受けた生徒の出席率向上効果は合意されているものの、研究の主眼であった外部効果については、両者の合意に至っていない。最も適切と考える推定方法が両者間で違うためである。

## 3.4 異分野との交流の効果

一連のやりとりからは、同一の対象を疫学と経済学という異なる学問分野が分析することの難しさと潜在的な相乗効果がみて取れる。難しさの原因の第一は、分野によって掲げる分析基準が異なることである。これを端的に示しているのは一連の論文刊行後にまとめられた蠕虫駆除に関するコクラン・レビューである。そこではMiguel and Kremer（2004）によって示された出席率効果の証拠の質が「とても低い」（＝4段階の最低評価）と判断されている（Taylor-Robinson et al. 2015, p.5）。

最低評価になった原因は、第一に、ランダム化の質が低いためである。原著者らはNGOと関係のある75校をアルファベット順に並べて順番に3つのグループに分けている。アルファベット順は純粋なランダム化ではない[16]。第二の理由は、実験を盲検化（blinding）していないので、推定結果を歪める要素を排除できないためである[17]。例えば、効果のない薬でも薬を飲むという行為から出席日数を増やす生徒がいる可能性（プラセボ効果）や、効果が認められれば新規プログラムがやってくると期待した被験者の親が子どもに学校に行くように働きかける可能性（ホーソン効果）がある[18]。第三の理由は、衛生習慣改善介入も同時に実施されたため、他の介入からの実験汚染が考えられるからである。

実験である限り、開発経済学のRFEでも厳密なランダム化をできる限り使うという疫学の基準に合わせることになるのだろう。ランダム化を厳密に実行するのは、政策実施者の許諾さえ取れれば難しくない[19]。ランダム化の内容も含めて実験プロトコル

（作業手順）文書や事前分析計画（pre-analysis plan）を整備する試みは、アメリカ経済学会などでも始まっている[20]。他方、社会科学の実験では盲検化が難しい。盲検化しないことの歪みを排除する方法を考えない限り、開発経済学が産み出す知識の質は「とても低い」と異分野で判断されかねない。盲検化の難しい手術のRCTに倣い、sham（見かけは同じでも治療効果のない介入）を対照群に実施すること（sham-controlled design）は一案である[21]。他の介入からの実験汚染は、NGOや政府と共同で実験する上では避けることが難しい。政策実施者はパッケージで政策を実施することが多いためである。各介入の効果を独立して識別するためには、べき乗設計（factorial design）の実験が必要であり、実験規模が大きくなる欠点がある。

原因の第二は、交流不足による概念や用語の誤解である。こうした困難は交流と時間を通じて今後は解消されていくはずであるが、本論争では意見相違の原因になった。2つの誤解から、疫学者グループは、経済学で用いられる二重差分（DID）推定量を原著者らが用いたことへの異論を唱えている。

DIDで効果が一致性をもって推定できる識別条件は、処置群と対照群が時間を通じた共通トレンドに従うことである。疫学者グループはそのことを正しく言及しながらも、本研究では満たされないとし[22]、標本を各年ごとに分割し横断面比較で効果を推計している。疫学者グループの第一の誤解は、RFEでは各群への割当がランダムなため、各群の介入単位（=学校）数が多ければ、群間の共通トレンドは自動的に満たされることを見落としていることである。第二の誤解は、DIDでは各群間の時間を通じたトレンドの差によって効果を識別していることを見落とし、群内の時間を通じたランダム化されていない比較であると理解したことである[23]。こうした誤解から疫学者グループは、各年ごとに標本を分割して推計するのが適切と判断し、標本数を減らし検定力を落として効果が弱いと判定している。

一方で、疫学者グループは、疫学の基準であるCONSORT Statementを参照しながら、欠損標本数や出席率トレンドが各群間で違う問題も指摘した。本研究は純粋なランダム化を用いなかったため、各校を各群に振り分けたときに偏りがあったことも想像に難くない。また、各群間でDIDの仮定を精度をもって満たすには介入単位（=学校）数が少なすぎた可能性もある。再現研究とその後の論争は、実験研究を厳密にすることのメリットを示したといえる[24]。

### 3.5 RFE流行の開発経済学への影響

RFEの流行により、開発経済学者の提案が政策立案に与える影響は大きくなった。J-PAL、IPA、3ieなどの組織はRFEを数多く実施しており、その成果を政策担当者に伝えることに余念がない。RFEが流行した結果、政策介入を分析する研究が増え、歪みの無い介入効果推計値という貴重な知見を得られるようになった。その一方で、現状理解を目的とする伝統的な観察研究は隅に追いやられ、政策実施者との関係が重要になり、RFEによる介入効果研究の実施に特化した組織を研究者や研究機関が運営するようになり、研究者がその組織存続に利害をもつようになった。RFEは作業量が多いので研究期間が長くなり、チームでの研究が増え、ロジ的作業に優位をもつ研究者が居場所を見いだし、研究における計量や理論の役割は低下した。雑誌掲載においては、実証結果に歪みがないという内的整合性（internal validity）があるのは当然の条件であり、他の環境への適用可能性である外的整合性（external validity）の程度を示すことも査読者から求められるようになっている[25]。すべての研究結果は研究対象の環境（母集団と関係する社会経済制度）に依存するので、同一研究内で複数の環境を用意できなければ外的整合性について言及することは難しい。外的整合性への配慮は研究規模を大きくする要因になっている。

RFEでは具体的な政策効果をあげるための手段を比較するため、行動に関する複雑な理論を考えなくても、「これが効きました」（what）という明快な結論が出る。理論を明示しなくても研究として成り立つことから、RFE流行によって開発経済学でのメカニズム理解志向が弱まった可能性がある。例えば、理論を用いたDuflo et al. (2011) においてすら、近視眼的な個人をベースに理論を組み立てながら時間選好に関する実験を実施していないため、理論の予測

通りの検定ができていない。Duflo et al. (2008b) では肥料利用率や生産を結果変数として観察しており、利潤を計算するのに必要な労働投入を収集していないため、低利用率が古典的な利潤最大化と不整合なのかという厚生判断ができない (Foster and Rosenzweig 2010)。これらの例では、理論と大筋で矛盾しないながらも、理論に忠実な実験計画を作っていない[26]。このような理論の使い方は医学・疫学と対照的である。

### 3.6 「信頼性革命」との共振関係

こうした特徴をもつことから、開発経済学におけるRFEは、理論との対応が考えられていないパラメータを推定していると批判されている (Heckman and Vytlacil 2005, Bardhan 2005, Mookherjee 2005, Deaton 2010, Ravallion 2012)[27]。これは開発経済学に留まる事柄ではなく、背後にある実証ミクロ経済学における「信頼性革命」(credibility revolution) に向けられた批判である。

信頼性革命とは、一致性や不偏性のある研究デザインを最重要視する実証研究の方法論である。具体的な手法は、RFEのほか、自然実験を用いる操作変数 (IV)、二重差分 (DID)、回帰不連続デザイン (RDD)、合成統御法 (SCM) などである。推定する方程式にとって外生とみなせる変動を見つけ、先入観を排して因果関係を推定する特徴がある。経済理論は変動が外生であるという主張（識別条件）を正当化するために使われて、誘導型導出に使われないこともある。推定結果の解釈に関する信頼性を高めるため、部分標本を使ったり異なる特定化で推定する頑健性分析、効果が及ばないはずのグループで効果ゼロを確認するプラセボ分析なども標準的に実施するのが作法となっている。また、統計的推論をする際には、家計や村など適切な集団をクラスターと定義して、クラスター頑健標準誤差を用いることが作法である。

Heckman (2010)、Leamer (2010)、Keane (2010a, b) は、RFE推奨者が理論を軽視していること以外に、信頼性革命の唱道者 (Angrist and Pischke 2008) が推奨するLATE (Wald) 推定量が解釈を与えづらいパラメータであるとも批判している[28]。操作変数を使ったLATE推定量を用いたAngrist (1990) はその代表的研究であるが、くじ引き徴兵制度下で兵役が将来の所得に与える効果を推定している。ランダムに決まるくじ番号を操作変数にしており、かつ、標本サイズも3万を超える大規模であるため、適用例としては理想的だと発表当時は考えられていた。

しかし、LATE推定量は2つの困難に直面する。1つめは内生変数と操作変数の相関適切性 (relevancy) が低い操作変数 (weak instruments) 問題である。操作変数推定量は一致性を持つものの不偏性を持たない。漸近的に真の値に収束するからという理由で有限標本バイアスは着目されなかったが、Bound et al. (1995) がAngrist (1990) の推定値に無視できない歪みがあることを指摘してからは、有限標本バイアスを分析した漸近理論が開発され、第1段階推定での$F$値下限値などの指針が示されるようになった (Bekker 1994, Staiger and Stock 1997, Stock et al. 2012)。

弱操作変数は観察データを用いた実証研究に深刻な問いを投げかけている。現在はDemographic and Health Survey (DHS) に代表されるような大規模データセットが容易に入手できる。しかし、3万近い標本サイズで「小規模標本」バイアスが無視できないならば、幸運なしには操作変数推定量を用いることは難しい[29]。このため、政策などの断続性を利用するRDDやパネルデータを用いるDIDなどが観察データを用いる推計に残された手段である。RDDは推定対象が狭い部分集団であるため、得られる推計値の適用範囲も部分的である。パネルデータは多く存在しないし標本サイズが小さい。大規模データセットが利用可能になっても、因果関係を示す推計値は限定された対象からしか得られない状態に留まっている[30]。

2つめは、効果の不均一性である。一般に、操作変数は介入効果が個人によって異なる場合、一致推定量とはならない。政策介入$D_i$の結果変数$y_i$への効果$a_{1i}$が個人$i$によって異なることは、次の式のように表される。

$$y_i = a_0 + a_{1i}D_i + u_i$$

ここで$u_i$はi.i.d.エラーである。このとき、効果の

不均一性を許容しないモデル $y_i = b_0 + b_1 D_i + v_i$ を推定すると

$$y_i = a_0 + \bar{a}_1 D_i - \bar{a}_1 D_i + a_{1i} D_i + u_i$$
$$= a_0 + \bar{a}_1 D_i + (a_{1i} - \bar{a}_1) D_i + u_i$$

となり、$b_0 = a_0$、$b_1 = \bar{a}_1$、$v_i = (a_{1i} - \bar{a}_1) D_i + u_i$ が成り立つ。$u_i$ と無相関の操作変数があったとしても、$D_i$ が誤差項 $v_i$ に含まれるために操作変数は妥当性を満たさない。

仮に妥当性を満たす操作変数が見つかったとしても、効果が不均一の場合、LATE推定量は個人の効果の加重平均となるため、そのウエイトがわからない限り意味のある値ではない。ベトナム兵役のくじを例に、Keane（2010b）を拡張して具体的に考えてみよう。簡単化のため、個人には2種類しかいないとする。タイプ1は全人口の $a$ だけ存在し、平時においては収入が $y_{10}$、兵役後は $y_{11}$ になる。タイプ2は全人口の $1-a$ だけおり、平時収入が $y_{20}$、兵役後収入は $y_{21}$ である。くじで徴兵資格が発生することを $z = 1$、発生しないことを $z = 0$ と記す。兵役は $D$ で表され、就くと $D = 1$、就かないと $D = 0$ と表現される。タイプ $j$ が徴兵資格有りのときに兵役に就く割合を $\alpha_{j1}$、無しのときの割合を $\alpha_{j0}$ と書くとしよう。すると、兵役が所得に与えるLATE推定値は

$$LATE = \frac{\text{有資格者の平均所得} - \text{無資格者の平均所得}}{\text{有資格者の兵役参加率} - \text{無資格者の兵役参加率}}$$
$$= \frac{\bar{y}_{z=1} - \bar{y}_{z=0}}{\mathrm{P}[D=1 \mid z=1] - \mathrm{P}[D=1 \mid z=0]}$$

なので

$$\bar{y}_{z=1} = a \underbrace{\{\alpha_{11}(y_{11} - y_{10}) + y_{10}\}}_{\text{タイプ1の有資格時の平均所得}} + (1-a) \underbrace{\{\alpha_{21}(y_{21} - y_{20}) + y_{20}\}}_{\text{タイプ2の有資格時の平均所得}}$$

$$\bar{y}_{z=0} = a \underbrace{\{\alpha_{10}(y_{11} - y_{10}) + y_{10}\}}_{\text{タイプ2の無資格時の平均所得}} + (1-a) \underbrace{\{\alpha_{20}(y_{21} - y_{20}) + y_{20}\}}_{\text{タイプ2の無資格時の平均所得}}$$

$$\mathrm{P}[D=1 \mid z=1] = a\alpha_{11} + (1-a)\alpha_{21}$$
$$\mathrm{P}[D=1 \mid z=0] = a\alpha_{10} + (1-a)\alpha_{20}$$

を考慮するとLATE推定値は

$$W = \frac{a(\alpha_{11} - \alpha_{10})(y_{11} - y_{10}) + (1-a)(\alpha_{21} - \alpha_{20})(y_{21} - y_{20})}{a(\alpha_{11} - \alpha_{10}) + (1-a)(\alpha_{21} - \alpha_{20})}$$
$$= w \underbrace{(y_{11} - y_{10})}_{\text{タイプ1の効果}} + (1-w) \underbrace{(y_{21} - y_{20})}_{\text{タイプ2の効果}}$$

$$w = \frac{a(\alpha_{11} - \alpha_{10})}{a(\alpha_{11} - \alpha_{10}) + (1-a)(\alpha_{21} - \alpha_{20})}$$

となる。

仮に、タイプ1が徴兵資格に関わりなく兵役を志願する場合、$\alpha_{11} = \alpha_{10}$ となってタイプ1が徴兵くじに受ける影響はなくなり、LATEはタイプ2への効果のみ $y_{21} - y_{20}$ になる。志願が禁止（$\alpha_{j0} = 0$）されていて両タイプともに徴兵資格があるときに兵役に就く割合が同じ（$\alpha_{11} = \alpha_{21}$）の場合、LATEは人口比率をウエイトとした効果 $a(y_{11} - y_{10}) + (1-a)(y_{21} - y_{20})$ になる。言い換えれば、LATEがATE（Average Treatment Effect：平均治療効果）と一致するのはこの場合のみである。両タイプともに徴兵資格があるときに兵役に就く割合が同じ（$\alpha_{11} = \alpha_{21}$）だが、徴兵資格がないときにタイプ1だけが志願する（$\alpha_{10} > \alpha_{20} = 0$）場合、LATEは両タイプへの効果の加重平均だがタイプ2のウエイトが $1-a$ よりも高くなる。これはタイプ1がくじの結果に関わらず志願して収入が変動しなくなりがちなので、効果がくじによってのみ兵役に就くタイプ2により強く影響を受けるためである。

このように、対象母集団の多様性と行動の違いにより、LATEで適用されるウエイトは変化する。タイプが観察できなければ、タイプごとの志願割合もウエイトも計算できないので、LATEがどの母集団のどのような行動に応じて計算されているのか解釈ができない。

このことはLATEの有用性を減じるが、タイプが観察不可能で効果が不均一の場合に解釈が難しいのはLATEに限らず、大多数の論文で推定対象となっているITT（Intention-To-Treat：治療意図）効果も同じである。ITTはLATEの分子であるが、タイプが観察不可能だと $a_j$、$a_{jz}$ が計算できない。よって、どの部分集団でどのような自己選抜が発生しているのかわからないので、推定したITT効果が他の環境下でも適用可能と考える根拠は得られない[31]。

観察不可能なタイプとタイプごとの効果の不均一性を検定することも推定することも可能だが、開発経済学での活用は限定的である[32]。このため、現在の開発経済学の論文ではとりあえずの確認作業を

実施して「お茶を濁す」のが作法である。まず、主たる推定結果を示した後、性別、人種、年齢、地域、学歴などの観察可能なグループ分けを使って部分集団を定義し、部分集団ごとに効果を推定して標本全部を使ったときの推定値との差を見て、効果の不均一性の傾向と主たる推定結果の頑健性への含意を考察する。ここで主たる推定結果とその解釈に矛盾する結果が出なければお咎めは免れる。

## 4 | 行動経済学と実験経済学の影響

個人の合理性と社会経済制度をどのようにみなすのかによって、開発経済学のパラダイムは変わってきたと考えることができる。「貧しいが効率的」「貧しいが現実的な制約の下で効率的」と移行した後、2000年代に入ると、経済政策の議論で心理学や実験経済学の影響が強まり、開発経済学においても標準的ではない選好を取り入れた分析が進んだ。その結果、「非合理的だから貧しい」ともいえるような捉え方も注目されつつある。

選好を取り込む研究の先鞭を付けたのはBinswanger（1980）である。Binswanger（1980）は南インドの農民を相手に、コインを使ったギャンブル実験で危険回避度を計算し、資産との弱い相関を確認した[33]。実験経済学では実験の結果そのものを説明することが伝統的に多かったが[34]、開発経済学は実験経済学を道具として取り入れたため、現地の住民を対象に実験するAFE（Artefactual Field Experiment）やFFE（Framed Field Experiment）（Harrison and List 2004）を実施して、得られた選好情報を共変数として用いる研究が登場した。

選好情報を共変数として用いると、計量経済学の欠落変数問題に対処していると解釈可能である。Ashraf et al.（2006）は時間選好、Karlan（2005）は他己心（other regarding preferences）や互恵心（reciprocity）、Dupas and Robinson（2013）は近視眼的性向をなどを計測して、貯蓄や連帯責任下のマイクロクレジット返済率を説明している。選好情報は幅広い局面で意思決定の原因となっているため、選好に個人差がある限り、共変数として使わないと

推定値は一致性を失うと考えられる。よって、計測可能な限り、推定に用いることに合理性がある。

一方で、選好情報として何を使えば欠落変数の懸念がなくなるのか、開発経済学では突き詰めて考えられていない。実験経済学では、不確実性下の意思決定を考える場合には、主観的確率、リスク選好、時間選好が必要という意見があり（Harrison 2014a）、他己心を考える場合には、利他心（altruism）、不平等回避選好、互恵心などを分離する必要があるため、3回は選好計測用のゲームを実施する必要がある（Cox 2004）。こうした示唆は他分野の発展と共に変わっていくので、選好情報が推定に必要である限り、開発経済学者は他分野の研究者の力を借りることが必要になるであろう[35]。

## 5 | 今後の展望

本稿ではRFE、異分野との乗り入れ、行動経済学や実験経済学の影響などを取り上げて開発ミクロ経済学の潮流を解説した。RFEの流行はメカニズム検証の関心を薄めたと批判されるが、歪みのない推定値をもたらし、異分野との交流を増やして異分野の分析基準との比較から研究手続きを厳密化させたメリットもある。異分野との交流は初期において摩擦もあるが、相互に学習しつつ補完的な役割分担が展望できる。このように、開発ミクロ経済学は新たな実証研究の道具を得て異分野にも進出するというエキサイティングな局面にある。進歩を取り入れつつ、理論と計量の改善を通じた現状理解と改善の方法が望まれる。

本稿で取り上げなかった実社会の変化も、研究に影響を与えることが考えられる。モバイル通信環境の整備とビッグデータの収集により、いままで到達できなかった集団や分野の解析だけでなく、双方向の意思疎通が可能になる。クラウド環境やディープラーニングが利用可能なことから、計算力も飛躍的に高まっている。きわめて近い将来に、新たなデータ、双方向性、計算力を組み合わせた開発ミクロ経済学の新たな方向性が拓かれるに違いない。

[『進化する経済学の実証分析』pp.102-113を一部修正して再掲]

# デジタル化と開発経済学

途上国でもデジタル化（半導体利用製品の普及）が進み、生活を一変させようとしている。デジタル化はデジタル機器の利用可能性、利用履歴（ビッグ・データ）、そして画像解析などを通じて新たな情報源を生み出し、開発経済学の手法にも新風を吹き込んでいる。

デジタル化の利益をもたらす回線ネットワークは地域ごとに構築されるため、類似する地域間で構築の時期が違えば擬似的な自然実験と考えることができ、デジタル化のITT効果を計ることができる。その先駆的な例が携帯電話網開通によって価格裁定行動がどのように変わったかを調べたJensen（2007）である。論文で扱われた漁業のように産物が生鮮品の場合、事前に価格を知らなければ、寄港して価格が不本意であっても、別の港に行ったり陸上輸送するのは費用がかかるので、裁定が働きにくい。しかし、ひとたび携帯電話網が開通すると、漁業者が寄港前に水揚げ先を選ぶことで裁定が働き、各漁港（市場）間の価格差が減り、生産者も消費者も厚生が高まったことが示されている。

Suri and Jack（2016）はケニアでモバイル通貨の影響を計測し、銀行や知人への委託などに比べて送金が安価になったことで、家計の2％が貧困から抜け出し、非農業への職業転換が進んだ、と示している。著者たちの示す作用機序は、取扱業者が近所に開店することで遠方に住む親戚などとの資金の融通が容易になり、消費が安定し、零細な事業を経営するようになった、という内容である。ただし、推計は観察データを使ったOLSであるために効果識別の仮定が満たされるか不明であり、効果やメカニズムの確認にはさらなる研究が求められる。

デジタル化のインフラを担う高速通信回線網が労働生産性を高めると考えて、アフリカ大陸で雇用に与える影響を計測したのがHjort and Poulsen（2019）である。先進国での先行研究は熟練労働者の生産性を高める補完性があり、非熟練労働者は代替されてその雇用が減るという結果であったが（Akerman et al. 2015）、アフリカでは熟練労働需要を最も増や

しつつも、非熟練労働需要も増やすという結果を得ている。この論文は回線網位置情報と各地の家計調査や企業調査を組み合わせ、通信高速化と雇用を結びつけている。モバイル通貨の研究は取扱業者位置情報と家計調査、携帯電話網の研究は電話網整備情報と各港の漁獲高と価格を結びつけている。いずれも利用量そのものは観測できないために、地域ごとの利用可能性を介入変数に使い、利用は均一と仮定してITT効果を推計している[36]。

サービスがデジタル化すると、その利用履歴がデータとして蓄積される。こうした利用履歴を使うと、いままで観察できなかった行動や属性の影響を検定できる。モバイル通貨など少数の例外を除き、途上国におけるサービスのデジタル化は先進国を後追いする。よって、先進国の利用履歴研究は、途上国研究での今後の適用可能性の参考になる。

Einav and Levin（2014）は、オンライン上のプラットフォーム企業の私的データを研究者が利用して実施する研究を紹介している。その中の好例がオンライン労働市場である（Horton and Tambe 2015）。途上国では、求人や求職の情報を行き渡らせることが先進国よりも難しく、口コミなどのローカルな情報が活用される頻度が高いため（Nicodemo and García 2015, Heath 2018）、労働市場での需給マッチの質がより低いと考えられる。こうした場合、オンライン労働市場が機能すれば、ミスマッチや価格裁定余地が減り、さらにはマッチ確率の上昇に後押しされて（＝一般均衡効果によって）求職・求人活動の諦めも減るかもしれない[37]。

もちろん、オンライン労働市場は求職者と企業が自ら登録するという自己選抜があるので、標本抽出には偏りがある。さらには、費用が格段に少ないオンライン上での求職・求人活動は、オフラインでの活動とはまったく異なるかもしれない。そうした限定付きにせよ、今まで観察できなかった労働者の求職努力や興味、企業の内定オファーなどを正確に得られることに加え、登録した労働者と企業の属性を接合した労働者・事業所マッチデータ（matched employer-employee data）がパネルデータとして自動的に収集できるメリットは大きい。労働市場と同様に、オンラインでの信用供与や保険販売のデータ

を使えば、信用市場や保険市場に関する仮説を需給両側から検定できる可能性が広がる。

研究を阻む最大の困難は、Einav and Levin (2014) が強調するように、企業の所有する私的データへのアクセス可否である。企業、研究者、途上国に住む人たちのすべてにメリットがあり、かつ、企業の生産性を高める枠組みを作ることができれば、今まで手薄だった企業部門での開発経済学研究が盛んになるかもしれない。例えば、COVID-19（新型コロナウイルス感染症）の感染蔓延時に活用されたように、携帯電話／スマートフォンのSIMや地図アプリケーションのトラッキングの位置情報は、感染蔓延の予測や予防対策・各種支援のターゲティングに活用でき、プラットフォーマーには行動予測を提供できる。こうした先行事例での取組みは、開発経済学にとっても参考になるであろう。

デジタル・サービスの利用可能性や利用履歴を用いる研究には短所もある。標本選抜があるために外的整合性が弱い。特に、デジタル・サービスを利用するのが遅い最も貧しい人たちやきわめて零細な企業、遠隔地の経済主体は標本から抜け落ちがちである。これに対し、デジタル画像解析によるデータには、抜け落ちがないセンサス情報とみなすことができる長所がある。その好例は衛星画像である。国連食糧農業機関（FAO）、米国地質調査所（USGS）、米国海洋大気庁（NOAA）、Google Earthなどの公開衛星画像は、その反射色彩を地表面情報に変換できる。例えば、USGSは、ランドサット衛星画像をデジタル・フィルター処理し、植生強度を示す正規化差植生指数（normalised difference vegetation index：NDVI）に変換して公開している。これにより、全世界で30メートル四方単位で反収の代理指標が得られる。また、NOAAが公開する明度（luminosity）データも、所得や生産活動と強く相関しているために、国よりも小さな行政単位での分析を可能にし、推計の精度を高め、作用機序理解を深めることに貢献している（Michalopoulos and Papaioannou 2018）[38]。

空間画像から得られる網羅的な横断面情報に空間情報付きデータ（geo-referenced data）を組み合わせれば、相関関係を超えた研究が可能になる。例え

ば、植民地時代以前の国家境界線情報を明度データに組み合わせると、地理的回帰分断デザイン（geographical regression discontinuity design：GRDD）推計量を使って、多部族国家が経済発展に与える効果を推論できる（Michalopoulos and Papaioannou 2013）。衛星画像は更新頻度が高いセンサス情報でありながら、安価というメリットがある。さらに、統計学や計量経済学には空間情報を扱う手法の蓄積がある（Cressie 2015, Conley 1999, Kelejian and Prucha 1999, Anselin, 2013）。衛星画像解析は宇宙から判別できる事象に限定され、屋内の生産や消費を観察できない。さらに、計測（反射変換）誤差を判定するためにグラウンド・トゥルース（現地調査）による確認が望ましい。これらの限定付きではあるが、介入など経済学にとって意味のある情報を画像に埋め込むことができれば、介入と空間画像の豊かな結果情報を結びつけた実証が可能になる。

ここで紹介した３つの情報源にはそれぞれ異なる強みがある。デジタル・サービスの利用可能性の効果測定は、今後は５Gなどの革新的新規格導入の際に新たな研究機会が発生する。利用履歴は詳細な情報であり、オンライン上で実験も可能なため、緻密な仮説を扱うことができる。デジタル画像解析は、対象地域全体の経済活動を高頻度で観察でき、網羅的であるゆえに境界近傍地域を必ず含むため、プリトレンドを考慮したGRDD推論ができる。今後はそれぞれの強みを生かした研究が発信されていくことが期待される。

[2020年4月加筆]

**注**

[1] 両者を結びつけて分析することはあまりない。このため、以下で述べるような介入実験研究を通じた小さな介入を積み重ねればマクロの成長が起こるのか、という疑問が提示されている（Rosenzweig 2012）。

[2] 制度やマクロ政策が経済社会発展に与えた影響などを扱う開発マクロ経済学は本稿の対象にしない。

[3] 何をもって流行とするかは議論の余地がある。2015年に雑誌掲載された論文中のRFE使用割合を数えたMcKenzie (2016) によれば、開発のフィールド雑誌では15％以下だが、トップ５誌では30％を超える。開発政策におけるRFE採用のきっかけはEvaluation Gap Working Group (2006) などの

プロジェクト評価批判に始まる。

[4] 神経科学や発達心理学などとの早期児童発達に関する研究交流の可能性については伊藤成朗（2014）を参照のこと。

[5] 「データ入手」は「解く」と「仮説検定」の間であればいつでもよい。

[6] 特に日本では、故速水佑次郎や大塚啓二郎などによる先駆的な業績と研究スタイルを受け継ぎ、第一線で活躍してきた開発経済学者の多くが現地での観察と仮説構築、推定手法に応じたデータ収集をふまえている（黒崎卓、澤田康幸、故不破信彦など）。例えば、Kurosaki and Fafchamps（2002）は生産も含めたリスクシェアリング仮説を導出し、自ら収集したデータで検定している。

[7] RFE研究がすべて理論をふまえないということではない。例えば、防虫剤処理済み蚊帳への補助金支給実験の効果を検討したDupas（2014）は、理論と仮説を検定し、予防医療用品の需要行動を鮮やかに描いている。

[8] 実験経済学者は正しく区別をしているが、開発経済学者の多くはRCTの内容を熟知せずに両者を同義と誤解している（Harrison 2011a,b, 2013, 2014a,b, 2016）。

[9] 注意すべきは、ここでの政策効果とは、RFEで実施したプロトコルそのものの効果であり、研究外の環境で実施したときの効果ではない。社会科学のRFEの多くが医学でのRCTと実施条件が異なるため、ランダム化によるバイアスも喚起されている。実験をすることによるランダム化バイアスについてはHeckman（1992）、Heckman and Smith（1995）を参照のこと。

[10] 蠕虫対策は地域レヴェルの大規模駆除（mass deworming）が効果的だという信念が著者らにはあり（Ahuja et al. 2015, Hicks et al. 2015b）、大規模に実施することの効果を厳密に示したいためである。健康は人的資本の重要な一部であり、知的能力の育成に欠かせない投入財であるため、経済学者が公衆衛生学や疫学のフィールドに出ていくのは必然である。

[11] 実験汚染とは、例えば、薬剤のウイルス繁殖抑制効果を目的としていた実験で実験系（培地）にカビが混入するなど、統御すべき要因が実験結果に影響を与えてしまう事態を指す。

[12] 次に述べるように、学校ごとにランダムに介入しているため、対照群の生徒にとって近隣在住で処置群校に通う生徒数はランダムになる。よって、対照群生徒の変数に近隣在住の処置群校生徒数を回帰すれば、推定された外部効果は一致性を持つ。処置群の観察単位ごとに外部効果への曝露の程度をランダムに変えて外部効果の有無を検定するというアイディアは、その後の研究では実験汚染の確認方法として取り込まれている。

[13] 外部効果への着目に付随して、介入単位も異なる。大規模駆除を正当化するには遠くに及ぶ外部効果に注意を払う必要があるため、疫学研究に多い個人単位で介入割当を決めるよりも、外部性が容易に及ぶ範囲である学校（集団）単位で介入割当を決めるほうが合理的である。外部性が容易に及ぶ範囲で介入単位を決めると、介入単位外に治療効果が及ばないという推定上の仮定（Stable Unit Treatment Value Assumption：SUTVA）も満たされる。その一方で、学校を介入単位にすると、実験推定量として探知できる外部効果の影響先は同じ学校内の生徒ではなく他学校の生徒に限定されるデメリットもある。公衆衛生学で外部効果に関連する先行研究としては、防虫剤処理済み蚊帳の外部効果を集団単位で計測したHawley et al.（2003）を参照のこと。

[14] 後述する観察者期待効果を排除するため、訪問日を予告せず直接観察によって出席情報を収集するなど、記録には細心の注意を払っている。

[15] 国際機関3ieによって主催されている追試研究（replication study）の一環として疫学者グループが実施した追試。

[16] もしも、アルファベット順に3校ごとに割り振ることがわかっていれば、特定の学校がどのアームに割り振られるかを逆算して75校を選ぶ恣意が混入する可能性を排除できない。一方、Aiken et al.（2015）によれば、アルファベット順ではなく生徒数順に並べられたと書かれている。いずれにせよ、ランダム化が徹底されていなさそうである。

[17] 盲検は処置群と対照群に投与されているのが新薬か偽薬か知らせない手続きである。盲検化が推奨されるのは、薬効そのものではなく、投与されているのが新薬か偽薬かの情報に反応する患者や医者もいるためである。ただし、蠕虫駆除研究において盲検化が果たして可能か疑問が残る。本研究でも偽薬投与が可能であったと疫学者グループは批判しているが、新薬であれば蠕虫が排出されるために盲検化できないという原著者らの指摘は考慮に値する。

[18] ほかにも、実験者を喜ばせるために存在しない出席効果を実務担当者が報告する観察者期待効果（observer-expectancy effect、具体的には出席確認訪問日を学校に漏洩している）、効果がない薬でも薬をもらっていないために出席日数を減らす効果（nocebo effect）、などの可能性を排除できない。

[19] 蠕虫駆除に関してはランダム化を最優先すべきか、疫学者間でも議論がある。土壌を介する蠕虫（STH）治療は、WHO（2012）が10〜12年間の治療を推奨するなど治療期間が長いため、数年間程度のRCTでは効果が記録しきれない。このレビューはRCTのみを対象にしていることから、検討対象論文の選択に偏りがあると指摘されている（Montresor et al. 2013, 2015）。ただし、コクラン・レビューは統一した研究選択基準を有しているため、本件だけ変更することは難しい。関連して、蠕虫駆除のRCTが症状の有無に関わらず母集団を設定し治療効果を計測することにも議論がある。診断による選別を経ないため罹患していない生徒も含まれ、ITT効果（本論文p.108参照）は低くなりがちだからである。

[20] 事前分析計画を設定すると統計的に有意な結果が出るまで推定式を変えるというデータマイニングを予防できる。事前分析計画の長短についてはOlken（2015）を参照のこと。

[21] 手術RCTでのshamの利用は倫理上の議論がある（Miller and Kaptchuk 2004）が、開発政策の文脈では対照群に治療効果のない介入を実施することの倫理的なジレンマは手術ほど強くないと考えられる。

[22] LSHTMでの講演で、疫学者たちは各年の効果（オッズ比）が1.2から1.4なのに両年を併せると1.9近くになるのは不可解だ、と述べている。このように、2年間の年率効果が1年目および2年目の年率効果のいずれよりも大きいとき、「長期的なトレンドの統御が不十分」な可能性があると注意を喚起している（Davey et al. 2015, p.1590）。

[23] Davey et al.（2015）は疫学研究でも近年注目されているstepped wedgeデザイン（Gambia Hepatitis Study Group, 1987, Figure 2, Woertman et al. 2013）を採用している。本研究のDIDを「stepped wedgeデザインでtime effectを（線形と仮定して）統御している」（Hussey and Hughes 2007, p.186）という言葉で説明すれば、このような誤解もなかったかもしれない。さらには、Davey et al.（2015）は他校（=対照群校）

生徒の外部効果への曝露はランダムではないと述べているが、誤りである。計量経済学と統計学では異なる用語法が採択されており、研究交流に不要な混乱をもたらしていることは周知の事実である。伝統的に統計学を用いてきた公衆衛生学などの異分野に開発経済学が関わる以上、用語統一や両分野に通用する教科書の執筆などの工夫が望まれる。

[24] RFEでもサンプリング・エラーは残る。LSHTMの講演では、他の2群は2年目に出席率が下がっているのに処置群（「Group 2」）だけ下がっていないため、共通トレンドの仮定が満たされない可能性も指摘された。これに対し、Miguel and Kremer（2004）はエルニーニョの洪水によって出席率が下がったとしている。しかし、学校を各群にランダムに振り分けていれば、エルニーニョの影響は群間で等しいはずである。よって、ランダム化ができておらず共通トレンドが満たされない可能性も残っている。

[25] RFE推奨者が多数派になれば、当然の要求かもしれない。成功するのはルールに則ってうまく世渡りする人ではなく、ルールを作る人である、という市井の格言を想起させる。しかし、外的整合性を示す作業は、単独の研究よりも、複数の研究を集めて分析するメタ分析（meta analysis）に委ねるほうが効率的である。さらに、後述するように、RFEは理論を強く意識していないため、結果と環境の関係を示すことに比較優位はない。

[26] 構造型を特定して誘導型の推定式に仮説を埋め込む従来の方法とは好対照である。理論とRFEの緩い関係は、RFE推奨者によれば短所ではなく、意図した結果である。Banerjee et al.（2005）は、実証研究者が既存の理論ではなく実証結果から新たな理論を作り上げることを試行していると述べ、Duflo（2006b）では、先進国のために作られた理論を使えば「貧しいが効率的」パラダイムと同じ轍を踏むと述べている。つまり、理論を作るために、RFEを事後的（post hoc）、探索的（exploratory）に用いている。

[27] RFEデータを使って構造推定しているTodd and Wolpin（2006）などは数少ない例外である。

[28] LATEはAngrist（1990）で注目を集め、Angrist et al.（1996）で一致推定量としての条件が明らかにされた。

[29] しかも、適切性よりも稀なはずの妥当性を満たす必要がある。

[30] それでも、70年代や80年代に比べてデータセットが豊富になり、信頼性のより高い手法が開発されたのは進歩である。

[31] この問題は$z$がランダムに割り当てられるRFEにも当てはまることに注意すべきである。

[32] 検定方法は、Imbens et al.（2008）、推定方法はImai and Ratkovic（2013）、Athey and Imbens（2015）、Jun et al.（2016）を参照のこと。

[33] 用いられたギャンブル表はordered list selection designとして実験経済学で継承されている。

[34] Roth et al.（1991）は数少ない例外的な研究である。

[35] 欠落変数をどのように使うのかも検討を要する。効用関数が相対的危険回避度一定（CRRA）の場合、需要関数は相対的危険回避度$\sigma$と各要素が交絡する非線形関数になる。CRRA効用関数を想定して非線形推定も可能だが、CRRAという関数特定化が誤っていないという強い仮定を満たす必要がある。それよりも、より一般的な効用関数を想定し、推定式は各要素と$\sigma$について対数線形近似したと解釈する方が特定化の間違いに対して頑健になる。しかし、$\sigma$の係数の符号を理論的に決定するには仮定が必要になるので、仮に$\sigma$

が観察できたとしても、推定にどのように活用するのかは直截ではない。

[36] Hjort and Poulsen（2019）はアカマイ・テクノロジーズ社のデータを使って通信速度、アフロバロメーター（Afrobarometer）データを使って家計のインターネット利用有無を確認している。

[37] このように、オンライン市場データでは計測が困難といわれる一般均衡効果を実証することができる。例えば、労働者と企業の観察可能な属性を統御した上で、失業保険支給は求職努力を部分均衡的に減らすものの、求職者が減るために採用確率が増える可能性（正の求職外部性）、求職者が減るために求人が減る可能性（負の求人外部性）などをアメリカ最大のオンライン労働市場データで検定した研究もある（Marinescu 2017）。

[38] 対象は絞られるが、より正確に収穫や生産位置を知るにはドローン画像が有用である。

## 参考文献

■ Ahuja, A., S. Baird, J. H. Hicks, M. Kremer, E. Miguel and S. Powers（2015）, "When Should Governments Subsidize Health? The Case of Mass Deworming," *The World Bank Economic Review*, 29（suppl 1）, S9-S24.

■ Aiken, A. M., C. Davey, J. R. Hargreaves and R. J. Hayes（2015）"Re-analysis of Health and Educational Impacts of a School-Based Deworming Programme in Western Kenya: A Pure Replication," *International Journal of Epidemiology*, 44（5）, pp. 1572-1580.

□ Akerman, A., I. Gaarder and M. Mogstad（2015）"The Skill Complementarity of Broadband Internet," *Quarterly Journal of Economics*, 130（4）, pp.1781-1824.

■ Angrist, J. D.（1990）"Lifetime Earnings and the Vietnam Era Draft Lottery: Evidence from Social Security Administrative Records," *American Economic Review*, 80（3）, pp.313-36.

■ Angrist, J. D. and J.-S. Pischke（2008）*Mostly Harmless Econometrics: An Empiricist's Companion*, Princeton University Press.

■ Angrist, J. D., G. W. Imbens and D. B. Rubin（1996）"Identification of Causal Effects Using Instrumental Variables," *Journal of the American Statistical Association*, 91（434）, pp. 444-455.

□ Anselin, L.（2013）*Spatial Econometrics: Methods and Models*, Vol.4, Springer Science & Business Media.

■ Ashraf, N., D. Karlan and W. Yin（2006）"Tying Odysseus to the Mast: Evidence from a Commitment Savings Product in the Philippines," *The Quarterly Journal of Economics*, 121（2）, pp. 635-672.

■ Athey, S. and G. Imbens（2015）"Recursive Partitioning for Heterogeneous Causal effects," arXiv preprint arXiv: 1504.01132.

■ Banerjee, A. V. and E. Duflo（2009）"The Experimental Approach to Development Economics," *Annual Review of Economics*, 1（1）, pp.151-178.

■ Banerjee, A. V. and E. Duflo（2011）*Poor Economics: A Radical Rethinking of the Way to Fight Global Poverty*, Public Affairs.

■ Banerjee, A. V., P. Bardhan, K. Basu, R. Kanbur and D.

Mookherjee (2005) "New Directions in Development Economics: Theory or Empirics?" *Economic and Political Weekly*, 40(40), pp. 4328-4346.

■ Bardhan, P. (2005) "Theory or Empirics in Development Economics," *Economic and Political Weekly*, 40(40), pp.4333-4335.

■ Bekker, P. A (1994) "Alternative Approximations to the Distributions of Instrumental Variable Estimators," *Econometrica*, 62(3), pp.657-681.

■ Benjamin, D. (1992) "Household Composition, Labor Markets, and Labor Demand: Testing for Separation in Agricultural Household Models," *Econometrica*, 60(2), pp.287-322.

■ Binswanger, H. P. (1980) "Attitudes Toward Risk: Experimental Measurement in Rural India," *American Journal of Agricultural Economics*, 62(3), pp.395-407.

■ Bound, J., D. A. Jaeger and R. M. Baker (1995) "Problems with Instrumental Variables Estimation When the Correlation Between the Instruments and the Endogeneous Explanatory Variable is Weak," *Journal of the American Statistical Association*, 90(430), pp.443-450.

■ Bundy, D. A. P., M. Kremer, H. Bleakley, M. C. H. Jukes and E. Miguel (2009) "Deworming and Development: Asking the Right Questions, Asking the Questions Right," *PLoS Neglected Tropical Diseases*, 3(1), e362.

□ Conley, T. G. (1999) "GMM Estimation with Cross Sectional Dependence," *Journal of Econometrics*, 92(1), pp.1-45.

■ Cox, J. C. (2004) "How to Identify Trust and Reciprocity," *Games and Economic Behavior*, 46(2), pp.260-281.

□ Cressie, N. (2015) *Statistics for Spatial Data*, John Wiley & Sons.

■ Davey, C., A. M. Aiken, R. J. Hayes and J. R. Hargreaves (2015) "Re-analysis of Health and Educational Impacts of a School-based Deworming Programme in Western Kenya: A Statistical Replication of a Cluster Quasi-randomized Stepped-wedge Trial," *International Journal of Epidemiology*, 44(5), pp.1581-1592.

■ Deaton, A. (2010) "Instruments, Randomization, and Learning about Development," *Journal of Economic Literature*, 48(2), pp.424-455.

■ Duflo, E. (2006a) "Field Experiments in Development Economics," in R. Blundell, W. K. Newey and T. Persson, eds., *Advances in Economics and Econometrics: Theory and Applications, Ninth World Congress*, Vol.2, Cambridge University Press, pp.322-348.

■ Duflo, E. (2006b) "Poor But Rational?" in A. V. Banerjee, R. Bénabou and D. Mookherjee, eds., *Understanding Poverty*, Oxford University Press, pp.367-78.

■ Duflo, E., R. Glennerster and M. Kremer (2008a) "Using Randomization in Development Economics Research: A Toolkit," in T. P. Schultz and J. A. Strauss, eds., *Handbook of Development Economics*, Vol.4, Elsevier, Chapter 61, pp.3895-3962. (エステル・デュフロ、レイチェル・グレナスター、マイケル・クレーマー著、小林庸平監訳・解説、石川貴之・井上領介・名取淳訳『政策評価のための因果関係の見つけ方──ランダム化比較試験入門』日本評論社、2019年)

■ Duflo, E., M. Kremer and J. Robinson (2008b) "How High Are Rates of Return to Fertilizer? Evidence from Field Experiments in Kenya," *American Economic Review*, 98(2), pp.482-88.

■ Duflo, E., M. Kremer and J. Robinson (2011) "Nudging Farmers to Use Fertilizer: Theory and Experimental Evidence from Kenya," *American Economic Review*, 101(6), pp.2350-2390.

■ Dupas, P. (2014) "Short-Run Subsidies and Long-Run Adoption of New Health Products: Evidence From a Field Experiment," *Econometrica*, 82(1), pp.197-228.

■ Dupas, P. and J. Robinson (2013) "Why Don't the Poor Save More? Evidence from Health Savings Experiments," *American Economic Review*, 103(4), pp.1138-1171.

□ Einav, L. and J. Levin (2014) "Economics in the Age of Big Data," *Science*, 346(6210), 1243089-1～1243089-6.

■ Evaluation Gap Working Group (2006) *When will We Ever Learn?: Improving Lives through Impact Evaluation*, Center for Global Development.

■ Favereau, J. (2016) "On the Analogy Between Field Experiments in Economics and Clinical Trials in Medicine," *Journal of Economic Methodology*, 23(2), pp.203-222.

■ Foster, A. D. and M. R. Rosenzweig (2010) "Microeconomics of Technology Adoption," *Annual Review of Economics*, 2, pp. 395-424.

■ Gambia Hepatitis Study Group (1987) "The Gambia Hepatitis Intervention Study," *Cancer Research*, 47(21), pp.5782-5787.

■ Harrison, G. W. (2011a) "Experimental Methods and the Welfare Evaluation of Policy Lotteries," *European Review of Agricultural Economics*, 38(3), pp.335-360.

■ Harrison, G. W. (2011b) "Randomisation and Its Discontents," *Journal of African Economies*, 20(4), pp.626-652.

■ Harrison, G. W. (2013) "Field Experiments and Methodological Intolerance," *Journal of Economic Methodology*, 20(2), pp. 103-117.

■ Harrison, G. W. (2014a) "Cautionary Notes on the Use of Field Experiments to Address Policy Issues," *Oxford Review of Economic Policy*, 30(4), pp.753-763.

■ Harrison, G. W. (2014b) "Impact Evaluation and Welfare Evaluation," *European Journal of Development Research*, 26(1), pp.39-45.

■ Harrison, G. W. (2016) "Field Experiments and Methodological Intolerance: Reply," *Journal of Economic Methodology*, 23 (2), pp.157-159.

■ Harrison, G. W. and J. A. List (2004) "Field Experiments," *Journal of Economic literature*, 42(4), pp.1009-1055.

■ Hawley, W. A., P. A. Phillips-Howard, F. O. T. Kuile, D. J. Terlouw, J. M. Vulule, M. Ombok, B. L. Nahlen, J. E. Gimnig, S. K. Kariuki, M. S. Kolczak and A. W. Hightower (2003) "Community-Wide Effects of Permethrin-Treated Bed Nets on Child Mortality and Malaria Morbidity in Western Kenya," *American Journal of Tropical Medicine and Hygiene*, 68 (4 suppl), pp.121-127.

□ Heath, R. (2018) "Why Do Firms Hire Using Referrals? Evidence from Bangladeshi Garment Factories," *Journal of Political Economy*, 126(4), pp.1691-1746.

■ Heckman, J. J. (1992) "Randomization and Social Policy Evaluation," in C. F. Manski and I. Garfinkel, eds., *Evaluating Welfare and Training Programs*, Harvard University Press, chapter 5, pp.201-230.

■ Heckman, J. J. (2010) "Building Bridges between Structural and Program Evaluation Approaches to Evaluating Policy,"

*Journal of Economic Literature*, 48(2), pp.356-398.

■ Heckman, J. J. and E. J. Vytlacil (2005) "Structural Equations, Treatment Effects, and Econometric Policy Evaluation," *Econometrica*, 73(3), pp.669-738.

■ Heckman, J. J. and J. A. Smith (1995) "Assessing the Case for Social Experiments," *Journal of Economic Perspectives*, 9(2), pp.85-110.

■ Hicks, J. H., M. Kremer and E. Miguel (2015a) "Commentary: Deworming Externalities and Schooling Impacts in Kenya: a comment on Aiken et al. (2015) and Davey et al. (2015)," *International Journal of Epidemiology*, 44(5), pp.1593-1596.

■ Hicks, J. H., M. Kremer and E. Miguel (2015b) "The Case for Mass Treatment of Intestinal Helminths in Endemic Areas," *PLoS Neglected Tropical Diseases*, 9(10), e0004214.

□ Hjort, J. and J. Poulsen (2019) "The Arrival of Fast Internet and Employment in Africa," *American Economic Review*, 109(3), pp.1032-1079.

□ Horton, J. J. and P. Tambe (2015) "Labor Economists Get Their Microscope: Big Data and Labor Market Analysis," *Big Data*, 3(3), pp.130-137.

■ Humphreys, M. (2015) "What Has Been Learned from the Deworming Replications: A Nonpartisan View," www.macartan.nyc

■ Hussey, M. A. and J. P. Hughes (2007) "Design and Analysis of Stepped Wedge Cluster Randomized Trials," *Contemporary Clinical Trials*, 28(2), pp.182-191.

■ Imai, K. and M. Ratkovic (2013) "Estimating Treatment Effect Heterogeneity in Randomized Program Evaluation," *Annals of Applied Statistics*, 7(1), pp.443-470.

■ Imbens, G., R. Crump, V. J. Hotz and O. Mitnik (2008) "Nonparametric Tests for Treatment Effect Heterogeneity," *Review of Economics and Statistics*, 90(3), pp.389-405.

□ Jensen, R. (2007) "The Digital Provide: Information (Technology), Market Performance, and Welfare in the South Indian Fisheries Sector," *Quarterly Journal of Economics*, 122(3), pp.879-924.

■ Jun, S. J., Y. Lee and Y. Shin (2016) "Treatment Effects with Unobserved Heterogeneity: A Set Identification Approach," *Journal of Business and Economic Statistics*, 34(2), pp.302-311.

■ Karlan, D. S. (2005) "Using Experimental Economics to Measure Social Capital and Predict Financial Decisions," *American Economic Review*, 95(5), pp.1688-1699.

■ Karlan, D. S. and J. Appel (2011) *More Than Good Intentions: Improving the Ways the World's Poor Borrow, Save, Farm, Learn, and Stay Healthy*, Dutton.

■ Keane, M. P. (2010a) "A Structural Perspective on the Experimentalist School," *Journal of Economic Perspectives*, 24(2), pp.47-58.

■ Keane, M. P. (2010b) "Structural vs. Atheoretic Approaches to Econometrics," *Journal of Econometrics*, 156(1), pp.3-20.

□ Kelejian, H. H. and I. R. Prucha (1999) "A Generalized Moments Estimator for the Autoregressive Parameter in a Spatial Model," *International Economic Review*, 40(2), pp.509-533.

■ Kurosaki, T. and M. Fafchamps (2002) "Insurance Market Efficiency and Crop Choices in Pakistan," *Journal of Development Economics*, 67(2), pp.419-453.

■ Leamer, E. E (2010) "Tantalus on the Road to Asymptopia," *Journal of Economic Perspectives*, 24(2), pp.31-46.

■ Ligon, E., J. P. Thomas and T. Worrall (2002) "Informal Insurance Arrangements with Limited Commitment: Theory and Evidence from Village Economies," *Review of Economic Studies*, 69(1), pp.209-244.

□ Marinescu, I. (2017) "The General Equilibrium Impacts of Unemployment Insurance: Evidence from a Large Online Job Board," *Journal of Public Economics*, 150(c), pp.14-29.

■ McKenzie, D. (2016) "Have RCTs Taken Over Development Economics?" *Development Impact Blog*.

□ Michalopoulos, S. and E. Papaioannou (2013) "Pre-colonial Ethnic Institutions and Contemporary African Development," *Econometrica*, 81(1), pp.113-152.

□ Michalopoulos, S. and E. Papaioannou (2018) "Spatial Patterns of Development: A Meso Approach," *Annual Review of Economics*, 10(1), 383-410.

■ Miguel, E. and M. Kremer (2004) "Worms: Identifying Impacts on Education and Health in the Presence of Treatment Externalities," *Econometrica*, 72(1), pp.159-217.

■ Miller, F. G. and T. J. Kaptchuk (2004) "Sham Procedures and the Ethics of Clinical Trials," *Journal of the Royal Society of Medicine*, 97(12), pp.576-578.

■ Montresor, A., A. F. Gabrielli, D. Engels, D. Daumerie and L. Savioli (2013) "Has the NTD Community Neglected Evidence-Based Policy? PLoS NTDs 2013 Expert Commentary of the Viewpoint by Nagpal S, Sinclair D, Garner P," *PLoS Neglected Tropical Diseases*, 7(7), e2299.

■ Montresor, A., D. Addiss, M. Albonico, S. M. Ali, S. K. Ault, A. Gabrielli, A. Garba, E. Gasimov, T. Gyorkos, M. A. Jamsheed, B. Levecke, P. Mbabazi, D. Mupfasoni, L. Savioki, J. Vercruysse, A. Yajima (2015) "Methodological Bias can Lead the Cochrane Collaboration to Irrelevance in Public Health Decision-making," *PLoS Neglected Tropical Diseases*, 9(10), e0004165.

■ Mookherjee, D. (2005) "Is There Too Little Theory in Development Economics Today?" *Economic and Political Weekly*, 40(40), pp.4328-4333.

□ Nicodemo, C. and G. A. García (2015) "Job Search Channels, Neighborhood Effects, and Wages Inequality in Developing Countries: The Colombian Case," *Developing Economies*, 53(2), pp.75-99.

■ Olken, B. A (2015) "Promises and Perils of Pre-analysis Plans," *Journal of Economic Perspectives*, 29(3), pp.61-80.

■ Ravallion, M. (2012) "Fighting Poverty One Experiment at a Time: A Review of Abhijit Banerjee and Esther Duflo's Poor Economics: A Radical Rethinking of the Way to Fight Global Poverty," *Journal of Economic Literature*, 50(1), pp.103-114.

■ Rosenzweig, M. R. (2012) "Thinking Small: A Review of Poor Economics: A Radical Rethinking of the Way to Fight Global Poverty by Abhijit Banerjee and Esther Duflo," *Journal of Economic Literature*, 50(1), pp.115-127.

■ Roth, A. E., V. Prasnikar, M. Okuno-Fujiwara and S. Zamir (1991) "Bargaining and Market Behavior in Jerusalem, Ljubljana, Pittsburgh, and Tokyo: An Experimental Study," *American Economic Review*, 81(5), pp.1068-1095.

■ Schultz, T. W. (1964) *Transforming Traditional Agriculture*, Yale University Press.

■ Staiger, D. and J. H. Stock (1997) "Instrumental Variables Regression with Weak Instruments," *Econometrica*, 65(3), pp. 557-586.

■ Stiglitz, J. E. (1986) "The New Development Economics," *World Development*, 14(2), pp.257-265.

■ Stock, J. H., J. H. Wright and M. Yogo (2012) "A Survey of Weak Instruments and Weak Identification in Generalized Method of Moments," *Journal of Business and Economic Statistics*, 20(4), pp.518-529.

□ Suri, T. and W. Jack (2016) "The Long-run Poverty and Gender Impacts of Mobile Money," *Science*, 354 (6317), pp. 1288-1292.

■ Taylor-Robinson, D. C., N. Maayan, K. Soares-Weiser, S. Donegan and P. Garner (2015) "Deworming Drugs for Soil-transmitted Intestinal Worms in Children: Effects on Nutritional Indicators, Haemoglobin, and School Performance," *Cochrane Database Systematic Reviews*, 23(7), CD000371.

■ Thomas, D. (1990) "Intra-Household Resource Allocation: An Inferential Approach," *Journal of Human Resources*, 25(4), pp. 635-664.

■ Todd, P. E. and K. I. Wolpin (2006) "Assessing the Impact of a School Subsidy Program in Mexico: Using a Social Experiment to Validate a Dynamic Behavioral Model of Child Schooling and Fertility," *American Economic Review*, 96(5), pp.1384-1417.

■ Townsend, R. M. (1993) *The Medieval Village Economy: A Study of the Pareto Mapping in General Equilibrium Models*, Princeton University Press.

■ Townsend, R. M. (1994) "Risk and Insurance in Village India," *Econometrica*, 62(3), pp.539-591.

■ Udry, C. (1994) "Risk and Insurance in a Rural Credit Market: An Empirical Investigation in Northern Nigeria," *Review of Economic Studies*, 61(3), pp.495-526.

■ WHO (World Health Organization) (2012) *Eliminating Soil-Transmitted Helminthiasis as a Public Health Problem in Children: Progress Report 2001-2010 and Strategic Plan 2011-2020*, WHO.

■ Woertman, W., E. Hoop, M. Moerbeek, S. U. Zuidema, D. L. Gerritsen and S. Teerenstra (2013) "Stepped Wedge Designs could Reduce the Required Sample Size in Cluster Randomized trials," *Journal of Clinical Epidemiology*, 66(7), pp.752-758.

■ 伊藤成朗 (2014)「早期児童教育介入と効果発現メカニズム ——先行研究のレヴューを中心に」アジ研ワールドトレンド、230、pp.39-44.

[□は加筆に際し追加した文献]

## 各分野の実証研究

Different Fields in Empirical Economics

## 中室牧子
なかむろ・まきこ

慶應義塾大学総合政策学部教授。専門は教育経済学。
著書：『「学力」の経済学』（ディスカヴァー・トゥエ
ンティワン、2015年）など。

# 教育経済学

教育経済学の実証分析は、経済学における因果推論の発展と軌を一にする。スタープロジェクトの効果に関する実証例を手掛かりに、因果推論の方法や、教育経済学の今後の展望・課題を検討する。

## 1　教育の実証分析における軸

　教育経済学における実証分析は、因果推論の発展と共にある。教育の場合、処置群への参加は内生的に決まっているケースがほとんどだからだ。2002年に米国では、政府系研究機関のひとつであるIES（Institute of Educational Sciences）が教育政策の評価機関であるWWC（What Works Clearnighouse）を立ち上げ、そのWWCが2009年時点で調査したところ、小学生の数学の成績を上げることを目標にした約300の介入のうち、WWCが求めるような厳密な方法で因果関係を特定できていたものはわずか3％に過ぎなかったという。この後、自治体や教育委員会に対して「信頼できるエビデンス」に基づいて教育実践や政策の策定を行うよう通達が行われた。

　ここで少々因果推論の歴史に触れておくと、ハーバード大学のロナルド・ルービンが提唱した「ルービンの因果モデル」を嚆矢として、統計学の分野では因果推論に関する歴史は長いものの、経済学における因果推論の歴史は決して長くはない。因果推論の考え方自体は決して目新しいものではないのだが、経済学ではルービンのように因果推論を系統立てて証明するフレームワークを持たず、1990年代に、スタンフォード大学のグイド・インベンスやマサチューセッツ工科大学（MIT）のヨシュア・アングリストらがルービンとともに共著するようになり、それが経済学に「因果推論」が取り入れられる契機とな

ったという見方もある。ハーバード大学経済学部の授業において、ルービンとインベンスは共に因果推論の講義を担当し、この授業の内容は2015年に発売された因果推論の教科書からも垣間見ることができる。

　経済学分野において、因果推論の歴史があまり長くないのには理由がある。疫学や生物統計学などでは臨床試験とか治験といわれる「実験」が可能だ。後に詳細に述べるが、実験というのは2つの変数の因果関係を明らかにするための最も有力な手法のひとつである。しかし、経済学をはじめとする社会科学分野では「実験」はきわめて難しい。特に教育経済学分野でランダム化比較試験を実施するのは、対象者である子どもに対する倫理面への配慮から困難をきわめることも多い。このことが因果推論から経済学を遠ざけていたとみられる。

　しかし、その後2000年代になってから、経済学には大きな革命が起きた。実験経済学者であるシカゴ大学のジョン・リストや、開発経済学の専門家集団であるMITの貧困アクションラボ（J-PAL）の研究者グループが、現実の世界で、大規模な実験を実施し始めたのである。「流行に左右されやすい開発政策を、科学的根拠に基づくものにする」という目標を掲げた貧困アクションラボから生み出されたさまざまな知見は、ランダム化比較試験を「政策評価の金字塔」と呼ばれるまでにその地位を押し上げることに成功した。ちなみに、貧困アクションラボの責任者の一人であり、ベストセラーとなった『貧乏人

の経済学——もういちど貧困問題を根っこから考える』(2012年、みすず書房)の著者でもあるエステル・デュフロのTEDトーク「貧困に立ち向かう社会的実験」は、なんと70万回近くもの再生回数を誇り、経済学者のみならず多くの人々の関心を集めている。

　計量経済学者であるインベンス、労働経済学者であるアングリスト、実験経済学者であるリスト、開発経済学者であるデュフロと彼女の同僚たちの活躍もあって、近年、因果推論に基づく「政策評価」という計量経済学の新しい手法が体系化されつつある。教育経済学は、こうした因果推論に基づく政策評価を実証分析上の軸にしている。

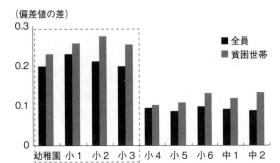

（偏差値の差）

注1）図の棒グラフは、処置群（13～17人の学級に割り当てられた子どもたち）と対照群（22～25人の学級に割り当てられた子どもたち）の偏差値の差を表す。
注2）黒色の棒グラフは対象者全員の結果で、灰色の棒グラフは生活保護を受けている世帯の子どもたちに限った場合の結果である。
出所）Heckman and Krueger（2005）

**図1 | スター・プロジェクトの結果**

## 2 | 少人数学級の効果

### 2.1 教育経済学における因果効果の推定

　政策の因果効果を明らかにするような政策評価を行う際には、大きく分けて、実験によるデータを用いる場合と、観察データを用いる場合がある。

　実験によるデータを用いたものについては、ノーベル経済学賞を受賞したジェームズ・ヘックマンらが評価したミシガン州の質の高い就学前教育である「ペリー幼稚園プログラム」や、「史上最も重要な研究」（Mosteller 1995, p113）と呼び声の高いテネシー州の学級規模に関するランダム化比較試験、俗にいう「スタープロジェクト」などさまざまなものがある。経済学全体におけるランダム化比較試験を用いた研究が増加の一途を辿るのに歩調を合わせるかのように、教育経済学でもランダム化比較試験によって収集されたデータを用いる研究が増加している。

### 2.2 スタープロジェクトからみえてくるもの

　ここでは、スタープロジェクトの結果を簡単に紹介し、最近の教育経済学分野で行われているランダム化比較試験の特徴について述べる。1980年代後半、テネシー州の79の公立幼稚園・小学校の生徒1万1000人を、1学級当たりの生徒数が13～17人の少人数学級となる学校群（＝処置群）と、22～25人の学級となる学校群（＝対照群）にランダムに振り分け、比較した。日本では、少人数学級というと、35人学級を思い浮かべる人が多いだろうが、アメリカでは少人数学級というのは20人以下を指すことが多い。

　このランダム化比較試験の評価にあたったプリンストン大学のアラン・クルーガーが示した結果が図1である。この図では、13～17人の少人数学級の学校群（＝処置群）の生徒と、22～25人学級の学校群（＝対照群）の生徒の標準テストの偏差値の差のみが棒グラフで示されていると考えてほしい。13～17人の少人数学級の学校群（＝処置群）の生徒の標準テストの偏差値は、22～25人学級の学校群（＝対照群）の生徒よりも高く、その差は統計的に有意であった（図1）。

　特に図1の点線で囲まれた部分を見てほしい。処置群と対照群の差で表される因果効果（黒色の棒グラフ）は、幼稚園から小学校3年生までは約0.2（偏差値）となっており、これは学級における生徒数が22～25人から13～17人に減少すれば（つまり7～8人減少すれば）、平均偏差値が0.2上昇するということを意味する。

　学級における生徒数が7～8人減少すれば、平均偏差値が0.2上昇するという場合、学級から生徒数が1人減少すれば学級全体の偏差値が3％程度上昇するという計算になるから、この効果は決して小さくない。さらに、この効果は、貧困世帯の子どもに限った場合（灰色の棒グラフ）はますます大きいことが図1からも明らかである。ただし、学年が大きくなると小さくなり、小学校4年生以降の学年ではその効果量はほぼ半分程度になっていることもわか

る。

## 2.3 ピア効果の存在

このように、ランダム化比較試験によって得られた知見は非常に有用なものだが、この解釈には注意も必要だ。ランダム化比較試験が示す因果効果は、常に介入のネットの効果だということだ。介入が行われると保護者や子どもは何らかの反応をすることが多い。例えば、少人数学級に割り当てられた子どもの母親は、その子は手厚く指導してもらえるのだから、ということで、その子を塾に通わせるのをやめて、その子の弟や妹を塾に通わせるかもしれない。しかし、エンドラインサーベイで計測される学力は、少人数学級が学力に与えるプラスの効果と、塾に行かなくなったマイナスの効果を差し引いたものだということになる。

このスタープロジェクトも個人単位ではなく、学校単位の割り付けが行われたが、教育経済学では、このような個人レベルの割り付けではなく、学校単位の割り付けを行うのが通常だ。このため、実験の規模、それに伴う費用も大きくなりがちだ。このように学校の単位で行うランダム化比較試験をクラスター化ランダム比較試験と呼ぶ。どうしてクラスター化するかというと、当然個人レベルでの介入は、学校や保護者の反発も大きく、倫理的な問題が障壁となることが考えられるし、実際に教育政策は個人単位で行うことは少ないので、実験後の導入を見据えてクラスター化したほうがよいという見解もある。しかし、最も重要なことは、個人単位の介入では、ピア効果が内的妥当性の脅威となるという問題があることである。ある教育が行われたとして、その影響は介入を受けた個人だけではなく、友人同士の教えあいやクラスの平均的な学力の情報を通じて、ピア効果が働く。こうなってしまうと、ランダム化比較試験を実施する際の重要な前提条件であるSTUVA（Stable Treatment Unit Value Assumption）が担保されないということになってしまう。このため、個人単位よりも学校単位での割り付けのほうが望ましい。とはいえ、Imbense and Wooldridge（2009）が指摘するように、こうしたピア効果の影響は同じ学校に通っている生徒同士の間では避けることが難しく、仮に学校単位で割り付けを行ったとしても、介入そのものの影響と、介入の間接的な効果であるピア効果の影響を切り分けることは難しい。

学校単位の割り付けを行う場合は、通常のOLSにより介入の効果を推定するのではなく、マルチレベルモデルを推定するのが一般的だ。マルチレベルモデルには、生徒個人レベルの誤差項と学校レベルの誤差項があり、特に後者の学校レベルの誤差項は同じ学校にいる生徒個人が同じ値を共有していると考える。具体的には、レベル1と呼ばれる学校「内」効果の推定と、レベル2と呼ばれる学校「間」効果の推定を行うことで、介入の因果効果のみならず、学校固有のランダム切片を推定することができる。

## 2.4 自然実験を利用した因果効果の推定

これに加えて、教育経済学分野で傑出した研究が生まれているのが、自然実験のアプローチに基づくものだ。自然実験は、自然災害や紛争、制度や法律の変更など誰にも予想できなかったような外生的ショックが生じたことによって、処置群と対照群がランダムに割り付けされた状況を利用する。こうした状況を利用して、差の差推定（difference-in-differences）や操作変数法（instrumental variable）を用いて因果効果の推定をしているものが多い。

こうした研究の中には、いわゆる「通説」を覆すようなものも少なくない。そのひとつが、幼少期の健康状態がその後の人生にもたらす因果効果に関する研究だ。これは、災害や疫病の流行、景気悪化などが妊産婦に与えた外生的な健康ショックを利用した自然実験である。

例えば、この分野で顕著な業績があるコロンビア大学のダグラス・アルモンドは、1986年にウクライナのチェルノブイリで生じた原発事故が、直線距離で300キロ離れたスウェーデンで暮らしていた妊産婦に健康ショックを与えたと考えて、特に放射線量の高い時期に生まれた子どもら（＝処置群）と、その前に生まれた子どもや処置群の子どもの兄弟姉妹（＝対照群）と比較した。その結果、処置群の子どもらは健康には影響がなかったが、高校入学後の成績が悪かったことが明らかになったのだ。

これ以外にも、アメリカでインフルエンザの大流

行が生じた1918年にインフルエンザにかかった母親の子ども（＝処置群）と、幸いにもかからなかった子ども（＝対照群）を比較した研究もある。その結果、処置群の子どもは高校卒業率が15％も低く、卒業後の収入が5〜9％も低いことが明らかになっている。1957年のアジア風邪（中国南部で発生して翌年から世界的に流行したインフルエンザ）についても類似の研究が行われている。イギリスにおいてアジア風邪が流行した地域で妊産婦だった母親から生まれた子どもら（＝処置群）と、それ以外の地域の子ども（＝対照群）を比較したのである。

## 2.5　出生時体重に注目した研究

いくつかの研究は、赤ちゃんが生まれたときの体重に着目している。出生時の体重は、新生児の健康状態を表す指標であると考えられており、出生時の体重が軽すぎると、赤ちゃんへの栄養が不足することを通じて、脳の発達に悪影響があったり、特定の病気を発症しやすくなったりするという問題が疫学などの分野でも指摘されてきた。

低体重出生の原因は、医学的な見地からは、妊産婦の喫煙習慣や妊産婦自身の低体重を指摘する研究が多い。経済学的見地からは、親の社会経済的地位の低さを指摘するものもあり、母親の生活習慣や社会経済的地位も子どもの低体重に繋がっているとみられる。これ以外にも、厚生労働省の「国民健康・栄養調査」でも示されている通り、20〜30歳代女性はやせ型志向でBMIは低く、自ら望んで栄養摂取量が十分でないことを指摘する向きもある。

しかし、低体重出生のリスクについては、専門家の中では認識されているものの、一般的な通説とはかなり異なっている。なぜなら、日本では、古くから「小さく生んで大きく育てよ」と言われてきており、出生体重はどちらかといえば軽いほうがよいと信じられてきたからだ。おそらく、帝王切開の技術が十分に発達していなかった時代に、妊産婦が出産によって死亡するリスクを低下させるためにそのようにいわれてきたのだろうが、現代ではもはや帝王切開による死亡リスクはきわめて低い。しかし、古くからいわれるこの通説も手伝ってか、厚生労働省の「出生に関する統計」によると、日本では低出生

体重児（出生体重が2500ｇ未満）の占める割合は1975年以降増加の一途を辿っており、新生児体重の減少が著しいのは特に2000年から2005年にかけてである。直近の統計では新生児の8.3％が低出生体重児だという。

低出生体重がその後の人生に与える因果効果を推定するにはどうすればよいのだろうか。一卵性双生児の出生は完全に偶然によるものなので、これを自然実験と捉え、一卵性双生児のうち、出生児の体重が重い子どもと軽い子どもを比較するという研究アイディアがある。

性別や血液型が同じ双子の体重は、それほど違うものなのだろうか。プリンストン大学のオーリー・アシェンフェルターらによると、双子は、最初に生まれたほうが重いことが多いという。胎内での栄養状態が良かったほうが重くなり、先に生まれてくるというメカニズムのようだ。これはどう考えても偶然の産物であるから、誰も意図せずして出生時の体重が重い子どもと軽い子どもが存在するというわけである。実は、筆者が収集した日本の双子のデータにおいても、やはり先に生まれたほうの体重が重い傾向があることがわかっている。

アメリカ、ノルウェー、カナダ、台湾などで、大規模な行政記録から双子のデータを用いて行われた研究によると、いずれも低出生体重は、短期的な結果——例えば、乳児死亡率——に因果効果を持つのみならず、長期的な結果——成績、学歴、収入、成人後の健康状態に至るまで——にも長期的な因果効果を持つことが明らかになっている。ちなみに、筆者らが日本のデータを用いて行った研究では、同様に出生体重と中学校における成績には因果関係があるものの、海外で示された結果のように、学歴や卒業後の収入にまでは影響していないことが示されている[1]。

つまり、一連の研究が示すのは、「小さく生んで大きく育てよ」という通説は必ずしも正しくないということだ。ここで紹介した、幼少期の健康とその後の人生の因果関係を示す多数の論文は、子どもに対する幼少期の健康への投資の重要性は強調しすぎても強調しすぎることはないと述べているものが多い。低体重出生のリスクが十分に認知されていないこと

は深刻な問題であるといえよう。

## 3 　　現在の潮流

　従来の教育経済学研究は、前出の研究からも明らかな通り、成績や学歴が収入、就業など「経済的な」成果に与える影響についての研究が中心であった。最近では、これに加えて心理的な成果に与える影響にも関心が高まっている。心理学との協働によって、優れた業績を生み出している行動経済学に影響を受けてのことであろう。

　また、ヘックマンらの研究によって、IQや学力で測られるような認知能力以上に、性格的な特性などの「非認知能力」の役割が強調されるようになったことも関係している。心理学ではおもに、性格的な特性と人生の成果についての関連を研究するものが多かったが、経済学がこの分野に参入するようになってからは、特にその因果的なメカニズムを明らかにすることが行われるようになった。特に教育経済学では、性格的な特性を人生の成果に対応するための「戦略関数」（strategy function）と位置付け、経済学が前提としてきたような「状況に応じた制約やインセンティブ（のみ）が人々の行動を決定している」という考え方のみならず、心理学が前提とするような「状況に左右されない性格的な特性もまた人々の行動を決定している」という考え方も受け入れられるようになってきている。

## 4 　　今後の課題

　最後に、分析における今後の課題について述べる。「平等」を重視する日本の公教育で、「実験」をすることはきわめて難しい。今現在においても、海外で行われたペリー幼稚園プログラムやスタープロジェクトのような大規模な「政策の効果測定」というものが実施される目鼻は立っていない。おそらく今後も、処置群と対照群をランダムに割り付けて、それを長期にわたって追跡していくような効果測定が行われるためには、相当の議論が必要だろう。

　一方で、本稿でも示した通り、観察データを用いて変数間の因果関係を明らかにする手法についてはさまざまなものがあり、そうした手法を応用して教育政策の効果を厳格に推定する動きも活発化している。しかし、観察データを用いるとはいっても、現在、国が実施している「全国学力・学習状況調査」のような横断面データばかりでは限界がある。

　また、筆者がこれまで多くの学校や教育委員会と共同研究を実施した際にもった印象として、ほとんどのデータが散逸しており、データベース化されていないということがある。特に学校現場では、日々の業務に追われ、収集したデータを分析する余裕をもたないため、教育委員会や政府からの指示により集めたデータが、分析されることなく廃棄されていることも多い。また、教育委員会は教育委員会で、行政の一部でありながら、他部署との連携ができていないので、子どもの周辺情報（例えば、子どもの就学前の状況、親の社会経済的な地位や就業状況、生活保護や就学援助などの状況、子どもが学校を卒業した後や中退した後の状況）について何ら把握していないことも多い。このため、通常の回帰分析を行うにしても共変量が不足して、因果関係はおろか相関関係ですらも推定できないことが多い。おそらくこのあたりが、過去のわが国における、教育が科学的根拠に基づかず、とても一般化可能とは思えない、都合のよいケース・スタディに基づいて資源配分がなされていたことの理由なのだろう。

　個人情報保護法の改正もあり、匿名加工情報であれば、研究に利用することはいささかの問題もない。しかし、そもそもの情報やデータに個人情報が含まれている以上、自治体がもつデータを整備したり管理したりすることは、研究者にはできない。研究上必要なデータは「インフラ」として、自治体や政府が整備すべきであり、そのために十分な予算を割くことが重要だ。すでに米国をはじめとする諸外国は、教育分野に関わらず、インフラとしてのデータの整備や管理については、長期的視座を持ち、政府が主体となって、戦略的かつ重点的な投資を行っている。例えば米国では、Panel Study of Income Dynamics（PSID）やNational Longitudinal Surveys（NLSY）などのように、大学や政府が実施している大規模か

つ長期のパネルデータが数多くあり、その歴史は古い。

　もちろん日本でも、「慶應義塾大学パネルデータ設計・解析センター」や「東京大学社会科学研究所附属社会調査・データアーカイブ研究センター」では、就学期の子どもから壮年に至るまでさまざまな年齢層の個人を追跡したパネルデータの収集を行っており、優れた研究成果を生み出しつつある。しかし、こうしたパネルデータ収集を大学や研究機関だけに丸投げすることなしに、自治体や政府に、将来への投資であるという認識と、自分たちこそがそれをリードする主体であるという自覚をもって、ことを進めてほしいと考えているのは筆者だけではないはずだ。

　話が逸れたが、ここで言いたかったことは、自治体などの公的機関がもつ、子どもに関する周辺情報を、学力などの学校が得られる情報と一本化してデータ管理をする仕組みが重要だということである。加えて、同一個人をIDなどで識別し、追跡していく仕組みも必要だ。パネルデータであり、かつ子どもに関する周辺情報を多く含む代表性のあるデータであれば、自然実験や疑似実験を用いて、政策の因果関係の推定が容易になる。例えば、ある法律変更が外生的なショックを引き起こしたとして、それが自然と処置群と対照群をわけたというようなケースであれば、上記のようなデータが、差の差分析や自然実験などのアプローチを用いて、法律変更の因果効果を捉えることができる。また、こうしたアプローチが、ランダム化比較試験に比べて優れているところがあるとすれば、人為的な実験とは異なり、その研究対象になる人が、自分自身が処置群あるいは対照群に含まれているということを意識しないので、実際に実験をすることの倫理的な問題や学校や保護者とのフリクションを避けることができる。

　日本のデータを用いた教育政策の効果測定は、いまだ数えるほどしか行われていないが、限られた財源を有効に使うためにも、今後は代表性のあるデータと厳格な方法論によって導かれた科学的根拠を、政策決定プロセスで十分に活かしていく必要があろう。その中で経済学者が果たすべき役割は少なくないように筆者には思われる。

## 注

[1]　しかし、一連の研究の解釈には慎重を要する部分もある。最も重要な点は、一卵性双生児の体重差がどうして生じるのかが、実はあまりよくわかっていない、ということだ。豪シドニー工科大学の丸山士行氏の研究では、双生児間の体重差には特殊なパターンがあると指摘しており、もしそうであれば、一卵性双生児のデータから得られた結果を双生児でない普通の子どもに適用することは可能ではないかもしれない（外的妥当性の問題）。

## 参考文献

■ Almond, D. (2006) "Is the 1918 Influenza Pandemic Over? Long-Term Effects of *In Utero* Influenza Exposure in the Post-1940 U.S. Population," *Journal of Political Economy*, 114(4), pp. 672-712.

■ Almond, D., L. Edlund and M. Palme (2009) "Chernobyl's Subclinical Legacy: Prenatal Exposure to Radioactive Fallout and School Outcomes in Sweden," *Quarterly Journal of Economics*, 124(4), pp.1729-1772.

■ Black, E. S., P. J. Devereux and K. G. Salvanes (2007) "From the Cradle to the Labor Market? The Effect of Birth Weight on Adult Outcomes," *Quarterly Journal of Economics*, 122(1), pp. 409-439.

■ Heckman J. J. and A. B. Krueger (2005) *Inequality in America: What Role for Human Capital Policies?* MIT Press.

■ Imbens, G. W. and J. M. Wooldridge (2009) "Recent Developments in the Econometrics of Program Evaluation," *Journal of Economic Literature*, 47(1), pp.5-86.

■ Kelly, E. (2011) "The Scourge of Asian Flu: In utero Exposure to Pandemic Influenza and the Development of a Cohort of British Children," *Journal of Human Resources*, 46(4), pp.669-694.

■ Krueger, A. B. (1999) "Experimental Estimates of Education Production Functions," *Quarterly Journal of Economics*, 114(2), pp.497-532.

■ Lin, M. J. and J. T. Liu (2009) "Do Lower Birth Weight Babies Have Lower Grades? Twin Fixed Effect and Instrumental Variable Method Evidence from Taiwan," *Social Science and Medicine*, 68(10), pp1780-1787.

■ Mosteller, F. (1995) "The Tennessee Study of Class Size in the Early School Grades," *The Future of Children*, 5(2), pp.113-127.

■ Oreopoulos, P., M. Stabile, R. Walld and L. L. Roos (2008) "Short-, Medium-, and Long-Term Consequences of Poor Infant Health: An Analysis Using Siblings and Twins," *Journal of Human Resources*, 43(1), pp.88-138.

■ Royer, H. (2009) "Separated at Girth: US Twin Estimates of the Effects of Birth Weight," *American Economic Journal: Applied Economics*, 1(1), pp.49-85.

『進化する経済学の実証分析』pp.114-119を再掲]

各分野の実証研究

Different Fields in Empirical Economics

# 医療経済学

## 花岡智恵
はなおか・ちえ

東洋大学経済学部准教授。専門は医療経済学。論文："Do Risk Preferences Change? Evidence from the Great East Japan Earthquake," *American Economic Journal: Applied Economics*, 10(2), pp. 298-330, 2018（with H. Shigeoka and Y. Watanabe）など。

人々の健康状態や属性がもともと異なっているとき、それらの人々に対する医療サービスの効果はどのように測られるのが適切であろうか。医療政策評価で用いられる実証分析手法の変遷をたどると共に、いくつかの代表的な手法を解説する。

## 1　医療政策評価と選択バイアス

　多くの先進国では高騰する医療費への対処が共通の課題となっている。医療政策の効果を科学的に検証し、費用対効果の高い政策を選択し実行する必要性が高まっている。

　政策評価を説明するために、入院治療が健康状態を改善させるか、という問題を考えてみよう。ある個人 $i$ が入院治療を受けた場合と受けなかった場合の差が、個人 $i$ の入院治療の効果である。実際に個人 $i$ が入院治療を受けた場合、個人 $i$ が入院治療を受けた場合の結果は観察できるが、治療を受けなかった場合の潜在的な結果は観察できない。そこで、入院治療を受けた群と受けなかった群の平均値を比較することを考える。

　通常、入院治療を受ける人たちは、健康状態が良好ではないために入院治療を選択している。そのため、入院治療を受けた群は受けなかった群と比べて、もともとの健康状態が悪いだろう。結果として、単純に入院治療を受けた群と受けなかった群の平均値を比較して入院治療の効果を計測すると、入院治療の有無による健康状態の差と、もともとの健康状態の差が混在した差が推定される。この場合、推定された差が入院治療によるものか、もともとの健康状態によるものかを識別できず、入院治療と健康状態との間の因果関係について誤った結論を導くおそれがある。このように、処置（この例では入院治療）を受けるかどうかの選択と潜在的な結果（この例では健康状態）に関連がある場合、推定には選択バイアス（selection bias）が生じる。

　選択バイアスの問題に対処するひとつの方法は、処置群（treatment group）と対照群（control group）を無作為に割り当てる方法である。この方法は、ランダム化比較試験（randomized controlled trial）と呼ばれる。処置を受けるかどうかの選択が個人の属性とは無関係に決まるため、処置の選択と潜在的な結果に関連が生じず、処置群と対照群の差の平均値から求められる平均処置効果（average treatment effect）には選択バイアスが生じない。

　しかし、医療政策評価では処置の割り当てが無作為ではない社会調査や行政記録情報など、非実験的方法から得られたデータを利用することが一般的である。このような非実験的データを用いた実証分析では、関心のある処置効果を識別するために、さまざまな分析手法が用いられる。

　処置変数と結果の両方に影響を与える交絡要因（confounding factors）を調整した上で処置群と対照群を比較する方法として、最小二乗法（ordinary least squares）を適用する多重回帰や、傾向スコアマッチング（propensity score matching）がある。交絡要因をデータで観察できない場合の調整として、操作変数法（instrumental variables）、固定効果（fixed effects）、差の差（difference-in-differences）、回帰不連続デザイン（regression discontinuity design）といった推定方法が用いられる。操作変数法、

| 分析手法 | 1986〜1990 | 1991〜1995 | 1996〜2000 | 2001〜2005 | 2006〜2010 | 2011〜2015 |
|---|---|---|---|---|---|---|
| 最小二乗法 | 3 | 6 | 11 | 30 | 42 | 83 |
| 無作為化比較試験 | 2 | 0 | 5 | 7 | 17 | 51 |
| 傾向スコアマッチング | 0 | 0 | 0 | 9 | 34 | 116 |
| 操作変数法 | 1 | 2 | 27 | 44 | 89 | 155 |
| 固定効果 | 2 | 9 | 18 | 74 | 173 | 312 |
| 差の差 | 0 | 0 | 3 | 24 | 47 | 169 |
| 回帰不連続デザイン | 0 | 0 | 0 | 2 | 29 | 97 |

注）学術論文の検索方法は、本文注[1]を参照されたい。
出所）筆者作成

**表1 | 分析手法別の医療サービス分野で公表された学術論文件数の推移**

差の差、回帰不連続デザインでは、制度変更など結果に影響を与えうる他の条件とは無関係に処置変数が変動する状況を利用して、因果効果を推定する自然実験法が用いられる。

## 2 医療政策評価における実証分析手法の変遷

医療サービス分野において処置効果の推定で用いられる主要な手法がどのように変遷してきたかをみるために、各手法が使用された英文の学術論文件数を文献データベースEconlitを用いて確認した（表1）[1]。初期の実証分析では、除外変数（omitted variables）という真の決定要因を説明変数として調整できないことで生じる内生性への対処に焦点が置かれていた。分析手法は、内生性に対処するための伝統的アプローチである操作変数法や固定効果が用いられていた。

近年、傾向スコアマッチングと回帰不連続デザインを用いた研究が急速に増加している。2001〜2005年から2011〜2015年にかけて、Econlitで検索された新たな学術論文は、傾向スコアマッチングで1189%、回帰不連続デザインで4750%増加している。これは、最小二乗法（177%）、ランダム化比較試験（629%）、操作変数法（252%）、固定効果（322%）の増加よりも大きい。

傾向スコアマッチングは、後述のように処置変数の割り当てに影響を与える十分な情報が必要である。この分析手法がよく利用されている背景としては、電子カルテの情報や診療報酬データを含めた行政記録情報など、ビッグデータを用いた分析がコンピュータの発達により可能になったことが挙げられる。回帰不連続デザインの歴史は長く1960年代から心理学や応用統計学の分野で用いられてきた（Imbens and Wooldridge 2009）。1970年代に行われたいくつかの研究を除いて、経済学分野の研究では近年注目を集めている手法である。政策介入が非連続的に実施される状況を利用して因果効果を推定する手法で、医療や教育の制度的な不連続性や感染症の流行といった自然実験を利用して分析が行われている（Jones 2009）。

医療サービス分野でランダム化比較試験の多くは臨床医学での特定の治療に関する費用効果分析で実施されてきた（Jones 2009）。医療政策に関するランダム化比較試験はあまり一般的ではないが、例外として、後述する1970年代に米国ランド研究所で行われた医療保険実験がある。近年、ランダム化比較試験は現実の医療政策形成に影響力のある役割を果たしており、例えばメキシコで行われた条件付き現金給付政策プログレッサ（PROGRESA）（Gertler 2004）、ケニアで行われた小学校における回虫駆除プロジェクト（Miguel and Kremer 2004）、米国で行われたオレゴン医療保険実験（Finkelstein et al. 2012）などがある。

次節以降は、医療政策評価で使用される主要な分析手法のうち、ランダム化比較試験、傾向スコアマッチング、操作変数法、差の差、回帰不連続デザインを利用した代表的な先行研究を紹介する。

## 3 | ランダム化比較試験

1974年から1981年にかけて米国で行われたランド医療保険実験（RAND Health Insurance Experiment）は、医療保険のモラルハザードの研究に大きく貢献した。この実験では、医療費の自己負担割合の違いが医療サービス需要に影響を与えるかを検証した。この検証を非実験的方法から得られたデータで行うと、逆の因果効果の影響を排除できないという問題がある。例えば、病気がちな人ほど、将来の医療費支出を見越して保険給付率が高い（つまり自己負担割合の低い）保険を選択することが考えられる。この選択バイアスにより、あたかも保険が医療サービス需要を増加させているようにみえ、保険が医療サービス需要に与える影響を過大推定してしまう。

実験では、米国の異なる6地域に住む被験者約5800人に対し、0、25、50、95％の医療保険の自己負担割合を無作為に割り当てた。医療費の自己負担割合がある保険加入者は医療費無料（自己負担割合0％）の加入者と比べて医療サービス受診が減少し、例えば、自己負担95％の保険加入者は医療費無料の加入者と比べて約30％医療費が低下することを明らかにした。医療費の自己負担があることで医療サービス需要が減少することによる健康被害は、サンプル全体の6％に当たる症状が重く低所得の被験者を除いて認められなかった。

この実験には2011年時点の米ドル換算で2億9500万ドルの費用がかかっている（Aron-Dine et al. 2013）。その費用に見合う価値があったのだろうか。当時、非実験的手法を用いた研究結果からは、外来受診に対する保険給付率を高めることが医療費の抑制につながる、との主張がなされていた。しかし、ランド医療保険実験の結果は、この主張を明確に否定した（Manning et al. 1987）。医療保険実験をせずに、当時主張されていた外来受診の保険給付率引き上げを実施していれば、いま以上に医療費が増大していたことが予想され、それは将来にわたって継続することになる。この意味で実験の費用対効果は高いといえる。

いまもなお、実験結果は医療制度改革が医療費に与える影響の予測や、実際に医療保険を設計する際の判断基準になるエビデンスとして広く容認されている。計量経済学の分野においても、ランド医療保険実験は医療サービス利用や医療費のモデル選択に関する議論、偏りの大きい医療費を分析するための関数形の選択、対数変換をした医療費を元のスケールに戻す際の問題など、医療サービス分野の実証研究の発展に大きく貢献している（Jones 2009）。

## 4 | 傾向スコアマッチング

平均処置効果を推定する際の困難は、同一個人について処置を受けた場合と処置を受けなかった場合のいずれか一方しか観察できない、ということであった。マッチングは、処置を受けた個人 $i$ と観察可能な変数（例えば、年齢、性別、疾病名など）が一致するものの処置を受けなかった個人の結果を対照群とみなして分析する手法である。傾向スコアとは、観察可能な属性を一つひとつマッチングさせるのではなく、観察可能な属性を1つの変数に集約して得られた、処置群に割り当てられる条件付き確率のことである。この処置群に割り当てられる確率が同じ、もしくはきわめて近い者同士を処置群と対照群で組み合わせ、両者を比較する手法が傾向スコアマッチングである。ただし、傾向スコアマッチングによる因果効果の推定は、処置変数の割り当てが観察される変数のみに依存することを仮定している。そのため、観察できない変数が処置変数と潜在的な結果の両方に影響を与える場合、推定結果にはバイアスが生じることになる。

Connors et al. (1996) は、この手法を用いた最も影響力のある研究のひとつである。彼らは集中治療室に搬送された患者を対象に、肺動脈カテーテルの使用が死亡率に与える影響を検証した。通常、肺動脈カテーテルは重篤な患者に使用され、軽度の患者には使用されないため、単純に処置群（使用あり）と対照群（使用なし）を比較すると推定結果には選択バイアスが生じる。そこで、肺動脈カテーテル使用の選択に影響を与える患者属性から肺動脈カテー

172

テルを使用する傾向スコアを算出し、傾向スコアを調整した上で処置群と対照群を比較した。結論として、有用であると医療従事者の間で一般的に認識されていた肺動脈カテーテルが、実際には死亡率を上昇させるという驚くべき結果が示された。

　この結果は、集中治療での肺動脈カテーテル使用の意義をめぐって世界的な論争を巻き起こし、さまざまな研究者から肺動脈カテーテルのランダム化比較試験の実施が提唱された（Watson et al. 2005）。その後、カナダ救命医療臨床試験グループ（Canadian Critical Care Clinical Trials Group）が60歳以上のハイリスク患者を対象に肺動脈カテーテルのランダム化比較試験を行った。肺動脈カテーテルを使用した群と使用しなかった群の1年後までの生存率に差がないことを示し、集中治療が必要な高齢のハイリスク患者に対して肺動脈カテーテル使用は有用ではないと結論付けている（Sandham et al. 2003）。

## 5 ｜ 操作変数法

　操作変数法とは、誤差項と無相関で、内生性をもつ説明変数と相関している、という2つの条件を満たす操作変数を用いて、関心のある処置変数の変動のうち操作変数の情報から変動している部分だけを使って、処置変数から結果に与える影響を推定する方法である。

　McClellan et al.（1994）は、操作変数法を医療政策評価に取り入れた先駆的研究である。この研究では、急性心筋梗塞に対する心臓カテーテル手術が延命に効果があるかを検証している。推定上の問題は、効果の見込める患者には手術が施されるが、手術をしても効果の見込めない重篤な患者には手術が施されない、という選択バイアスへの対処である。彼らは、患者の自宅zipコードから最も近い心臓カテーテル専門病院までの距離と心臓カテーテル専門ではない最も近い病院までの距離の差を操作変数として用いた。この差が小さいほど、急性心筋梗塞が発症した際に搬送される病院は前者になる確率が高く、そのため心臓カテーテル手術を受ける確率は高まる。また、患者の健康状態の地理的分布と病院の配置に関

連がなければ、この変数は操作変数として妥当といえる。医療機関までの距離は医療サービス分野でよく用いられる操作変数で、新生児集中医療や透析治療などの効果分析などでも使われている（Cawley 2015）。

## 6 ｜ 差の差

　差の差は、処置群と対照群が集団レベルで分けられるようなケースで政策評価を行う場合、データでは観察できない除外変数を、処置前後の結果の変化を比較することで調整する手法である。想定として、もし処置が行われなかった場合、結果のトレンドは処置群と対照群の間で同じであるという平行トレンドの仮定（parallel trend assumption）を置いている。つまり、本来は観察できない、処置群が処置を受けなかった場合に観察されたであろう処置前後の結果のトレンドを、対照群における処置前後の結果のトレンドとみなして分析することで、除外変数を調整する。

　Kolstad and Kowalski（2012）は、2006年にマサチューセッツ州で行われた全米初の州民に対する医療保険への加入義務化が医療サービス利用に与えた影響を検証した。マサチューセッツ州の医療改革は、オバマ政権が2010年3月に制定した医療保険改革法のモデルとなっていたため、その効果を検証することはきわめて重要であった。米国では増加する無保険者の存在が、医療費増加の一因になっていることが問題視されていた。救急医療の場合、米国では保険加入の有無に関わらず医療機関が患者を受け入れることを法的に義務付けている。そのため、無保険者は費用の高い救急医療を利用する。医療機関がその費用を無保険者から回収できる可能性が低いため、医療機関はその未回収分をその他患者の医療費に転嫁する。結果として医療費全体が上昇し医療保険の保険料が高騰するため、さらなる無保険者を生み出していると指摘されている（Gruber 2011）。彼らは個人レベルや医療機関レベルの複数のデータセットを用いて、マサチューセッツ州を処置群、その他の州を対照群として差の差推定を行った。期待された

救急救命室を利用する患者数の減少など、医療改革に一定の成果があったことを明らかにした。

れるような調査設計をするという視点が重要だ。

[『進化する経済学の実証分析』pp.120-125を一部修正して再掲]

## 7 | 回帰不連続デザイン

回帰不連続デザインは、処置の割り当てが外生的に与えられたある閾値を超えたときに不連続に変化する状況を利用して、結果の不連続的な変化の大きさを推定することで処置変数が結果に与える因果効果を推定する手法である。

Lleras-Muney（2005）は、教育が健康に与える因果効果を検証している。教育と健康の相関関係には、観察できない要因（例えば遺伝的資質や家庭環境など）が影響を与えていることが考えられ、この要因を考慮せずに分析を実行すると推定値には選択バイアスが生じる。彼女は、米国における制度変更を自然実験として利用した。この自然実験は、1915年から1939年にかけて州ごとに実施された義務教育法（compulsory schooling laws）と子どもの就労に関する法律（child labour laws）の制度変更である。制度変更があった前後の世代では、制度変更という外生的な要因により就学年齢と就労許可年齢が振り分けられる。そのため、この自然実験はあたかも州別・世代別に教育年数が無作為に割り当てられた実験とみなすことができる。

分析では、回帰不連続デザインを用いることで、制度変更があった前後の世代で死亡率に有意なジャンプがあったかを検証している。分析の結果、教育が死亡に与える因果効果が認められ、回帰不連続デザインにより得られた推定値は、最小二乗法で得られた推定値と比較して大きく異なることを示している。

## 8 | 実証分析における今後の課題

非実験的手法で得られたデータを用いて医療政策評価を行うにあたっては、本稿で紹介したように関心のある処置変数の外生性が満たされることが必要である。調査を実施する場合は、この仮定が満たさ

## 補論 | 2016年以降の医療経済学における実証分析の進展

補論では、本論で紹介した代表的な手法以外で、近年、医療経済学分野で活発に用いられている実証分析手法を紹介する。最先端の分析手法の動向を把握するために医療経済学で最も影響力のある学術雑誌[2]である*Journal of Health Economics*に掲載された論文で、2012〜2015年と比べて、2016〜2019年に増加した分析手法に関わるトピックを取りあげる。

### 機械学習の手法を取り入れた研究

#### ①変数選択

分析手法の比較で、際立った増加を示したのは機械学習の手法を用いた研究であった[3]。その中でも頻繁に使用されていた手法はLASSO（Least Absolute Shrinkage and Selection Operator）である。この手法は機械学習の教師あり学習に含まれる。教師あり学習では説明変数に対してアウトカムを予測するモデルを作る。ただし、モデルの適合度を高めすぎると未知のデータについて予測する場合に予測精度が落ちてしまうという問題（過学習）が生じる。この問題を解決するひとつの手法がLASSOのような縮小推定（shrinkage）である。この縮小（正則化とも呼ばれる）により予測の分散が減少し、予測精度が高まる。LASSOは最小二乗法と比べて、パラメータが縮小して0により近い値、もしくは、パラメータの一部を完全に0と推定するという特徴がある。この特徴から、LASSOは説明変数の変数を選択する際によく用いられている。実際に、操作変数の選択（Kang et al. 2016）や傾向スコアを算出する際の説明変数の選択（Schmitz and Westphal 2017, Rennane 2020）といった場面で利用されている。

#### ②因果効果の推定

機械学習の手法を利用して、個人の属性により異なる因果効果を推定する手法が取り入れられ始めている。ランダム化比較試験を行った場合、従来の平

均処置効果では処置があった処置群となかった対照群を比べた時の平均の差分が効果として推定される。群全体の平均的な効果であるため、どういった個人特性を有する人に処置の効果が高いのか、といったことはわからない。一方、異質処置効果（heterogeneous treatment effect）は、データで観察可能な個人属性の情報を用いて、個人レベルの処置効果を予測することができる。そのため、どのような個人にターゲットを絞り政策を実施すべきかを把握するのに役立つ。

　機械学習の手法を利用して異質処置効果を推定する手法のひとつである一般化ランダムフォレスト（Athey et al. 2019）を適用した研究を紹介する。Bundorf et al.（2019）は、ランダム化比較試験を行い、保険プランの選択に役立つサポートツールの利用が、保険プランの変更に与える効果を検証した。米国の外来処方薬に対する公的医療保険プログラム（メディケア・パートD）は、毎年「オープンエンロールメント」と呼ばれる期間に受給者が保険プランを変更できる。しかし、保険プランの複雑さから実際には全体の1割ほどしか保険プランを変更していない。著者らは、この期間に高齢者約3万人を介入実験に招待し、招待に応じた1185人についてサポートツールにアクセスできる処置群とできない対照群とに分けて介入実験を行った。この実験でのサポートツールは、被験者が実際に使用している薬に基づいた、各保険プランのもとでの保険料と予想される自己負担額などの個別化された情報をオンラインで提供するツールである。

　一般化ランダムフォレストを適用し、介入実験参加者の年齢、性別、学歴、所得といった個人の属性情報を用いて異質処置効果を計算した。その結果、サポートツールが保険プランの変更に与える効果が大きいのは高齢者の中でもより年齢の高い層や、日頃からネット上で自分自身の医療利用記録を確認していない人々であることがわかった。さらに、介入実験の招待に応じなかった個人についても属性情報を用いて、実験に参加していたら得られたであろう異質処置効果を計算した。結果、サポートツールを利用して保険プランの変更をすることが最も効果的であろう人々が、そもそもこの介入実験に参加して

いない傾向にあることが示された。この結果から、著者らは単にツールを提供するだけでは、政策から恩恵を受けられるはずの個人には行き届かない可能性があり、ターゲットを絞ったより強力な介入の必要性を説いている。

## 新たなデータソースの活用

　医療経済学分野では診療報酬データをはじめとする行政記録情報やサーベイデータが分析に使用されてきたが、近年、新たなデータソースを活用した研究が増えつつある。頻繁に利用されているのはGoogleトレンドのデータである。Googleトレンドでは検索されたキーワードやトピックについて地域、期間を指定してスコア化された検索数のデータを得ることができる。これまでのところ研究の多くは感染症の流行時における人々の関心事を量的に把握する手段のひとつとして、予防接種や特定の症状などの単語の検索数を利用している（例えば、Agüero and Beleche 2017、Oster 2018）。また、詳細な地理情報を得るために米国NASAの人工衛星データを使用した研究（Jans et al. 2018）や、最適ルートによる移動距離の情報を得るためにオープンソースの地図データを使用した研究（Avdic et al. 2019）も特徴的であった。いずれも誰もが利用可能なデータソースを使用している。さらに、英国バイオバンクのデータを利用して数十万人規模の遺伝的情報を用いた研究（Dixon et al. 2020）も目を引いた。このデータは英国の約50万人の遺伝的情報、バイオマーカー、医療受診記録、食事記録などの健康に関連する詳細な情報を集めており、特筆すべきことにオープンアクセスリソースとして利用可能である[4]。

　分析手法における計量経済学と機械学習との融合、新たなデータソースを活用した分析は、今後、医療経済学分野においてもますます広がっていくだろう。

［2020年4月加筆］

## 注

[1] 2016年6月時点にEconlitを用いて次の条件に当てはまる学術論文の件数を数えた。1986年以降に公表された英文の学術論文（journal articles）で、分析手法ごとに検索語（"health" or "medical" or "clinical" or "patient" or "patients" in all field）で検索した。検索で用いたキーワードはCawley（2015）を参考にした。

[2] Wagstaff and Culyer（2012）を参照。

[3] 補論での機械学習の説明はJames et al.（2013）を参考にしている。*Journal of Health Economics*における機械学習を用いた研究は2012～2015年では皆無であったが、2016～2019年では8本の論文が掲載されていた。

[4] 英国バイオバンクのデータの詳細はSudlow et al.（2015）を参照。

## 参考文献

☐ Agüero, J. M. and T. Beleche （2017） "Health Shocks and Their Long-lasting Impact on Health Behaviors: Evidence from the 2009 H1N1 Pandemic in Mexico," *Journal of Health Economics*, 54, pp. 40-55.

■ Aron-Dine, A., L. Einav and A. Finkelstein （2013） "The Rand Health Insurance Experiment Three Decades Later," *Journal of Economic Perspectives*, 27（1）, pp.197-222.

☐ Athey, S., J. Tibshirani and S. Wager （2019） "Generalized Random Forests," *Annals of Statistics*, 47（2）, pp.1148-1178.

☐ Avdic, D., G. Moscelli, A. Pilny and I. Sriubaite （2019） "Subjective and Objective Quality and Choice of Hospital: Evidence from Maternal Care Services in Germany," *Journal of Health Economics*, 68, 102229.

☐ Bundorf, K., M. Polyakova and M. Tai-Seale （2019） "How Do Humans Interact with Algorithms? Experimental Evidence from Health Insurance," NBER Working Paper No.25976.

■ Cawley, J. （2015） "A Selective Review of the First 20 years of Instrumental Variables Models in Health-Services Research and Medicine," *Journal of Medical Economics*, 18（9）, pp.721-734.

■ Connors, A. F., T. Speroff, N. V. Dawson, C. Thomas, F. E. Harrell, D. Wagner, N. Desbiens, L. Goldman, A. W. Wu, R. M. Califf, W. J. Fulkerson, H. Vidaillet, S. Broste, P. Bellamy, J. Lynn and W. A. Knaus （1996） "The Effectiveness of Right Heart Catheterization in the Initial Care of Critically Ill Patients," *Journal of the American Medical Association*, 276 （11）, pp. 889-897.

☐ Dixon, P., W. Hollingworth, S. Harrison, N. M. Davies and G. D. Smith （2020） "Mendelian Randomization Analysis of the Causal Effect of Adiposity on Hospital Costs," *Journal of Health Economics*, 70, 102300.

■ Finkelstein, A., S. Taubman, B. Wright, M. Bernstein, J. Gruber, J. P. Newhouse, H. Allen, K. Baickera and the Oregon Health Study Groupe （2012） "The Oregon Health Insurance Experiment: Evidence from the First Year," *Quarterly Journal of Economics*, 127（3）, pp.1057-1106.

■ Gertler, P. （2004） "Do Conditional Cash Transfers Improve Child Health? Evidence from PROGRESA's Control Randomized Experiment," *American Economic Review*, 94（2）, pp.336-341.

■ Gruber, J. （2011） *Health Care Reform: What It Is, Why It Is Necessary, How It Works*, Hill and Wang.

■ Imbens, G. W. and J. M. Wooldridge （2009） "Recent Developments in the Econometrics of Program Evaluation," *Journal of Economic Literature*, 47（1）, pp.5-86.

☐ James, G., D. Witten, T. Hastie and R. Tibshirani （2013） *An Introduction to Statistical Learning with Applications in R*, Springer Science, New York.

☐ Jans, J., P. Johansson and J. P. Nilsson （2018） "Economic Status, Air Quality, and Child Health: Evidence from Inversion Episodes," *Journal of Health Economics*, 61, pp.220-232.

■ Jones, A. M. （2009） "Panel Data Methods and Applications to Health Economics," in T. C. Mills and K. Patterson, eds., *Palgrave Handbook of Econometrics*, Vol.2, *Applied Econometrics*, Palgrave Macmillan, pp.557-631.

☐ Kang, H., A. Zhang, T. Cai and D. Small. （2016） "Instrumental Variables Estimation with Some Invalid Instruments and Its Application to Mendelian Randomization," *Journal of the American Statistical Association*, 111 （513）, pp.132-144.

■ Kolstad, J. T. and A. E. Kowalski （2012） "The Impact of Health Care Reform on Hospital and Preventive Care: Evidence from Massachusetts," *Journal of Public Economics*, 96（11-12）, pp.909-929.

■ Lleras-Muney, A. （2005） "The Relationship Between Education and Adult Mortality in the United States," *Review of Economic Studies*, 72（1）, pp.189-221.

■ Manning, W. G., J. P. Newhouse, N. Duan, E. B. Keeler, A. Leibowitz, M. S. Marquis （1987） "Health Insurance and the Demand for Medical Care: Evidence from a Randomized Experiment," *American Economic Review*, 77（3）, pp.251-277.

■ McClellan, M., B. J. McNeil and J. P. Newhouse （1994） "Does More Intensive Treatment of Acute Myocardial Infarction in the Elderly Reduce Mortality? Analysis Using Instrumental Variables," *Journal of the American Medical Association*, 272（11）, pp. 859-866.

■ Miguel, E. and M. Kremer （2004） "Worms: Identifying Impacts on Education and Health in the Presence of Treatment Externalities," *Econometrica*, 72（1）, pp.159-217.

☐ Oster, E. （2018） "Does Disease Cause Vaccination? Disease Outbreaks and Vaccination Response," *Journal of Health Economics*, 57, pp.90-101.

☐ Rennane, S. （2020） "A Double Safety Net? Understanding Interactions Between Disability Benefits, Formal Assistance, and Family Support," *Journal of Health Economics*, 69, 102248.

■ Sandham, J. D., R. D. Hull, R. F. Brant, L. Knox, G. F. Pineo, C. J. Doig, D. P. Laporta, S. Viner, L. Passerini, H. Devitt, A. Kirby and M. Jacka, for the Canadian Critical Care Clinical Trials Group （2003） "A Randomized, Controlled Trial of the Use of Pulmonary-Artery Catheters in High-Risk Surgical Patients," *New England Journal of Medicine*, 348（1）, pp.5-14.

☐ Schmitz, H. and M. Westphal, （2017） "Informal Care and Long-term Labor Market Outcomes," *Journal of Health Economics*, 56, pp.1-18.

☐ Sudlow, C., J. Gallacher, N. Allen, V. Beral, P. Burton, J. Danesh, P. Downey, P. Elliott, J. Green, M. Landray, B. Liu, P. Matthews, G. Ong, J. Pell, A. Silman, A. Young, T. Sprosen, T. Peakman and R.

Collins (2015) "UK Biobank: An Open Access Resource for Identifying the Causes of a Wide Range of Complex Diseases of Middle and Old Age," *PLoS Medicine*, 12(3), e1001779.

□ Wagstaff, A. and A. J. Culyer (2012) "Four Decades of Health Economics Through A Bibliometric Lens," *Journal of Health Economics*, 31(2), pp.406-439.

■ Watson, R. S., G. R. Bernard and A. F. Connors (2005) "The Connors et al PAC Study, with Expert Commentary by Dr. Gordon Bernard," *Journal of Critical Care*, 20(2), pp.181-186.

［□は加筆に際し追加した文献］

# 重要語一覧

| 用語 | 本文中での英語表記 | 別称 | おもな掲載ページ |
|---|---|---|---|
| **欧文** | | | |
| ARCH | autoregressive conditional heteroscedasticity | | 122 |
| GARCH | generalized autoregressive conditional heteroscedasticity | | 122 |
| ITT | Intention to Treat Effect | 政策意図に基づく効果、治療効果 | 92, 155 |
| SUTVA | Stable Unit Treatment Value Assumption | Stable Treatment Unit Value Assumption（STUVA） | 89, 159 |
| SV | stochastic volatility | | 122 |
| **あ―お** | | | |
| 一般化積率法 | Generalized Method of Moments（GMM） | | 47 |
| 衛星画像 | | | 34-36, 63, 158 |
| **か―こ** | | | |
| 外部妥当性 | external validity | 外的妥当性、外的整合性 | 32, 80, 87, 94, 126, 153 |
| 過適合 | over fitting | 過学習 | 62, 174 |
| カリブレーション | | | 104-107, 110-112 |
| 機械学習 | Machine Learning（ML） | | 9, 14-16, 34, 62-68, 174-175 |
| 疑似的実験 | quasi-experiment | 疑似実験 | 32, 76 |
| 局所的平均処置効果 | Local Average Treatment Effect（LATE） | | 79, 92, 154-155 |
| 傾向スコアマッチング | Propensity Score Matching（PSM） | | 31, 172-173 |
| 構造推定 | structural estimation | 構造計量経済学モデル | 32, 46-48, 75, 133 |
| 交絡要因 | confounding factor | 交絡変数 | 76, 170 |
| **さ―そ** | | | |
| 最尤法推定 | Maximum Likelihood（ML） | | 47, 111 |
| 差の差 | Difference in Differences（DID） | 二重差分 | 31, 173-174 |
| 識別 | | | 31, 45, 69-74 |
| 自己選択(抜)バイアス | | 自己選択問題 | 30, 69 |
| 自然実験 | Natural Experiment（NE） | | 4, 31, 166, 171 |
| 実験計画法 | | | 30, 48 |
| 選択(抜)バイアス | | セレクション・バイアス | 30, 49, 91, 170 |
| 操作変数法 | Instrumental Variable（IV）approach | | 31, 44-45, 76, 173 |
| **た―と** | | | |
| 多変量自己回帰 | Vector Autoregressive（VAR） | | 33, 101-102, 111 |
| データマイニング | | | 50, 79, 159 |
| 点識別 | | | 69 |
| 動学的確率的一般均衡 | Dynamic Stochastic General Equilibrium（DSGE） | 確率的動学一般均衡 | 33, 100-101, 104 |
| **な―の** | | | |
| 内部妥当性 | internal validity | 内的妥当性、内的整合性 | 32, 87, 153 |
| ニューラルネットワーク | | | 39, 64 |
| **は―ほ** | | | |
| 反実仮想 | counterfactual | カウンターファクチュアル、反事実的状況 | 32, 48, 80 |
| ビッグデータ | | | 34, 50, 62-63 |
| フィールド実験 | Field Experiment（FE） | | 30, 87, 126, 149 |
| 部分識別 | | | 69 |
| 不連続回帰デザイン | Regression Discontinuity Design（RDD） | 回帰不連続(非連続回帰)デザイン | 31, 174 |
| プログラム評価 | program evaluation | | 48, 80 |
| 平均処置効果 | Average Treatment Effect（ATE） | 平均治療効果 | 48, 70, 75-76 |
| 平均独立 | | | 71 |
| **ま―も** | | | |
| 見せかけの相関 | | | 5 |
| 盲検 | blinding | | 49, 152-153, 159 |
| **や―よ** | | | |
| 誘導型推定 | reduced form estimation | | 44, 75, 82, 133 |
| 予測 | | | 14, 62, 80 |
| **ら―ろ、わ** | | | |
| ラッソ回帰（LASSO） | Least Absolute Shrinkage and Selection Operator | | 39, 64, 174 |
| ラボ実験 | | 実験室実験 | 29, 87, 126 |
| ランダム化比較試験（RCT） | Randomized Controlled Trial | 無作為化比較試験、無作為化対照実験 | 31, 49, 87, 91, 172 |
| ランダムフォレスト | | | 39, 64, 175 |
| リッジ回帰 | | | 64 |
| ロジット・モデル | | | 134-135 |

[新版] 進化する経済学の実 証 分析

編者｜経済セミナー編 集 部

2020年8月30日　第1版第1刷発行

**表紙・目次デザイン＋本文フォーマット**
図工ファイブ

**印刷**
精文堂印刷株式会社

**製本**
株式会社難波製本

**発行所**
株式会社 日本評論社
〒170-8474 東京都豊島区南大塚3-12-4
電話｜03-3987-8621（販売）｜03-3987-8595（編集）
https://www.nippyo.co.jp/
振替｜00100-3-16

# 実証分析入門 森田 果【著】
## データから「因果関係」を読み解く作法

政策効果の評価などで注目を集める「因果関係」の推測方法を、数式に頼ることなく解説。実証分析の「作法」が身につく。　　　　　　　　　◆A5判／本体**3,000**円＋税

# 新しい計量経済学 鹿野繁樹【著】
## データで因果関係に迫る

「経済データなどの非実験データから因果関係を識別する」という観点を軸に計量経済学を説明する、新しいタイプの教科書。　　　　　　◆A5判／本体**2,800**円＋税

# 計量経済学 末石直也【著】
## ミクロデータ分析へのいざない

計量経済学の入門を終えた人を対象に、より上のレベル、特にミクロ計量経済学の理論を基礎から丁寧に解説する。　　　　　　　　◆A5判／本体**2,300**円＋税

# 計量経済学講義
## 難波明生【著】

アドバンスな計量経済学と、それに必要な数学・数理統計学が1冊で学べる。統計学的な視点を重視した計量経済学のテキスト。　　　　◆A5判／本体**2,300**円＋税

# 部分識別入門 奥村綱雄【著】
## 計量経済学の革新的アプローチ

計量経済分野で近年急速に発展している新しい手法の基礎理論を、丁寧に解説。従来の常識を覆す強力なツールの全体像がわかる。　　◆A5判／本体**2,800**円＋税

# ビッグデータ統計解析入門
## 照井伸彦【著】　　経済学部／経営学部で学ばない統計学

機械学習やデータマイニングといった代表的なビッグデータの分析手法を、統計学や計量経済学との違いを明確にしながら解説する。　　◆A5判／本体**2,200**円＋税

# 進化するビジネスの実証分析
## 経済セミナー編集部【編】　　■経済セミナー増刊

ビジネスや政策の現場で注目が集まる経済学。今、実務と研究の世界で何が起きているのか？ 最前線で活躍する研究者が徹底解説！●[鼎談]ビジネスと政策の現場で活きる経済学……青木玲子・伊神 満・渡辺安虎　　　　　　◆B5判／本体**1,600**円＋税

日本評論社
https://www.nippyo.co.jp/